고려 시기 공안선의 수용과
선종문화의 전개

일러두기

1. 한자는 각 장별로 인명이나 용어 등이 처음 나왔을 때 괄호에 병기하는 것을 원칙으로 했습니다. 단, 각주에서는 병기하지 않고 한자만 표기했습니다.

2. 염고(拈古), 송고(頌古), 대(代), 별(別), 징(徵) 등 모든 공안 비평을 '착어(着語)'로 총칭했습니다.

3. 선승의 인명은 법호와 법명을 함께 표기했습니다. 같은 인명이 반복될 경우에는 대체로 법호로 표기했으며, 일부는 세간에 잘 알려진 인명으로 표기했습니다.

4. 표 안의 공안 본칙 칙수는 인용 순서대로 붙인 것입니다.

5. 표와 각주의 인용 자료는 다음과 같이 줄여서 표기했습니다.
   - 고려대장경: K   大正新脩大藏經: T
     新撰大日本續藏經: X   佛教大藏經: F
   - 『景德傳燈錄』:『傳燈錄』   『建中靖國續燈錄』:『續燈錄』
     『天聖廣燈錄』:『廣燈錄』   『嘉泰普燈錄』:『普燈錄』
     『宗門統要集』:『統要』   『禪宗頌古聯珠集』:『頌古聯珠』
     『宗門聯燈會要』:『聯燈會要』   『古尊宿語要』:『古尊宿』,
     『續古尊宿語錄』:『續古尊宿』
   - 『한국불교선서』:『한불전』   『한국문집총간』:『문집』
     『고려명현집』:『명현집』   『한국금석총람』:『금석』
     『한국금석전문』:『전문』
   - 『東國李相國集』:『李相國集』
   - 柳田聖山·椎名宏雄 編,『禪學典籍叢刊』(전 12책)(臨川書店, 2000):『禪典』

6. 한·중·일의 서적·신문·잡지 제목은『』, 글이나 논문 제목은「」, 영어권 서적·신문·잡지 제목은 이탤릭체, 논문은 " "로 표기했습니다. 그 밖의 강조 및 간접인용은 ' ', 직접인용 및 대화는 " "로 표기했습니다.

이 저서는 2020년 대한민국 교육부와 한국연구재단의 저술출판지원사업의 지원을 받아 수행된 연구임 (NRF-2020S1A6A4040561)

고려 시기
공안선의 수용과
선종문화의 전개

조명제 지음

The Acceptance of Gong'an Chan
and the Development of Chan Culture
in the Goryeo Dynasty

차례

책을 내면서 · 7

서언 · 13

제1부 송·원대 선과 선종문화의 형성 ─────────── 19

제1장 송·원대 선종의 동향과 공안선의 흐름 · 21
1. 송대 선종의 동향과 공안선의 형성 · 21
2. 원대 선종의 동향과 선의 제도화 · 32

제2장 송·원대 선종문화의 형성과 확산 · 46
1. 송·원대 선종문화의 형성 · 46
2. 중세 일본의 선종과 오산문화의 형성 · 71

제3장 고려 중기 불교계의 동향과 송대 선의 수용 · 86

제2부 고려 후기 공안선의 수용과 확산 ─────────── 95

제4장 수선사의 공안선 수용과 선적의 편찬 · 97
1. 수선사의 문자선 수용과 『선문삼가염송집』 · 97
2. 수선사의 결사와 사상적 위상에 대한 새로운 이해 · 128

제5장 고려 선종의 공안 주석서 편찬 · 141
1. 『남명천화상송증도가사실』의 구성과 특징 · 141
2. 『선문염송설화』의 주석 내용과 특징 · 159

제6장 가지산문의 공안선 이해와 특징 · 189
   1. 가지산문의 문자선 수용 · 189
   2. 일연의 『중편조동오위』와 공안선의 이해 · 200

제3부 고려 후기 간화선의 확산과 선의 제도화 — 209

제7장 간화선의 수용과 확산 · 211
제8장 문자선의 계승 · 227
제9장 선의 제도화 양상과 의미 · 250

제4부 고려 후기 선종문화의 형성과 전개 — 267

제10장 송대 문화의 수용과 특징 · 269
제11장 선종의 문인문화 수용 · 279
제12장 14세기 문인 사대부와 선종문화 · 306

결언 · 317

각 장의 출처 · 335
참고문헌 · 337
찾아보기 · 343

책을 내면서

좋은 책이란 무엇인가. 백인백답이 있겠지만, 필자는 독자를 불편하게 하는 책이라고 생각한다. 독자가 읽은 후에 이미 알고 있는 지식을 재확인하는 데에 그치거나 아무런 의문이 들지 않는 내용에 불과하면 좋은 책이라고 할 수 없다. 쉽게 읽을 수 있는 책을 요구하는 세상이지만, 오히려 독자가 갖고 있는 통념에 의문을 던지거나 고정관념을 깨뜨리는 책이 필요하다.

학술서는 그러한 울림이 더 요구되는 책이다. 근래 학문 분야가 세분화되고, 연구 성과가 축적되면서 기존 학설에 부가적인 성과를 내놓는 데 그치는 경향이 적지 않다. 연구 성과물은 양적으로 늘어나고 있지만, 도전적인 학설이나 새로운 문제 인식을 담은 연구가 많지 않다.

이러한 경향은 불교와 관련된 학문 분야에서도 예외가 아니다. 한국 학계에서 불교사는 중화주의, 서구 근대주의의 영향으로 인해 연구자의 관심 밖에 놓여 있다. 제도적·물적 조건이 갖추어지지 못한 현실을 탓할 수도 있지만, 연구자들의 시각과 연구 방법이 갖는 한계도 지적하지 않을 수 없다.

'한국불교사'는 근대 이후 서구 근대문명과 일본 근대불교라는 타자에 대응하기 위해 형성되었다. 그러나 통불교 담론으로 대표되는 한국불교의 역사상이 무비판적으로 제시되었고, 내셔널리즘과 결합된 언설이 여전히 영향을 미치고 있다. 1970년대 이후 고대, 중세 불교사 연구가 본격적으로 이루어졌지만, 국가사의 주변에 머문 채 본격적인 사상사 연구로 자리매김하지 못했다. 이후 연구자의 증가와 함께 다양한 연구 성과가 제시되었지만, 불교사는 일국사, 민족사라는 틀을 탈피하지 못하고 있다.

이러한 경향은 대중적인 불교사 이해에 그대로 반영되어 있다. 예를 들어

중등 역사 교과서, 개론서 등에 소개된 '고려불교'의 역사상은 단선적인 이해에 그친다. 의천과 천태종, 지눌(知訥)과 수선사 결사, 조계종 형성 등 인물 중심으로 전체 불교사를 이해하거나 고려대장경, 불화 등 자랑스러운 민족의 문화유산이 강조되고 있다. 이러한 서술은 재검토해야 할 내용이 적지 않으며, 기본적으로 '고려불교'가 어떠한 역사적 의미가 있는지, 실제 고려 시기 사람들의 삶에 어떠한 영향을 미쳤는지를 전체적으로 이해하기 어렵다.

한국 학계에서는 불교사를 특수한 연구 분야로 바라보는 편견이 강하지만, 보편적인 사상·문화로서 불교가 한국의 역사와 문화에 미친 영향은 대단히 넓고 깊다. 따라서 불교사 연구는 일국사 단위가 아니라 적어도 동아시아 지역세계의 범위에서 접근할 필요가 있다. 이와 관련해 기존 연구에서 소외된 선적(禪籍)은 연구 자료로서 가치가 크다.

흔히 한국 고대, 중세 불교사 연구에서 자료가 부족한 한계를 지적하지만, 선적 자료는 오랫동안 연구자의 관심 밖에 놓여 있다. 예를 들어 고려대장경은 세계기록문화유산으로 널리 알려져 있으나 해인사에 함께 소장된 『조당집(祖堂集)』은 세계 유일본인데도 한국 학계의 주목을 받지 못하고 있다. 『조당집』은 20세기 초에 일본인 학자들이 발견했는데, 중국 선종사뿐 아니라 중국어학 연구의 기본 문헌으로서 세계 학계에서 중시되고 있다.

이러한 경향은 고려판 선적으로 확대해도 마찬가지이다. 불립문자라는 도그마와 달리 선종은 방대한 텍스트를 생성했다. 당대에 무수한 어록이 제시되었고, 송대에는 공안선이 성행하면서 불리문자(不離文字)라 이를 정도로 전등사서, 공안집, 시문집 등 다양한 선적이 백화난만(百花爛漫)과 같이 출현했다.

11~15세기 동아시아에서 선은 불교인뿐 아니라 사대부를 비롯한 지식 계층을 매료시켰고, 동아시아 전반의 지식, 문화예술을 선도했다. 선의 정수는 선적에 담겨 있고, 선적이야말로 동아시아 문화 교류의 미디어였다. 또한 선적은 송대 인쇄본의 문헌적 성격이 그대로 반영되어 있다. 송대에 인쇄술의 보급에 따라 많은 사본을 대교, 교감한 정본이 만들어졌고, 정본의 형성 과정은 학문 축적의 집대성을 초래했다. 나아가 편찬자의 의도가 개입되어 인쇄본

도 판본에 따라 문자, 어구와 내용의 차이가 적지 않다. 또한 선의 사상적 변화에 따라 선적의 간행도 시기별로 유행했고, 수요가 줄어들면 판본이 사라지게 되었다. 따라서 원본의 고형을 가장 많이 간직한 송원판, 그것을 복각하거나 계승한 고려판, 오산판 등은 동아시아 선종사, 사상사 연구에 대단히 중요한 자료이다.

지금까지 한국 학계에서는 인물을 중심으로 불교사를 이해함으로써 텍스트를 통한 연구방법론에 대한 관심이 적었다. 그러나 텍스트의 수용과 이해라는 연구 방법은 불교사상이 어떻게 확산되며, 나아가 시대적·사회적 의미가 무엇인지를 이해하는 데에 매우 유용하다. 또한 남송 말 이후 원대 선적은 시문집, 수필집, 공구서 등 다양한 종류로 확대되었다. 선적은 종교적 성전에 그치는 것이 아니라 중국의 고전문헌이라는 성격이 있으므로 송·원대 사상·문화의 이해라는 지평으로 확대해서 독해할 필요가 있다.

근래 디지털 대장경(CBETA)이 제공되면서 고판본에 대한 관심이 낮아지고 있다. 그러나 대장경에 수록된 선적은 대부분 명장본 이후의 유통본이며, 송·원판과 내용 차이가 있다. 따라서 아무리 디지털 매체가 유행하더라도 고판본 전적의 학문적 가치와 중요성은 낮아지지 않는다. 예를 들어 근래에 영인된 『중세선적총간(中世禪籍叢刊)』은 중세 일본의 선종사를 새롭게 이해하는 자료로서 학계의 주목을 받고 있다.

돌이켜 보면 필자가 선적에 관심을 갖게 된 것은 대학원을 진학하기 전에 고려 문집을 통독하면서 시작되었다. 필자는 정몽주, 정도전 등 주자학자들이 『능엄경(楞嚴經)』을 탐독한 양상을 주목하게 되었고, 그러한 경향에 어떤 사상적 의미가 있는지 고민하게 되었다. 이후 이러한 고민을 구체화하여 계환해(戒環解) 『능엄경』의 수용 문제를 해명한 석사학위논문을 썼다. 그러면서 텍스트의 사상적 성격과 독자층의 확산을 통한 사상사 연구방법론에 눈을 뜨게 되었다. 이후 『몽산법어(蒙山法語)』, 『선요(禪要)』 등 선적을 통해 간화선의 수용 문제를 규명했다. 또한 불교가 사상적 한계를 드러내면서 유교 중심의 사회로 전환되는 문제에 대한 해명의 일환으로 간화선의 수용 과정을 밝히는 박사학위논문을 작성하게 되었다.

　이와 같이 필자가 선종사 연구에 나서게 된 경위는 중세 사상사의 구조적 해명을 위한 연구의 일환이었다. 하지만 이러한 과제는 고려 사상사의 범주를 뛰어넘어 동아시아 사상사, 선종사 차원에서 규명하지 않을 수 없었다. 특히, 본격적인 연구가 이루어지지 못한 선적 자료에 대한 문헌학적·사상사적 연구가 기본적으로 요구되었다.

　그러나 고전문헌학 전공조차 대학에 없을 정도로 동아시아 선종사 및 사상사의 연구 기반 부족이라는 한계를 돌파하기 위해 포스닥 과정으로 일본 유학을 떠나게 되었다. 도쿄, 교토에서 몇 년간 동아시아 사상사의 시각에서 선종사를 어떻게 다뤄야 할지에 대한 답을 얻기 위해 다양한 연구 분야에 관심을 갖고 고투했다.

　그 뒤, 『선문염송집(禪門拈頌集)』에 대한 문헌학적 연구 성과를 통해 수선사가 간화선보다 문자선을 중시했던 경향을 밝혔다. 이어 현존하는 공안집, 공안 주석서를 대부분 분석하여 고려 시기 공안선의 전체적인 흐름을 해명했다. 이와 같이 선적 자료를 종합적으로 분석한 결과, 고려 후기의 선은 송·원대 공안선, 선의 제도화, 선종문화 등 사상·문화의 전반적인 경향을 수용해 새롭게 구축되었다는 점과 그 양상을 밝힐 수 있었다. 이를 통해 간화선과 임제종 법통설에 입각한 선종사의 이해나 수선사 신앙결사론 등이 단선적인 이해이거나 허구적인 학설에 불과하다는 것을 규명했다.

　선적 자료에 대한 문헌학적·사상사적 연구는 송·원대 선종사 및 사상사에 대한 이해를 바탕으로 한 것이기에 이러한 성과가 나올 수 있었다. 마찬가지로 선종문화의 사회적·사상적 동향에 대한 분석은 동아시아 사상사의 시각에서 접근함으로써 선종사의 범위를 선승으로만 한정하는 통념을 탈피해 사대부 문인층까지 확대하고 사상사적 의의를 새롭게 제시했다. 선종문화에 대해서는 향후 오산문화의 자료와 문학사, 건축사, 미술사 등 다양한 연구 분야를 아우르는 횡단적인 연구가 요구되므로 관련 연구자들의 관심으로 심화된 연구가 이어지기를 기대한다.

되돌아보면 학문에 몰입할 여건도 갖추지 못했고 재주도 부족한 필자가 묵묵히 정진하며 이룬 성과를 학계에 제시할 수 있어서 다행이라고 생각한다. 이만하면 연구자로서 밥값을 했다고 변명할 수 있을지 모르겠지만, 알게 모르게 도움을 준 이들에게 회향할 만하다고 자족하고 싶다. 아울러 공부를 하면 할수록 모르는 게 더 많아지는 느낌이 들기 때문에 앞으로도 남은 과제를 하나씩 해결하고 싶다. 마지막으로 이 책을 출판해 준 한울엠플러스(주)와 원고를 꼼꼼하게 다듬어주고 깔끔하게 편집해 준 편집부 여러분의 노고에 깊이 감사한다.

오륙도가 보이는 서재에서
조명제

서언

주지하듯이 불교는 고려 시기에 주도적인 사상이자 종교였다. 신라 하대에 수용된 선종이 지방호족과 결합되었기 때문에 고려국가는 화엄종, 유가종 중심으로 불교계를 재편했다. 그러나 고려 중기 이후 선종이 다시 부흥해, 고려 후기 불교계를 주도했다. 그럼에도 불구하고 선종사 연구는 역사학, 철학, 불교학 등의 학문 분야에서 크게 주목을 받지 못하거나 제한된 연구 주제에 머물렀다.

불교학, 철학 분야에서 선종사 연구는 주로 지눌을 중심으로 한 인물 연구에 집중되었다. 지눌 연구는 근대 통불교 담론의 영향이 적지 않으며, 전통적인 법통설과 관련된다. 지눌에 이어 1980년대 이후에 혜심(慧諶), 태고보우(太古普愚), 나옹혜근(懶翁惠勤), 백운경한(白雲景閑), 지공(指空) 등 인물 연구가 이어졌다. 나아가 간화선의 수용과 관련된 주제가 중점적으로 다루어졌다.[1]

1970년대에 역사학계에서 신라 하대 선종의 수용에 주목한 연구 성과가 제시되면서 학계의 주목을 받았다.[2] 이러한 성과는 당시 학계에서 이슈가 되었던 시대구분 논쟁과 관련해 주목을 받았으며, 이후 신라 하대 선종사 연구가 이어졌다.[3] 이에 비해 고려 선종사에 대한 관심은 상대적으로 낮았으나, 1970·1980년대에 허흥식·채상식 등이 금석문 및 선적과 같은 자료를 활용함으로써 연구의 폭을 넓혔다. 이후 연구자의 증가와 연구 수준의 향상에 따라

---

1   조명제, 『고려후기 간화선 연구』(혜안, 2004), 18~24쪽.
2   최병헌, 「신라하대 선종구산파의 성립: 최치원의『사산비명』을 중심으로」, 『한국사연구』, 7(1972); 김두진, 「낭혜와 그의 선사상」, 『역사학보』, 57(1973).
3   김두진, 『신라하대 선종사상사 연구』(일조각, 2007), 13~33쪽.

다양한 주제로 연구가 확산되었다.[4] 그러나 전반적으로 고려 선종사 연구는 연구 시각과 방법론에서 여러 가지 문제점과 한계가 있다.

첫째, 인물 중심의 연구 시각이 갖는 한계이다. 사상사 연구에서 인물의 사상 체계에 대한 규명은 기본적으로 요구되지만, 이로 인해 사상사의 흐름을 단선적으로 이해하거나 사상사의 맥락을 충분히 반영하지 못한 연구가 적지 않다. 나아가 기존 연구는 특정한 시기의 사상이 사상계 전체에 미친 영향과 사회적 위상을 제대로 규명하지 못하고 있다. 한 사람의 사상 체계가 얼마나 정교하게 구축되었는가라는 문제와 그것이 사상계에서 어떻게 수용되고 이해되었는가는 다른 차원의 문제이다. 그런데도 기존 연구에서는 특정 인물의 사상 체계에 대한 과도한 해석을 사상계 전반에 적용해 그것이 전체를 대변하는 것인 듯 단선적으로 이해하는 경향이 강했다. 더욱이 특정 인물의 사상 체계에 대한 이해 자체가 완결성을 갖추거나 설득력이 충분한 것도 아니다.

둘째, 한국불교사라는 틀에 갇힌 연구방법론의 한계이다. 전근대 한국에 수용되고 형성된 불교는 보편적인 사상인 동아시아불교, 특히 중국불교의 흐름과 밀접히 관련된다. 고려 선종사 연구는 특히 송대, 원대 선종사의 흐름과 관련해 추구할 필요가 있다. 따라서 먼저 송대 선의 흐름과 사상 구조가 무엇이며, 송대 선이 고려 선종계에 어떻게 수용되고 변용되는지를 기본적으로 검토해야 할 것이다.

셋째, 기존 연구는 고려 선종사의 흐름을 결과론적 시각에서 바라보거나 전통적인 법통설에 따라 임제종과 간화선에 초점을 맞추어 고려 선종사 전체를 바라보는 문제점이 있다. 이러한 이해는 법안종, 운문종, 조동종을 비롯해 송대 선이 다양하게 수용된 양상을 도외시하거나 고려 선종의 흐름을 단선적으로 이해하는 한계가 있다.

넷째, 자료 이용의 한계와 문헌학적 연구에 대한 무관심이다. 기존 연구는 특

---

[4] 허흥식,『고려불교사연구』(일조각, 1986); 채상식,『고려후기 불교사 연구』(일조각, 1991); 김두진,『고려전기 교종과 선종의 교섭사상사 연구』(일조각, 2006).

정한 인물의 저작만을 연구 자료로 삼는 경향이 있다. 이에 비해 13, 14세기에 간행된 송의 선적(禪籍)이나 고려 선종에서 저술, 편찬된 문헌이 적지 않음에도 불구하고 연구의 대상 밖에 놓여 있다. 선적 자료는 고려 선종에서 송대 선을 어떻게 수용하고 이해하며, 나아가 송대 선이 미친 영향이 어떠한지를 잘 보여준다. 나아가 인쇄술의 발전에 수반된 지식·정보의 변화에서 드러나듯이 선적의 간행이 확산된 것은 선종뿐 아니라 사상계 전반적으로 선종이 얼마만큼 확산되고 사회적·사상적으로 영향력을 발휘했는지 확인할 수 있는 지표이다.

다섯째, 연구 주체와 범위를 승려 중심으로 이해하는 편협한 시각이나 불교사라는 좁은 틀에서 접근하는 한계를 지적하지 않을 수 없다. 선종이 사상적·사회적 영향력을 확산시키는 데에는 왕실, 문인 관료 등 지배층의 후원이 결정적인 작용을 했다. 나아가 당대와 달리 송대의 사대부 사회에서 선의 확산은 양적·질적 차이가 있다. 사대부는 선승에 못지않게 높은 깨달음의 경지를 제시했고, 송대의 선은 사대부를 의식하여 형성된 면도 적지 않다. 마찬가지로 고려 후기 선의 흐름은 사대부와 밀접한 관계가 있다. 나아가 사대부의 선 이해라는 좁은 틀이 아니라 선종문화라는 넓은 범위에서 접근할 필요가 있다.

또한 종래의 유불교류라는 틀에서 바라보는 시각에서 벗어나 고려 사상사라는 범주에서 접근하여 선사상의 사상사적 위치를 규명할 필요가 있다. 나아가 사상 내적인 논리만이 아닌 사회적·역사적 배경과 관련해 분석하는 사상사로서의 접근이 요구된다. 불교사에 대한 범주나 연구 주제를 불교에만 한정해서는 곤란하다. 고려 후기에는 주자학이 수용되고, 그러한 사상적 기반을 배경으로 사대부가 대두했다. 이러한 사회적 변화 속에서 불교는 유교와 어떻게 교류하고 대응했는지, 나아가 승려가 아닌 사대부와 일반민의 불교에 대한 이해와 신앙이 어떠했는가에 대한 문제도 중시되어야 할 주제이다.

이 책에서는 앞서 설명한 연구 시각과 방향 등을 고려해 송대 선의 흐름을 대표하는 공안선이 고려 중·후기에 어떻게 수용되어 정착되는지를 규명하고자 한다. 공안선의 개념은 종래 문자선·간화선 등과 혼용되었지만, 공안선은 문자선과 간화선을 포괄하는 개념이다. 따라서 북송 시기에 문자선의 흐름이 어떠하며, 그것이 선적을 통해 어떻게 집적되었는지 살펴보고자 한다. 이어 고려 선종에 문자선이 수용되는 양상을 선종계에서 저술, 편찬된 공안집과 공안 주석서를 통해 구체적으로 규명하고자 한다.

흔히 고려 불교사 연구에서 문헌 자료의 부족을 지적하지만, 13세기 이후에 간행된 송대 선적이나 고려 선종계에서 저술, 편찬된 문헌이 적지 않으며, 이 가운데 일부가 남아 있다. 그런데도 학계에서는 이러한 문헌에 대해 별로 관심을 갖지 않으며, 관련 연구도 적다. 이러한 선적 자료는 고려 선종에서 송대 선을 어떻게 수용하고 이해했으며, 송대 선이 고려 선종에 미친 영향이 무엇인지를 잘 보여준다.

11세기에 인쇄술이 발전하면서 송대 선적이 다양하게 간행되었고, 12세기 이후 송의 상인을 통해 수용하고 이해했으며, 본격적으로 고려로 들어온다. 고려 선종계에서는 이러한 선적을 통해 공안선을 중심으로 한 송대 선의 동향을 이해하고, 수용했다. 이와 같은 수용 과정을 거쳐 13세기에 고려 선종은 공안선의 수용과 이해를 바탕으로 독자적인 선적을 편찬, 간행했다. 대표적인 문헌은 수선사에서 편찬된『선문염송집(禪門拈頌集)』,『선문삼가염송집(禪門三家拈頌集)』,『선문염송설화(禪門拈頌說話)』등과 가지산문에서 편찬된『선문염송사원(禪門拈頌事苑)』,『조정사원(祖庭事苑)』(30권),『중편조동오위(重編曹洞五位)』,『중편염송사원(重編拈頌事苑)』등이다.

이러한 선적은 대부분 공안선과 관련된 문헌이므로 고려 선종계에서 공안선을 어떻게 수용하고 이해했는지를 단적으로 보여준다. 그럼에도 불구하고 이러한 선적에 대한 문헌학적·사상사적 연구는 거의 이루어지지 못했다. 나아가 이 선적들이 고려 선종계에 미친 영향이나 그 사상사적 위상이 무엇인지에 대한 검토가 본격적으로 이루어지지 못한 실정이다.

현존하는 공안집과 공안 주석서의 내용 분석은 학계에서도 구체적인 연구 성과를 제시하지 못하는 영역이므로, 인물 중심으로 제시된 선종사의 한계를 넘어서기 위해서는 문자선의 수용 과정을 명확히 규명해야 한다. 나아가 고려 후기 선종사를 간화선 중심으로 이해하던 역사상에서 탈피해 공안선의 전체 흐름을 살펴보고자 한다.

먼저 문자선의 수용과 이해 과정을 공안집의 편찬과 공안 주석서의 편찬을 통해 구체적으로 규명하고자 한다. 나아가 13세기 전반기 수선사와 13세기 후반 가지산문에서 문자선에 대한 이해 수준이 어떠했는지 살펴보고자 한다. 이러한 검토를 통해 종래 연구와 달리 13세기 고려 선종에서 간화선보다 문자선이 성행한 양상을 밝혀보고자 한다.

이어 14세기에 문자선이 퇴조하고, 간화선이 성행하는 양상에 대해 살펴보고자 한다. 자료의 한계와 인물 연구의 문제점을 극복하기 위해 이 글에서는 대표적인 선적을 통해 간화선이 성행하는 양상을 살펴보고, 청규·의례·오산 제도 등의 수용을 통해 선의 제도화가 어떻게 이루어지는지 아울러 살펴보고자 한다. 또한 간화선의 성행에도 문자선이 사라지지 않고 일정하게 계승되는 양상을 고려 말에 수용된 『대전화상주심경(大顚和尙注心經)』의 내용 분석을 통해 검토하고자 한다.

다음으로 고려 후기에 선종문화의 형성에 대해서는 송원대 문화의 수용과 관련하여 소식(蘇軾), 황정견(黃庭堅)을 중심으로 한 시문학을 중심으로 시서화 일치의 문화예술이 문인 사대부계층과 선문에서 어떻게 수용되는지를 검토하고자 한다. 나아가 송의 문인문화가 고려 선종에 수용되는 양상을 밝히고, 사대부문화와 선종문화의 매개가 되는 소식, 황정견의 문화예술이 각범혜홍(覺範慧洪)의 저작을 통해 어떻게 공유되는지를 살펴보고자 한다.[5]

---

[5] 선의 용어에 대해 명확한 개념을 규정하지 않고, 편의적으로 사용하는 경우가 적지 않다. 예를 들어 '임제선'과 같이 인명에 선이라는 용어를 편의상 사용하거나 능엄선과 같이 명확하지 않은 개념을 아무런 문제의식 없이 사용하는 경향은 지양할 필요가 있다. 선학 연구자들이 개념을 명확히 규정하지 않고 무분별하게 사용하는 경향이 있는데, 연구사를 통해 검증할 필요가 있다. 이러한 용어는 선종사의 흐름과 맥락을 구분하지 않고 제시된 것이 적지 않다.

제1부

송·원대 선과 선종문화의 형성

─ 제1장 ─

송·원대 선종의 동향과 공안선의 흐름

1. 송대 선종의 동향과 공안선의 형성

당의 불교는 화엄과 유식을 중심으로 한 교학불교가 주도했지만, 송의 불교는 선종과 정토교로 대표된다. 선종은 당대(唐代)에 형성되어 9세기 이후에 확산되었으며, 송대(宋代)에 이르러 불교계를 주도하면서 사상계 전반으로 확산되었다. 그러면 송대 선의 사상적 흐름은 당대 선과 어떠한 차이가 있을까? 중국 선종사의 흐름을 통해 간략하게 정리하면 다음과 같다.

당 초기의 선종은 신수(神秀), 혜안(慧安) 등과 그의 문하로 구성된 북종(北宗)으로 대표된다. 북종의 선은 보적(普寂)이 활동하던 시기에 전성기를 구가했지만, 하택신회(荷澤神會, 684~758)가 출현하여 그의 스승인 혜능(慧能)을 정통으로 내세웠고, 그의 문하에서 하택종이 확산되었다.[1] 8세기 중엽에서 9세

---

[1] 신회는 북종과 마찬가지로 불성을 본래 갖추고 있다는 주장을 부정하지 않았다. 신회는 마음이 본래 묘한 知의 움직임을 갖추고 있고, 妄念에 의한 방해가 없으면 그대로 완성되어 있다고 보았다. 그는 의식적·의도적으로 초월적인 가치를 추구하는 것은 오히려 본래심의 작용으로부터 일탈한 행위이고, 망념이라고 보았다. 신회는 불성을 단계적인 수행을 한 후에 도달하는 목표로서가 아니라 현실에 활동하고 있는 知의 작용이며, 직접적으로 체인하는 것이라고 했다. 이러한 수행 부정의 사고는 이후의 선사상에 커다란 영향을 미쳤다[小川隆, 『神會 敦煌文獻と初期の禪宗史』(臨川書店, 2007), pp. 108~145].

기 초에 북종, 남종을 비롯한 초기 선종의 다양한 흐름이 전개되었다. 이런 가운데 8세기 중반에 마조도일(馬祖道一, 709~788)과 석두희천(石頭希遷, 700~790)이 등장하면서 당대 선에 새로운 변화가 초래되었다.

당대 선을 대표하는 마조의 사상은 작용즉성(作用卽性)이라고 한다. 이 사고의 특징은 심의 본질인 불성의 체(體)와 심(心)의 활동인 불성의 용(用)을 무매개로 동일시하는 점이다. 용에 의거해서 불성의 체를 인식하고자 하는 점에서는 신회와 마조의 사상은 공통된다. 그러나 양자의 사상 구조에는 근본적인 차이가 있다. 하택종의 계승자를 자임하는 규봉종밀(圭峰宗密, 780~841)은 신회가 설하는 것은 어디까지나 자성(自性)의 용이고, 마조가 설하는 것은 수연(隨緣)의 용에 지나지 않는다고 주장했다. 마조의 사상은 외재적 현상을 대상으로 하는 심리작용으로부터 그 대상이 되고 있는 외재적 현상에 이르기까지의 모두를 불성의 드러남이라고 생각하고, 그 진리성을 인정한다.

마조도일은 마음이 곧 부처(卽心是佛)라고 주장했다. 그는 수행에 의해 미혹한 마음을 부처의 마음으로 전환하는 것이 아니라 일상의 있는 그대로의 마음이 도(平常心是道)라고 했다. 수행이 필요 없고, 있는 그대로의 일상을 있는 그대로 긍정하는 사고는 그것에 수반하는 실천의 형태로서 현실의 있는 그대로의 모습을 그대로 이상적 상태로 간주하는 평상무사(平常無事)의 사상을 도출했다.[2]

마조 이후 선종의 특징은 문답을 통해서 수행자에게 스스로 깨닫게 하는 것이다. 스승과 제자의 대화에서 얼핏 이해할 수 없는 문답이 드러나는데, 그것은 답을 주는 것이 아니라 답이 질문자 자신의 내면에서 저절로 나오도록 하려는 의도가 내포되어 있다. 그리하여 선의 사상은 이론으로 집성되는 형태가 아니라 개별적인 일회성의 문답으로 무수하게 기록되었고, 그것이 어록이라는 형태로 표현되고 전승되었다. 그런데 당대의 선문답이 수행의 현장에서 우발적으로 나타나는 일회성으로 이루어진 활발한 문답이었던 것에 비해 송대

2 　小川隆, 『語錄の思想史』(岩波書店, 2011), pp. 46~72.

선문에서는 선인의 문답이 공유의 고전, 곧 공안(公案)으로서 선택, 편집되고, 그것을 제재로서 참구하는 것이 수행의 중요한 항목이 되었다.

한편, 송 초기에 선종이 융성하면서 점차 그들의 권위를 확립하는 언설로 전법(傳法)의 계보, 즉 법통(法統)을 확립해 갔다. 전등사서(傳燈史書)는 법통을 중시하는 시각에서 선종 교단의 역사를 정리한 것이다. 전등사서는 선의 사자상승(師資相承) 계보를 중심으로 역대 조사들의 기연문답(機緣問答)과 상당(上堂), 시중(示衆) 등을 집록하여 이루어졌다.[3]

대표적인 전등사서는 법안종의 승천도원(承天道原)이 편찬한『경덕전등록(景德傳燈錄)』(이하『전등록』)이다.『전등록』의 편찬에 한림학사 양억(楊億)을 비롯해 이유(李維), 왕서(王曙) 등이 간삭(刊削), 재정(裁定)에 참여했다. 이 책은 당말오대의 선불교를 종래의 분류로 파악한 찬녕(贊寧)의『대송고승전(大宋高僧傳)』(988)에 대응하기 위해 편찬된 것이다.[4]『전등록』은『보림전(寶林傳)』과『조당집(祖堂集)』의 뒤를 이어 중국 선종의 역사와 교의를 통합해 서술하고 있다.『전등록』의 수록 범위는 선종의 역사를 과거 7불부터 인도의 28조, 중국의 6조를 거쳐 법안종의 3세까지이며, 선종 조사들의 전기와 기연(機緣)을 정리했다.

『전등록』권27 후반에 수록된「제방잡거징염대별어(諸方雜擧徵拈代別語)」는 제목 그대로 착어(着語)를 인용한 것이다. 전체 내용은 18인의 선승이 모두 87회의 착어를 한 것인데, 이 가운데 73회의 착어는 8명의 법안종 선승들의 것으로 구성되어 있다.『전등록』은 국가가 공인하는 불교 전적으로 중시되었으며, 나아가 당시 지배층이었던 사대부의 애독서로 자리 잡게 되면서 점차 공식적인 권위가 확립되었다.[5]

---

3   柳田聖山,『初期禪宗史書の研究』(法藏館, 1967); 柳田聖山,『初期の禪史』I(筑摩書房, 1971); 椎名宏雄,「北宗燈史の成立」,『敦煌佛典と禪』(大東出版社, 1980).

4   景德 원년(1004)에 양억이 眞宗에게『전등록』을 헌상하고 大中祥符 4년(1011)에 칙명으로 대장경에 입장되었으며, 元豊 3년(1080)에 간행되었다〔石井修道,「『宋高僧傳』と『景德傳燈錄』」,『宋代禪宗史の研究』(大東出版社, 1987), pp. 45~56〕.

『전등록』이 성립되고 권위를 갖게 되면서 이후 다른 종파에서도 전등사서 편찬에 나서 『천성광등록(天聖廣燈錄)』(이하 『광등록』), 『건중정국속등록(建中靖國續燈錄)』(이하 『속등록』), 『가태보등록(嘉泰普燈錄)』(이하 『보등록』) 등이 잇달아 출현했다. 남송 말 순우(淳祐) 12년(1252)에 이러한 4등과 함께 『종문연등회요(宗門聯燈會要)』(이하 『연등회요』)를 아우르는 『오등회원(五燈會元)』이 편찬되었다.[6]

『광등록』은 이준욱(李遵勖)이 1036년에 편찬한 책으로, 임제종의 확산과 밀접히 관련된다. 『임제록(臨濟錄)』 가운데 현존 최고의 고본(古本)은 선화(宣和) 2년(1120)에 중간(重刊)된 것이므로 북송 초기의 단행본이 어떻게 간행되었는지, 그 계통은 어떠한지는 알 수 없다. 그런데 그 원형에 가까운 것이 『광등록』에 남아 있다. 또한 임제만이 아니라 마조도일, 백장회해(百丈懷海, 749~814), 황벽희운(黃檗希運, 814~850) 등 임제종의 원류를 이루는 4대 조사의 어록 집성서인 『마조사가록(馬祖四家錄)』에서도 찾을 수 있다. 이러한 사실은 임제종이 서서히 확산되면서 그 권위를 드러내기 위해 『광등록』의 구성에 일정하게 내포되어 있는 것을 보여준다.

『속등록』은 운문종의 불국유백(佛國惟白)이 건중정국(建中靖國) 원년에 편집한 것이다. 『속등록』은 정종(正宗), 대기(對機), 염고(拈古), 송고(頌古), 게송(偈頌)의 오문(五門)으로 편집되어 있으므로 공안 비평이 유행한 양상이 반영되어 있다. 휘종(徽宗)의 서문에서 드러나듯이 동경(東京) 대상국사(大相國寺)에 혜림선원(惠林禪院)과 지해선원(智海禪院)이 개창되는 등 국가가 통제하는 사원제도가 존재한 것은 송대 선종 교단의 존재 방식을 보여주며, 나아가 송대 선의 성격에도 커다란 영향을 미쳤다. 또한 『속등록』은 운문종에서 임제종

---

5 椎名宏雄, 「宋·元版 『景德傳燈錄』の文獻史的考察」, 『宋元版禪籍の文獻史的研究』 第1卷(臨川書店, 2023), pp. 330~352.

6 石井修道, 「宋代禪宗史の特色: 宋代の燈史の系譜をてがかりとして」, 『東洋文化』, 83(2003).

에 대항하기 위해 편찬한 전등사서이기도 하다.

『연등회요』는 순희(淳熙) 10년에 대혜파의 선승인 회옹오명(晦翁悟明)이 편찬한 것이다.[7] 이 책은 다른 전등사서에 비해 이질적인 성격을 띠고 있다. 다른 네 가지 전등사서 책명에 공통적으로 연호를 붙인 데서 알 수 있듯이 칙편(勅編)인 데 비해, 이 책은『통요』와 마찬가지로 연호가 붙어 있지 않다. 『연등회요』는 4등과 달리 전등보다는 깨달음의 내용에 중점을 두었다. 또한 각 선사의 행장이 생략되어, 각 선사마다 칙수(則數)가 실려 있다. 다시 말해『연등회요』는 각 선사의 어록을 모두 공안의 칙으로 기술했다. 각 선사의 이름 밑에 몇 칙이라고 표시한 것이 그 증거이다. 이러한 특징은『연등회요』가 어록의 공안화가 이루어진『정법안장(正法眼藏)』의 영향을 받았기 때문이다. 『연등회요』는 대혜의 착어가 전권에 걸쳐 대단히 많이 수록되어 있으므로, 대혜파의 공안집이라는 성격을 갖는다.[8]

『보등록』은 운문종의 뇌암정수(雷庵正受)가 1204년에 편집한 전등사서이다. 편찬자인 뇌암이 천태종 산외파인 고산지원(孤山智圓)의 삼교일치설(三教一致說)에 공감했기 때문에 이 책에는 삼교일치론이 반영되어 있다. 이 책의 권22, 23에 성군(聖君) 6인, 현신(賢臣) 49인이 수록되어 있어 송대 국가불교와 사대부의 대두라는 특징과 성격이 잘 드러난다.

전등사서는 성립된 시기의 연호를 붙이고, 입장(入藏)을 공인받았기 때문에 일괄해서 오등록(五燈錄)이라고 총칭되었다. 전등사서의 성립 과정은 송 초기에 선종의 권위가 확립되고, 그것이 국가권력 또는 권위를 통해 확립되었음을 보여준다. 전등사서는 역대 조사들의 기연문답(機緣問答)과 상당(上堂), 시중(示眾)을 집록한 것이기 때문에 공안집의 편찬과도 밀접히 관련된다.

---

7   椎名宏雄,「五山版『聯燈會要』の檢討」(2023), pp. 439~451.
8   石井修道,「大慧宗杲とその弟子たち(三): 大慧の『正法眼藏』と『聯燈會要』」,『印度學佛教學研究』, 20-2(1972); 石井修道,「大慧語錄の基礎的研究(中):『正法眼藏』の出典と『聯燈會要』との關係」,『駒澤大學佛教學部研究紀要』, 32(1974).

송대의 선은 사상과 실천이라는 면에서 본다면 공안선으로 대표된다. 공안은 선문에 공유되는 고전으로서 수집, 선택된 선인의 문답 기록이며, 그것을 과제로서 참구하는 것이 공안선이다. 공안선은 크게 문자선(文字禪)과 간화선(看話禪)으로 나뉜다.[9] 문자선은 공안의 비평과 재해석을 통해 선리(禪理)를 탐구하는 것으로 대어(代語), 별어(別語), 송고(頌古), 염고(拈古), 평창(評唱) 등이 주된 수단이다.[10] 문자선은 분양선소(汾陽善昭)의 『분양송고(汾陽頌古)』에서 비롯되며, 그 정점에 이른 것이 설두중현(雪竇重顯)의 『설두송고(雪竇頌古)』와 그에 대한 원오극근(圜悟克勤)의 강의록인 『벽암록(碧巖錄)』이다.

간화선은 특정한 공안에 모든 의식을 집중시켜 그 한계점에서 극적인 깨달음의 체험을 얻고자 하는 방법이다. 원오의 제자인 대혜종고(大慧宗杲)가 모든 구도자가 실천할 수 있고, 또 깨달음을 이룰 가능성이 높은 수행방법론을 완성했다. 아울러 간화선의 완성은 여러 가지 배경과 경위가 있지만 『벽암록』의 평창에서 간화선이라는 결실을 거둘 싹을 확인할 수 있다.

그러면 문자선이 어떠한 흐름을 보이며, 관련 문헌이 어떤 과정을 거쳐 출간되는지 살펴보기로 한다. 당의 선승들이 문답을 통해 선의 깨달음을 추구했다면 송의 선승들은 스스로의 문답이 아니라 공안에 대한 비평의 독창성으로 실력을 과시했다. 송대에 착어는 처음 염고가 유행하다가 송고로 전환되었고, 이어 평창과 같은 형태로 발전했다. 고칙에 송을 붙이는 것은 중당(中唐)부터 시작되었고, 설봉(雪峰), 현사(玄沙), 법안(法眼) 등이 많은 작품을 남겼다. 『조당집』이나 『광등록』에서 그러한 면을 확인할 수 있다. 그러나 고칙을 모아 연속해서 같은 형태의 송을 붙인 것은 분양선소가 최초였다. 그는 천희(天禧)

---

9 小川隆, 『語錄の思想史』, pp. 288~289.
10 拈古는 보통의 말에 의한 비평이다. 頌古는 시에 의한 비평이다. 代語는 선문의 문답에서 주객의 누군가가 말이 없을 때에 대신하여 답하는 말이다. 別語는 문답의 주객에 대해 제3자의 입장에서 진술하는 말이다. 徵問은 師家를 徵詰, 問詰하는 것이다. 이 외에 短評, 評唱(講評) 등 다양한 비평 형식이 있으며, 이들을 총칭해서 착어라고 한다.

연간(1017~1021)에 『전등록』에서 100칙의 기연을 뽑고, 여기에 송고와 염고를 덧붙여 『선현일백칙(先賢一百則)』과 『대별일백칙(代別一百則)』을 지었으며, 스스로 만든 공안 100칙을 모아 『송고대별삼백칙(頌古代別三百則)』을 편집했다.

이러한 공안 비평은 운문종의 설두중현이 출현하여 『설두송고』를 제시하면서 문자선의 정수로서 폭넓게 수용되었다. 『설두송고』는 그 내용과 질에서 전례가 없는 획기적인 것이었다. 이후 임제종 양기파의 백운수단(白雲守端)이 110칙의 송고를 남겼고, 대혜종고도 역시 송고 110칙을 남겼다. 이러한 풍조는 조동종의 경우에도 마찬가지였다. 조동종을 대표하는 투자의청(投子義靑), 단하자순(丹霞子淳), 굉지정각(宏智正覺) 등이 송고 100칙을 남겼다.

이와 같이 전등사서에서 송고집, 염고집으로 옮겨 가는 과도기에 문답만을 모아 가볍게 볼 수 있게 편찬한 문헌이 『종문척영집(宗門摭英集)』이다. 이 책은 경우(景祐) 5년(1038)에 월주(越州) 초화선원(超化禪院)의 주지인 승천유간(承天惟簡)이 편집한 공안집이다.[11] 유간은 운문문언(雲門文偃) - 지문사관(智門師寬) - 오조사계(五祖師戒) - 늑담회징(泐潭懷澄)으로 이어지는 운문종 법맥을 이은 인물이다.[12] 이 책은 혜능에서 유간의 사형인 적성산용량(赤城山用良)까지 선사 392명의 공안 1670칙을 집성한 것이다. 전거는 『전등록』과 『광등록』이 최대 자료원이며, 유간이 『보림전』을 알고 있었지만 그것을 이용하지 않았다.

『종문척영집』에 수록된 선승 가운데 운문종 출신이 가장 많고, 『전등록』과 『광등록』에 없는 문답이 많이 채록되어 있다. 392명의 수록 선승 중에 『전등록』과 『광등록』에 이름이 없는 선승은 대동보제(大同普濟) 등 13명이며, 이 가운데 8명이 운문종 출신이다. 두 전등록 이외의 자료에서 뽑은 730칙은 운문종

---

[11] 유간은 皇祐 3년(1051)에 陳碩의 後序를 얻고, 황우 5년(1053)에 閔從周의 서문을 얻어 杭州에서 『종문척영집』을 간행했다.

[12] 『續燈錄』 卷6(Z78), p.673; 西口芳男, 「黃龍慧南の臨濟宗轉向と泐潭懷澄: 附錄 『宗門摭英集』の位置とその資料的價値」, 『禪文化研究所紀要』, 16(1990).

과 깊은 관련을 갖는 것이 가장 많다. 『전등록』과 『광등록』이 각각 법안종, 임제종의 전등사서인 데에 비해 유간은 운문종의 입장에서 공안을 채록했다.[13]

11세기에 『종문척영집』과 비슷한 성격의 문헌이 다수 나타났다. 이 책보다 4년 전인 1034년에 이루어진 『전등옥영집(傳燈玉英集)』[14]이나 달관담영(達觀曇穎)의 『오가전(五家傳)』도 전기를 제외한 문답만을 수록한 것이다. 『종문척영집』은 전등사서에서 송고집, 염고집으로 옮겨 가는 과도기에 편찬된 문헌이라는 성격을 띤다. 그리하여 북송의 대표적인 공안집인 『종문통요집(宗門統要集)』(이하 『통요』)가 등장하면서 『종문척영집』에 대한 수요가 급속하게 줄어들면서 사라진다.[15]

북송 말인 1093년에 종영(宗永)이 편집한 『통요』는 선문의 고칙 공안과 그것에 대한 착어를 계보 순서로 편집한 공안집이다. 『통요』는 북송에서 남송에 걸쳐 공안선이 집대성될 때에 폭넓은 영향을 미친 선적이다.[16] 『통요』의 영향이 최초로 드러난 전적은 『벽암록』이다. 『벽암록』은 원오극근이 설두중현의 송고백칙(頌古百則)에 수시(垂示), 착어(著語), 평창(評唱)을 붙인 것이므로 설두의 저술이 기본 자료이다. 원오는 다른 선승의 착어를 인용할 때에 『통요』를 널리 활용하는 등 『벽암록』 편찬의 기본 자료로 『통요』를 활용했다.

『통요』의 영향은 이후 각종 어록, 공안집 등에 폭넓게 나타난다. 대혜종고의 『정법안장(正法眼藏)』은 『통요』를 출전으로 삼았으며, 그의 『법어(法語)』에도 그러한 면모가 드러난다.[17] 『연등회요』, 『종문회요(宗門會要)』 등 공안집

---

13 椎名宏雄, 「解題」, 『禪典』 6上(臨川書店, 2001), pp. 421~422.
14 椎名宏雄, 「『傳燈玉英集』の基礎的考察」, pp. 280~301.
15 椎名宏雄, 「解題」, p. 426.
16 石井修道, 「『宗門統要集』について(上)」, 『駒澤大學佛教學部論集』, 4(1973); 「『宗門統要集』について(下): 統要と會要の著語の比較と出典」, 『駒澤大學佛教學部論集』, 5(1974); 「『宗門統要集』と『碧嚴綠』」, 『印度學佛教學研究』, 46-1(1997).
17 石井修道, 「解說」, 『大乘佛典 中國·日本編 12 禪語錄』(中央公論社, 1992); 「南宋禪をどうとらえるか」, 鈴木哲雄 編, 『宋代禪宗の社會的影響』(山喜房佛書林, 2002).

에도 『통요』가 근본 자료로서 활용되었다. 『연등회요』는 『통요』에 기본적으로 바탕을 두면서 대혜의 『정법안장』과 합철한 것이다.[18] 또한 『통요』의 영향은 『무문관(無門關)』, 『오등회원(五燈會元)』 등 남송의 선적까지 폭넓게 이어진다.[19] 『통요』의 문헌적·사상적인 영향은 중국 선종만이 아니라 동아시아 불교로 이어졌다.

그런데 남송에 이르러 공안 비평 가운데 송고가 가장 유행했으므로 『통요』와 같은 염고집보다 송고집이 훨씬 다양하게 출현하게 되었다. 『사가록(四家錄)』, 『선종송고연주집(禪宗頌古聯珠集)』 등이 대표적인 송고집으로 집성되었다. 염고집, 송고집의 편찬과 함께 공안집의 편찬도 계속 이루어졌고, 남송, 원대를 통해 증보되는 경우도 많았다.

한편, 송대에 전등사서, 공안집과 함께 선승들의 개별 어록이 방대하게 편찬, 간행되었다.[20] 선어록은 대개 2종류로 나뉘는데 하나는 선승의 언행록이며, 구두에 의한 설법을 들었던 문인이 기록한 것이다. 다른 하나는 선승 자신이 써놓은 것이다. 전자는 당대(唐代)에 시중(示衆)으로 불리고, 송대에는 상당(上堂)이라 칭한 설법과 소참(小參)이나 그것과 비슷한 보설(普說)이 포함된다. 한편 후자에는 송고, 염고, 찬(贊), 법어(法語), 서(書) 등이 포함된다.[21]

18　石井修道, 「解說」; 石井修道, 「大慧語錄の基礎的硏究(中): 『正法眼藏』の出典と『聯燈會要』との關係」, 『駒澤大學佛敎學部硏究紀要』, 32(1974).

19　石井修道, 「『無門關』の成立·伝播·性格をめぐって」, 『愛知學院大學人間文化硏究所紀要(人間文化)』 16(2001).

20　柳田聖山, 「語錄の歷史: 禪文獻の成立史的硏究」, 『東方學報』, 57(1985); 『禪文獻の硏究』 上(法藏館, 2001)에 재수록.

21　石井修道, 「解說」, pp. 403~405. 선어록은 범위를 넓히면 경론의 주석서와 고칙의 편집본, 수필집도 포함된다. 또한 선종 사원의 규칙을 집대성한 청규도 있고, 선종의 역사를 편집한 전등사서도 더해질 수 있고, 송고와 염고를 더욱이 해설한 문헌도 있으니 『벽암록』, 『종용록』은 당연히 선어록을 대표하는 것이라 할 수 있다. 부록의 대표적인 것은 年譜이고, 간단한 것은 塔銘, 碑銘이다. 선승의 悟道의 기록인 行錄과 참선과 대화의 기록인 勘弁과 遊方語錄도 있고, 절 이외에 초청되었을 때의 入內記錄, 法話, 대화 등도 존재한다.

상당(上堂)은 주지가 정기적으로 법당에서 대중을 위해 설법하는 것이다. 상당은 법당에 오른다는 의미로, 설법하는 자리에 오르는 것이므로 승좌(陞座)라고도 불린다. 송대 이후 큰 절에는 법당이 완비되면서, 상당은 정식 설법으로서 아침에 이루어진다. 상당은 설법하는 선승이나 법을 듣는 이도 위의(威儀)를 갖추고 엄숙하게 행해진다. 송대에 이르러 오참상당(五參上堂)이 일반화되어 1, 5, 10, 15, 20, 25일, 곧 5일마다 상당이 정례화 및 형식화되었다.

당대에 법당이라는 장소와 시간에 구애받지 않고 대중(수행자)에게 법을 보인다는 시중(示衆)이 일반적인 법문이었다. 송대에 법당이 없는 경우와 큰 관사(官寺)가 아닌 소규모 암자와 사원(私院)에서 하는 설법을 시중이라고 부르기도 했다. 또한 병불(秉拂)은 주지가 불자(拂子)를 들고 설법하는 데에서 유래한 것이며, 주지를 대신하여 수좌가 행하기도 했다.

소참(小參)은 주지가 수시로 방장에서 행하는 설법으로 정기적인 상당의 간극을 보충한다는 중요한 의미가 있다. 아침에 행하면 신참(晨參), 저녁에 행하면 만참(晩參)이라 한다. 청법자의 수에 따라 법당에서 행하지만, 방장 등에서 행해지는 경우도 많고 설법 내용도 스스럼이 없는 법화(法話)와 자세한 교훈에 이르므로 상당에 비해 편안한 설법이다.[22] 소참에 가까운 설법 가운데 보설(普說)이 있다. 소참은 절의 월례 행사로서 정기적이지만, 보설은 임시로 행해진다. 설법의 의뢰는 수행자뿐만 아니라 재가자가 하는 경우도 있는데 재가자가 의뢰하는 목적은 친인척의 추천(追薦) 공양도 포함된다.

다음으로 송고(頌古), 염고(拈古), 찬(贊), 법어(法語), 서(書) 등에 대해 살펴

---

22 기존 연구에서는 당대에는 설법이 수시로 행해졌기 때문에 상당과 소참의 구별이 없지만, 송대에 三八晚參이라고 불려 3, 8, 13, 18, 23, 28일 밤에 정례화하고 형식화했던 것으로 이해하고 있다. 그러나 최근〔角田隆眞,「小參考」,『曹洞宗總合硏究センタ學術大會紀要〈第一九回〉』(2018)〕에서 소참에 대한 이해가 잘못되었다는 지적이 제기되었다. 三八日이라는 정기 고정화는 三八念誦이고, 소참은 三八日이라는 정기적 설법이 아니라는 사실이 밝혀졌다〔石井修道,「道元の小參と法語」, 榎本涉·龜山隆彦·米田眞理子 編,『中世禪の知』(臨川書店, 2021), pp. 195~204〕.

보기로 한다. 송고는 고칙(古則)에 운문(韻文)으로 자기 견해를 서술한 것이고, 염고는 운문 형식을 취하지 않고 견해를 서술한 것이다. 찬은 운문으로 불보살과 조사를 기리는 것이고 화상(畫像)에 붙인 것이 많다. 법어와 서는 특정 수행자에게 준 것이다. 내용과 형식은 양자 모두 비슷하지만, 법어의 내용이 선의 원칙적인 점을 서술하는 것이 일반적이고, 하나하나의 법어로 일단 완결된다. 이에 비해 서는 상대의 상황에 따라 설명하고, 몇 번씩 주고받는 경우가 있으며 매우 개인적인 경우도 있다.

송대에 어록의 편집은 선승의 생전에 그의 감독을 거쳐 그 선승이 입적한 후에 바로 간행되거나 경우에 따라서는 생전에 간행되기도 했다. 선승이 입적한 후에 편집된 경우에도 완성된 원고를 다른 선배에게 제시해 첨삭을 청하고, 그 서문과 발문을 얻어 간행하는 것이 보통이었다. 송대에는 선종이 널리 사회에 침투해 갔지만, 출판에 의한 선적 유포는 송대에 선종이 사회로 널리 침투하게 하는 하나의 원동력이 되었다.

한편, 선어록은 스승과 제자와의 문답에서 비롯된 것이다. 이러한 문답이 깨달음의 기연을 이루면서 공안이 되었고, 송에 이르러 공안 비평이 성행하게 되었다. 나아가 공안 비평의 폐단과 무사선(無事禪)의 성행에 따른 문제를 비판하고, 간화로 나아가는 과정이 송대 선의 흐름이었다. 그러면 이러한 흐름이 당, 송 선종에서 어떠한 과정을 통해 형성되었을까.

선의 문답은 본래부터 이해할 수 없거나 의미가 불명확한 것은 아니었다. 예를 들어 덕산(德山)의「삼십주장(三十拄杖)」은 송의 선문에서 자주 취급되었다.[23] 『종문통요집』 권7 덕산장(德山章)에서「금야부득문화(今夜不得問話)」가「금야부답화(今夜不答話)」로 바뀌고,「삼십주장(三十拄杖)」이「삼십방(三十棒)」이 되었다.

---

23 『景德傳燈錄』 卷15, 德山宣鑑, T52, p.317, "師上堂曰, 今夜不得問話. 問話者, 三十拄杖. 時有僧出, 方禮拜, 師乃打之. 僧曰, 某甲話也未問, 和尙因什麼打某甲. 師曰, 汝是什麼處人. 曰, 新羅人. 師曰, 汝上船時便好與三十拄杖".

오조법연(五祖法演)은 백운수단(白雲守端)의 문하에서 깨달으면서 궁극적인 폐색 상황의 타개를 '철산함(鐵酸餡)'을 씹어 으깬다고 표현했다. '철산함'은 일체의 언어와 사고를 끼워 넣을 여지가 없는, 무의미의 덩어리라는 형상이며, 언어를 차단하고 논리적 사고를 거절하여 어떠한 의미에도 환원 불가능한 것으로 고인의 언구를 참구하는 것을 법연과 원오는 '몰자미(沒滋味)'의 '철산함'을 씹는다고 표현했다.

스승과 제자 사이에 간파되어야 하는 뜻을 포함하고 있었던 문답은 맥락을 차단하고 해석을 거절하는 무의미한 말의 덩어리, 곧 공안이 되었다. 법연과 원오의 획기적인 점은 선인의 문답을 탈의미적인 '공안'으로 하는 사고에 있지 않았다. 그들이 참신한 것은 '몰자미'의 '철산함'을 무리하게 입에 쑤셔 넣은 것으로 학인을 실제 깨닫게 하는 공안의 실천적인 활용법에 있었다. 나아가 법연의 '철산함' 수법은 원오에게 이어졌다. 그리하여 당대에 이루어진 활발한 문답은 송대에 이르러 철산함으로 바뀌고, 최후에 '무자'로 응결되었다. 문답의 선은 공안의 선으로 전환되고, 그것이 방법화되어 간화선이 되었던 것이다.[24]

2. 원대 선종의 동향과 선의 제도화

금과 남송이 대륙의 남북을 양분하면서 선종은 대체로 금에서는 조동종이, 남송에서는 임제종이 선종계를 주도하는 흐름이 이어졌다. 임제종은 대혜파와 호구파에서 나온 파암파(破庵派), 송원파(松源派)에서 뛰어난 선사들이 배출되었다. 대혜파에서는 무용정전(無用淨全)과 졸암덕광(拙庵德光)의 계보에서 많은 선사가 배출되었다. 무용의 문하에서 소옹묘감(笑翁妙堪), 무문도찬(無文

---

24 小川隆, 「鐵酸餡: 問答から公案へ 公案から看話へ」, 『臨濟宗妙心寺派教學研究紀要』 8(2010); 土屋太祐, 「宋代禪宗における看話禪の形成」, 『駒澤大學禪研究所年報』, 32(2020).

道燦) 등이 나왔고, 졸암덕광의 문하에서 뛰어난 선사들이 연이어 배출되었다. 특히 북간거간(北磵居簡)-물초대간(物初大觀)-회기원희(晦機元熙)로 이어지는 계보가 가장 두드러진다. 또한 절옹여염(浙翁如琰)와 그의 제자 대천보제(大川普濟)로 이어지는 계보와 묘봉지선(妙峰之善)-장수선진(藏叟善珍)-원수행단(元叟行端)으로 이어지는 계보의 선사들이 활약했다.

파암파에서는 파암조선(破庵祖先)의 문하에 무준사범(無準師範)-단교묘륜(斷橋妙倫)-방산문보(方山文寶)로 이어지는 계보가 눈에 띈다. 또한 무준의 문하에서 송파종계(松坡宗憩), 설암조흠(雪巖祖欽), 올암보녕(兀菴普寧) 등이 배출되었다. 송원파에서는 송원숭악(松源崇岳)의 제자에 엄실선개(掩室善開)-석계심월(石溪心月), 운암보암(運庵普巖)-허당지우(虛堂智愚), 멸옹문례(滅翁文禮)-횡천여공(橫川如珙), 무득각통(無得覺通)-허주보도(虛舟普度) 등으로 이어지는 선승들이 배출되었다.

이에 비해 조동종은 남송에서는 뚜렷한 자취를 남기지 못했지만, 금의 불교계에서는 두드러진 행적을 보인다. 특히 만송행수(萬松行秀, 1167~1246)의 활약이 눈에 띄는데, 그의 문하에서 임천종륜(林泉從倫, 생몰년 미상), 설정복유(雪庭福裕, 1203~1275) 등이 배출되었다. 만송은 대표적인 공안 평창록을 저술하고, 금 장종(章宗)이 그에게 귀의했다. 또한 복유는 원의 쿠빌라이에게 중용되고, 불교를 대표하여 궁정 내에서 전진교(全眞敎)의 이지상(李志常)과 논쟁을 벌여 승리했다.[25]

몽골제국은 반몽골적인 움직임만 없으면 종교 활동에 관용적인 태도를 보였다. 몽골 황실은 티베트불교에 깊이 귀의했기 때문에 정치적으로도 그 영향을 적지 않게 받았다. 다만 전체적인 동향으로 보면 선종이 원대 불교를 주도했는데, 그 가운데 임제종이 강남을 중심으로 성행했다.[26]

---

[25] 中村淳, 「モンゴル時代の道佛論爭の實像: クビライの中國支配への道」, 『東洋學報』, 75(1999); 「クビライ時代初期における華北佛敎界: 曹洞宗敎團とチベット佛僧パクパとの關係を中心にして」, 『駒澤史學』, 54(1999).

임제종의 경우 대혜파, 송원파 등에서 많은 선승을 배출했지만, 파암파의 설암조흠(雪巖祖欽) 계열이 눈에 띈다. 그의 법계는 고봉원묘(高峰原妙, 1238~1295)-중봉명본(中峰明本, 1263~1323)-천암원장(千巖元長, 1284~1357)-천여유칙(天如惟則, ?~1354)으로 이어진다. 대혜파는 북간거간(北磵居簡)-물초대관(物初大觀)-회기원희(晦機元熙)-소은대흔(笑隱大訢)·동양덕휘(東陽德輝) 등으로 이어지는 계보로 대표된다.[27] 다만 문파의 차이와 상관없이 남송 이후 임제종에서 공안선이 성행했고, 사대부 문인에게까지 널리 확산되었다.

파암파는 문파를 대표하는 중봉명본(中峰明本, 1263~1323)이 은둔적인 경향을 지녔으므로, 그의 문하도 은일(隱逸)의 경향이 강했다.[28] 그에 반해 대혜파의 소은대흔, 동양덕휘 등은 원의 국가권력에 적극적으로 접근하는 경향을 보였다. 이러한 양상은 특히 톡 테무르가 즉위한 후에 두드러지게 나타난다.

원대의 선은 기본적으로는 송대의 선을 거의 그대로 계승했기 때문에 선정쌍수(禪淨雙修), 교선일치(敎禪一致), 삼교일치(三敎一致)라는 사상적 흐름이 명청 시기까지 이어져 갔다. 나아가 이러한 경향은 간화선의 흐름에서도 거의 차이가 없다고 할 수 있다. 원대에는 『허당집(虛堂集)』, 『공곡집(空谷集)』, 『청익록(請益錄)』, 『종문통요속집(宗門統要續集)』 등의 공안집이 편찬되어 남송 말 이후 대두된 공안 참구의 정형화가 강화된 양상을 보여준다. 특히 무문혜개(無門慧開, 1183~1260)의 『무문관(無門關)』에서는 공안에 의한 깨달음에 절대적인 가치로 두고, 깨닫기 위한 수행을 강조하며 수행자에게 훈계하고 격려하는 것이 주요한 내용이다.[29]

---

26 西尾賢隆,「元朝の江南統治における佛敎」,『中國近世における國家と禪宗』(思文閣出版, 2006).
27 野口善敬,『元代禪宗史硏究』(禪文化硏究所, 2005), pp. 1~22.
28 佐藤秀孝,「元の中峰明本について」,『宗學硏究』, 23(1981); 野口善敬,「中峰明本の生涯とその思想」, pp. 89~136.
29 『無門關』은 1228년에 無門慧開가 절강성의 龍翔寺에서 제자들을 지도하면서 기록한 것을 공안 48칙에 혜개의 評唱과 頌을 붙여 편집해 다음 해인 1229년에 간행했다. 『무문관』은

선종은 남송 이후에 점차 세속화되는 양상이 심화되었다. 이러한 흐름은 외부적으로 남송 정부의 재정난과 관련이 있다. 남송 정부에서는 재정난을 타개하기 위해 사원에 많은 세금을 부과하는 정책을 실시한다. 사원에서는 이에 대응하기 위해 재산을 적극적으로 운용해야 했으므로, 선종 사원의 주지에게는 선승 본래의 역량보다는 사원 경영 능력이 더 중시되는 경향이 점차 확산되었다.

선종의 세속화는 송대 선의 전체적인 흐름과 무관하지 않으며, 선의 제도화라는 양상과 밀접하게 관련된다. 선의 제도화 현상은 선종 의례, 청규(淸規), 오산제도(五山制度) 등을 통해 확인할 수 있다. 또한 선종의 세속화는 공안선이 확산되면서 사대부와 교류가 널리 성행했고, 그로 인해 선문에 사대부문화가 확산되었다.

청규는 선종의 생활규범으로, 선종이 하나의 교단으로서 독립되었음을 보여주는 것이다. 청규의 효시라고 하는『백장청규(百丈淸規)』는 백장회해(百丈懷海, 720~814)가 제정한 것이지만 현존하지 않는다. 북송 숭녕(崇寧) 2년(1103)에 운문종의 장로종색(長蘆宗賾)이『선원청규(禪苑淸規)』를 편찬했다.[30] 남송 가태(嘉泰) 2년(1202)에 다시 판각된『중조보주선원청규(重雕補註禪苑淸規)』가 널리 수용되었다.[31]

그런데 이와 다른 계통의 고려판『선원청규』가 1254년에 고려대장경 보유판으로 간행되었다. 고려판은 북송 정화(政和) 원년(1111) 판본에 의거한 것

『벽암록』에 비해 분량이 적고, 내용도 간명하여 간화선의 수행에 편리하다. 제1칙에 '무자' 화두가 제시되어 편자인 혜개의 의도가 집약되며, 간화선의 확산과 밀접한 관련을 갖는다[石井修道, 「『無門關』의 成立・伝播・性格をめぐって」, 『愛知學院大學人間文化硏究所紀要(人間文化)』16(2001)].

30 金井德幸, 「宋代禪刹の形成過程: 十方住持制の法制化」, 『駒澤大學禪硏究所年報』, 15(2003); 諸戶立雄, 『中國佛敎制度史の硏究』(平河出版社, 1990); 林德立, 『中國禪宗叢林淸規史の硏究』(山喜房佛書林, 2011).

31 椎名宏雄, 「五山版『重雕補註禪苑淸規』の槪要」, pp. 492~495.

이므로 『선원청규』의 고형을 가장 잘 전하는 것이다. 그러나 고려판은 다른 판본과 비교하면 본문 구성에서 크게 다르다. 고려판은 현행본 제8권에 수록되어 있는 좌선의(坐禪儀), 자경문(自警文), 일백이십문(一百二十問), 제10권에 수록된 권단신(勸檀信), 재승의(齋僧儀) 등 5편이 기재되어 있지 않다.[32]

종색이 『선원청규』를 편찬하게 된 배경에는 송의 사회경제적 변화와 함께 선종 사원의 거대화, 사원경제의 변화, 공안선의 유행에 따른 수행 방법의 변화 등에 대한 대응이 현실적으로 요구되었기 때문이다. 당의 선종이 자급자족을 표방하던 것과 달리 장원경제가 발달하고, 신도에 대한 의존도가 커지면서 『백장청규』로는 대응하기 곤란한 상황이 되었다.

백장고청규(百丈古淸規)에 선림의 가람은 법당(法堂), 승당(僧堂), 방장(方丈), 요사(寮舍) 등이나 불전(佛殿)은 존재하지 않는다.[33] 송대에 이르러 선종 사원은 대전(大殿), 법당(法堂), 승당(僧堂)을 비롯하여 고사(庫司), 중료(衆寮), 욕실(浴室), 연수당(延壽堂), 장사(莊舍), 해원(廨院) 등 많은 건물로 구성되었다.[34] 또한 선종 사원의 직제에서 감원(監院)이 도사(都寺), 감사(監寺), 부사(副寺) 3직위로 분화되고, 육지사(六知事), 육두수(六頭首)로 정형화되었다. 선원의 경제기구가 복잡하게 되어 감원의 직장(職掌)이 복잡해졌기 때문이다.

이후 『입중일용청규(入衆日用淸規)』(1209)[35], 『입중수지(入衆須知)』(1263), 『총림교정청규총요(叢林校定淸規總要)』(이하 『교정청규』, 1274)[36], 『총림비용청규

---

32 小坂機融, 「禪苑淸規の變容過程について: 高麗版禪苑淸規の考察を介して」, 『印度學佛教學研究』, 20-2(日本印度佛教學會, 1972).

33 椎名宏雄, 「『禪苑淸規』成立の背景」, 『印度學佛教學研究』, 53-1(2004).

34 일본 선림에 정형화된 七堂伽藍은 山門, 불전, 법당, 庫院, 승당, 浴室, 東司 등은 중국 선림에 전거가 있지 않다. 다만 남송 선림에서 산문, 불전, 법당이 일직선상에 있고, 오른쪽에 욕실, 고원, 왼쪽에 동사, 승당이 좌우 대조로 나란히 있다〔韓志晩, 「韓國高麗時代における禪宗寺院の傳來と展開」, 東京大學 大學院 工學系研究科 博士學位論文(2009)〕.

35 無量宗壽가 편찬한 『無量壽禪師日用淸規』의 약칭이다〔椎名宏雄, 「五山版 『無量壽禪師日用淸規』の基本的考察」, pp. 509~515; 椎名宏雄, 「五山版 『無量壽禪師日用淸規』の槪要」, pp. 516~518〕.

(叢林備用清規)』(이하 『비용청규』, 1311), 『환주암청규(幻住庵清規)』(1317) 등 다양한 청규가 편찬되었다.

『입중일용청규(入衆日用清規)』와 『입중수지』는 총림의 초학자를 대상으로 한 계몽적 청규이다. 『환주암청규』는 중봉명본 계열의 청규이며, 널리 행해지지 않았다. 『선원청규』, 『교정청규』, 『비용청규』 등과 종래의 청규를 집대성한 『칙수백장청규(勅修百丈清規)』(이하 『칙수청규』)가 대표적이다.[36] 청규는 각각 그것이 성립된 시대와 사회를 반영한 변이를 포함하고 있다.

『칙수청규』는 지원(至元) 4년(1338)에 동양덕휘(東陽德輝)가 편찬한 것이다. 『칙수청규』는 선종의 세속화에 따른 폐단을 제거하고, 사원마다 다른 청규를 통일하기 위한 의도에서 편찬되었다.[38] 이 청규에는 권두에 순제(順帝)의 성지(聖旨)가 제시되어 있고, 축리(祝釐), 보본(報本), 보은(報恩) 등 9장으로 이루어져 있다. 이러한 구성은 국가권력과의 관계가 강화된 면을 보여준다.[39]

그런데 선종이 국가권력과 결합되는 경향은 송대에 비교적 일찍부터 시작되었다.[40] 북송 이후 선승들은 스스로 '신승(臣僧)'이라고 표현했고,[41] 입사개

---

36 椎名宏雄, 「五山版『叢林校定清規總要』の概要」, pp. 519~520.
37 佐藤達玄, 「勅修百丈清規にみる元代の叢林機構と性格」, 「元代叢林の經濟生活」, 『中國佛教における戒律の研究』(木耳社, 1986).
38 『勅修百丈清規』(T48), p. 1110, "曾行聖旨有來江西龍興路百丈大智覺照禪師在先立來的清規體例, 近年以來各寺裏將那清規體例, 增減不一了, 有如今教百丈山大智壽聖禪寺住持德輝長老, 重新編了, 教大龍翔集慶寺笑隱長老爲頭, 揀選有本事的和尙, 好生校正歸一者. 將那各寺裏增減來的不一的清規, 休教行依著這校正歸一的清規體例定體行".
39 기존 연구에서 국가불교의 개념을 명확하게 규정하지 않고 관행적으로 표현하는 경우가 적지 않다. 송대에 국가의 불교정책이 보호와 통제라는 양면성이 있고, 이러한 경향이 제도로서 원대에도 계승되었다. 불교 교단은 국가권력에 영합하는 경향과 함께 종교적 독자성을 유지하는 흐름이 존재했다. 따라서 연구자들이 국가와 종교와 관계를 단선적으로 이해하거나 국가불교라는 모호한 개념을 무비판적으로 적용하는 것을 지양할 필요가 있다.
40 石井修道, 『道元禪の成立史的研究』(大藏出版, 1991), p. 564.
41 북송 契嵩은 仁宗에게 『傳法正宗記』를 바치고 入藏을 원하는 上表文에서 '臣僧契嵩'이라

당(入寺開堂)에 반드시 황제의 성수(聖壽)를 축연(祝延)했다.[42] 남송 말에 유면(惟勉)이 편찬한 『교정청규』에 성절(聖節)의 계건(啓建)과 만산(滿散)이 처음으로 명확히 규정된 것은 선종이 국가에 강하게 종속되어 있음을 보여준다. 『비용청규』에 '성절승좌풍경(聖節陞座諷經)', '단망축성승좌(旦望祝聖陞座)' 등이 모두에 실려 있다.[43] 따라서 『칙수청규』에 반영된 국가권력과 선종의 관계는 송대에 이미 형성된 경향이 원에 이르러 제도화된 것이다.

『선원청규』에 상당설법은 오참상당, 삼팔만참으로 정형화되었다. 『교정청규』 이후에는 1일, 15일을 축성(祝聖)으로서 천자의 성수만세(聖壽萬歲)를 기념하고, 이것을 단망상당(旦望上堂)이라 하여 오참상당에서 제외했다. 『선원청규』에서 좌선의 시절에 대해서는 특히 규정을 두지 않았다. 그러나 남송에 이르러 황혼, 후야(後夜), 조신(早晨), 포시(晡時) 등 사시(四時)의 좌선으로서 정형화되었다. 북송 시기의 선원은 보청(普請)을 폐지하고 단월에 의존하는 경제로 바뀌었다. 『선원청규』에 보청 정신은 지켜졌지만, 선원 생활을 지탱하는 각 부문이 각각 전문직으로 바뀌어갔다. 이러한 청규의 변화는 원에 이르러 정형화된 형태로 완성되었다.

오산제도는 송대에 선의 전반적인 흐름이 제도화되는 양상을 보여준다. 오산제도는 남송 가정(嘉定) 연간(1208~1223)에 정해진 것으로 이해되고 있으나 제도의 성립 과정, 구체적인 운용이 어떠했는지는 명확히 알 수 없다.[44] 항주,

---

고 표현했다(西尾賢隆, 「序 中國近世の禪宗」, pp.8~9).
42 西尾賢隆, 같은 책, pp.201~202.
43 椎名宏雄, 「五山版『勅修百丈淸規』の文獻的考察」, pp.521~525.
44 이시이 슈도는 오산제도가 휘종 대의 崇寧寺觀制度를 거쳐 남송 시기에 성립되었던 것으로 보았다〔石井修道, 「南宋禪をどうとらえるか」, 鈴木哲雄 編, 『宋代禪宗の社會的影響』(山喜房佛書林, 2002)〕. 이 견해는 일찍이 鷲尾順敬, 「五山十刹の起源沿革」, 『日本禪宗史の硏究』(經典出版株式會社, 1945, 본래 『禪宗』 114(1905), 『禪宗』 149(1907)에 게재]에서 제기되었다. 또한 이마에다 아이신은 송대에 선종과 황제의 관계가 밀착되면서 선종교단이 禪林機構에 관료 조직을 채택하고 황제 칙명의 주지를 정점으로 하는 관청과 같은 조직이 되었으며, 그것이 오산제도에 계승되었다고 주장한다〔今枝愛眞, 「中世禪林の

명주에 있던 다섯 곳의 선종 사찰은 남송 정부의 각별한 보호를 받았고,[45] 이들 사원을 오산이라 한 것은 남송 시기부터 일부 자료에서 확인된다.[46]

기존 연구에서 오산십찰제도라는 용어를 사용하지만, 남송 시기에 십찰제도는 성립되지 않았다.[47] 선종 사원이 오산·십찰·갑찰(제산)과 같이 서열화된 형태로 국가의 보호·통제를 받는 제도는 원 말에 이르러 명확히 드러난다. 또한 남송의 문헌에 오산제도의 성립과 운용을 알 수 있는 자료가 존재하지 않는다.

오산제도의 기원에 대한 연구에서 대개 기본적인 자료로 송렴(宋濂, 1310~1381)의 『호법록(護法錄)』을 주로 제시하고 있다.[48] 또한 오산 자료로 활용되는 『부상오산기(扶桑五山記)』는 18세기 일본에서 성립된 문헌이며, 특히 「대송국제사위차(大宋國諸寺位次)」는 송의 자료를 정확히 반영한 것인지 확인할 수 없다. 따라서 오산제도가 언제, 어떻게 형성되었는지에 대해서 명확하게 알 수 있는 자료는 없다.

몽골제국은 앞서 기술했듯이 황실이 티베트불교에 깊이 귀의했기 때문에 정치적으로는 그 영향을 적지 않게 받았다. 다만 전체적인 동향으로 보면 선종이 원대의 불교를 주도했는데, 그 가운데 임제종이 강남을 중심으로 성행했다.[49]

官寺機構」, 『中世禪宗史の研究』(東京大學出版會, 1970), pp. 141~146].

45 오산 사찰과 그 순서는 자료에 따라 차이가 있지만 『扶桑五山記』, 「大宋國諸寺位次」에 ① 杭州臨安府 興聖萬壽禪寺(徑山), ② 杭州臨安府 北山景德靈隱寺, ③ 明州慶元府 太白山天童景德禪寺, ④ 杭州臨安府 南山淨慈報恩光孝禪寺, ⑤ 明州慶元府 阿育王山廣利禪寺 등으로 기록되었다[玉村竹二 校訂, 『扶桑五山記』(臨川書店, 1983), pp. 3~6].

46 石井修道, 「中國の五山十刹制度について: 大乘寺所藏寺傳五山十刹圖を中心として」, 『印度學佛教學研究』, 13-1(1982); 「中國の五山十刹制度の基礎的研究」 1~4, 『駒澤大學佛教學部論集』, 13~16(1982~1985); 「史彌遠と禪宗」, 『宗學研究』, 26(1984).

47 石井修道, 「中國の五山十刹制度の基礎的研究」 3, 『駒澤大學佛教學部論集』 15(1984), p. 75.

48 石井修道, 같은 글, p. 91.

49 西尾賢隆, 「元朝の江南統治における佛教」, pp. 235~240.

앞서 언급한 바와 같이 남송 이후 임제종은 대혜파, 파암파, 송원파 등으로 문파가 나누어졌지만, 이러한 문파의 차이와 상관없이 공안선이 성행했다. 파암파를 대표하는 중봉명본은 은둔적인 경향을 지녔고, 그의 문하도 은일이라는 경향을 지녔다.[50] 그에 반해 대혜파의 소은대흔, 동양덕휘 등은 원의 국가권력에 적극적으로 접근했다. 이러한 양상은 특히 톡 테무르가 즉위한 후에 두드러지게 드러난다.

톡 테무르의 즉위는 1294년 쿠빌라이가 타계한 후에 일어난 몽골제국의 황위 계승전이 복잡하게 얽힌 결과였다. 1307년에 테무르(成宗)가 타계하자 실세였던 부르간 카통이 안서왕(安西王) 아난다를 옹립했고, 이에 반발한 아유르바르와다가 궁정 쿠데타를 일으켜 아난다 신정권을 타도했다. 그런데 카이샨이 이끄는 대군이 카라코람에 이르는 데에다, 몽골고원의 제실(帝室)·제왕(諸王)과 제장(諸將)이 카이샨을 지지했기 때문에 아유르바르와다는 형인 카이샨(武宗, 1307~1311)에게 권력을 양보할 수밖에 없었다.

아유르바르와다(仁宗, 1311~1320)는 카이샨이 31세로 갑자기 죽으면서 즉위했는데, 카이샨의 장자 코시라를 황태자로 삼기로 한 약속을 어기고 그를 운남(雲南)으로 추방했다. 이에 반발한 코시라가 섬서에서 반란을 일으켰으나 실패하고, 코시라의 동생 톡 테무르가 금릉(金陵)에 유배되었다.

이후 인종의 장자인 시디바라(1320~1323), 이순 테무르(1323~1328) 등으로 제위 계승이 이어졌다. 그러나 천력(天曆)의 내란으로 불리는 내전이 일어나 황위는 코시라(明宗, 1328~1329), 톡 테무르(文宗, 1329~1332) 형제로 이어졌다.[51] 문종은 중국문화에 깊이 이해하고 있어, 일찍부터 불교에 귀의했다. 그는 1329년에 금릉 잠저에 대용상집경사(大龍翔集慶寺)를 건립하여 오산제도의 운영에

50　佐藤秀孝,「元の中峰明本について」,『宗學研究』, 23(1981); 野口善敬,「中峰明本の生涯とその思想」, pp. 89~136.

51　杉山正明,『モンゴル帝國の興亡』(下)(講談社, 1996), pp. 160~225;「モンゴルの平和とポスト・モンゴル時代への道」, 松丸道雄外 編,『中國史』3(山川出版社, 1997), pp. 473~488.

새로운 전기를 마련했다.[52]

  소은대흔이 대용상집경사의 개산 주지로 초빙되었고, 이 절이 '오산지상(五山之上)'이라는 지위, 곧 강남 선종을 대표하는 오산 사원의 정점에 군림하게 되었다.[53] 나아가 대용상집경사의 수좌와 장주(藏主) 같은 직책에 있는 선승과 행선정원(行宣政院)의 관인이 등급 순서에 따라 강남 선종 사원의 주지를 선임하는 등 인사권을 장악하는 특권이 인정되었다.[54] 이는 같은 해 행선정원의 폐지, 전국 16개소 광교총관부(廣教總管府)의 설치, 1334년 행선정원의 재설치 등 문종에서 순제 초에 걸친 일련의 불교 정책의 변동과 관련된다.

  대용상집경사의 위상은 대표적인 선승들이 오산 주지를 지낸 후에 이 절의 주지가 되었던 것에서도 드러난다. 담방수충(曇芳守忠)이 경산(徑山) 주지에서 대용상집경사 주지로 부임한 것과 마찬가지로 부중회신(孚中懷信)이 천동사(天童寺) 주지, 전실종륵(全室宗泐)·덕상지암(德祥止庵) 등이 경산 주지, 백암역금(白庵力金)이 정자사 주지를 각각 지낸 후에 대용상집경사 주지로 부임했다.[55] 흔히 제산 → 십찰 → 오산의 순으로 주지의 승진이 이루어지듯이 오산 → '오산지상'이라는 구도가 확립되었다.

  대혜파는 대용상집경사의 창건에 이어 새로운 청규의 편찬에 착수했다. 동양덕휘는 토곤 테무르(順帝)의 칙명에 따라 송·원 시기에 편찬된 다양한 청규를 집대성해서 『칙수백장청규(勅修百丈清規)』를 편찬하고, 소은대흔이 이를

---

52 野口善敬, 「中峰明本の生涯とその思想」, p. 169.
53 虞集, 「大元廣智全悟大禪師太中大夫住大龍翔集慶寺釋教宗主兼領五山寺笑隱訢公行道記」, 『笑隱大訢禪師語錄』(Z69), pp. 722~723, "天曆初元, 帥夢神龍騰空, 覺而異之, 作偈以識. 既而天子以金陵潛邸, 作大龍翔集慶寺, 命江南行御史臺, 督視其成. 嘗有旨曰, 江南大刹, 皆前代所爲, 甲乙之次, 頗有定品. 今日之作, 規制位望, 宜無加焉. 方大臣難於開法主者. 師之器量, 久在淵衷. 命爲太中大夫, 號曰廣智全悟大禪師, 爲開山第一代", "皇上至元二年, 以老病求退. 御史大夫撒迪公以聞. 優詔不許, 加號釋教宗主, 兼領五山寺", "先百丈有禪苑清規, 其徒遵用之. 嘗有旨, 命師修改, 乃分爲九章, 今行焉".
54 西尾賢隆, 「日中の五山之上」, 『中世の日中交流と禪宗』(吉川弘文館, 1999).
55 長谷部幽蹊, 『明清佛教教團史研究』(同朋舍出版, 1993), pp. 112~117.

교정했다.56 이 청규는 순제의 성지(聖旨)를 받아 국가의 인정을 받은 유일한 청규로 선문에 수용되었다.57

소은대흔은 대용상집경사의 주지로서 사원의 토지세에 대한 면세특권을 얻었고, 순제의 성지에 따라 '석교종주겸령오산사(釋敎宗主兼領五山寺)'라는 지위를 받아 실질적으로 강남 선종의 인사권을 장악했다. 따라서『칙수백장청규』의 편찬은 오산제도의 확립과 함께 이루어진 것이라 하겠다.

이러한 대용상집경사의 위상은 명 초기에도 이어졌다. 홍무(洪武) 원년(1368)에 태조는 대용상집경사를 대천계사(大天界寺)로 개칭하고 「천하제일선림(天下第一禪林)」이라는 어서를 내렸다. 또한 태조는 소은의 제자인 각원혜담(覺原慧曇)을 주지로 삼고, 전국의 불교 통제 기관으로 선세원(善世院)을 두었다. 대천계사는 1372년에 천계선세선사(天界善世禪寺)로 명칭이 바뀌었고, 1382년에 승록사가 설치되었다.58 이 절은 선종 사원의 인사권을 행사하게 되면서 명의 선종을 대표하는 사찰이 되었다.

오산제도는 동아시아로 확산되었는데, 일본 선종에서 그 전형적인 면모가 잘 드러난다. 가마쿠라 시기에 입송승과 도래승이 활발하게 왕래하면서 송대 선이 본격적으로 일본에 수용되었다. 나아가 선승들이 막부의 후원을 받아 겐초지(建長寺), 엔가쿠지(圓覺寺) 등 선종 사찰을 건립하고, 선종 교단이 형성되면서 중국 선종의 제도와 문화가 수용되었다.

기존 연구에 가마쿠라 말기에 오산이 제정된 것으로 보았지만 실상을 명확히 확인할 수는 없다. 다만 1299년에 호조 사다도키(北條貞時)가 초치지(淨智寺)를 오산으로 삼았던 기록이 확인된다.59 이러한 사실을 통해 막부가 겐초

---

56 佐藤達玄,「勅修百丈淸規にみる元代の叢林機構と性格」,『中國佛敎における戒律の硏究』(木耳社, 1986).

57 『勅修百丈淸規』(Z63), pp. 318~320.

58 『明太祖實錄』卷188, 洪武 21年 2月; 間野潛龍,「明初の佛敎政策」,『明代文化史硏究』(同朋舍, 1979), pp. 243~275.

59 今枝愛眞,「無象和尙行狀記」(1970), p. 148에서 재인용.

지, 엔가쿠지 등에 대한 권위를 높이기 위해 오산제도를 도입했던 것으로 보인다.[60]

1333년에 가마쿠라 막부가 무너지고 고다이고 덴노(後醍醐天皇)가 겐무신정(建武新政)을 펴면서 오산이 재편되었다. 그는 선종을 국가 통합의 수단으로 적극적으로 활용했다.[61] 1333년에 그는 슈호 묘초(宗峰妙超)를 개산으로 하는 다이토쿠지(大德寺)를 오산제일로 정하고, 다음 해에 난젠지(南禪寺)에 무소 소세키(夢窓疎石)를 다시 주석하도록 하고 오산제일로 삼았다. 이러한 조치는 가마쿠라 중심으로 이루어진 오산제도를 교토 중심으로 재편하고자 하는 의도와 관련된다.

그러나 건무신정이 실패하고 1339년에 고다이고 덴노가 세상을 떠난 후에 무로마치 막부는 덴류지(天龍寺)를 창건하고 오산의 서열을 다시 편성했다. 이때에 무소 소세키를 중심으로 한 계열이 아시카가 쇼군가의 절대적인 지원을 받았는데, 자기 문파의 중심 사찰로 덴류지를 창건했다. 1342년에 막부는 덴류지를 오산에 더하면서 겐초지, 난젠지를 오산제일로 삼고, 가마쿠라와 교토에 각각 오산의 위차를 정했다.[62] 이 개정에 따라 오산은 다섯 사찰에 한정되는 원칙이 깨지게 되었다.[63]

1382년에 아시카가 요시미쓰(足利義滿)가 무소의 제자인 기도 슈신(義堂周信), 슌오쿠 묘하(春屋妙葩)와 상의하여 쇼코쿠지(相國寺)를 건립했다. 또한 쇼코쿠지의 로쿠온인(鹿苑院)에 승록을 두었고, 그 아래 쇼군의 벤도조(弁道所)인 인료켄(蔭涼軒)이 설치되었다. 이와 같이 쇼코쿠지의 위상이 높아지자 오산의 서열 문제를 다시 조정할 필요가 있었다. 1386년에 막부는 기

60　今枝愛眞, 같은 책, pp. 139~268.
61　保立道久, 「大德寺の創建と建武親政」, 小島毅 編, 『中世日本の王權と禪・宋学』(汲古書院, 2018), pp. 263~300.
62　「大日本國禪院諸山座位條條」, 『扶桑五山記』, p. 35.
63　西山美香, 「日本五山と吳越國・北宋・南宋」, 村井章介 編, 『東アジアのなかの建長寺』(勉誠出版, 2014).

도 슈신이 대용상집경사의 선례를 내세운 의견에 따라 난젠지를 '오산지상'으로 승격했다.64 또한 막부는 덴류지·쇼코쿠지·겐닌지(建仁寺)·도후쿠지(東福寺)·만주지(萬壽寺) 등을 교토 오산으로, 겐초지·엔가쿠지·주후쿠지(壽福寺)·조치지·조묘지(淨妙寺)를 가마쿠라 오산으로 지정하여 오산의 서열을 확정했다.65

이상에서 살펴본 바와 같이 남송 시기에 유력한 선종 사원을 오산으로 삼았지만, 원 말에 이르러 선종 사원을 서열화한 오산제도가 명확하게 확립되었다. 특히 대용상집경사가 '오산지상'으로 지정되고, 주지에게 선종의 인사권을 주어 선종의 중심 사찰로 삼았다. 일본에서는 13세기에 중국 선종의 제도와 문화가 수용되는 과정에서 오산제도가 도입되기 시작했다. 다만 본격적인 오산제도는 무로마치 막부에 의해 형성되었고, 원대에 확립된 제도를 모범으로 수용되었다.

그런데 오산제도가 형성된 후에 '오산지상'이라는 새로운 사격(寺格)이 도입되었다. '오산지상'은 원 문종이 즉위한 후에 자신의 잠저에 대용상집경사를 건립하고 새로운 사격을 부여하기 위해 도입된 제도이다. 마찬가지로 무로마치 막부가 창건한 쇼코쿠지를 오산에 편입하기 위해 '오산지상' 사례가 활용되었다.

따라서 '오산지상'은 기존의 선종 사찰을 중심으로 한 오산제도에 포함되지 않은 사찰을 새로 건립하면서 새로운 위상을 부여하기 위한 의도로 도입된 제도라는 공통점이 있다. 곧 황제, 또는 국가권력이 새로운 선종 사찰을 건립하여 선종을 재편하거나 통제하기 위해 '오산지상' 제도를 새로 도입한 것이다. 원과 일본에서 모두 국가권력이 기존 선종을 통제할 수 있는 거점으로서 선종

---

64 『空華日用工夫略集』卷四, 嘉慶元年 7月 19日(西尾賢隆, 『中世の日中交流と禪宗』), pp. 156~162.

65 原田正俊, 「日本の五山禪宗と中世佛敎」, 島尾新 編, 『東アジアのなかの五山文化』(東京大學出版會, 2014), pp. 91~93.

사찰을 창건했고, '오산지상'이라는 위상을 새로 도입하거나 그러한 모델을 활용하여 오산의 사격을 조정했다. 또한 '오산지상'의 모델로 내세운 사찰은 그 규모가 기존의 대표적인 선종 사찰의 규모와는 특별히 관계가 없고, 국가 권력이 선종을 보호, 통제하려는 의도에 따라 운용되었다.

제2장

송·원대 선종문화의 형성과 확산

1. 송·원대 선종문화의 형성

　불교는 불교예술문화라는 종교적 성격에 머물지 않고 건축, 조각, 미술, 음악 등 광범위한 문화예술 영역에 폭넓게 영향을 미쳤다. 이러한 경향은 송대에 선종과 사대부 문인의 교류가 확산되고, 선종문화가 성행하는 양상에서 잘 드러난다.
　이미 당대(唐代)부터 선의 사회적 영향력이 확대되면서 선승과 문인의 교류도 점차 확산되었다. 대표적인 인물로는 육긍(陸亘), 유종원(柳宗元), 유우석(劉禹錫), 백거이(白居易) 등이 있다. 선종계에서는 교연(皎然), 영철(靈澈), 관휴(貫休), 제기(齊己) 등 시승(詩僧)이 출현해 문인들과 교류했다. 마조선의 성립에 의해 깨달음은 일상 외에 존재하는 것이 아니었다. 이러한 사상은 관리로서 정무 집행을 추구하는 사대부에게 커다란 마음의 지주를 제공했다. 선승과 사대부의 교류 및 관계가 당대에는 부분적 현상인 데 비해 송대에는 전면적으로 확산되었다.
　송대의 사대부는 정치권력에 대해 이중적인 태도를 보였다. 사대부는 한편으로 자신들의 존재와 가치관을 실천할 공간인 정치계로 나아가길 갈구하면서도, 다른 한편으로 정치의 장에서 벗어나 보편적 존재로서 자신의 독립성을 확립할 수 있는 사적인 공간을 필요로 했다. 관직에서 물러난 사대부는 은일

(隱逸)이라는 전통적인 이상을 추구했다.[1] 은일로서의 선은 사대부에게 경세치용적 정신을 보충하는 역할을 하며 사대부의 내면세계에 주요한 지주로 자리 잡았다.

송대에 선이 사대부 계층에 보급되면서 선의 성격에 커다란 변화를 초래한 원동력이 되었다. 사대부와의 교류가 확산되고 중시되면서 그들과의 교제를 위한 수단으로서 시문을 비롯한 문화예술적 소양이 선승들에게 요구되어 고전교양을 비롯한 사대부문화가 선문에 널리 성행했다.[2]

송대 문학은 종래의 사륙변려체(四六駢儷體) 문장에서 탈피해 당대 후반에 한유, 유종원 등이 제기한 고문이 문단의 주류가 되었다. 송대에 고문부흥운동을 통해 구양수(歐陽脩)-소식(蘇軾)의 계보가 한·당 고문을 포괄적으로 계승했으며, 특히 소식이 사대부가 배워야 할 모범이라는 인식이 확산되었다.[3]

송 초기에 양억(楊億), 유균(劉筠), 전유연(錢惟演) 등이 중심이 되어 서곤체(西崑體)라 불리는 기교적인 경향의 시가 주류를 이루었다.[4] 그러나 구양수, 매

---

1 은둔은 중국 고대부터 사인에게 중요한 존재형태였다. 권력자를 기피하고 산중에서 초속적인 생활을 한 허유가 전설적 은자로 존경을 받았고, 수양산에서 아사한 백이, 숙제와 같이 탈정치를 지향한 은자가 유명하다. 한편, 은자는 최고권력자에게 직접 간언하고 초법규적으로 정치에 관여하는 것도 있으므로 반정치적 존재도 결국 정치적 존재의 한 형태였다. 나아가 권력 중추인 조정에서의 은둔을 높이 평가하는 朝隱이라는 사고가 출현했다. 당의 白樂天은 정치 중심인 장안의 조정을 피해, 낙양에서 한직에 있으면서 은둔하는 中隱이라는 사고를 새롭게 제창했다. 그리하여 본래 반권력, 탈정치, 초세속적 존재였던 은둔은 권력, 정치, 세속과 융화적으로 되었고, 사인의 변종으로 소수에서 대다수 사대부, 사인의 일상적 심성으로 변모했다〔金文京,「士大夫文化と庶民文化, その日本への傳播」, 荒川正晴·富谷至 編,『岩波講座世界歷史7』(岩波書店, 2022), pp.156~179〕.
2 小川隆,「禪宗の生成と發展」, 沖本克己 編,『新アジア佛敎史07 興隆·發展する佛敎』(佼成出版社, 2010), pp.315~320.
3 田中正樹,「蘇氏蜀學考」, 宋代史硏究會 編,『宋代人の認識』(汲古書院, 2001), pp.227~257.
4 송용준,「북송 초기시」, 송용준·오태석·이치수,『宋詩史』(역락, 2004), 96~140쪽.

요신(梅堯臣) 등이 등장해 송시의 새로운 면모를 보여주었다. 이들의 시는 지성을 뒷받침한 서사의 시이고, 일상에 밀착된 시였다. 또한 이들이 주도한 시가 혁신의 흐름이 왕안석(王安石), 소식(蘇軾), 황정견(黃庭堅)으로 이어지며 송시의 황금기를 구가했다.

이러한 흐름은 송대에 사대부가 지배계층으로 대두한 현실과 무관하지 않다. 송대에는 사대부가 고전교양에 대한 지적 능력을 갖춰 과거를 통해 문인관료로 진출하는 양상이 일반화되었다. 그리하여 관료 진출을 위한 독서층의 증가는 인쇄술의 보급과 맞물려 학술문화, 지식문화의 확산으로 이어졌다. 이 가운데 시서화는 사대부의 교양으로서 기본적으로 요구되는 조건이었다.

소식, 황정견 등은 사대부문화를 대표하며, 동아시아에 커다란 영향을 미쳤다. 소식 시학의 배경으로 아(雅)·속(俗)의 상호작용, 사변화, 산문화 등이 흔히 지적된다. 아(雅)·속(俗)의 상호작용은 '이속위아(以俗爲雅)'와 '이고위신(以故爲新)'의 점화론으로 제시된다. 이속위아론은 전 시대 사람들의 시어를 익히는 것을 강조하는 경향과 관련된다. 사변 지향의 시 창작은 선승들과의 교유가 유행하고 '학시여참선(學詩如參禪)'론이 성행하던 양상에서 영향을 받았다. 점화론과 사변화가 확산됨에 따라 소식은 독서 수양의 중요성을 강조했다.[5] 소식은 경(經), 자(子), 사(史) 곧 다종다양한 문헌의 언어를 자기 언어로 심는 데에는 의(意)가 필요하다고 강조했다. 의는 자기 내부에 품고 있는 비전(구상)이라 할 수 있다.[6]

소식은 선의 정취와 화론의 형상미를 적극적으로 시학에 적용했다. 이와 관련된 소식의 주장은 시화일률(詩畫一律), 형사(形似)와 신사(神似), 상리(常理)와 전신(傳神), 흉중성죽(胸中成竹), 심수상응(心手相應)과 수물부형(隨物賦形), 중변론(中邊論)과 평담경(平淡境)의 지향 등이다.[7]

---

5 오태석, 「북송 후기시」, 365~373쪽.
6 湯淺陽子, 「蘇軾の詩における佛典受容について: 『維摩經』『楞嚴經』を中心に」, 『中國文學報』, 59(1999).

소식의 시문은 그가 생존하던 당시부터 매우 인기가 높아 수많은 책으로 간행되었다. 소식의 시집은 송대에 편집된 것이 24종에 이를 정도였고, 그의 시문집에 대한 다양한 주석서가 출현했다. 출판 미디어의 발달로 인해 소식의 시문이 널리 유행해, 소식의 이미지를 형성하는 데에 기여했다. 소식과 그의 추종자들이 제시한 문장이 과거의 교과서로 출판되었다.[8]

황정견은 소식과 교유했고, 그에게 깊은 영향을 받았다. 황정견은 소식 문하의 문인을 대표하는 소문사학사(蘇門四學士)의 중심인물이며, 소식과 나란히 소황(蘇黃)이라 불릴 정도였다. 후술하겠지만, 황정견은 앞선 시인들의 시구를 정련하여 새로운 시경(詩境)을 창출하는 점철성금(點鐵成金), 환골탈태(換骨奪胎)의 시론을 제시한 것으로 유명하다.

황정견의 영향을 받은 문인들은 강서시파(江西詩派)라는 그룹을 형성했다. 이들은 시문학뿐만 아니라 사대부가 익혀야 하는 교양인 글씨와 그림, 즉 시서화를 비롯한 모든 문화예술 영역에 깊은 영향을 미쳤다.[9]

송의 미술은 궁정 화원을 중심으로 하는 사실적인 회화와 문인사대부들이 추구한 정신주의적 회화라는 두 흐름으로 나뉜다. 후자는 문인화 또는 사인화(士人畵)라 하며, 육조 시대의 고개지(顧愷之), 종병(宗炳)까지 기원을 거슬러가는 경우도 있지만, 직업화가와의 차이를 확실히 의식하고 독자의 예술을 전개한 것은 북송 이후이다.

소식이 직업 화가를 화공(畵工)이라 부르고, 그들과 구별해서 사인화(士人畵)라는 말을 사용한 것처럼 그의 주변에 문인화가 나타났다. 그는 문동(文同, 1015~1079)의 묵죽을 높이 평가했는데, 간략한 고목(枯木) 죽석(竹石)을 그렸다. 소식은 회화에서 형사(形似)보다 형(形)을 뛰어넘은 시취(詩趣)의 표출을

---

7 오태석, 「북송 후기시」, 376~390쪽.
8 田中正樹, 「蘇氏蜀學考」, 宋代史硏究會 編, 『宋代人の認識』(汲古書院, 2001), pp. 227~257.
9 森田憲司, 「宋代の詩と散文」, 松丸道雄·池田溫·斯波義信·神田信夫·濱下武志 編, 『中國史3 五代~元』(山川出版社, 1997), pp. 219~221.

존중하고, 작가의 교양과 인품을 중시했다.

중국에서는 일찍부터 형사가 중시되었지만, 동진의 고개지가 전신론(傳神論)을 제시하면서 신사(神似)가 중시되기 시작했다. 남북조부터 수·당대까지 형과 신이 함께 중시되었으나, 송의 궁정화원에서는 형사가 신사보다 더 중시되었다. 그런데 구양수는 이러한 경향을 비판하며 형사보다 신사를 중시해야 한다고 주장했다.[10]

소식은 기교를 부정하지 않지만, 사대부의 그림에 의기(意氣)가 드러나야 한다고 주장했다.[11] 소식의 회화론은 기술을 부정하지 않지만 그 이상으로 상리(常理)의 존재를 주장하며,[12] 고인(高人), 일재(逸才), 달사(達士)가 아니면 상리를 표현할 수 없다고 강조했다.[13] 사대부는 시인이자 화가이므로 문학이 회화에 영향을 준다고 보았고, 문학적 수양을 쌓기 위해서는 독서가 우선시되어야 한다고 강조했다.

회화의 표현 대상 중에서 어떤 것은 상형(常形)이 있는데, 예를 들어 인물이나 새, 건축물 등은 형태의 변화가 크지 않다. 그러나 산, 돌, 대나무, 물결, 안개, 구름과 같은 것들은 상형이 없거나 다른 자연 조건의 변화에 따라 모습이 시시각각으로 변화한다. 상형이 있든 없든 모든 사물에는 상리, 곧 사물의 본질적인 것이 있다고 보는 것이다. 이는 소식이 문동의 대나무 그림을 통해 상리를 강조했던 것에서 잘 드러난다.[14]

10　葛路, 『중국회화이론사』, 강관식 옮김(미진사, 1989), 196~200쪽.

11　『蘇軾文集』 卷70, 「又跋漢傑畵山二首其二」, "觀士人畵, 如閱天下馬, 取其意氣所到. 乃若畫工, 往往只取鞭策, 皮毛, 槽櫪, 芻秣, 無一点俊發, 看數尺許便卷. 漢傑眞士人畵也".

12　『蘇軾文集』 卷11, 「淨因院畵記」; 수에융니엔, 「제3장 회화와 서법」, 수에융니엔·자오리·샹강 편저, 『중국미술사 3: 오대부터 송원까지』, 안영길 옮김(다른생각, 2011), 255~256쪽.

13　高津孝, 「東坡の藝術論と場の性格」, 宋代史硏究會 編, 『宋代社會のネットワーク』(汲古書院, 1998), pp. 321~350.

14　『蘇軾詩集』 권29, 「書晁補之所藏與可畵竹三首」, "與可畵竹詩, 見竹不見人. 豈獨不見人, 嗒然遺其身. 其身與竹化, 無窮出淸新. 莊周世無有, 誰知此疑神".

소식은 학문을 전제로 한 심미적 가치판단과 함께, 화가의 지위를 정신주의에 관련된 경우에 높게 평가했다. 그림에 대한 탁월함을 평가하는 전제는 정신주의, 학문이며, 도와 연계되는 것이다. 그것이 내면화해서 시화가 지향하는 것이 일치한 결과, 시화일치론으로 출현했다.[15] 중국에서는 기본적으로 시는 인간의 의식 내부의 정신세계를 언어로 표출하는 예술이고, 회화는 시각으로 파악된 외부 세계의 형상 및 영상=이미지를 묘선과 색채로써 묘사, 재현하는 예술이라고 생각한다.[16]

소식은 왕유의 시를 맛보면 시 가운데 그림이 있고(詩中有畵), 왕유의 그림을 보면 그림 가운데 시가 있다(畵中有詩)고 했다.[17] 소식은 시의 회화성을 인정하는 것과 회화의 시성(詩性)을 인정하는 견해를 모두 아우르면서 시화의 동질성을 제기했다. 또한 송대에 추숭된 두보 시보다 왕유의 시가 시중유화의 표준으로 거론된 것은 왕유가 선에 더 가깝다는 점과 관련되며, '선의(禪意)'가 왕유 시화상통의 핵심으로 지적된다.[18] 또한 황정견은 회화에서 가장 중요한 것은 미묘한 진리에의 도달이고, 그것을 알려면 참선이 필요하다고 강조했다.[19] 황정견에게 있어 선이야말로 회화의 근간을 이룬다는 것을 보여준다.[20] 회화에 대한 평가에서는 그림의 교졸(巧拙)이 문제가 아니라 그림에 표현된

---

15 『蘇軾詩集』卷29,「書鄢陵王主簿所畵折枝二首」, "論畵以形似, 見與兒童鄰. 賦試必此時, 定非知詩人. 詩畵本一律, 天工與淸新".

16 淺見洋二,「距離と想像: 中國における詩とメディア, メディアとしての詩」, 宋代史硏究會 編,『宋代社會のネットワーク』(汲古書院, 1998), pp. 275~320.

17 『東坡題跋』卷5,「書摩詰藍田煙雨圖」, "味摩詰之詩, 詩中有畵, 觀摩詰之畵, 畵中有詩".

18 吳懷東,「王維詩禪意相通論」,『文史哲』, 1998年 4期; 서은숙,「소식 제화시 연구: 회화론을 중심으로」(연세대학교 중어중문학과 박사학위논문, 2004), 90~91쪽에서 재인용.

19 『豫章公文集』卷27,「題趙公祐畵」, "처음 나는 회화의 견식을 갖지 못했다. 그러나 참선해서 無功의 功을 알고, 도를 배워 궁극적인 경지가 지극히 단순하다는 것을 알았다. 그 위에 회화를 보면 그 巧拙, 수련의 정도, 미묘한 진리에의 도달도 등을 모두 알게 되었다. 그러나 그것은 견식이 없는 사람에게 말해도 어쩔 수 없다".

20 長谷川昌弘,「黃庭堅の藝術と禪」, 鈴木哲雄 編,『宋代禪宗の社會的影響』(山喜房佛書林, 2003), pp. 425~431.

작자의 인격이 중요했다. 시화일치가 표방되거나 여기에 글씨를 더해 시서화 삼절이 문인의 이상으로 중시되었던 것은 이러한 흐름과 관련된다.[21]

구양수는 문학과 마찬가지로 송대 서예 이론에 새로운 단서를 열었다. 그는 타인의 글씨를 모방하는 것을 노서(奴書)라 하며, 글씨는 스스로 일가를 이루어야 한다고 강조했다. 또한 서예에서 중요한 것은 기법이 아니라 글을 쓰는 이의 인물견식이라고 하면서 일종의 인격주의적 서예론을 제창했다.

북송의 서예를 대표하는 작가는 채양(蔡襄), 소식, 황정견, 미불(米芾) 등 4대가이다. 소식, 황정견은 구양수의 서예 이론을 받아들여 학문에 의해 도달할 수 있는 도의를 중시했다. 소식은 글씨에 인간과 똑같이 신기골육혈(神氣骨肉血)의 5요소가 있으며, 그 가운데 하나라도 결여되어서는 안 된다고 했다. 그는 글씨에 인간성을 확립하고, 글씨를 쓰는 데는 타인의 글씨를 모방하는 것을 배제하며, 기교보다 독창성이 있는 것을 존중했다.

황정견은 시와 마찬가지로 글씨에서도 일가를 이루었다. 그는 소식의 글씨를 애호하고, 속기(俗氣)를 벗어나는 것에 가장 뜻을 쏟아 선가(禪家)의 수양하는 마음을 글씨에도 적용했다. 그는 만년에 장욱(張旭), 회소(懷素), 고한(高閑)의 초서를 배워 수십 년에 이르는 공부와 단련을 쌓아 초서삼매(草書三昧)의 경지에 이르렀다.[22] 소식, 황정견, 미불 등의 공통적인 경향은 당 이래 실용성을 중시하던 기술 본위의 전통적인 서예를 물리치고, 창작을 주로 하는 서예를 수립한 것이다. 이러한 혁신적인 서풍은 송대에 독서인들 사이에 유행했다. 소식, 황정견은 「서론」에서 기술을 부정하지 않지만, 그것보다 학문에 의해 도달할 수 있는 도의를 중시한다고 밝혔다.

이와 같이 소식은 시·서·화를 개별적인 문화예술로 파악하는 것이 아니라

---

21 사대부는 관료로서의 번거로운 일상으로 인해 산수에 노는 것이 불가능하고, 그 대신 자신들의 서재에 산수를 그린 회화를 둠으로써 자기의 천지를 찾아내고자 했다(森田憲司, 「宋代の繪畵と書」, pp. 221~224).

22 中田勇次郎, 「宋の四大家」, 中田勇次郎 責任編輯, 『中國書道史 書道藝術別卷第三』(中央公論社, 1977), pp. 127~129.

그것을 일체의 것으로 이해했다. 이러한 경향은 제화시(題畫詩)에 잘 드러난다. 제화시의 연원은 육조에서 찾을 수 있어 역사가 오래되었지만, 하나의 문학 장르로 성행한 것은 송대에 들어서이다. 소식의 「동파제발(東坡題跋)」, 황정견의 「산곡제발(山谷題跋)」, 미불의 「해악제발(海岳題跋)」, 육유(陸游)의 「방옹제발(放翁題跋)」 등이 대표적인 작품이다. 현존하는 송대 제화시는 소식, 황정견과 강서시파의 작품이 주류를 이룬다.[23] 소식이 처음 쓴 제화시는 「차운수관시(次韻水官詩)」이다. 이 시는 대각회련이 염입본(閻立本)의 수관 그림을 소순(蘇洵)에 주었고, 소순이 그에 보답하기 위해 아들인 소식에게 짓도록 한 것이다.[24] 소식, 황정견으로 대표되는 사대부 문인이 주도한 송대의 문화예술은 선종에도 폭넓은 영향을 미쳤다.

송대 문예 사조의 특징은 문예 장르 간의 상호 넘나들기라고 할 수 있다. "시 배우기를 선(禪)을 하듯이 하라"는 '학시여참선(學詩如參禪)'론과 같이 시와 선, 시와 그림, 그림과 선이라는 큰 장르에서 장르 파괴와 함께 장르 간의 상호 조응과 차감(借鑑)이 추세였고, 그 대표적인 성취자가 소식이었다. 나아가 소식의 영향을 받은 황정견과 그의 문하인 강서시파를 통해 시대적 영향력이 확산되는 양상을 확인할 수 있다.[25]

『법화경』 안락행품(安樂行品)에 불교인이 세속의 문장, 찬영(讚詠)의 외서에 친근해지는 것을 경계하는 것처럼 시문을 '광언기어(狂言綺語)'로 배제하는 것이 불교의 기본적인 입장이다. 더욱이 선종은 문자를 배제했는데, 그것은 자기 마음을 바짝 죄어서 진리를 체인(體認)하는 기사구명(己事究明)을 근본적인 것으로 삼기 때문이다. 그러나 선승이 중생을 교화하기 위해서는 언어가

---

23 송대 제화시는 대략 1,100수 정도인데, 소식 106수, 황정견 85수이며, 압도적인 수치를 보인다. 畵跋은 소식 34편, 황정견 45편이며, 각범혜홍이 16편을 남겨 적지 않은 작품이 남아 있다(서은숙, 「소식 제화시 연구: 회화론을 중심으로」, 30쪽).
24 서은숙, 같은 글, 42쪽.
25 오태석, 「북송 후기시」, 335~336쪽.

필수적이며, 시공의 차이를 넘어 언어를 전달하기 위해서는 문자도 필요하다.

이뿐 아니라 송대에 이르면 선종이 불교를 주도하면서 지배층인 사대부와의 교류가 성행한다. 더욱이 공안선이 유행하면서 선승들은 작시와 고전 지식을 소홀히 할 수 없었다. 본래 선종에서는 참된 구도자라면 저절로 제대로 된 시가 가능하고, 덕행이 뛰어난 선승이 시를 지으면 저절로 고명순일(高明純一)한 높은 시가 된다고 간주해 시의 교졸을 묻지 않았다.[26] 곧 제대로 된 시가 만들어지기 위해서는 먼저 제대로 된 구도자가 아니면 안 된다는 기본적인 요건이 존재했다.

그러나 송대에는 선종이 사대부문화의 영향을 받고 선문이 세속화되면서 선승의 시문도 문인과 다를 바 없는 길로 나아갔다.[27] 선승 가운데 소식의 높은 평가를 받아 시승으로서 일가를 이루어 시집을 세상에 전한 인물도 있다.[28] 예를 들어 참요도잠(參寥道潛)은 소식과 밀접하게 교류한 선승인데, 소식의 시 제 중에 24회나 등장해 황정견보다 많고, 소식의 시우 가운데 7번째를 차지했을 정도다. 작시 인구가 늘어남에 따라 수필 형식의 시평서인 시화집이 널리 출판되었고, 선승의 시가 화제가 된 사례도 많아졌다.

이러한 경향을 대표하는 인물로 각범혜홍(覺範慧洪, 1071~1128)이 단연 주목된다. 그는 임제종 황룡파의 선승으로 강서성(江西省) 균주(筠州) 출신이다. 그는 14세에 부모를 잃고 출가하여 19세에 득도했다. 22세 때에 황룡파 진정극문(眞淨克文)의 문하로 나아가 참구하여 29세에 깨달았다. 이후 그는 여러 곳에 머물다가 1105년에 어느 광승(狂僧)의 무고로 '위도첩(僞度牒)'의 누명을 쓰고 1년간 투옥되어 승적이 박탈되었다. 그 후 장상영(張商英)의 도움을 받아

26　入矢義高,「五山の詩を讀むために」,『五山文學集』(新日本古典文學大系48)(岩波書店, 1990), p. 326.

27　선승들은 사대부 문인이 시승을 특별하게 취급하는 데 대한 콤플렉스에서 벗어나 시에 승려 냄새가 없다는 표현을 선호했다〔入矢義高,「中國の禪と詩」,『增補求道と悅樂』(岩波書店, 2012), pp. 89~90〕.

28　入矢義高,「五山の詩を讀むために」, pp. 327~328.

승적을 회복한 뒤 법명을 덕홍(德洪)으로 바꾸고 스스로를 적음존자(寂音尊者)라고 칭했다.

그러나 1109년에 다시 1년간 투옥된 데 이어 1111년에 장상영이 실각하면서 각범은 승적이 박탈되고 해남도에 유배되었다. 1113년에 사면되었으나 다음 해에 무고로 하옥되는 등 투옥과 유배라는 굴욕을 반복해서 겪었다. 그는 정강의 변으로 북송이 멸망한 후 여산에 머물다가 1128년에 파란만장한 생애를 마쳤다.[29]

각범은 『선림승보전(禪林僧寶傳)』, 『임간록(林間錄)』 등과 같은 선적뿐만 아니라 시문집, 시화집을 비롯한 시문 저작을 다양하게 남겨 주목을 끈다. 『석문문자선(石門文字禪)』(30권)은 1123년에 각범이 지은 방대한 시문을 집성한 것으로, 12세기 중반에 간행된 것으로 보인다.[30] 권1~16에 고시(古詩), 율시(律詩), 절구(絶句) 등을 실었는데 1,000수가 넘는다. 권17에 게(偈), 권18~19에 찬(贊) 128수, 권20 이하에는 명(銘) 37, 서(序) 39, 발(跋) 72, 사(詞)·부(賦)·기(記) 31, 발(跋) 72, 소(疏) 69, 서(書) 12, 탑명(塔銘) 12, 제문(祭文) 23 등 각종 문장이 수록되어 있다. 또한 『석문문자선』의 전반부 16권은 『균계집(筠谿集)』으로 재편집되었다.[31]

『냉재야화(冷齋夜話)』(10권)는 각범의 시문에 관한 견문 기사, 시인들의 일화와 평론 등 모두 161항목의 소품(小品)을 집성한 것이다.[32] 이 책은 각범이

---

[29] 각범의 생애는 『石門文字禪』 권24에 수록된 「寂音自序」와 각종 전등사서의 기록을 통해 알 수 있다. 각범의 생애에 대한 대표적인 연구 성과는 陳垣, 『中國佛教史籍概論』(中華書局, 1962), pp.132~139; 阿部肇一, 『增訂中國禪宗史の研究』(研文出版, 1986), pp.449~488; 柳田聖山, 『禪文獻の研究』下(法藏館, 2006), pp.35~66 참조.

[30] 『석문문자선』이 언제, 어디에서 이루어진 것인지 알 수 없으나, 각범이 만년에 편집하고 직접 서명을 붙인 것으로 보인다. 석문은 洪州 石門山을 가리키며, 각범이 젊은 시절에 스승인 雲庵에게 禪旨를 얻은 도량이다.

[31] 椎名宏雄, 「『註石門文字禪』のテキストと概要」, 『宋元版禪籍の文獻史的研究』第1卷(臨川書店, 2023), pp.619~623.

[32] 이 책은 현재 원판·오산판이 남아 있지만, 서문·발문이 없기 때문에 언제, 어디서 처음

견문한 기록뿐 아니라 선문의 시승들과 일반 시인 및 왕후들과의 교류를 알려주는 기사가 많으며, 시문계의 양상과 평론을 비교적 자유롭게 서술했다. 특히 이 책에는 소식의 시에 대한 기사가 대단히 많으며, 황정견의 작시법을 해설한 내용이 주목을 받았다. 이러한 성격으로 인해 『냉재야화』는 선문뿐 아니라 일반 문인에게도 환영받아 많은 문학총서에 수록되었다.[33]

『천주금련(天廚禁臠)』(3권)은 천자의 주방인 천주(天廚)에서 천자의 식육인 금련(禁臠), 즉 최고의 맛처럼 뛰어난 시격에 걸맞은 최고의 시라는 의미로 붙인 제목이다. 이 책은 각범이 당·송의 명시수구(名詩秀句)를 모범으로 삼아 그것들의 작시법을 분류하고 평론한 시화집이다. 선승이 일반 문인들의 작시를 위한 모범을 만들었다는 점에서 각범이 작시에 뛰어났다는 사실과 선문에서 시문이 성행한 경향을 보여준다. 각범은 권두 서언에서 두보 시가 별격으로 제가의 특색 있는 구법에 따라야 한다고 했다. 그는 작시법을 근체삼종영연법(近體三種領聯法), 십사자대구법(十四字對句法), 고시압운법(古詩押韻法) 등 38항목으로 세분하고, 각각 범례가 되는 명구를 제시하고 평했다. 『천주금련』의 전체 예구 가운데 역시 소식의 시가 눈에 띄게 많이 실렸다.[34]

각범의 시문 저작은 송의 지식인들에게 높은 평가를 받았고, 후대에도 거듭 간행되었다.[35] 각범은 소식, 황정견의 시문을 중시했는데, 특히 황정견의 작시

간행되었는지 알 수 없다. 다만 12세기 중엽의 『郡齋讀書志』와 『僧寶正續傳』에 『냉재야화』가 언급되어 있으므로 12세기 전기에 간행되었던 것으로 보인다.

[33] 원판 『냉재야화』에 葉敦이 1343년에 쓴 간기에 각범이 시로 명성이 있으며, 소식, 황정견과 방외의 벗이 되었다고 기록하고 있다[靜嘉堂文庫 編, 『靜嘉堂文庫宋元版圖錄 解題篇』(汲古書院, 1993), pp. 112~113]. 『냉재야화』가 전란으로 인해 전본이 희귀해졌고, 구본에 오류가 있고 편차도 큰 차이가 있으므로 남송 말에 감찰어사, 台州 지사, 비서감 등을 지낸 陳著(1214~1297)가 소장한 선본을 정정해서 간행했다고 한다(椎名宏雄, 「五山版 『冷齋夜話』の正體」, pp. 613~618).

[34] 椎名宏雄, 「五山版の詩話, 『石門洪覺範天廚禁臠』の槪說」, 『宋元版禪籍の文獻史的研究』 第2권(臨川書店, 2024), pp. 97~100; 椎名宏雄, 「正德版, 『天廚禁臠』の槪要」, pp. 100~103.

법에 대한 개념을 탁월하게 해설했다.[36] 각범은 만년의 황정견과 실제로 교류했고, 그에게 받은 시가 일부 남아 있다.[37] 황정견은 시문집에서 자신의 작시법에 대해 직접 언급하지 않았으나, 각범의 저작에는 점철성금(點鐵成金), 환골탈태(換骨奪胎) 등을 비롯해 황정견의 작시법에 대한 해설이 제시되어 있다.[38]

산곡이 말했다. "시의(詩意)는 무궁한데, 사람의 재주는 유한하다. 유한한 재주로 무궁한 시의를 좇는 것은 비록 도연명이나 두보도 잘해낼 수 없다. 그 뜻을 바꾸지 않고 시어를 만드는 것을 환골법이라고 한다. 그 뜻을 본떠서 형용하는 것을 탈태법이라 한다."[39]

이 글에서 알 수 있듯이 각범은 환골탈태에 대해 황정견의 말을 인용해 설명한다. 황정견은 타자의 구상을 빌려 자기 작품을 만드는 것을 타자의 육체에 넣어 뼈를 재편성하고 자궁을 빼앗아 그 속에서 새로운 생명을 만드는 것, 곧

---

35 晁公武가 1151년에 편찬한 『郡齋讀書志』에 각범의 『냉재야화』, 『임간록』, 『선림승보전』, 『균계집』, 『천주금련』 등이 수록되어 있다. 조공무는 이들 문헌이 당시 알려져 있지만 과장하여 믿을 수 없다고 평가했다. 陳振孫의 『直齋書錄解題』 권17에 『선림승보전』, 『物外集』, 『석문문자선』이 기록되었는데, 각범의 문장이 뛰어나고 승려의 말과 다르다고 평가했다〔柳田聖山, 『禪文獻の研究』 下, pp.60~61; 椎名宏雄, 「正德版 『天廚禁臠』의 槪要」 (2024), p.619〕.

36 『冷齋夜話』 卷4, 「王荊公東坡詩之妙」, 「詩言其用不言其名」(『禪典』 5, pp.781~782); 大野修作, 「惠洪 『石門文字禪』の文學世界」, 『禪學研究』, 67(1989), pp.10~15.

37 『山谷集』 卷6, 「贈惠洪」(景印文淵閣四庫全書 1113冊), p.52; 『山谷集』 卷15, 「覺範師種竹頌」(景印文淵閣四庫全書 1113冊), p.131. 「贈惠洪」은 황정견이 말년인 1104년에 쓴 작품이다〔黃䓕, 『山谷年譜』 권30(景印文淵閣四庫全書 1113冊), p.952〕.

38 황정견의 작시법은 『山谷集』 卷19, 「答洪駒父書三首」(景印文淵閣四庫全書 1113冊, p.186), "自作語最難, 老杜作詩, 退之作文, 無一字無來處. 蓋後人讀書少, 故謂韓杜自作此語耳. 古之能爲文章者, 眞能陶冶萬物, 雖取古人之陳言入於翰墨, 如靈丹一粒, 点鐵成金也" 참조.

39 『冷齋夜話』 卷1, 「換骨奪胎法」(『禪典』 5, p.769), "山谷云, 詩意無窮, 以人之才有限, 以有限之才, 追無窮之意, 雖淵明少陵, 不得工也. 然不易其意, 以造其語謂之, 換骨法, 規模其意形容之, 謂之奪胎法".

육체를 변화, 재생시키는 것에 비유했다. 또한 황정견은 타자가 이미 사용한 말을 자기 작품에 가져다 쓰고, 그것을 자신의 언어로 재생하는 것을 영약을 사용하여 철을 금으로 만드는 연금술 기법에 비유해 점철성금이라고도 했다.[40]

황정견 시학의 지향은 독서와 학습을 통한 학시 전통의 수립, 도학적 정서, 관조적 형상미, 점철성금론으로 대표되는 시어와 시구의 단련이다. 황정견의 시는 박학다식한 독서를 바탕으로 수많은 전고와 용사(用事)를 사용한다. 독서의 깊이와 시적 활용 능력을 높이 평가한 것이다.[41]

점철성금이 타자 작품의 언어를 사용하는 수법인 데 비해 환골탈태는 타자 작품의 의미를 사용하는 수법이다.[42] 양자에 약간 차이가 있지만 어느 것이나 타자 작품과 문장을 자신의 것으로 바꾸어 재생하는 방법으로 거론되고 있다. 타자 문장의 활용이라는 점에서는 용사, 사사(使事) 또는 보가(補假) 등의 연장선상에 있는 수법이라고 할 수 있다. 이러한 작시법은 타자 작품과 문장을 자신의 것으로 바꾸어 재생하는 방법을 중시한다. 이러한 현상은 송대에 독서와 그에 기초한 박식 및 박학이 성행한 것과 관련된다. 이처럼 송대에는 타자의 작품, 타자의 언어를 자기 작품을 위한 재료로 활용하는 움직임이 널리 확산되었다.

그러면 점철성금, 환골탈태의 시법을 뒷받침하는 요건은 무엇이었을까? 한마디로 그것은 독서와 그에 기초한 박식과 박학이다. 황정견은 "자신의 말을 만드는 것이 가장 어렵고, 두보의 시나 한유의 문장도 한 글자마다 출처가 없는 것이 없다. 그런데 후인들은 책을 읽지 않기 때문에 한유와 두보의 말이라고 할 뿐이다"라고 지적했다. 두보와 한유는 풍부한 독서를 배경으로 적극적

40　淺見洋二,「詩はどこから來るのか? それは誰のものか?」, 小島毅 編,『知識人の諸相』(勉誠出版, 2001), pp. 169~173. 이러한 표현은 朱弁『風月堂詩話』권상에 소식의 시에 대해 "기와와 자갈을 단련해 황금을 만들다"라는 한 무명씨의 문장이 실려 있는데, 이것도 같은 표현 방법이다.

41　『山谷別集』卷6,「論作詩文」, "詞意高勝, 要從學問中來. … 擧場中下筆遲澁, 蓋是平時讀書不貫穿也. 宜勉强於學問. 歲月如流, 須及年少精力. 讀書不貴雜博, 而貴精深".

42　『천주금련』권상에「奪胎句法」,「換骨句法」등이 수록되어 있다(『禪典』5, p. 826).

으로 타자의 언어를 자신의 것으로 사용했지만, 독서가 부족한 후세인은 그것을 모른 채 두보와 한유의 것이라고 착각한다는 의미이다.

이러한 경향은 황정견과 그의 문인들에게만 국한된 것이 아니라 송대에 폭넓게 나타난다. 예를 들어 강행부(强行父)는 당경의 시론을 거론한 『당자서문록(唐子西文錄)』에서 "무릇 시를 지을 때에는 평소 반드시 시재(詩材)를 모아 준비해 두어야 한다"고 했다. 『석림시화(石林詩話)』 권상에서는 용사에 대해 거론하는 가운데 "전인의 시재를 비축해 두었다가 사용한다"라는 말이 보인다. 책 속에서 타자의 문장을 재료로 획득해 비축해 두고, 그것을 재료로 활용하는 것이다.

점철성금, 환골탈태와 유사한 은괄(檃栝)도 성행했다. 은괄은 본래 틀린 자구를 바로 잡거나 표현을 약간 바꾸는 것이지만, 송대에 타자의 작품을 바탕으로 그것을 자신의 작품으로 재생하는 수법을 이른다. 나아가 이러한 양상과 연관되는 집구시(集句詩)도 유행했다. 집구는 타자의 여러 작품에서 시구를 뽑아 그것을 모아 하나의 작품을 짓는 것인데 왕안석, 소식 등이 활동하던 시대에 본격적으로 등장했다.

이와 같이 점철성금, 환골탈태, 은괄 등은 타자의 글을 사용하면서도 어디까지나 자신의 언어로 제시하는 것이 목표였다. 이와 달리 집구에서는 인용된 시구가 타자의 것임을 명시했고, 타자의 시구로 구성한 작품을 순수한 자신의 작품으로 제시하는 것을 반드시 목적으로 한 것은 아니다. 그럼에도 불구하고 타자의 글을 사용한다는 점에서 집구는 점철성금, 환골탈태, 은괄과 기본적으로 통하는 부분이 있다. 이와 같이 송대에는 타자의 작품, 타자의 언어를 자기 작품을 위한 소재로 활용하는 양상이 확산되었다.[43]

이러한 경향이 확산되면서 송대에는 작시법 및 시에 대한 비평과 관련된 시화집이 다양하게 제시되었다. 시화집은 본래 문인의 전유물이라고 할 수 있는

---

43 淺見洋二, 「詩はどこから來るのか? それは誰のものか?」, pp.69~172.

데, 선승인 각범이 시화집을 저술해 일찍부터 주목을 받는 동시에 논란의 대상이 되었다. 각범은 환골탈태론(換骨奪胎論)을 비롯해 황정견의 작시법을 탁월하게 해설했으며, 그와 관련된 시문을 다양하게 제시했다. 또한 각범은 파율탁구법(破律琢句法), 용사법(用事法) 등 다양한 작시법을 당·송의 저명한 시를 중심으로 간명하게 제시했다.[44] 따라서 각범의 시문집, 시화집은 송의 소식, 황정견의 시문을 소개하고 작시법을 해설한 대표적인 문헌이다.

북송 말부터 남송 초에 활동한 허의(許顗)는 각범과 교유하면서[45] 서로 시를 주고받았다.[46] 그는 시화집인 『언주시화(彦周詩話)』[47]에 각범의 시를 높이 평가하는 글을 남겼다. 허의는 각범의 「제이소화상(題李愬和尙)」에 대해 황정견에 필적한다고 평가했다. 또한 허의는 중수, 참요와 같은 시승이 유명하지만, 각범에 미치지 못한다고 그를 높이 평가했다.[48]

위거안(韋居安)의 『매간시화(梅磵詩話)』 권상에 "환골탈태의 방법은 시인이라면 누구나 사용하고, 그것을 잘 융합시키면 답습의 흔적이 보이지 않는다"라

---

[44] 『冷齋夜話』 卷4, 「詩言其用不言其名」(『禪典』 5, p. 782), "用事琢句, 妙在言其用不言其名耳. 此法唯荊公東坡山谷三老知之. 荊公曰, 含風鴨綠鱗鱗起, 弄日鵝黃裊裊垂. 此不言水柳之名也".

[45] 『禪林僧寶傳』 卷30, 「保寧璣禪師」에 허의에 대한 기록이 있다(X79, pp. 552~553), "睢陽許顗彦周, 銳於參道, 見璣作禮. 璣曰, 莫将閑事掛心頭. 彦周曰, 如何是閑事. 答曰, 參禪學道是. 於是彦周開悟, 良久曰, 大道甚坦夷, 何用許多言句葛藤乎. 璣呼侍者, 理前語問之, 侍者瞠而却, 璣謂彦周曰, 言句葛藤, 又不可廢也, 疾學者味著文字. 作偈曰, 不學文章不讀書, 頹然終日自如愚, 雖然百事不通曉, 是馬何曾喚作驢".

[46] 『石門文字禪』에 허의와 관련된 시가 권6에 「大雪寄許彦周宣教法弟」를 비롯한 6편(『禪典』 5, pp. 242~246), 卷12에 「贈許彦周宣教游嶽彦周參機道者」를 비롯한 4편(『禪典』 5, pp. 380~381), 권19에 「許彦周所作墨戱爲之贊」(『禪典』 5, p. 538)이 수록되어 있다.

[47] 김규선, 「『彦周詩話』의 문학사적 의의와 詩論」, 『중국학연구』, 87(2019).

[48] "彦周詩話曰, 近時僧洪覺範頗能詩. 其題李愬畫像云, 淮陰北面師廣武, 其氣豈止吞項羽, 君學李祐不肯誅, 便知元濟在掌股. 此詩當與黔安竝驅也. 頃年僕在長沙相從彌生, 其他詩亦甚佳. 如云, 含風廣殿聞 某響, 度日長廊轉柳陰. 頗似文章巨公所作, 殊不類衲子. 又善作小詞, 情思婉約, 似少遊, 至仲殊參寥雖名世, 皆不能及"; 『石門文字禪』 卷1, 「題李愬畫像」(『禪典』 5, pp. 109~110에서 재인용).

고 말하듯이 합법적인 답습, 답습의 합법화를 지향하는 시법이었다. 점철성금, 환골탈태의 시법은 이후 송대 문인에게 크게 영향을 미쳤다. 남송대에 황정견을 조종으로 받드는 강서시파가 형성되어 일세를 풍미하는데, 이 시법이 강령의 위상을 차지했다.

타자의 문장을 어떻게 자신의 시에 사용할 것인가는 송의 문인 사이에서 중요하게 공유한 문제였다. 이는 다양한 문헌의 정리와 집대성이 행해지고, 출판의 흥성과 함께 책의 이용이 보급된 송대의 문화 현상과 관련된다. 또한 남송 시기에 시를 학습하는 인구가 급증해, 이른바 시의 대중화 현상이 나타났다. 독서에 의한 박식에 기초해 시를 짓는 것은 어떤 의미에서는 초학자들이 행하기 쉬운 방법이다.

남송 이후 선종계에서는 문학에 대한 관심이 높아졌고, 남송 말 경정(景定, 1260~1264)·함순(咸淳, 1265~1274) 연간에 선승들의 게송이 섬세하고 화려해졌다.[49] 14세기 초 송파종게(松坡宗憩)는 많은 선승의 시게(詩偈)를 모아 『강호풍월집(江湖風月集)』을 편찬했다. 시게의 내용이 세속화하고 일반 시와 다르지 않았다. 이러한 경향은 선승의 본분에 맞지 않는 것이지만, 시선일미(詩禪一味)라는 이념을 내세워 정당화하기도 했다. 나아가 소은대흔(笑隱大訢)의 『포실집(蒲室集)』은 사륙변려문의 작법을 배우기 위한 교과서가 되어 일본에도 널리 유포되었다.

이러한 흐름이 이어지면서 선어록의 편찬에도 변화가 나타났다. 선승이 생전에 어록을 편찬, 간행하는 경우가 늘어났고, 편집을 염두에 두고 지도를 행하는 경우도 있었다. 본래는 스승이 제자를 지도하는 기록을 어록에 남긴 것인데, 이 무렵에는 간행 목적에 맞춰 어록을 기록하는 형태로 바뀐 것이다. 그리하여 법어, 보설, 송고, 염고, 대어, 별어, 게송, 서문, 발문, 찬 등 사전에 주도면밀하게 준비한 작품의 비중이 늘어나면서, 자유로운 문답은 적어졌다.

---

[49] 義空遵은 그러한 게송이 선종의 자멸이라고 근심하여 모범으로 삼을 게송을 골라 『獅子筋』이라 이름을 붙였다. 淸拙正澄이 1326년에 일본에 이 책을 전했다.

게다가 사대부와의 교류를 위해 시문을 쓸 수 있는 능력이 필수적으로 요구되면서 선승의 시문집이 늘어났다. 이러한 경향은 현존하는 시문집을 통해 확인할 수 있다. 북송에서는 각범혜홍의 작품을 제외하면 선승의 시문집은 일반적이지 않았다. 그러나 남송 말부터 원대에 걸쳐 선승들이 어록과 별개로 시문집을 남기는 경향이 증가했다. 이러한 경향은 특히 대혜파의 선승들에게서 두드러지게 나타난다. 현존하는 송·원대 선승의 시문집을 정리하면 〈표 2-1〉과 같다.

『조영집(祖英集)』은 설두중현의 시집으로, 천성(天聖) 10년(1032)에 문정(文政)이 쓴 서문과 설두의 시 304수, 문 1편으로 본문을 구성했다.[50] 『설봉공화상외집(雪峰空和尙外集)』은 동산혜공(東山慧空, 1069~1158)의 시문집이다. 동산은 황룡혜남-회당조심-초당선청으로 이어지는 법맥을 계승한 임제종 황룡파의 선승이다. 이 책은 순희(淳熙) 5년(1178)에 가암혜연(可庵惠然)이 쓴 발문이 있으며, 송·원판이 현존하지 않고 유행한 흔적이 없다. 그러나 일본 중세 선종계에서 오산판이 간행되어, 가장 유행한 선적 중 하나가 되었다.[51]

『황룡산남선사서척집(黃龍山南禪師書尺集)』은 임제종 황룡파의 개조인 황룡혜남(1002~1069)의 서간집이다. 『영원화상필어(靈源和尙筆語)』는 황룡파의 영원유청(靈源惟淸, ?~1117)이 지은 것이다. 영원은 회당조심의 법을 잇고, 황정견을 비롯한 많은 문인과 교류했다. 이 책에 건도(乾道) 5년(1169)에 자항요박(慈航了朴)이 쓴 서문이 있으며, 1244년에 중간되었다.[52] 『황룡산남선사서척집』과 『영원화상필어』는 중세 일본 선종계에서 여러 번 함께 간행되었다.[53]

---

50 『조영집』은 元版이 간행되어 오산판의 저본이 되었고, 일본 중세 이래 근세에도 판본과 冠注本, 末書가 양산되었다[椎名宏雄, 「五山版『祖英集』のテキスト概說」, 『宋元版禪籍の文獻史的硏究』第2卷(臨川書店, 2024), pp. 34~36].

51 椎名宏雄, 같은 글, pp. 37~40.

52 椎名宏雄, 「五山版, 『靈源和尙筆語』の紹介」, 『宋元版禪籍の文獻史的硏究』第2卷(臨川書店, 2024), pp. 104~105[각주 70)까지 이 책에 나온 글이다. 이하 책명 생략].

53 椎名宏雄, 「五山版, 『黃龍山南禪師書尺集』の概要」, pp. 106~108.

표 2-1 송원 선승의 시문집 편찬 및 간행

서명	저자	간행 기록 및 특징
『鐔津文集』	佛日契嵩	1134년
『祖英集』	雪竇重顯	天聖 10년(1032) 文政 서문
『靈源和尙筆語』	靈源惟淸	乾道 5년(1169) 慈航了朴 서문, 1244년 중간
『黃龍山南禪師書尺集』	黃龍慧南	서간집
『雪峰空和尙外集』	東山慧空	淳熙 5년(1178) 可庵惠然 발문
『冷齋夜話』	覺範慧洪	시화집
『石門文字禪』	覺範慧洪	시문집
『天廚禁臠』	覺範慧洪	작시법 분류, 평론
『雪岑和尙續集』	雪岑行海	林希逸 발문, 시집
『北磵文集』	北磵居簡	1217년 張自明 敍, 寺記, 傳記, 序跋, 諸疏 등 다양한 文類 566점
『北磵詩集』	北磵居簡	淳祐 10년(1250) 物初大觀 서문, 應安 3년(1370) 中巖圓月 刊語
『北磵和尙外集』	北磵居簡	淳祐 10년(1250) 물초대관 서문, 게송집
『淸拙和尙禪居集』	淸拙正澄	延祐 4년(1317) 晦機元熙 서문, 延祐 2년(1315) 虛谷希陵 跋文, 시문집
『白雲集』	實存子英	至元 29년(1292) 牟巘 서, 趙孟頫 敍, 胡長孺 序, 시집
『藏叟摘槀』	藏叟善珍	간기 무, 시문집
『蒲室集』	笑隱大訢	後至元 4년(1338) 虞集 서문, 시문집. 15권 중 疏만을 蒲室集疏로 간행하는 경우도 있음
『澹居槀』	行中至仁	至正 24년(1364) 仲銘克新 서문, 시집
『澹游集』	見心來復	至正 24년(1364) 劉仁本 서문, 시문집
『碧山堂集』	道原宗衍	서문, 시문집
『雪廬槀』	仲銘克新	至正 24년(1364) 周伯琦 서문, 시집
『金玉編』	仲銘克新	至正 23년(1363) 張翥 서문, 지정 22년(1362) 行中至仁 서문, 시집
『全室外集』	季潭宗泐	徐一夔 서문, 시문집
『江湖風月集』	松坡宗憩	선승의 시게 선집
『獨菴外集續藁』	獨菴道衍	시문 잡록

자료: 송·원 선승들의 시문집에 대해서는 椎名宏雄 선생이 편찬한 『五山版中國禪籍叢刊』(전 12권, 臨川書店, 2012~2018)의 영인본과 해제를 참고. 해제는 椎名宏雄, 『宋元版禪籍の文獻史的研究』2(臨川書店, 2024)에 재수록.

대혜파는 남송 말부터 원 초에 대혜종고-졸암덕광(拙庵德光)-북간거간(北礀居簡)-물초대관(物初大觀)으로 이어지는 계보를 중심으로 계승되었다. 북간거간(1164~1246)은 오산십찰에 주석하며 당시 저명한 선승, 고관들과 다양하게 교류해 방대한 시문을 남겼다. 사고전서(四庫全書) 문집제요에서 송의 선승 가운데 불일계숭(佛日契嵩), 각범혜홍과 함께 시와 문을 겸비한 빼어난 인물로 북간이 거론되었다.

『북간시집(北礀詩集)』(9권)에는 북간의 시 약 1000수가 수록되어 있다. 북간이 보낸 시첩(詩帖)에 대해 섭적(葉適, 1150~1223)이 응한 글인「수심선생수북간시첩(水心先生酬北礀詩帖)」을 서두에 실었다. 북간의 시문은 오산문학에 커다란 영향을 주었다.[54] 『북간문집(北礀文集)』(10권)에는 물초대관이 순우(淳祐) 11년(1251)에 쓴 북간의 「행장」이 실려 있는데, 그 글에서 북간의 문집과 시집이 이전에 간행되었다고 밝히고 있다.

오산판에 장자명(張自明)이 가정(嘉定) 10년(1217)에 쓴 '북간문고서(北礀文藁敍)'에 북간의 글이 종밀과 백중과 동등하며, 시가 참요, 각범과 동등하다고 높이 평가했다. 문집은 부(賦) 16수, 기(記) 66편, 서(序)·서(敍) 34편, 명(銘) 48편, 찬(贊) 27편, 발(跋) 77편, 소(疏) 169편, 방(榜) 33편 등으로 구성되어 있다. 다채로운 문장 566점을 집성한 문집으로, 오산에서 문장의 전범으로 중시되었기 때문에 오산판이 비교적 많이 남아 있다.[55]

『북간화상외집(北礀和尙外集)』은 북간의 게송집이며, 어록과 외집이 세트로 간행된 경우가 많다. 순우 10년(1250)에 물초대관이 쓴 서문이 있으며, 본문은 게송 220수, 찬 84수, 제발(題跋) 14편으로 구성되어 있다.[56] 오산에서는 어록 1권, 외집 1권, 문집 10권, 시집 9권 등으로 북간의 모든 저술을 『북간전집(北礀全集)』이라는 이름을 붙여 간행했다.[57]

---

54 椎名宏雄,「五山版「北礀詩集」を論定する」, pp. 55~57.
55 椎名宏雄,「五山版『北礀文集』の概要」, pp. 52~54.
56 椎名宏雄,「五山版『北礀和尙外集』の概要」, pp. 48~51.

『설잠화상속집(雪岑和尙續集)』은 남송 후기의 선승인 설잠행해(雪岑行海, 1124~?)의 시집이다. 권두 자서에 1244년부터 1270년까지 쓴 시라는 표현이 있으므로 대략의 행적을 알 수 있다. 임희일(林希逸)의 발문에 설잠이 3000여 수나 되는 시를 남긴 것을 알 수 있다.[58]

『장수적고(藏叟摘藁)』는 남송 말의 선승인 장수선진(藏叟善珍, 1194~1277)의 시문집이다. 그는 대혜종고-졸암덕광-묘봉지선(妙峰之善)-장수로 이어지는 법맥을 계승한 선승이다. 상권에 고체 21, 7언 57, 5언 21, 절구 30 등 시 129수와 사(詞) 4편을 수록했다. 하권은 기명 5, 제발 72, 방소 37, 제문 21, 상량문 3 등 문 138편이 수록되어 있다. 제발은 주로 대혜파 선승들의 서화, 시문 등이다.[59]

『청졸화상선거집(清拙和尙禪居集)』은 원대에 활약한 청졸정징(清拙正澄, 1274~1339)의 시문집이다. 이 책은 중국, 일본에서 『청졸화상어록(清拙和尙語錄)』과 세트로 개판되어 함께 전해졌다. 연우(延祐) 4년(1317)에 회기원희(晦機元熙)가 쓴 서문, 연우 2년(1315)에 허곡희릉(虛谷希陵)이 쓴 발문이 있다. 본문은 게송 256항, 불조찬(佛祖贊) 15항, 소불사(小佛事) 6항, 제발 9편으로 구성되어 있다.[60]

『백운집(白雲集)』은 원의 시승인 실존자영(實存子英)의 시집이다. 그는 당 말의 관휴(貫休)와 제기(齊己)를 사모했고, 각지를 다니다가 경산에 올라 종소리를 듣고 깨달았다. 이후 그는 출가하여 선승이 되었고, 각지를 다니며 선사들에게 인가를 받았다. 이 책에는 지원(至元) 29년(1292)에 모헌(牟巘)이 쓴 서(序), 조맹부(趙孟頫)의 서(敍), 호장유(胡長孺)의 서(序) 등과 시 143수, 제증(題贈) 21수 등이 수록되어 있다.[61]

『포실집(蒲室集)』(15권)은 소은대흔(笑隱大訢, 1284~1344)의 시문집이다. 그

---

57 椎名宏雄, 「五山版 「北磵全集」の謎を解明する」, pp. 41~47.
58 椎名宏雄, 「五山版 『雪岑和尙續集』のテキスト概説」, pp. 65~67.
59 椎名宏雄, 「五山版 『藏叟摘藁』のテキスト概説」, pp. 68~70.
60 椎名宏雄, 「五山版 『清拙和尙禪居集』のテキスト概説」, pp. 58~61.
61 椎名宏雄, 「五山版 『白雲集』のテキスト概説」, pp. 62~64.

는 회기원희(晦機元熙)의 법을 이었으나 중봉명본(中峰明本)에게도 참학(參學)했다. 『포실집』은 후지원(後至元) 4년(1338)에 우집(虞集)의 서문을 붙인 원판이 남아 있다. 총서(總序), 목(目), 시(詩), 서(序), 기(記), 명(銘), 설(說), 제발(題跋), 송(頌), 잠(箴), 찬(贊), 종명(鐘銘), 제문(祭文), 소(疏) 등으로 구성되어 있다. 『포실집소(蒲室集疏)』는 『포실집』 15권 가운데 소(疏)만을 따로 간행한 것이며, 일본 오산에서 중시되었다. 소는 선종에서 길흉경조 등 의식불사에 읊는 사륙문(四六文)으로 된 표백문(表白文)을 가리킨다.[62]

『벽산당집(碧山堂集)』은 원의 시승인 도원종연(道原宗衍, 1309~1351)의 시집이다. 도원은 시에 뛰어나 많은 명사와 교유했다. 그는 한(漢)·위(魏) 이래의 시를 배웠고, 두보를 가장 존경했다.[63]

『담거고(澹居槁)』는 원 말부터 명 초에 활동한 행중지인(行中至仁, 1309~1382)의 시집이다. 그는 대혜-졸암-묘봉-장수-원수-행중으로 이어지는 법맥을 계승한 선승이다. 지정(至正) 24년(1364)에 쓴 중명극신(仲銘克新)의 서문에 행중에게 40권의 문이 있다고 기록했다.[64]

『설려고(雪廬槁)』는 원 말에서 명 초에 활동한 시승 중명극신(1321~?)의 시집이다. 그는 대혜파 소은대흔의 법을 이었다. 중명은 시문에 뛰어나 저명한 문인들과 교류했다. 이 책에는 지정 24년(1364)에 주백기(周伯琦)가 쓴 서문이 있고, 시 128수를 수록했다. 중명의 시는 교묘하면서 통속적이고, 선문 특유의 게송적 요소가 보이지 않는데, 이는 당시 선승들 시의 공통적인 시대적 경향이다.[65] 중명은 『설려고』와 함께 자찬 시문집인 『금옥편(金玉編)』을 편집했다. 이 책은 시 109수, 문 2편을 수록하고, 지정 23년(1363)에 장저(張翥)가 쓴 서문과 지정 22년(1362)에 행중지인(行中至仁)이 쓴 서문이 있다.[66]

---

62 椎名宏雄, 「五山版 『蒲室集疏』のテキスト概說」, pp. 71~74.
63 椎名宏雄, 「稀覯の五山版 『碧山堂集』」, pp. 75~77.
64 椎名宏雄, 「五山版 『澹居槁』の概要」, pp. 78~79.
65 椎名宏雄, 「五山版 『雪廬槁』のテキスト概要」, pp. 80~82.

『전실외집(全室外集)』은 원 말에서 명 초에 활동한 계담종륵(季潭宗泐, 1318~ 1391)의 시문집이다. 계담은 소은대흔의 법맥을 이은 대혜파 7세이다. 그는 관료와의 교류가 많고 시문도 풍부하게 남겼다. 『전실외집』은 서일기(徐一夔) 가 쓴 서문과 시 406수, 문 27편으로 이루어져 있다. 그 외 저술은 『어록』 3권, 『전실고(全室稿)』, 『서유기(西遊記)』 등이 있다.[67]

『담유집(澹游集)』은 원 말부터 명 초에 활동한 견심내복(見心來復, 1319~1391) 이 편집한 시문집이다. 그는 임제종 호구파 9세이며, 남초사열(南楚師悅)의 법 을 이었다. 견심은 시문에 뛰어나 구양현(歐陽玄), 장저(張翥), 송렴(宋濂) 등과 친밀하게 교류했다. 이 책에는 지정(至正) 24년(1364)에 유인본(劉仁本)이 지은 서문과 시 273수, 문 17편이 수록되어 있다. 그의 저술로는 『담유집』과 함께 시문집 『포암집(浦庵集)』 6권이 있다.[68]

『강호풍월집(江湖風月集)』은 송파종게(松坡宗憩, 생몰년 미상)가 편집한 선 승의 시게선집(詩偈選集)이다. 송파는 무준사범의 법을 이었고 수록된 작품도 무준 문하가 많다. 일본 선종에서 크게 유행한 선적이다. 이 책은 성립 이래 몇 번 증첨(增添)되었다.[69]

『독암외집속고(獨菴外集續藁)』는 원 말부터 명 초에 활동한 독암도연(獨菴道 衍, 1335~1418)의 시문집이다. 이 책은 시와 문을 분류한 집록이며, 제목 그대로 외집의 속고이다. 속성이 요씨(姚氏)이고, 14세에 출가했다. 그는 임제종 대혜 파 8세로 시문과 회화에 능했으며, 호법서인 『도여록(道余錄)』을 남겼다. 그는 홍무 15년(1382)에 승록사(僧錄司)가 되었고, 영락(永樂) 2년(1404)에 칙명으로 환속하여 광효(廣孝)라는 이름을 받았다. 요광효(姚廣孝)는 태조실록, 『영락대 전(永樂大全)』의 편찬을 감수했고, 『요허자시집(姚虛子詩集)』 10권이 있다.[70]

---

66 椎名宏雄, 「珍籍, 五山版 『金玉編』の概要」, pp. 83~84.
67 椎名宏雄, 「五山版 『全室外集』の概要」, pp. 85~87.
68 椎名宏雄, 「稀書, 五山版 『澹游集』の概要」, pp. 88~90.
69 椎名宏雄, 「五山版 『江湖風月集』の概要」, pp. 91~93.

이상에서 현전하는 송원판, 오산판 시문집을 간략하게 살펴보았다. 이러한 시문집의 편찬과 간행을 통해 다음과 같은 특징이 드러난다. 첫째, 송대에 선승의 시문이 유행하지만, 시문집의 편찬은 남송 말에서 원대에 걸쳐 더욱 성행했다. 선종에 대한 사대부 문인문화의 영향도 남송에 이르러 더욱 확산되었고, 원대에 성행했다. 지금까지의 연구에서는 송대의 선종문화가 주로 언급되었지만, 선종문화는 남송 말부터 원대에 이르러 절정에 도달했고, 고려 및 중세일본의 양상과 연관된다. 후술하겠지만 남송 말에서 원대까지 도래승과 입송, 입원승을 통해 선승의 시문집이 중세일본에 전해졌고, 오산판으로 개판되어 오산문학의 원천으로 기능했다.

둘째, 〈표 2-1〉을 보면 대혜파의 시문집이 다수를 차지한다. 이러한 경향은 남송 시기에 대혜종고가 간화선을 완성한 후에 선의 사상적 발전이 이루어지지 못하고 점차 쇠퇴하는 경향과 궤를 같이한다. 또한 남송 이후 원대에 선의 제도화와 선종의 세속화가 심화되는 양상과도 관련된다. 게송보다 일반 문인의 시문과 다를 바 없는 시가 선종에서 유행한 것이 그러한 세속화된 양상을 잘 보여준다.

송대에 문인문화가 선종에 미친 영향은 그림에도 드러난다. 선종미술로 선의 공안과 선승의 깨달은 순간 등을 그린 선기도(禪機圖), 제왕이나 저명한 문인 등이 선승과 문답하는 것을 그린 선회도(禪會圖) 등이 있다. 화광중인(華光仲仁)은 북송 말에 활약한 선승 화가이다. 그는 황정견과 밀접하게 교유했고, 묵매도(墨梅圖)의 창시자로 알려져 있다. 그의 묵매는 문동의 묵죽과 함께 당시 화단에 새로운 경향으로 많은 문인에게 수용되었다. 남송을 대표하는 화원화가인 마원(馬遠)이 그린 동산도수도(洞山渡水圖)를 비롯한 작품이 있다. 목계법상(牧谿法常)은 남송 말에서 원 초기에 걸쳐 활약한 선승화가이다. 그는 무준사범에게 선을 배웠다. 그는 산수, 도석(道釋), 화조 등 폭넓은 대상을 그

---

70 椎名宏雄,「稀書, 五山版『獨菴外集續藁』テキストの概説」, pp. 94~96.

린 작품을 남겼다. 그는 무로마치 시대에 최고의 중국화가로 받아들여져 주요 작품이 일본에만 주로 남아 있다. 인다라(因陀羅)는 원 말의 선승화가이며, 절강에서 활약했다. 달마, 단하(丹霞), 포대(布袋) 등 조사와 산성(散聖)을 그린 그림과 수묵화를 남겼다. 또한 문인화가도 선의 영향을 받았는데, 이공린(李公麟)은 우수한 선회도(禪會圖)를 많이 묘사하는 작품을 남겼다. 사대부계층에서 시서화가 유행했고, 이러한 재능이 선승에게도 존경되어야 하는 것으로 받아들여졌다.

한편 선문에서 시문이 유행하면서 글씨에 대한 관심도 높아졌다. 현존하는 작품이 많지 않지만 송·원대에 유학한 일본 선승들과 도래승들이 가져온 글씨가 일본에 일부 남아 있다. 원오극근이 제자 호구소륭에게 준 인가장, 대혜종고가 1151년 매주(梅州)에 유배되었던 때에 무상거사(無相居士)에게 보낸 편지, 무준사범이 엔니에게 준 인가장 등 다양하다.[71]

송 말의 서예를 대표하는 장즉지(張卽之, 1186~1267)는 당시 선승들과 교류하면서 적지 않은 영향을 미쳤다. 예를 들어 무문도찬(無文道璨, 1214~1271)은 20여 세에 장즉지 문하에 입문하여 서예를 배우기 시작하여 30년 이상 장즉지와 친교를 맺었다. 20여 세에 장즉지 문하에 입문하여 서예를 배우기 시작해 그가 죽을 때까지 30년 이상 친교를 맺었다.[72] 무문은 장즉지의 대자(大字)가 침착하고 통쾌하다고 그의 서풍(書風)을 절찬했다.[73] 무문 이외에도 소옹묘감(笑翁妙堪, 1177~1248), 무준사범, 서암요혜(西巖了慧, 1198~1262), 물초대관, 희수소담(希叟紹曇, ?~1279) 등 남송 말에 많은 선승들이 장즉지와 교류했다.

또한 무명혜성(無明慧性), 허당지우(虛堂智愚, 1185~1269), 언계광문(偃溪廣

---

71 일본에서 국보로 지정된 대표적인 작품과 그에 대한 해설은 山本信吉,「解說 墨蹟」, 西天杏太郎·山本信吉·鈴木嘉吉 編,『增補改訂版『國寶』11 書跡Ⅲ』(每日新聞社, 2005), pp. 204~216 참조.
72 「錦屛山記」,『無文印』卷3,「題西湖圖」,『無文印』卷10,「題百禽圖牧谿作」,『無文印』卷10 등 목계의 그림에 대한 3편의 제화시가 남아 있다.
73 「跋樗寮書九歌」,『無文印』卷10.

門, 1189~1263) 등과 난계도륭(蘭溪道隆, 1213~1278), 올암보녕(兀菴普寧, 1197~1276), 무학조원(無學祖元, 1226~1286) 등 도래승의 서풍은 장즉지의 서풍을 보이고 있다.[74] 이러한 흐름은 남송 말 선문에서 장즉지의 서풍이 매우 높은 평가를 받았음을 보여준다.[75]

서화 두 분야에서 진(晋)·당(唐)으로 돌아가자는 복고주의 경향은 조맹견을 거쳐 조맹부에게 영향을 주었다. 입원승(入元僧) 여심중서(如心中恕)는 홍무(洪武) 원년(1368)에 원말 사대가의 한 사람인 왕몽(王蒙)을 방문하여 조맹부의 화마(畵馬)를 직접 볼 수 있었다. 여심은 38년 후에 일본에서 조맹부의 화마를 입수하여 회고하는 시를 남겼다. 또한 설촌우매(雪村友梅)는 조맹부에게 글씨로 칭찬을 받았는데, 이렇듯 입원승이 조맹부의 작품을 볼 기회는 적지 않게 있었다.[76]

문인문화가 선종계로 확산되면서 시문뿐만 아니라 시서화를 아우르는 문화예술이 선승들에게 확산되었다. 본래 선종에서는 게, 송이 깨달음의 경지를 표현하는 수단으로 사용되었다. 나아가 송대에는 법어를 써서 주는 것이 중요한 포교 수단의 하나였기 때문에 문장과 글씨가 선승에게 필수적인 능력이 되었다. 그리하여 당시 선승 가운데는 능서가로 평가되는 인물도 있었으나, 저명한 선승의 글씨인 묵적에 대한 존중은 글씨보다는 인격에 초점을 맞추었다. 예를 들어 영원유청(靈源惟淸)이 쓴 문과 게를 선을 배우는 이들이 다투어 소장하고자 하는 것은 서법(書法)이 우수하거나 표현이 아름답기 때문이 아니라 그 덕을 존경하기 때문이라는 각범의 설명에서 잘 드러난다.[77]

---

74 峯岸佳葉,「南宋書法にみる「墨蹟」の源流について: 禪僧と文人の接点・張卽之書風の傳播を中心に」,『書學書道史研究』, 16(2006).

75 荏開津通彦,「牧谿の尊重」, 西山美香 編,『アジア遊學142 古代中世日本の內なる禪』(勉誠出版, 2011), pp.174~179.

76 荏開津通彦,「牧谿の尊重」, pp.179~181.

77 『石門文字禪』卷26,「題昭黙遺墨」(『禪典』5, p.659),"昭黙老人道大德博, 爲叢林所宗仰. 雖其廳言隻偈翰墨遊戲, 學者爭祕之. 非以其書詞之美也, 尊其道師之德耳".

2. 중세 일본의 선종과 오산문화의 형성

선종은 7세기 이후 주로 천태종 승려에 의해 일본에 단편적으로 수용되었다. 이후 가마쿠라 시기에 입송승(入宋僧)과 도래승을 통해 선종이 본격적으로 수용되었다. 에이사이(榮西)가 2차례 송에 들어가 임제종 황룡파의 법을 이은 후에 신치 가쿠신(心地覺心, 1207~1298), 엔니 베넨(円爾弁円, 1202~1280) 등이 송에 유학했다. 가쿠신은 무문혜개(無門慧開)의 법을 이었고, 사이호지(西方寺)를 열었다. 엔니는 무준사범의 법을 잇고, 구조 미치이에(九條道家) 등의 지원을 받아 도후쿠지(東福寺)를 열어 많은 제자를 양성했다.

이러한 유학승과 함께 남송, 원의 도래승이 일본에 와서 선을 전수했다. 가마쿠라 막부의 집권자였던 호조 도키요리(北條時賴)의 후원으로 1253년에 가마쿠라에 겐초지(建長寺)가 건립되면서 난계도륭이 개산(開山)으로 초빙되었다. 난계에 이어 올암보녕, 대휴정념(大休正念, 1215~1289), 무학조원, 일산일녕(一山一寧, 1247~1317), 동명혜일(東明慧日, 1272~1340), 청졸정징, 명극초준(明極楚俊, 1262~1336), 축선범선(竺仙梵僊, 1292~1348) 등이 잇달아 일본에 왔다. 이들은 대부분 임제종 송원파와 파암파에 속하는 선승들이다.[78]

가마쿠라 막부에서 도래승을 초청하면서 가마쿠라에 선종 사원이 개창되었고, 이에 따라 송대 선이 본격적으로 수용되었다. 이러한 흐름은 황실에도 이어져 1291년에 교토에 난젠지(南禪寺)가 건립되고, 슈호 묘초(宗峰妙超, 1282~1336)를 개산으로 하는 다이도쿠지(大德寺)가 건립되었다. 특히 무로마치 막부의 아시카가 정권이 무소 소세키(夢窓疎石)와 그의 제자들과 결합되면서 덴류지(天龍寺), 쇼코쿠지(相國寺), 도후쿠지(東福寺) 등이 건립되었다.

이와 같이 가마쿠라와 교토에 대표적인 선종 사원이 건립되고, 국가권력의 통제를 받는 관사로서 오산십찰제도가 형성되었다. 1386년에 오산 위에 교토

---

78 西尾賢隆,「鎌倉期における渡來僧」,『中世の日中交流と禪宗』(吉川弘文館, 1999), pp. 2~24.

난젠지가 지정되고, 덴류지·쇼코쿠지·겐닌지(建仁寺)·도후쿠지·만주지(萬壽寺) 등이 교토 오산으로, 겐초지·엔가쿠지·주후쿠지(壽福寺)·조치지(淨智寺)·조묘지(淨妙寺)가 가마쿠라 오산으로 각각 지정되었다. 이어 전국 각지에 십찰, 제산(諸山)를 두어 오산십찰제도가 형성되었다.[79]

이러한 오산십찰을 거점으로 하는 선승들을 오산승이라 한다. 오산승은 무가권력에 봉사하는 존재가 되었는데, 그들의 역할은 크게 두 분야로 나뉜다.[80] 하나는 외교와 무역으로, 명과 조선과의 외교문서를 주고받는 일과 무역의 실무를 담당하는 것이다. 또 하나는 문화에 공헌하는 것으로 건축, 정원, 회화, 글씨, 문학, 차 등 중국 문화를 일본에 수입하고, 오산 선사를 생활에 밀착된 종합예술의 장으로 만들어, 일본의 생활문화에 서서히 확산되도록 하는 역할이었다. 오산문화는 13세기 후반에서 17세기 전반까지 일본 문화의 중심을 이루었다.[81]

특히 오산 선승에게 한시, 한문을 작성하는 것은 가장 중요한 능력이고, 그 표현력을 기르기 위해 불교 전적 및 어록뿐만 아니라, 외전인 유학, 역사, 문학 등도 폭넓게 배워야만 했다. 오산문학은 오산 선승에 의해 만들어진 한시문 작품의 총칭이다.[82] 오산문학은 선승이 지닌 선의 경지를 표명하거나 수행의 단

---

79 今枝愛眞,「中世禪林の官寺機構」,『中世禪宗史の硏究』(東京大學出版會, 1970), pp.139~219.

80 외교 기관으로서의 오산은 1980년대 이후 일본 중세의 대외관계사 연구에서 주목되고 있다. 특히 무라이 쇼스케는 중세 대외관계사에서 지역 간 교류의 주요한 담당자로 선승, 상인, 왜구 등의 존재를 지적하면서, 특히 무가정권인 무로마치 막부가 독자적으로 외교를 수행할 때에 어학력, 작문력, 유교 교양을 갖춘 임제종 오산파의 선승을 외교관으로서 활용했던 데서 '외교기관으로서의 오산'이라는 외교사의 테마를 제시했다〔村井章介,『アジアのなかの中世日本』(校倉書房, 1988);『東アジア往還: 漢詩と外交』(朝日新聞社, 1993);『國境を越えて: 東アジア海域世界の中世』(校倉書房, 1997), 伊藤幸司,『中世日本の外交と禪宗』(吉川弘文館, 2002)〕.

81 島尾新,「五山でなにが起こったか」, 島尾新 編,『東アジアのなかの五山文化』(東京大學出版會, 2014), pp.1~50.

82 堀川貴司,『續五山文學硏究 資料と論考』(笠間書院, 2015). 오산문학 자료는 上村觀光 編,『五山文學全集』(1~4권, 別卷)(思文閣出版, 1973), 玉村竹二 編,『五山文學新集』(1~6

초라는 종교적 성격과, 송·원·명의 새로운 중국 문학을 도입함으로써 최신의 한문학 작품이라는 문학적 성격도 내포하고 있었다. 이러한 성격에 따라 오산승은 막부의 외교 문서를 작성하거나 상급 무사와의 교류를 위해 사륙변려문으로 작성한 법어, 시를 구사할 수 있는 능력이 중시되었다.[83]

이러한 역량은 송·원의 도래승과 일본 유학승을 통해 갖출 수 있었다. 예를 들어 일산일녕은 일본 선승에게 게송을 짓게 하고, 잘 짓는 이를 골라 문하에 들어오는 것을 허락했다. 또한 그는 교화에 유교, 도교, 백가의 설에서 소설, 속어까지 구사했기 때문에 일본 선문에서 중국 전적을 학습하는 분위기를 확산시켰다. 또한 일본 선승들은 송·원의 선문에 유학하는 양상이 확산되면서 시문 구사 능력을 갖추게 되었다.

고칸 시렌(虎關師鍊, 1278~1346)은 중국 지식에 해박해 일산을 놀라게 할 정도였다. 고칸은 유학 경험이 없는데, 그의 어록인 『십선지록(十禪支錄)』, 『속십선지록(續十禪支錄)』과 별도로 시문집 『제북집(濟北集)』(20권), 문장의 규범으로 오산에서 중시된 『선의외문집(禪儀外文集)』 등을 남겼다. 『제북집』은 권1~4에 부(賦)·고시(古詩)·율시(律詩)·절구(絶句), 권5·6에 게찬(偈贊), 권7~9에 원(原)·기(記)·명(銘)·서발(序跋)·변의서(辨議書), 권10에 외기(外紀)·행기(行記)·전(傳)·표(表)·소(疏), 권11에 시화(詩話), 권12~15에 청언(淸言)·제문(祭文)·논(論), 권16~20에 통형(通衡) 등으로 구성되었다. 권1~6이 시이고, 나머지는 문이다. 6권 중에 4권이 시, 2권이 게송이며, 권7~11의 문은 대체로 세속적인 내용이다. 또한 『제북집』에 이백, 두보, 소식, 황정견의 시를 비롯해 『운와기담(雲臥紀談)』, 『고금시화(古今詩話)』, 『옥소집(玉屑集)』 등 중국 문헌을 언급한 논이 있다. 무로마치 중기에 사륙변려문이 선문에 깊이 침투했고, 숙련된 선승들이 지도서를 저술할 정도였다. 사륙변려문을 만들기 위해서는 고사에 대한 풍부한 지식이 반드시 있어야 했다.[84] 중국 선종 사찰에서 제작된 서류, 공식문서는 사륙변려문

    권, 別卷2)(東京大學出版會, 1967~1981) 참조.
83 堀川貴司, 「漢詩文を讀むことと書くこと」, pp. 150~170.

체로 지었고, 선종의 문서도 마찬가지였다. 고칸의 『선의외문집(禪儀外文集)』
은 사륙변려문의 모범적 사례가 많이 실려 있어 후진을 위한 교과서가 되었다.

무학조원-고봉현일(高峰顯日)을 이은 무소 소세키(夢窓疎石)는 문하에 무쿄쿠 시겐(無極志玄), 슌오쿠 묘하(春屋妙葩)를 비롯해 기도 슈신(義堂周信), 젯카이 주친(絶海中津) 등 쟁쟁한 선지식을 제시했다. 무소 소세키는 교유하던 이들과 시를 즐겼고, 그 일단이 시축에 남아 있다.

슌오쿠는 전국 선종 사원을 통할하는 천하승록(天下僧錄)을 지냈다. 그는 명사신과 창화(唱和)한 작품을 수록한 『운문일곡(雲門一曲)』을 남겼다. 기도 슈신은 가마쿠라에 오랫동안 머물렀지만, 정변을 계기로 겐닌지의 주지가 되어 교토에 머물렀다. 그는 요시미쓰를 비롯한 권력자들과 교류하며, 그들과 적지 않은 시를 주고받았다. 그는 어록 외에 시문집 『공화집(空華集)』(20권)을 남겼는데, 이 책은 시가 절반을 차지한다. 송의 초석범기(楚石梵琦)는 기도의 시를 읽고 찬탄했다. 또한 그는 송원 선승의 게송을 분류, 편집한 『신찬정화분류고금존숙게송집(新撰貞和分類古今尊宿偈頌集)』(3권)[85]과 다시 이를 확대한 『중간정화유취조원연방집(重刊貞和類聚祖苑聯芳集)』(10권)[86]을 편찬했다.

젯카이 주친은 무소의 제자이며, 류산 도쿠겐(龍山德見)에게 배웠다. 젯카이는 1368년에 명에 유학하여 소은대흔의 제자인 청원회위(淸遠懷渭), 계담종륵(季潭宗泐) 등에게 나아가 참구했다. 특히 젯카이는 그들에게 선학뿐만 아니라 시와 서를 배웠다. 젯카이는 계담에게 시와 게, 문장을 지어 올리고 첨삭을 받았다. 그는 1376년 명의 태조와 창화하여 명성을 높였다. 또한 사륙변려문의 모범이 되는 포실소법(蒲室疏法)을 도입했고, 일본으로 돌아온 후에는 외

---

84 堀川貴司, 『五山文學硏究 資料と論考』(笠間書院, 2011); 朝倉尙, 『禪林の文學』(淸文堂出版, 2004).
85 이 책은 貞和 연간(1345~1347)에 성립된 初撰本이다.
86 이 책은 기도 슈신이 입적한 1388년 무렵에 송립된 再撰本이다. 초찬본이 오언절구, 칠언절구만이라면 재찬본은 율시도 포함하여 약 3,000수를 수록하고 있다.

교 문서를 작성했다.87

주간 엔게쓰(中巖圓月)는 도래승인 동명혜일(東明慧日)과 고칸 시렌에게 배우고, 원에 유학해 동양덕휘의 법을 이었다. 주간은 선의 수행과 함께 주자학을 비롯한 송학을 수용했다. 그는 막부에 치세의 방책을 상표(上表)하고, 『중정자(中正子)』를 저술했다.88 또한 시문집 『동해일구집(東海一漚集)』(5권), 수필집 『문명헌잡담(文明軒雜談)』·『등음번세집(藤陰瑣細集)』 등도 저술했다. 『동해일구집(東海一漚集)』은 세속적인 저작을 중심에 두고, 게송과 법어를 말미에 두어 이를 부록으로 취급했다.

이러한 경향은 무로마치 막부 전기에도 이어져 이추 쓰조(惟忠通恕), 이쇼 도쿠간(惟肖得巖), 고세이 료하(江西龍派) 등에게 계승되었다. 또한 사륙변려문과 시에 집중하면서 게송은 서서히 적어졌다.89 그 후 오닌의 난이 일어난 뒤 오산문학에서 학문적 연구로 바뀌었다.

오산에서는 한시문을 중심으로 다양한 텍스트가 생성되었다. 중국에서 많은 한적이 수입되어, 그것을 서사, 출판하는 복제가 이루어지고, 이어 그것에 대한 운서, 유서가 재편성되었다.90 초물(抄物)은 주로 중국에서 생성된 텍스트에 대한 강의, 주석이다. 그 대상이 된 원전은 한적과 선적, 일본의 한문 저

87　西尾賢隆, 『中世の日中交流と禪宗』(吉川弘文館, 1999), pp. 211~239.
88　그는 수학에 밝아 『鬴尚算法』을 저술했고, 역학에도 관심을 기울여 『治曆篇』을 남겼다.
89　玉村竹二, 『五山文學』(至文堂, 1955)에서 일본 선승들이 유학하여 元代 金剛幢下(古林淸茂의 문하)의 게송 중심주의가 오산에 게송 전성기를 초래했고, 明代 대혜파의 시문 중심주의가 絶海中津 등에 의해 초래되어 오산문학의 세속화가 일어났다고 제시하고 있다.
90　『韻府群玉』은 韻書와 유서를 겸한 작시, 작문의 참고서로서 동아시아에서 널리 유포되었는데, 오산에서도 선호된 문헌이다. 『事文類聚』 등 송원의 유서가 널리 유포되어 있었다. 선림 유서에 英甫永雄이 1566년에 自編한 『彙韵』이 있다. 이 책은 고칸 시렌이 편찬한 유서 『聚分韻略』의 운을 이용하고, 같은 문자를 말미에 가진 문구를 한적, 선적에서 널리 모은 것이다. 한시 1수를 단위로 하는 편집 작업보다 더욱 자세한 단위로 집적한 것이고, 자신의 한시문 작성에 직결하는 표현의 축적이 된다.

작 등으로 크게 나눌 수 있다. 선승들은 불전과 선적뿐 아니라 주자학과 제자백가, 역사서 등에 대한 연구도 행했다. 나아가 초물(抄物)이라는 주석서가 수없이 편찬되었다.

오산에서 작시의 참고를 위해 중국 시 총집이 분류, 편집되었다. 오산에서 선승들의 면학을 위한 문헌은 두보·이백·소식·황정견 등의 별집, 『삼체시(三體詩)』[91]·『고문진보(古文眞寶)』·『정선당송천가연주시격(精選唐宋千家聯珠詩格)』(이하『연주시격』)·『황원풍아(皇元風雅)』 등 총집이다. 중세 말에서 근세까지 선에 입문한 사미승이나 한시를 애호하는 이들을 위한 시의 총집이자 해설과 주석을 붙인 문헌이 편찬되었다.

중국 시 총집으로는 남북조 시대에 기도 슈신의 『정화집(貞和集)』,[92] 무로마치 막부 초기 고세이 류하(江西龍派)의 『신선집(新選集)』, 보데쓰 류한(慕哲龍攀)의 『신편집(新編集)』 등을 들 수 있다. 이어 무로마치 막부 전기에 덴인 류타쿠(天隱龍澤)의 『금수단(錦繡段)』, 중기에 겟슈 주케이(月舟壽桂)·게이텐 주센(繼天壽戩)의 『속금수단(續錦繡段)』 등이 편찬되었다.[93] 이러한 문헌은 시를 제재별로 분류하여 시회에서 제영(題詠)을 위한 참고서로 활용하기 위한 것이었다.

> 신선(新選)·신편(新編) 두 시집은 모두 내 숙부의 손에서 이루어진 것이다. … 나는 7세 때에 처음 미노에서 상경하고, 히가시야마 겐닌지에서 숙부 모철(慕哲) 옹을 만

---

[91] 『삼체시』는 송의 周弼이 칠언절구, 칠언율시, 오언율시 3시체를 모아 편찬한 唐詩 선집이다. 이 책은 허실 개념에 의해 작품의 구성을 분석, 분류한 점이 특징이며, 원대에 주석이 만들어졌다. 『삼체시』는 작시의 지침서로서 남북조 이후 오산에 널리 애호된 문헌이다(住吉朋彦,「五山版から古活字版へ」, 島尾新 編, pp. 123~150).

[92] 『정화집』은 중국 선승의 시만을 모아 주로 사원에서의 행사와 일상생활에 밀착한 사물로 분류한 이른바 게송 중심의 문헌이다. 『新撰貞和分類古今尊宿偈頌集』(3권)이 『重刊貞和類聚祖苑聯芳集』(10권)으로 개편, 증보되면서 세속화가 진행되었다.

[93] 堀川貴司, 『五山文學探究 資料と論考』, pp. 15~37.

났다. 그 이후 시자로 20년 가깝게 모셨는데, 질타하는 소리가 지금도 귀에 남아 있다. 모철 옹이 어느 날 나에게 일러 말씀하기를, "『시경』 이래 한시라는 것을 우리는 주의해서 배우지 않으면 안 된다. 부처의 가르침은 광언기어(狂言綺語)를 경계하고 있다고 하여 한시를 멀리해도 좋은 것인가. 허당지우(虛堂智愚)는 위대한 선사이지만, 두보 시를 읽고 선의 본질을 파악했다고 한다. 대혜종고 선사도 종장이지만, 훈풍(薰風)이 남쪽에서 온다고 읊는 소리를 듣고 심지(心地)가 열렸다. 각범혜홍, 참요도잠 등은 모두 뛰어난 선사이나 세상에 시승으로 유명하다. 시를 우리와 관계가 없는 것이라고 할 수 없다는 것을 알 것이다"라고 했다.

그래서 백부 강서(江西) 옹은 당에서 송·명까지 고위 관료와 명승들의 시를 수집하고, 거기서 1000여 수를 골라 거책(巨冊)을 편집하고 신선분류제가시집(新選分類諸家詩集)이라고 이름을 붙였다. … 10여 년이 지나 모철 옹은 강서옹이 수록하지 않았던 것에서 선정하여 또 하나의 집을 만들었으니 지금의 『신편집』이 그것이다. 나는 그때 14, 5세로 연적과 종이를 준비하고 종일 도와드렸다. 따라서 편집 과정은 모두 알고 있다. 내가 보기에 강서 옹은 대개 표현이 화려한 것이다.[94]

이 글은 1449년에 규엔 류친(九淵龍眔)이 쓴 내편(內編) 말미의 발문이다. 이 글은 오산에서 이루어진 시문집의 편찬, 오산문학의 전체적인 경향을 잘 보여준다. 『신선집(新選集)』은 『신선분류집제가시권(新選分類集諸家詩卷)』(2권)의 약칭이며, 고세이 류하가 1400년 무렵에 당·송·금·원과 명 초의 시인, 선승의 칠언절구 약 1,200수를 19부문으로 분류하여 편찬한 시집이다. 고세이 류하는 기도 슈신의 『정화집』에 없던 회고, 종군, 규정(閨情) 등 중국 시의 중요한 테마를 증보해 분류했다.[95]

---

[94] 堀川貴司, 『詩のかたち・詩のこころ: 中世日本漢文學硏究』(補訂版)(文學通信, 2023), pp. 325~327.

[95] 堀川貴司, 「『新選集』『新編集』『錦繡段』」, 『詩のかたち・詩のこころ: 中世日本漢文學硏究』, pp. 324~327.

『신편집』은 『속신편분류제가시집(續新編分類諸家詩集)』(2권)의 약칭이며, 보데쓰 류한이 1410년 무렵에 편찬한 시집이다. 보데쓰는 『신선집』의 보유로 칠언절구 약 1300수를 25부문으로 분류해 편찬했다. 『신선집』과 『신편집』은 『정화집』이 완성된 후에 약 10년 내지 20년이 지나 편찬된 것이지만, 게송을 배제하고 속인의 작품이 중심이다. 이후 덴인 류타쿠는 1456년에 『신편집』, 『신선집』을 발췌하여 『금수단』을 편찬했는데, 송·원·명의 칠언절구를 모은 문헌이다.[96]

시는 본래 선승의 일이 아니지만, 옛 사람이 참선하듯이 참지(參詩)하라고 말한 것처럼 시도 선도 깨달음의 경지에 이르면 언어의 세계를 초월하는 것은 같으며, 우리 선문의 옛 선지식도 다르지 않다. 각범혜홍, 참요도잠, 장수선진, 천은원지(天隱圓至) 등도 시집을 만들거나 시집의 주석을 행했다. 어찌 우리 선종에 시가 없다고 하겠는가. … 시 밖에 선이 없고, 선 밖에 시가 없다. 이에 도연명(陶淵明)의 시에는 달마 가르침의 진수가 있고, 진사도(陳師道)에게 조종동의 가르침이 포함되어 있다.[97]

덴인은 『금수단』 자서에서 시선일치(詩禪一致)를 주장하고 있다. 또한 그는 이러한 사례로 송원의 유명한 선승 가운데 각범혜홍, 참요도잠, 송말 원초의 장수선진·천은원지 등을 들고 있다.[98] 특히 각범은 오산에 매우 폭넓은 영향을 미쳤다. 가마쿠라 막부 말기부터 『냉재야화』, 『천주금련』을 비롯한 각범의 시화집이 널리 간행되었다.[99] 또한 『석문문자선』은 오산 승들에게 작시의

---

96 堀川貴司, 같은 책, pp. 16~19.
97 『錦繡段』序, "詩者非吾宗所業也. 雖然古人曰, 參詩如參禪. 詩也, 禪也, 到其悟入則非言語所及也. 吾門耆宿不外之, 覺範·參寥·珍藏叟·至天隱詩老, 或編其集, 或註其詩. 豈謂吾宗無詩乎. … 詩之外無禪, 禪之外無詩. 於是始知淵明之詩有達磨骨髓, 后山之詩有洞家玄妙也."
98 堀川貴司, 「『新選集』『新編』『錦繡段』」, pp. 331~332.
99 入矢義高, 「五山の詩を讀むために」, 『五山文學集』(新日本古典文學大系48)(岩波書店, 1990),

모범으로 수용되었다. 『냉재야화』는 복송 간본을 비롯해 오산판 전본이 많이 남아 있어 당시 승속을 아울러 수요가 적지 않았다.[100]

또한 각범과 마찬가지로 송대 시문을 대표하는 소식과 황정견의 시집이 폭넓게 수용되었고, 이 시집들에 대한 각종 주석서와 강의본이 간행 및 편찬되었다.[101] 주석서로는 오산판 『왕장원집백가주분류동파선생시(王狀元集百家註分類東坡先生詩)』·『증간교정왕장원집주분류동파선생시(增刊校正王狀元集註分類東坡先生詩)』, 송 임연(壬淵)의 『산곡시집주(山谷詩集注)』·『산곡황선생대전시주(山谷黃先生大全詩註)』 등이 주로 간행되었다.[102] 오산 선승들에게 소식과 황정견 등은 선종과 문인사회와의 관계, 선승과 문인과의 교유라는 점에서 이상으로 받아들여졌다.

『동파시(東坡詩)』의 초물로 유명한 『사하입해(四河入海)』는 쇼운 세이잔(笑雲淸三)이 즈이케 슈호(瑞溪周鳳)의 『좌설(脞說)』, 다이가쿠 슈스(大岳周芳)의 『한원유방(翰苑遺芳)』, 반리 슈쿠(萬里集九)의 『천하백(天下白)』, 잇칸 지코(一韓智翃)의 『초우여적(蕉雨餘滴)』·『천마옥진말(天馬玉津沫)』 등을 집성하고, 자신의 설을 더한 것이다.

이러한 경향은 오산 승의 교육 과정에도 반영되었다. 예를 들어 사쿠겐 슈료(策彦周良)는 출가 후 초기 교육에서 한시문을 익히기 위해 『삼체시』를 필사하고, 그 가운데 10수를 하루에 암송한 것이다. 그는 이 과정을 마친 후 『논어』와 『효경』, 두보·소식·황정견의 시집을 암기했다. 또한 『모시(毛詩)』·『춘추좌씨전(春秋左氏傳)』·『고문진보(古文眞寶)』·『장자』·『맹자』 등을 외우고, 『임

---

p. 330.
100 川瀨一馬, 『五山版の硏究』 上(日本古書籍商協會, 1970), p. 488.
101 無求周伸의 제자 瑞溪周鳳(1391~1474)의 행장에 어릴 때부터 소식의 시에 경도되었고, 15세에 소식 시 연구에 뜻을 두었다. 그는 많은 선승에게 배우고, 그들의 설을 모으고, 나아가 자신의 설을 더해 주석서를 만들었다(堀川貴司, 『續五山文學硏究 資料と論考』, pp. 34~54).
102 川瀨一馬, 『五山版の硏究』 上, pp. 190~211.

제록(臨濟錄)』·『오가정종찬(五家正宗贊)』등을 스승에게 배웠다.[103] 이와 같이 선승의 초기 교육 과정부터 한시문을 익히기 위한 시문집 교육이 중심을 이루었다.[104]

오산 선승들은 한문학을 비롯해 중국 고전문화를 담당했다. 선승의 한적 강의는 선종 사원에서 제자와 후진을 대상으로 한 강의에 공가(公家)가 참가하는 경우와 자신의 저택에 초청해 강의하는 경우가 있다. 온슈소(音首座)의 『동파시(東坡詩)』, 쇼조스(紹藏主)의 『삼체시』, 덴인 류타쿠의 『동파시』·『두시』, 오우센 게이산(橫川景三)의 『산곡시(山谷詩)』강의 등이 대표적인 사례이다.[105]

또한 일본 선림에서 문학 활동을 주로 하는 우사(友社)가 오산을 중심으로 결성되었다. 도후쿠지, 겐닌지, 쇼코쿠지 등에서 결성된 우사가 주로 활약했고, 가마쿠라를 비롯한 지방의 선종 사찰에서도 확산되었다. 단척회(短尺會)는 동승의 작시 교육, 우사에 들어가기 위한 자격 심사, 작시 능력 향상의 장이자 우사의 문학 활동의 기본적인 장으로 개최되었다. 또한 강석(講釋)은 소식·황정견·두보 시와 『삼체시』·『논어』·『맹자』·『사기』·『좌전』·『장자』·『고문진보』등 외전 강석이 성행했다.

일본의 선승은 관료사대부와 동등한 지식인으로서의 교양을 갖추고 있었다.[106] 선승은 외교 사절, 문화 사절로 기능했고, 국내 정치에 관여하는 자도 있어 쇼군(將軍), 다이묘는 선종의 네트워크를 다양한 형태로 이용했다. 무로마치 막부의 권력자인 아시카가 요시미쓰는 선종을 종교적·문화적 근간으로 수용했다. 그는 쇼군테이(將軍邸)에 처음으로 회소(會所)를 독립 건물로 세워 선의 향, 문인의 향이 가득한 공간임을 표상하게 했다. 나아가 선종 사원은 전

---

103 선적은 『勅修百丈淸規』, 『臨濟錄』, 『碧巖錄』, 『五家正宗贊』, 『江湖風月集』등 특정한 텍스트에 집중하는 경향이 있으며, 공식 문서의 모범이 된 『蒲室集』등이 중시되었다.
104 堀川貴司, 『續五山文學硏究: 資料と論考』, pp. 34~54.
105 堀川貴司, 같은 책, pp. 87~106.
106 玉村竹二, 『五山: 大陸文化紹介者としての五山禪僧の役割』(至文堂, 1966).

국으로 확산되었기 때문에 그대로 정보 네트워크가 되었다. 사원은 교육기관으로서의 기능뿐 아니라 지역, 나아가 전국적인 문화센터였기 때문에 권력자의 브레인 또는 후원자로서 정치적인 기능을 행하기도 했다.[107]

오산문화에서 시문과 함께 주요한 장르는 회화와 서예로 대표되는 미술이다. 가마쿠라 시기부터 남북조 시기까지 일본미술에서 선종 미술이 성행했다.[108] 오산을 비롯한 선종 사원은 수행의 장이면서 선승과 무사들의 사교의 장이었다. 그러한 교류의 매체는 시문이고, 그것을 연출하는 것으로서 회화가 이용되었다.[109]

선종의 수묵화는 한산습득(寒山拾得), 포대(布袋) 등 산성(散聖)이라 불리는 이들을 그린 것이다. 목계법상(牧谿法常)은 남송 말에서 원 초에 걸쳐 활약한 선승 화가이다.[110] 목계의 〈현자화상도(蜆子和尙圖)〉에 남송의 언계광문(偃溪廣聞)의 찬이 있다. 현자화상도와 같은 산성을 그린 수묵화, 묵적 등은 선종에서 유행한 것이며 선의 사상과 감각이 표현되어 있다.

---

[107] 오산문화에서 중국의 문인문화가 유행하면서 선승의 본래 모습과 다른 세속화된 분위기가 성행했다. 다시 말해 제대로 된 시가 만들어지기 위해서는 먼저 제대로 된 구도자가 아니면 안 된다는 기본적인 요건은 잊어버렸다[入矢義高, 『新日本古典文學大系48: 五山文學集』(岩波書店, 1990), p.326]. 이러한 비판은 명 말의 선승인 雲棲袾宏의 『竹窓隨筆』에 잘 드러난다. 그는 당시 선승들이 본령인 一大事因緣의 구명은 방기하고, 거꾸로 사대부가 돌아보지 않는 서도, 作詩, 서간문 독특의 美文調 문체를 습득하는 데에 여념이 없는 풍조를 비판했다.

[108] 島尾新, 「詩書畵と唐物: 美術史から見た五山」, pp.170~202.

[109] 東アジア美術文化交流硏究會 編, 『寧波の美術と海域交流』(中國書店, 2009).

[110] 鈴木敬, 『中國繪畵 上之一 南宋·遼·金』(吉川弘文館, 1984). 목계의 생몰 연대는 정확하게 알 수 없지만, 1200년 무렵에 태어나 1290년 무렵에 세상을 떠난 것으로 보인다. 무문도찬은 목계가 소동파조차 표현할 수 없었던 서호의 아름다움을 묘사했다고 최고의 찬사를 아끼지 않았다. 아시카가 쇼군가의 회화 소장 목록인 「御物御畫目錄」의 3분의 1 이상이 목계의 그림이었을 정도로 그의 그림을 애호했다. 송원 교체로 중국에서 목계가 잊히게 되었던 것에 비해 대조적인 현상이다[荏開津通彦, 「牧谿の尊重」, 西山美香 編, 『古代中世日本の内なる「禪」』(勉誠出版, 2011), pp.170~181].

이 그림은 그려진 직후 당시 유학하던 선승이 일본으로 가지고 왔는데, 영은사에서 찬을 받은 무준사범의 제자 목계의 그림은 전법의 증거로 받아들여졌다.[111] 도후쿠지를 개창한 엔니는 하카다에 쇼텐지(承天寺)를 개창할 때 무준에게서 축하 액자(額字)를 받았다.[112] 이와 같이 찬이 붙은 그림은 수행의 증거이며, 선종 서화의 특징이다. 본래 전법의 증거는 가사였으나 제자가 늘어나면서 정상(頂相)이 활용되거나 제자가 스승의 초상을 그려 스승이 쓴 찬을 받는 것이 인가의 증거가 되었다.

엔가쿠지와 같은 선종 사원의 소장품에 중국 고승의 정상이 40폭, 포대, 한산습득과 같은 산성, 여동빈·종리권 등 중국 선인, 원숭이·고양이·용호(龍虎)에 수묵의 매(梅)·죽(竹), 산수화까지 존재한다. 글씨는 30폭 정도인데, 무준사범 등 중국 선승의 묵적에 장즉지가 보인다. 원숭이·고양이 그림은 불교와 관계가 없고, 묵매(墨梅)와 묵죽(墨竹)은 전형적인 문인화의 화제이다. 선종 사원에 선과 관계없는 산수화, 화조화가 있었다. 오산의 미술은 선종의 독특한 특징이 아니라 중국 남송, 원의 불교미술 일반을 반영한 것이다.

무로마치 막부 시기에 들어서면 선승들이 독특한 시서화의 세계, 곧 선승들의 문인화를 만들어냈다. 밍초(明兆, 1352~1431)가 그린 〈하마도(蝦蟇圖)〉는 중국 화가 안휘(顔輝)의 그림을 바탕으로 그렸지만, 독자적인 경지에 이르렀다. 밍초는 교토 도후쿠지의 화승으로, 그의 〈달마도〉는 중국 그림과 다른 독창성을 보여준다. 이른바 '명조풍(明兆風)'은 오산의 불화, 나아가 무로마치 막부 시대 불화의 기조가 되어갔다.

산수화에서 쇼코쿠지의 화승인 슈몬(周文, 생몰년 미상)[113]의 전칭(傳稱) 작

---

111 森克己,「日·宋元繪畵交涉と雪舟の出現」,『增補日宋文化交流の諸問題』(國書刊行會, 1975), pp. 255~272.
112 島田修次郎·入矢義高 監修,『禪林畵贊』(每日新聞社, 1987), pp. 10~31.
113 슈분은 무로마치 중기의 화승이며, 자는 天章, 호는 越溪이다. 相國寺의 선승이 되어 그림을 如拙에게 배웠으며, 여졸의 뒤를 이어 아시카가 막부의 어용 畵師가 되었다. 1423년에 막부의 사절과 함께 조선에 갔고, 이 무렵 뛰어난 평을 받았다. 應永詩畵軸의 명품

품을 분류, 정리하면 남송 원체화풍(院體畵風)의 여백을 생명으로 하는 소쇄(瀟灑)한 수묵산수를 본지로 하면서, 여기에 선승다운 해석을 더해 고사은일(高士隱逸)의 이상과 선의 경지를 중첩시켜 독자의 화경(畵境)을 확립했다.

그런데 오산미술에서 주목되는 것은 회화에 다수 선승이 시를 써서 붙인 시화축이 성행되는 양상이다.[114] 시화축의 그림은 인물화가 매우 적고, 대부분 산수화이다. 시화축은 서재도(書齋圖)와 시의도(詩意圖)라는 두 유형으로 나뉜다. 서재도의 주인공은 대부분 오산 선승이며, 이상화한 정경을 서재에 담아 은둔을 염원하는 것이다. 시의도는 송별도, 회우(懷友), 초귀(招歸)의 생각을 드러낸 것이다.

서재도는 선승이 자신의 서재와 머무는 곳에 아호를 붙여 시화축을 만든 것이다. 송대에 대혜종고, 무준사범 등이 묘희(妙喜), 용연(龍淵)과 같은 자신의 거실에 호를 붙이는 양상이 나타났다. 원대에는 선승들 사이에 암실(庵室), 재거(齋居)에 아호를 붙이는 것이 유행했다. 서재 이름은 학덕이 뛰어난 고승이 명명한 것을 받는 경향이 많았다. 아울러 아호가 선종과 무관하거나 은둔사상을 배경으로 한 문학적 아칭이 대부분이고, 때로는 직우재(直友齋), 삼익재(三益齋)와 같은 유교에 기초한 것도 있었다.

서재 이름이 정해지면 화가에게 의뢰하여 서재 이름이 드러나는 경관을 그리게 하고, 덕망이나 문명(文名)이 높은 선승에게 의뢰해 그 의의를 담은 서문을 받았다. 이어 선승들을 찾아가 서재도의 화취(畵趣)를 시로 읊거나 그림을 본 감회를 읊고, 그것을 그림 위에 제(題)를 받았다.

계음소축도(溪陰小築圖)는 서재도의 전형적인 작품이며, 현존 작품 중에 가장 오래된 것이다. 대사원인 난젠지에 머물면서 쇼군가를 비롯해 권력과 깊은

과 그것을 잇는 무로마치 중기의 작품에 周文筆을 傳稱하는 것이 대단히 많으나 眞跡은 아직 확정되지 않았다〔石田尙豊·田辺三郞助·辻惟雄·中野政樹 監修, 『日本美術史事典』(平凡社, 1987), pp.410~411〕.

114 대표적인 성과로는 『水墨美術大系』, 3~7卷(講談社, 1973~1975), 島田修次郞·入矢義高 監修, 『禪林畵贊』(每日新聞社, 1987) 등을 들 수 있다.

관계를 맺은 선승이 자신을 반쯤 사대부와 같이 동일시하며 그림에 이상적인 풍경을 그렸다. 이러한 서재산수는 원대 사대부 문인들의 내발적인 비전에서 유행한 것이며, 시화일치라는 형식과 함께 오산에서 도입되었던 것이다. 또한 다이하쿠 신겐(太白眞玄)의 서문에서 이 그림을 심화(心畫)라 부르는 것처럼 은일의 이상을 구하는 마음가짐을 드러내고 있다. 이러한 시서화의 분위기는 후원자인 쇼군과 무가(武家)에도 수용되었다.115

시문신월도(柴門新月圖)는 현존하는 가장 오래된 작품으로 난젠지의 선승 18인이 쓴 시가 남아 있다. 그림은 전체 지면의 3분의 1보다 작고, 시를 쓴 부분이 눈에 띌 정도로 화면의 대부분을 차지한다. 그림의 정경은 당을 대표하는 시인 두보가 자신을 방문한 이웃 주산인(朱山人)을 배웅하기 위해 나온 장면으로, 두보의「남린(南隣)」시에 읊은 것이다. 이 작품은 선과 아무런 관계가 없으며, 중국 문인화를 모방한 것이다. 시문신월도는 난젠지의 선승들이 남계에 대한 남린의 우정을 읊은 작품으로, 당대(當代) 선승들의 생각이 고전 세계에 중첩된 것이다.116

중국과 같이 시문에 능숙한 문인화가가 육성되지 않은 중세 일본에서 고위 선승에게 나아가 그림으로 소양을 쌓는 이들도 있었지만, 대부분은 취미에 머물렀다. 반대로 전문적인 화승 가운데는 시문의 재능이 있는 경우가 거의 없었다.

제화시는 제화문학의 한 갈래로 화찬(畫贊), 제기(題記), 제발(題跋), 제시(題詩) 등의 작품이 전한다. 송대 제화시는 1,100수 정도인데, 소식이 화발(畫跋) 34, 제화시 106수를 지었고, 황정견이 화발 45, 제화시 85수를 지었던 만큼 압도적으로 많다.117

---

115 島田修次郎·入矢義高 監修,『禪林畫贊』, pp. 216~223.
116 島田修次郎·入矢義高 監修, 같은 책, pp. 182~190.
117 그 외에 晁補之가 각각 6, 14수, 周必大 19, 1수, 陸游 12, 37수 정도이다. 한편 각범혜홍이 화발 16, 제화시 2수로 꽤 많은 분량을 차지한다[서은숙,「소식 제화시 연구: 회화론을 중심으로」(연세대학교 박사학위논문, 2004), 30쪽]. 송대에 제발문이 하나의 문학 장르로 성행했다. 현재 송대 문인이 남긴 제발문은 6,000수가 넘는다.

송, 원, 명에 유학했던 일본 선승들이 스승에게 받은 인가장(印可狀), 자호(字號), 게송, 법어 등이 많이 남아 있다. 이러한 묵적(墨蹟)은 무로마치 막부 시대에 오산에서 매우 선호되었다. 일본에 현존하는 송대 선승의 묵적은 원오극근, 대혜종고, 밀암함걸(密庵咸傑), 무준사범, 허당지우(虛堂智愚) 등의 작품이 많다. 그들의 글씨가 기법상 뛰어나다고는 할 수 없으나, 선승의 정신적인 세계를 드러낸다 하여 실제 가치보다 더 높게 평가받았다. 물론 원대 선승들의 글씨는 당시 유행하던 송설체가 많은데 기법 면에서도 우수해, 송대 선승처럼 정신적인 가치로만 평가받은 것은 아니다. 고림청무, 월강정인(月江正印), 요암청욕(了庵淸欲), 초석범기(楚石梵琦) 등은 일반 문인의 글씨와 나란히 서예의 명가로도 알려졌다. 원의 도종희(陶宗儀)는 「서사회요(書史會要)」에서 초석범기의 행초(行草)에 대해 솜씨가 좋다고 평가했다. 선승의 묵적과 함께 감상되었던 것으로는 풍자진(馮子振)이 있으며, 선승과는 다른 청신한 기풍을 갖추고 있었다.[118]

오산의 묵적은 개성이 있었는데 예를 들어 슈호 묘초의 글 「관산(關山)」에서는 강한 선풍이 느껴진다. 선승의 글씨는 잘 쓰는 것보다 개성을 중시했음을 알 수 있다. 물론 송대의 서풍을 똑같이 따라하는 사람도 있었다. 고칸 시렌의 '화옥호(花屋號)'는 황정견의 서풍을 배워 당당함이 배어 있다. 고칸은 본고장인 중국을 크게 의식해 중국과의 공유를 강력히 지향한 인물이었다.

---

118 中田勇次郎,「宋」, 中田勇次郎 編,『書道藝術別卷第三 中國書道史』(中央公論社, 1977), pp. 133~134.

── 제3장 ──

고려 중기 불교계의 동향과 송대 선의 수용

신라 하대에 수용된 선종은 지방 세력의 후원을 받아 각지에 산문을 개창하며 독자적인 기반을 확대했다. 구산선문의 개창자들은 대부분 마조도일의 법맥을 계승했으므로, 마조선의 영향을 강하게 받았다. 그런데 신라 말 고려 초에 이르러 법안종과 조동종의 선이 수용되었다. 설봉의존의 법을 이은 대무위(大無爲), 제운영조(齊雲靈照), 복청현눌(福淸現訥) 등과 법안문익(法眼文益)의 문하에서 수행한 혜거(慧炬), 영감(靈鑑) 등이 있으며, 959년에는 영명연수(永明延壽) 문하에서 지종(智宗, 930~1018)을 비롯한 36명의 고려 승이 유학했다. 지종은 연수의 법을 잇고 970년에 귀국했다.[1]

사상적 변화와 함께 고려 왕조가 중앙집권을 강화하자 불교계가 화엄종, 법상종 등 교종을 중심으로 재편되면서 선종의 입지는 서서히 약화되었다. 특히 대각국사(大覺國師) 의천(義天, 1055~1101)의 천태종 개창은 선종에 커다란 타격을 가했다. 선종계는 12세기에 이르러 점차 교단을 재정비하기 시작했다. 이는 원응국사(圓應國師) 학일(學一, 1052~1144)을 중심으로 한 가지산문과 대감국사(大鑑國師) 탄연(坦然, 1070~1159)을 중심으로 한 사굴산문이 주도했는데, 이자현(李資玄)으로 대표되는 거사선의 흐름도 주목된다.[2]

---

1   허흥식, 「고려초 불교계의 동향: 寂然國師碑文을 중심으로」, 『문학과 지성』, 29(1977) [『고려불교사연구』(일조각, 1986)에 재수록].

고려 중기에 선종이 새롭게 부상한 것은 송대 선의 수용과 밀접한 관계가 있다. 그런데 송대 선은 당대 선처럼 유학을 통해 직접 수용된 것이 아니라, 송의 해상(海商)에게 입수한 선적을 통해 간접적으로 수용되었다. 이러한 흐름은 당시의 제약적인 국제 정세에서 비롯되었다.

후삼국 시기, 고려와 후백제는 중국과의 해상 교통로를 놓고 견제와 대립을 거듭했다. 후삼국을 통합한 고려에서는 중국과의 무역을 통해 상인들이 부를 축적하거나 정치적으로 성장하는 것을 막기 위해 성종 때부터 국가 사절과 함께 송에 들어가는 것만 허용하고 사적 무역은 금지했다.[3]

고려는 송과 거란의 대치 관계를 이용해 표면적으로는 요와 공식적인 외교 관계를 맺으면서도, 송과의 교역을 지속했다. 이 시기에 고려와 송의 무역을 담당한 이들이 송의 해상이었다. 고려, 송, 거란과의 복잡한 외교 관계로 인해 고려와 통상이 금지된 시기에는 원칙적으로 송의 해상이 고려로 들어올 수 없었다. 송은 초기부터 해상의 도항 대상국을 동남아시아에 한정해 허가했으나 불법 도항은 공공연히 이루어지고 있었다. 송 왕조는 일련의 '편칙(編勅)'을 반포해 고려로 도항하는 것을 금지하려 했으나 이는 실효를 거두지 못했다.[4] 나아가 고려와 송의 외교가 단절된 이후에도 송의 묵인하에 송의 해상은 고려에 왕래하며 교역을 했다.

고려는 962년 송에 조공을 시작했는데, 고려 사절의 입공로는 예성강에서 출발해 산동 등주(登州)로 상륙하는 경로였다.[5] 그러나 1030년부터 1071년까

---

2   조명제, 「고려중기 거사선의 사상적 경향과 간화선 수용의 기반」, 『역사와 경계』, 44 (2002).
3   이진한, 「고려시대 해상교류와 '解禁'」, 『동양사학연구』, 127(2014). 이에 비해 고려 상인이 송과의 무역에서 지속적으로 활동했다는 견해도 있다[김영제, 「교역에 대한 宋朝의 태도와 高麗海商의 활동: 고려 문종의 對宋 入貢 배경과도 관련하여」, 『역사학보』, 213 (2012); 전영섭, 「10~13세기 동아시아교역권의 성립과 海商 활동: 해항도시·국가의 길항 관계와 관련하여」, 『해항도시문화교섭학』, 3(2010)]. 이에 대해서는 향후 다각도로 검토할 필요가 있지만, 송의 해상이 동아시아 교역을 주도한 사실은 달라지지 않는다.
4   김영제, 「北宋 神宗朝의 對外交易 政策과 高麗」, 『동양사학연구』, 115(2011), 209~221쪽.

지 고려와 송의 외교 관계는 단절된다. 그 후 고려의 조공이 재개되자 송은 고려 사절의 입공로를 명주(明州) 또는 윤주(潤州)로 정했으나, 추후에 명주를 양국 항로의 거점으로 삼는다. 송과 고려와의 관계에서 천주(泉州), 밀주(密州), 강소(江蘇) 등도 무시할 수 없지만, 12세기 말 이후 송은 양절로(兩浙路)상에서 무역항의 기능을 의도적으로 명주에 한정하고자 했다. 고려 항로에서 명주의 중요성은 특히 11세기 후반 이후 증가했다.

고려와 송의 외교 관계는 거의 단절되었지만, 송의 상인이 매개하는 경제·문화적 교류는 지속되었다. 이는 고려와 송의 불교 교류에서 확인할 수 있는데, 특히 천주 상인이 의천과 송 불교계를 매개한 사례에서 잘 드러난다.[6] 예를 들어 송의 화엄종 승 정원(淨源)이 상인인 이원적(李元積)에게 부탁해 의천에게 편지 등을 보냈고,[7] 의천도 정원에게 보내는 편지를 이원적에게 부탁했다.[8]

이러한 양상은 선종 승려들의 교류에서 뚜렷이 나타난다. 신라 말에는 선승의 중국 유학이 성행했지만, 고려와 송의 외교 관계가 단절되면서 고려 선승

---

5 『宋史』 卷487, 外國3, 高麗.

6 原原美和子, 「宋代海商の活動に關する 試論: 日本·高麗および日本·遼(契丹)通交をめぐって」, 小野正敏·五味文彦·萩原三雄 編, 『考古學と中世史研究3 中世の對外交流』(高志書院, 2006), pp. 130~131.

7 「上淨源法師書」, 『大覺國師文集』 卷10(『한불전』 4, 543쪽), "泊去年八月十五, 都綱李元積, 至得捧二月書敎一通, 幷手撰花嚴普賢行願懺儀·大方廣圓覺懺儀·大佛頂首楞嚴懺儀·原人論發微錄·還源觀疏鈔補解·盂蘭盆禮贊文·敎義分齊章科文等八本, 共盛一篋者, 跪受以還, 披閱無斁".

8 의천의 교장 가운데 흥왕사 교장도감이나 고려 간기가 확인되는 일본 유통 자료는 9종이 현재 확인된다. 또한 『교장총록』에 수록되지 않지만 교장도감에서 간행된 교장과 『원종문류』를 비롯하여 전래시기를 알 수 없는 자료도 있다[平岡定海, 「東大寺藏高麗版『華嚴經隨疏演義鈔』とその影響について」, 『大和文化硏究』, 4-2(1956); 堀池春峰, 「高麗版輸入の一樣相と觀世音寺」, 『南都佛敎史の硏究 上』(法藏館, 1980); 末木文美士, 「顯と密」, 『鎌倉佛敎形成論』(法藏館, 1998); 竺沙雅章, 「遼代華嚴宗の一考察」, 『宋元佛敎文化史硏究』(汲古書院, 2000); 박용진, 「고려시대 교장의 일본 교류와 유통」, 『불교학보』, 92(2020)].

들이 송에 유학하는 흐름은 거의 사라졌다. 문종 이후 고려와 송의 외교 관계가 복구되면서 일시적으로 고려의 승려가 입송, 유학하기도 했다. 대표적인 사례가 혜조국사(慧照國師) 담진(曇眞)과 대각국사 의천의 입송이다. 담진은 문종 9년(1076)에 송에 들어가 3년 정도 머물렀고, 임제종의 정인도진(淨因道臻)을 비롯한 송의 선승들에게 가르침을 받았다.⁹ 의천은 선종(宣宗) 3년(1086)에 송에 들어갔는데, 화엄종뿐만 아니라 혜림종본, 불인요원, 대각회련 등 선승들을 찾아가 교유했다.¹⁰ 의천은 입송 유학을 통해 많은 불전을 구해왔는데 선적도 포함되어 있었다.¹¹

그러나 이와 같은 직접 교류 사례는 일시적이거나 일부에 불과했고, 고려 선종은 송의 상인을 통해 편지를 주고받거나 송의 선적을 입수해 송대 선의 동향을 파악했다. 예를 들어 대감국사 탄연은 송의 상인인 방경인(方景仁)을 통해 황룡파의 무시개심(無示介諶)에게 '사위의송(四威儀頌)'과 '상당어구(上堂語句)'를 보내 인가를 받았다. 또한 탄연은 계환(戒環)을 비롯한 개심의 제자들과 편지를 주고받으며 교류를 지속했다.¹² 이들과 교류하면서 선적도 전해졌는데, 『법화경』, 『능엄경』에 대한 계환의 주석서가 고려 불교계에 수용되어 널리 읽혔다.¹³ 또한 심문담분이 소흥(紹興) 2년(1132)에 개심의 발문을 받아 간

---

9   鄭修芽, 1994, 「慧照國師 曇眞과 '淨因髓': 北宋禪風의 수용과 高麗中期 禪宗의 부흥을 중심으로」, 『李基白先生古稀紀念 韓國史學論叢』.

10 「大宋阿育王無覺子懷璉上」(『한불전』 4, 587~588쪽), 「大宋金山長老佛印大師了元上」(『한불전』 4, 588쪽), 「禪院宗本上」(『한불전』 4, 588쪽).

11 林存, 「南嵩山僊鳳寺海東天台始祖大覺國師之碑銘幷序」, 『금석』 상, 332쪽, "自古聖賢越海求法者多矣, 豈如僧統一來上國, 所有天台·賢首·南山·慈恩·曹溪·西天梵學, 一時傳了, 眞弘法大菩薩之行者".

12 李之茂, 「高麗國曹溪宗崛山下斷俗寺大鑑國師之碑銘幷序」, 『금석』 상, 564쪽, "嘗寫所作四威儀頌, 倂上堂語句, 附商船, 寄大宋四明阿育王山廣利寺禪師介諶印可. 諶乃復書, 極加歎美, 僅四百餘言, 文繁不載. 又有道膺·膺壽·行密·戒環·慈仰, 時大禪伯也. 乃致書通好, 約爲道友, 自非有德者, 豈能使人, 鄕慕如此哉".

13 고익진, 「法華經 戒環解 盛行來歷考」, 『불교학보』, 12(1975); 조명제, 「高麗後期 戒環解 楞嚴經의 성행과 사상사적 의의: 여말 성리학의 수용 기반과 관련하여」, 『釜大史學』, 12

행한 『종경촬요(宗鏡撮要)』가 1213년에 수선사에서 중간되었다.

이렇듯 송의 상인들은 12세기 이래 서적을 수입할 수 있도록 했을 뿐만 아니라 송대 선의 동향과 다양한 정보를 고려에 전해주었다.[14] 게다가 송의 해상 서전(徐戩)이 항주에서 『협주화엄경(夾注華嚴經)』을 판각해 고려에 몰래 판매했던 사례[15]에서 드러나듯이 송의 상인들이 고려 선종계의 수요에 맞춰 선적을 간행하기도 했던 것으로 보인다. 또한 상인들이 송대 선종의 상황과 정보를 전해주었다.[16]

신라 말 이후 고려 초에 걸쳐 설봉 계열이나 법안종의 사상적인 영향이 계속 이어졌다. 이러한 흐름이 고려 불교계에 미친 영향이 어떠한가에 대해서는 이자현(李資玄)을 통해 엿볼 수 있다. 이자현은 일찍이 『설봉어록(雪峰語錄)』[17]을 읽다가, 그 가운데에 "시방 세계가 하나의 정안(正眼)인데, 너는 어디에서 웅크리고 앉아 있는가?"라는 데에서 크게 깨달았다.[18] 이 구절은 아무렇지도 않게 보고 있는 대상인 색경(色境)의 세계가 어느 결정적인 경험의 격발을 계기로 세계와 절실한 일체감을 경험함으로써 본심을 깨닫는 것을 말한다. 대상(境)과 자기가 일체가 되고 대상을 보는 눈을 매개로 하기 때문에 '시방 세계가 하나의 정안(正眼)'이라고 표현했다.[19]

(1988) 참조.

14 고려 의종 대에 송의 해상이 대거 고려로 들어왔다. 『宋史』 高麗傳에 의하면 고려 개경에 체류하는 송 상인의 출신지가 주로 복건성이라는 기록이 주목된다[김상기, 『고려시대사』(동국문화사, 1961), 194~195쪽]. 현존 송판 선적은 북송 말, 남송 초에 간행된 것이 가장 많으며, 복건성은 송대에 목판인쇄가 활발한 지역이었다.

15 『蘇軾文集』 卷30, 「論高麗進奉狀」.

16 이러한 동향은 송과 일본을 왕래하던 송 상인의 사례를 통해 충분히 짐작된다. 이에 대해서는 榎本渉, 『僧侶と海商たちの東シナ海』(講談社, 2010), pp. 134~135 참조.

17 『설봉어록』은 1032년에 처음 간행되었고, 이어 元豊 3년(1080)에 福州知事 孫覺이 雪峰山을 방문하여 어록이 산란된 것을 보고 재편집하여 『雪峰眞覺大師廣錄』으로 간행했다.

18 金富轍, 「眞樂公重修淸平山文殊院記」, 『금석』 상, 326쪽, "探究佛理, 而偏愛禪寂自稱. 嘗讀雪峰語錄云, 盡乾坤是箇眼, 汝向甚處蹲坐. 於此言下, 豁然自悟. 從此以後, 於佛祖言敎, 更無疑滯".

한편 이자현은 운문문언과 설두중현에게서 사상적 영향을 받았다.[20] 설봉의 문하에서 운문종과 법안종이 형성되었으므로, 이자현은 설봉계와 운문종의 사상을 이은 셈이다. 이는 이자현의 저술인 『선기어록(禪機語錄)』, 『추화백락공낙도시(追和百樂公樂道詩)』, 『가송(歌頌)』, 『포대송(布袋頌)』 등을 통해서도 짐작할 수 있다. 이들 문헌은 현전하지 않지만 제목으로 보아 송고가 대부분이었을 것으로 추측된다.[21]

한편, 11세기 후반이 되면 고려 불교계에서 송대 선에 대한 관심이 점차 확산되고 있었다. 이러한 흐름은 혜조국사 담진과 대각국사 의천의 입송 유학 사례에서 잘 드러난다. 담진은 문종 9년(1076)에 송에 들어가 3년 정도 머물렀다. 그의 입송은 약 50년간 단절되었던 고려와 송의 외교가 재개되면서 이루어진 것이었다.

담진은 송에서 임제종의 정인도진(淨因道臻)을 비롯한 선승들에게 나아가 가르침을 받았다.[22] 그런데 도진은 본래 부산법원(浮山法遠)의 법맥을 계승했지만, 동경(東京)의 정인선원(淨因禪院)에 머물면서 대각회련(大覺懷璉)에게 나아가 그로부터 높은 평가를 받고 정인선원의 후임 주지로 주석하게 되었다. 대각회련은 『종문척영집』을 편찬한 승천유간과 함께 늑담회징(泐潭懷澄)의 법을 이은 운문종의 선승이다.

정인선원은 황우(皇祐) 원년(1049)에 인종(仁宗)이 창건한 절이며, 본래 원통거눌(圓通居訥)에게 머물게 했으나, 거눌이 병으로 사양하자 대각회련을 대신 추천했다. 대각회련은 황우(皇祐) 연간(1049~1054)에 정인선원에 머물면서 인종의 귀의를 받은 사실을 강조한 것이다. 이어 운문종의 혜림종본도 북송의

---

19 入矢義高, 「雪峰と玄沙」, 『増補自己と超越』(岩波書店, 2012), pp. 36~37.
20 慧素, 「祭淸平山居士眞樂公之文」, 『금석』 상, 328쪽, "自爲主盟, 雲門之髓, 雪寶之英, 囊括玄機, 終始發明".
21 조명제, 『고려후기 간화선 연구』(혜안, 2004), 110쪽.
22 鄭修芽, 「慧照國師 曇眞과 '淨因髓': 北宋禪風의 수용과 高麗中期 禪宗의 부흥을 중심으로」, 『李基白先生古稀紀念韓國史學論叢』(1994).

수도 개봉을 대표하는 선찰 혜림사(慧林寺)[23]에서 주석했다. 이상에서 살펴본 바와 같이 담진은 운문종의 선승들과 교류하면서 당시 송대 선의 동향에 대해 파악했고, 송의 선적을 가져왔을 것으로 짐작된다.

의천은 선종 3년(1086)에 송에 들어갔는데, 화엄종뿐만 아니라 선종의 선승들을 찾아가 교유했다. 그는 상국사에 혜림종본을 찾아가 설법을 들었고, 항주의 정원(淨源)에게 가던 중 금산(金山)에서 불인요원을 만나기도 했다. 더욱이 의천은 다음 해에 귀국하면서 명주 육왕광리사(育王廣利寺)의 대각회련을 찾아가 설법을 들었다.[24]

의천은 이처럼 송의 선승들과 교류하며 송대 선의 동향을 파악해 고려에 소개했던 것으로 보인다.[25] 그는 입송 유학을 통해 방대한 불전을 입수했는데, 그중에는 선적도 일부 포함되었을 것으로 짐작된다. 『신편제종교장총록(新編諸宗教藏總錄)』 권3에 계숭의 『보교편(輔教篇)』이 수록되어 있는 것은 그러한 분위기를 반영하는 것이 아닌가 생각된다. 담진, 의천 등이 직접 송에 유학했고, 그들이 대각회련을 비롯한 운문종 선승들과 교류한 동향을 감안하면 『종문척영집』이 고려에 수용되었을 가능성이 있다. 실제로 1254년에 남해분사 도감에서 중간된 『종문척영집』이 현재 세계 유일본으로 남아 있다.

북송대 선종의 동향에 대한 관심이 높아지면서 송의 선적이 수용되는 양상이 확인된다. 예를 들어 원응국사 학일의 비문에는 선승들이 2종의 자기를 주

---

23 혜림사는 본래 개봉의 최대 사찰이던 相國寺의 64院이 2禪 8律로 재편되면서 元豊 5년 (1082)에 智海寺와 함께 창건된 선종 사찰이다〔『禪林僧寶傳』卷14(X79-521c)〕.

24 林存,「南嵩山僊鳳寺海東天台始祖大覺國師之碑銘幷序」,『금석』상, 331~332쪽, "後自詣相國寺, 叅元炤禪師宗本, 元炤昇堂說法, 繼以說偈云, 誰人萬里洪波上, 爲法忘軀勸善才, 相得閻浮應罕有, 優曇花向火中開 … (中略) … 差主客員外郞楊桀伴行. 過金山 謁佛印禪師了元, 稀世之遇, 如夫子見溫伯雪子, 目擊而道存 … (中略) … 及到明州, 往育王廣利寺, 謁大覺禪師懷璉".

25 林存,「南嵩山僊鳳寺海東天台始祖大覺國師之碑銘幷序」, 332쪽, "自古聖賢越海求法者多矣, 豈如僧統一來上國, 所有天台·賢首·南山·慈恩·曹溪·西天梵學, 一時傳了, 眞弘法大菩薩之行者".

장하자 학일이 자기는 하나밖에 없다고 했는데, 후에 각범혜홍의 『선림승보전』이 입수되면서 학일의 말이 증명되었다는 일화가 소개되어 있다.[26] 『선림승보전』은 13세기 초에 지겸(志謙)이 편찬한 『종문원상집(宗門圓相集)』을 비롯한 선적에 인용되어 있다.[27] 또한 『임간록』이 고려 선적에 수용되는 양상도 확인된다.[28]

한편, 대감국사 탄연은 황룡파의 무시개심(無示介諶)에게 송의 상인을 통해 사위의송과 상당어구를 보내 인가를 받았고, 계환(戒環)을 비롯한 개심의 제자들과 편지를 주고받으며 교류를 지속했다.[29] 이와 같이 탄연이 개심 문하의 선승들과 지속적으로 교류하면서 임제종 황룡파의 선적이 다양하게 수용되었다.

예를 들어 계환의 『법화경』, 『능엄경』에 대한 주석서가 고려 불교계에 수용되고, 심문담분이 소흥 2년(1132)에 간행한 『종경촬요(宗鏡撮要)』가 1213년

---

[26] 尹彦頤, 「圓應國師碑銘」, 『금석』 상, 350쪽, "是年主盟選席, 時學者盛談二種自己. 師曰, 自己一而已, 安有二哉, 從今已往, 宜禁止之. (결락) 久 致疑於其間者衆, 及惠洪僧寶傳至, 判古師三失, 以分自己爲一失, 學者見此然後斷惑". 이 비문에서 古師의 三失이란 각범이 薦福承古의 잘못을 세 가지로 비판한 것이다. 첫째, 삼현삼요를 현사사비가 세운 三句로 간주한 것이고, 둘째, 巴陵顥鑑의 三轉語를 비판한 것이며, 셋째, 자기를 양종으로 나눈 것이다. 원문은 『禪林僧寶傳』 권12, 「薦福古禪師」에 수록되어 있고, 이지관, 『교감역주 역대고승비문: 고려편 3』(가산불교문화연구원, 1996), 281쪽, 주 90), 91)에 소개되어 있다.

[27] 『禪林僧寶傳』은 『宗門圓相集』의 石霜楚圓, 法昌倚遇와 관련된 원상에 각각 한 차례 인용되어 있다(『한불전』 6, 78, 86쪽). 또한 『南明泉和尙頌證道歌事實』의 주석에 활용되거나 『禪門寶藏錄』 卷中에 『禪林僧寶傳』의 「仰山行偉禪師」, 「法雲圓通法秀禪師」 등이 인용되어 있다[조명제, 「고려후기 공안선의 수용과 『남명천화상송증도가사실』」, 『불교학연구』, 50(2017), 136쪽].

[28] 지눌의 『勸修定慧結社文』에 雲蓋守智의 어구를 인용하고 있다(『한불전』 6, 471쪽). 이 구절은 『林間錄』 卷上(X87, 258쪽)에서 인용한 것으로 보인다.

[29] 李之茂, 「高麗國曹溪宗崛山下斷俗寺大鑑國師之碑銘幷序」, 『금석』 상, 564쪽, "嘗寫所作四威儀頌, 幷上堂語句, 附商船, 寄大宋四明阿育王山廣利寺禪師介諶印可. 諶乃復書, 極加歎美, 僅四百餘言, 文繁不載. 又有道膺·膺壽·行密·戒環·慈仰, 時大禪伯也. 乃致書通好, 約爲道友, 自非有德者, 豈能使人, 鄕慕如此哉". 또한 『五燈會元』 18, 「育王諶禪師法嗣」에 탄연이 인가를 받은 사실이 기록되어 있다.

에 수선사에서 중간되었다. 이러한 사실은 탄연 대에 이루어진 고려 선종과 황룡파의 교류가 꾸준히 이어졌음을 보여준다.

이와 같이 송의 선적은 학일, 탄연 등이 활동하는 12세기에 이르러 본격적으로 수용되었다. 의천의 천태종 개창으로 타격을 받은 선종은 학일을 중심으로 한 가지산문과 탄연을 중심으로 한 사굴산문이 부각되면서 종세를 회복했다. 따라서 학일과 탄연의 사례는 단순히 개인적인 차원에 그친 것이 아니라 송의 선적이 이들 산문으로 확산되는 양상을 보여준다.[30]

명종 9년(1179) 구산문도 500인을 대상으로 한 용문사(龍門寺) 담선법회(談禪法會)에서 『설두염송(雪竇拈頌)』이 강의된 것은 선적의 수용이 선종계 전반으로 확산되었음을 확인시켜 준다.[31] 전국의 선승을 초청한 담선회에서 『설두송고』와 『설두염고』가 대표적인 선적으로 강의된 것은 그만큼 공안 비평에 밝은 선승들이 존재했고, 선문 일반에서 문자선에 대한 수요가 폭넓게 형성되어 있었음을 보여준다.[32]

---

30 趙明濟, 「臨濟宗をめぐる高麗と宋の交流」, 『駒澤大學佛敎學部論集』 34(2003).
31 李知命, 「龍門寺重修碑」, 『금석』 상, 409쪽, "己亥年創寺工畢, 會九山門學徒五百人, 設五十日談禪會, 請斷俗寺禪師孝惇, 敎習傳燈錄·楞嚴經·仁岳集·雪竇拈頌".
32 용문사를 중수한 祖膺이 慧照國師 曇眞의 門弟인 英甫의 문하에서 출가하고, 大興寺의 낙성식에서 담진이 전래한 의례에 따라 의식을 한 것으로 보아 담진의 사상적 영향을 받은 것으로 보인다[한기문, 「예천 중수용문사기 비문으로 본 고려중기 선종계의 동향: 음기의 소개를 중심으로」, 『문화사학』, 24(2005), 86쪽].

제2부

고려 후기 공안선의 수용과 확산

제4장

수선사의 공안선 수용과 선적의 편찬

1. 수선사의 문자선 수용과 『선문삼가염송집』

수선사는 보조국사(普照國師) 지눌(知訥, 1158~1210)이 명종 12년(1182)에 개경 보제사(普濟寺)의 담선법회에 참석한 것을 계기로, 명종 20년(1190)에 결성된 정혜결사(定慧結社)에서 비롯되었다.[1] 정혜결사는 신종 3년(1200)에 송광산으로 근거지를 옮겼고, 희종 원년(1205)에 고려 왕실과 최충헌의 적극적인 지원을 받아 결사의 명칭을 수선사로 바꾸었다. 지금까지 학계에서는 수선사의 사상적 기반을 간화선으로 보고 그에 초점을 맞춰왔다.

그러나 지눌의 사상 체계는 성적등지문(惺寂等持門)·원돈신해문(圓頓信解門)·경절문(徑截門)이라는 삼문으로 구성되었으며, 화엄사상과 선의 일치를 지향했다.[2] 지눌은 말년의 저술에서 간화선 수행론을 표방했지만, 간화선 이외의 다른 수행방법론을 부정하거나 경시하지 않았다.[3] 그런데 혜심은 지눌과 달리 간화선 위주의 경향으로 나아갔다고 평가받는다.[4] 혜심은 '무자(無字)' 화

---

[1] 『勸修定慧結社文』(普照全書), 7쪽.
[2] 印鏡, 「知訥 禪思想의 體系와 構造」, 『普照思想』, 12(1999).
[3] 조명제, 『고려후기 간화선 연구』(혜안, 2004), 96~102쪽.

두로 깨달았으며, 십종병에 대한 문답을 통해 지눌의 인가를 받았다.⁵

혜심은 자신의 저작에서 오로지 화두를 참구할 것을 강조한다든지, 화두 참구의 기본적인 지침으로 『대혜서(大慧書)』를 수용한 데서 드러나듯이 간화선을 중시했다.⁶ 그는 수행자가 무자 화두를 참구할 때 생기는 열 가지 병통으로 체계화하여 『구자무불성화간병론(狗子無佛性話揀病論)』으로 정리했다.

그러나 혜심의 선을 간화선으로만 이해하기에는 근본적인 문제가 있다. 그것은 기존의 연구가 대부분 그의 어록을 대상으로 이루어졌고, 그가 중심이 되어 편찬한 『선문염송집』(이하 『염송집』)에 대해서는 거의 주목하지 않았기 때문이다. 『염송집』은 고종 13년(1226)에 혜심이 제자 진훈(眞訓) 등과 함께 고칙 1125칙에 여러 조사의 착어를 배열하는 방식으로 편찬한 것이다.⁷ 그런데 강화도로 천도하면서 초판이 소실되어 고종 30년(1243)에 수선사 3세인 소융몽여(小融夢如)가 고칙 347칙을 증보해 다시 편찬했다.⁸

『염송집』은 당대에서 북송대까지 선문 조사들에 관한 고칙 공안과 그것에 대한 착어를 상세히 모아, 이들 공안의 주인공인 조사들을 석존 이래 선문 전등의 차례에 따라 배열한 공안집이다. 『염송집』의 고칙 공안은 석존, 서천응화현성(西天應化賢聖) 이하 인도와 중국의 선문 조사 순서로 배치하고, 그에 대한 착어는 각 칙마다 오래된 순서로 배열했다. 이러한 편집 구성은 기본적으로 『종문통요집(宗門統要集)』(이하 『통요』)과 동일하며, 염고의 수록은 『통요』

---

4 「孫侍郎求語」, 『眞覺國師語錄』(『한불전』 6, 40쪽), "修行之要, 不出止觀定慧. 照諸法空曰觀, 息諸分別曰止. 止者悟妄而止, 不在用心抑絶, 觀者見妄而悟, 不在用心考察. 對境不動是定, 非力制之, 見性不迷是慧, 非力求之. 雖然自檢工夫, 得力不得力, 消息知時乃可耳. 此外有看話一門, 最爲徑截, 止觀定慧, 自然在其中. 其法具如大慧書答中見之".

5 李奎報, 「高麗國曹溪山第二世故斷俗寺住持修禪社主贈諡眞覺國師碑銘幷序」, 『금석』 상, 462쪽.

6 「上康宗大王心要」, 『眞覺國師語錄』(『한불전』 6, 24쪽), 「示宗敏上人」(『한불전』 6, 24~25쪽).

7 慧諶, 「禪門拈頌集序」(『한불전』 5, 1쪽).

8 鄭晏, 「增補拈頌跋」(『한불전』 5, 923쪽).

의 내용을 그대로 전재한 것이 적지 않다.『통요』는『염송집』의 편집 방침과 구성, 염고의 수록에 절대적인 영향을 미쳤다.[9]

그러나 혜심은『염송집』을 편찬하면서『통요』의 문제점을 인식하고, 나름의 독자적인 체계를 만들었다.『통요』는『설두어록』을 중심으로 염고를 뽑아 정리하므로 본칙의 순서를 중시하지 않아 사법(嗣法) 관계가 모호하다는 문제점이 있다. 따라서 혜심은 본칙의 배열 순서를 일부 수정해『염송집』을 편찬했다.

『염송집』의 송고 인용과 편찬 방침은『선종송고연주집(禪宗頌古聯珠集)』(이하『송고연주』)을 참고했다.『염송집』에는『송고연주』전체 364칙 가운데 310칙이 본칙 그대로 수록되었다.『염송집』에 수록된 송고가『송고연주』보다 범위가 훨씬 방대하므로 수선사에서는『송고연주』의 수록 방식이나 내용을 참고하여 송대 선승들의 어록을 폭넓게 수집해 송고를 정리, 인용했다. 이렇듯『통요』와『송고연주』가 기본적인 공안집으로 활용되었지만,『종문연등회요(宗門燃燈會要)』(이하『연등회요』)도『염송집』의 편찬 방향에 영향을 미쳤다.

한편『염송집』에 수록된 방대한 착어는 운문종, 조동종, 임제종의 어록을 폭넓게 수집해 수록한 것이다. 운문종의 문헌은 설두 7부집을 가장 중시했으며, 염고와 송고가 압도적으로 많다. 설두의 착어는『염송집』 착어 가운데 송고의 모두에 놓이는 경우가 적지 않은 만큼 공안 비평의 정수로 이해되었다. 이어 법진수일(法眞守一), 남명법천(南明法泉), 대각회련 등의 어록에서 인용된 횟수도 상당하다.

조동종의 문헌에서는 굉지정각(宏智正覺)의 착어가 가장 많이 실렸는데,『굉지송고(宏智頌古)』와『굉지염고(宏智拈古)』의 내용이 대부분 수록되었다.『굉지송고』는『설두송고』의 영향을 적지 않게 받았지만, 설두와는 다른 선의 경지를 드러내고자 한 문헌이다.[10] 또한 투자, 단하, 굉지로 이어지는 북송 말,

---

9   이하의 서술은 조명제,『선문염송집 연구: 12~13세기 고려의 공안선과 송의 禪籍』(경진출판사, 2015) 참조.

남송 초의 조동종을 대표하는 송고가 대부분 수록되었다.[11]

『염송집』에서는 종파로 보면 임제종의 착어가 염송집에 가장 많이 수록되어 있다. 임제종 황룡파의 착어로는 심문담분(心聞曇賁), 무시개심(無示介諶), 진정극문(眞淨克文), 회당조심(晦堂祖心), 동림상총(東林常總) 등을 비롯한 대표적인 선승들의 착어가 수록되어 있다. 특히 황룡혜남-회당조심-영원유청-장령수탁-무시개심-심문담분으로 이어지는 계보의 착어가 가장 많다.[12]

임제종 양기파의 착어는 원오극근(圜悟克勤), 보령인용(保寧仁勇), 숭승서공(崇勝瑞珙), 상방일익(上方日益), 불감혜근(佛鑑慧懃), 불안청원(佛眼淸遠), 죽암사규(竹庵士珪) 등의 어록에서 많이 인용되었다. 원오의 착어는 염고와 송고가 대부분이기 때문에 인용 대상이 된 문헌도 대부분 『원오어록』이다. 원오의 『심요(心要)』가 일부 수록되어 있지만, 『벽암록』에 수록된 원오의 평창은 전혀 인용되지 않았다.[13]

대혜의 착어는 『염송집』에 실린 전체 323칙의 고칙 공안에 409회가 인용되어, 가장 많은 인용 횟수를 보인다. 대혜는 간화선을 완성한 선승이지만, 그의

---

10 조명제, 「修禪社의 『禪門拈頌集』 편찬과 『宏智錄』」, 『불교학보』, 63(2012).
11 이러한 한계는 『염송집』에 萬松行秀(1166~1246)의 『從容錄』이 수록되어 있지 않은 것에서 잘 드러난다. 『종용록』은 굉지의 송고 100칙에 대해 만송행수가 시중, 착어, 평창을 붙인 것으로 1224년에 간행되었다. 따라서 『종용록』은 1246년에 『염송집』이 증보, 편찬될 때에 충분히 참고할 수 있었던 문헌이다.
12 조명제, 「修禪社의 『禪門拈頌集』 편찬과 임제종 황룡파의 어록」, 『불교학보』, 68(2014).
13 『벽암록』은 고려 선종계에서 간행된 흔적이 매우 적고, 『禪門拈頌說話』를 제외하면 수용된 사실도 거의 확인되지 않는다. 최남선이 忠肅王 4년(1317)에 간행된 『벽암록』을 소장했다고 한다[『朝鮮佛敎典籍展覽會目錄』, 14쪽; 椎名宏雄, 『宋元版禪籍の硏究』(大東出版社, 1993), p.67에서 재인용]. 그러나 최남선 소장본은 한국고전적종합목록시스템(www.nl.go.kr/korcis)에 확인되지 않으며, 현전하지 않는다. 세조 11년(1465)에 간행된 활자본을 제외하고 『벽암록』은 조선 시기에도 거의 간행되지 않았다[藤本幸夫, 「大東急記念文庫藏朝鮮版について(下)」, 『かがみ』, 22(1987)]. 『벽암록』은 『禪門寶藏錄』 卷中(『한불전』 6, 477쪽)과 『선문염송설화』에 인용되어 있다. 『벽암록』의 간행에 대해서는 末木文美士, 「『碧巖錄』の諸本について」, 『禪文化硏究所紀要』, 18 (1992) 참조.

착어는 간화선과 직결되는 내용이 전혀 없다. 대혜의 착어는 상당·보설 등에서 인용한 것이 적지 않으며, 원전에는 간화선을 강조하는 내용이 있지만 『염송집』에는 그러한 내용을 전혀 수록하지 않았다.[14] 『염송집』에 방대하게 수록된 대혜의 착어는 모두 문자선과 관련된 내용이다. 따라서 『염송집』은 간화선과 관련된 문헌이 아니라 문자선의 이해를 위해 집성된 문헌임을 알 수 있다.

그러면 혜심의 공안선에 대한 이해가 그의 다른 저작에서는 어떻게 드러날까? 먼저 혜심의 사상을 이해하는 기본적인 자료인 『진각국사어록(眞覺國師語錄)』(이하 『진각록』)의 내용을 중심으로 살펴보기로 한다. 『진각록』은 상당, 서장(書狀), 시인(示人), 시중, 소참 등으로 구성되어 있다. 이러한 구성을 통해 수선사가 결성된 시기에는 선문이 체계를 갖추고 있었으며, 선의 제도화라는 성격이 어느 정도 구현되고 있었음을 확인할 수 있다.

기존 연구에서는 『진각록』을 주로 활용해 혜심이 지눌과 달리 오로지 간화선만 강조한 것으로 설명한다. 예를 들어 혜심이 화두 참구가 경절문이며,[15] 대혜의 연구를 통해 활구를 참구해야 한다고 강조한다든지,[16] '무자' 화두를 강조하는 것에서 그러한 면모가 확인된다.[17]

그러나 혜심은 '무자' 화두만이 아니라 죽비자(竹篦子), 시개심마(是箇甚麽), 아자(啞字) 공안 등 다양한 공안을 간화선 수행에 권하고 있다. 특히 이 가운데 청량태흠(淸涼泰欽)의 아자 공안을 강조한다. 즉, 혜심은 '무자' 화두를 특별히 강조하지 않았다. 더욱이 혜심은 「강종대왕에게 심요를 올림」이라는 글에서 무심(無心), 무사(無事)를 강조하고 있다.[18] 이는 『염송집』에 『벽암록』이 전혀 인용되지 않거나 무사선(無事禪)에 대한 비판이 제시되지 않은 것과 같은 맥락

---

14 조명제, 『선문염송집 연구: 12~13세기 고려의 공안선과 송의 禪籍』, 249~252쪽.
15 「孫侍郎求語」, 『眞覺國師語錄』(『한불전』 6, 40쪽).
16 「示居悅上人」, 『眞覺國師語錄』(『한불전』 6, 30쪽).
17 「示空藏道者」, 『眞覺國師語錄』(『한불전』 6, 31~32쪽).
18 「上康宗大王心要」, 『眞覺國師語錄』(『한불전』 6, 23~24쪽), "是知直下無心, 最爲省要. 內若無心, 外卽無事, 無事之事, 是名大事, 無心之心, 是名眞心".

으로 보인다.

이와 같이 혜심의 간화선 이해가 갖는 한계는 『염송집』의 문헌적 성격이 문자선에 초점을 맞추고 있다는 사실과 무관하지 않다고 생각한다. 이러한 사실을 종합적으로 고려하면 혜심이 주도하던 수선사에서 수용하고 이해한 공안선은 문자선이 중심이며, 간화선이 확고한 위치를 차지하는 것은 아니었다. 이러한 경향은 『염송집』뿐만 아니라 『선문삼가염송집(禪門三家拈頌集)』(이하 『삼가염송』)을 통해서도 확인된다.[19]

『삼가염송』은 1246년에 수선사에서 『염송집』에 수록된 설두중현(雪竇重顯), 굉지정각(宏智正覺), 원오극근(圜悟克勤)의 착어와 그와 연관된 공안만을 따로 뽑아 편찬한 문헌이다.[20] 이 책은 수선사에서 편찬, 간행한 선적의 하나로 송대 선의 수용과 관련해 주목된다.

그렇지만 『삼가염송』이 고려불교사에 어떤 위치를 차지하는지에 대한 연구는 채상식의 연구가 유일하다.[21] 『삼가염송』이 학계에서 주목을 받지 못했던 것은 수선사에서 편찬, 간행된 선적에 대한 무관심과 관련된다. 채상식의 글은 당시 서 지적인 소개에 그친 수준에 비해 『삼가염송』의 자료적 가치를 불교사적 관점에서 제기했는데, 주요 논지를 정리하면 다음과 같다.

첫째, 그는 『삼가염송』의 편찬자인 구암노선(龜庵老禪)을 수선사 3세인 몽여(夢如)로 추측했다.[22] 둘째, 『삼가염송』의 사상사적 위상을 고려 선종사의 흐름과 관련해 높이 평가했다. 그는 고려 선종사를 12세기 전반기 북송의 다양

---

19 이 책의 본래 서명은 『선문설두천동환오삼가염송집(禪門雪竇天童圜悟三家拈頌集)』이다.
20 『삼가염송』은 1986년에 문화재 절도 사건으로 알려지기 이전에 학계에 전혀 소개되지 않았던 문헌이다. 『선문염송삼가집』은 기림사 대적광전의 비로자나불상에 복장되었던 것이며, 1464년에 간경도감에서 고려판을 중간한 판본이다〔천혜봉·박상국, 『기림사비로사나불복장전적조사보고서』(문화재관리국, 1988)〕.
21 채상식, 「修禪社刊 『禪門拈頌三家集』의 사상적 경향」, 『부산직할시립박물관연보』, 11(1988)〔『고려후기 불교사 연구』(일조각, 1991)에 재수록〕.
22 채상식, 같은 글, 66쪽.

한 선사상을 단순히 수용한 1단계, 12세기 후반부터 13세기 초반의 지눌·혜심 등이 간화선을 체계화하여 선사상을 '자기화'하는 2단계, 13세기 중후반기 선사상을 단순히 수용하고 자기화하는 단계를 뛰어넘어 이를 재해석하고 평가하기에 이른 3단계로 각각 파악했다. 그는 몽여가 편찬한 『삼가염송』이 3단계에 해당한다고 보았다. 나아가 그는 몽여가 다양한 선사상을 포용한 사상적인 경향이 일연 계통에 의해 계승되었지만, 후대에 임제선만을 정통으로 강조하는 경향에 의해 선사상이 발전할 수 있었던 분위기가 결국 좌절되었다고 주장했다.

이러한 결론은 당시 연구 여건을 감안하더라도 여러 가지 문제점을 안고 있다. 먼저 채상식의 글은 『삼가염송』의 내용을 전혀 분석하지 않고, 선종사의 흐름을 도식적으로 설명하는 한계를 보였다. 나아가 『삼가염송』의 저본이 되는 『염송집』의 문헌적 성격에 대한 분석이나 이해가 반영되지 못한 문제점이 있다. 또한 그의 글은 송대 선의 흐름이나 선적의 자료 가치에 대한 이해가 전제되지 않았다는 근본적인 한계가 있고, 구체적인 검증 없이 도식적인 결론을 제시한 것이기 때문에 전면적인 재검토가 필요하다.

이 장에서는 『삼가염송』의 구성과 내용을 분석해 문헌적 특징이 무엇인지 살펴보고자 한다. 이를 통해 『삼가염송』의 문헌적 성격이 무엇이며, 편찬자에 대한 이해 문제도 새롭게 검토하고자 한다. 나아가 『염송집』을 증보, 편찬한 직후에 『삼가염송』이 편찬된 이유가 무엇인지, 『삼가염송』의 사상사적 위상을 어떻게 평가할 것인지에 대해서도 살펴보기로 한다.

『삼가염송』은 『염송집』에서 발췌하여 편찬한 문헌이지만, 실제로 내용이 그러한지, 나아가 문헌적 성격이 어떻게 바뀌었는지를 살펴보기 위해 먼저 전체 내용을 『염송집』과 비교, 분석하여 〈표 4-1〉로 정리했다. 이를 토대로 『삼가염송』의 구성이 어떠하며, 수선사에서 편찬한 의도와 이유가 무엇인지를 살펴보겠다.

〈표 4-1〉에 대한 분석을 통해 다음과 같은 사실이 확인된다. 먼저 『삼가염송』의 고칙 공안은 『염송집』에 그대로 수록되었다. 그것은 본칙에 수록된 작

표 4-1 『송선문삼가염송집』의 착어 구성과 특징

번호	『염송집』 칙수(조사)	『삼가염송』 착어	비고
1	1 (世尊)	圜悟頌	
2	2 (世尊)	圜悟頌, 雪竇擧云, 圜悟拈	佛果勤, 설두거운: 細註로 인용된 法涌云 생략
3	4 (世尊)	圜悟法語云	
4	6 (世尊)	雪竇頌, 天童頌	
5	8 (世尊)	圜悟小參, 擧云	
6	9 (世尊)	天童上堂擧云	
7	13 (世尊)	圜悟小參擧云	
8	14 (世尊)	雪竇拈	
9	16 (世尊)	雪竇頌, 圜悟頌, 雪竇拈, 拈, 天童上堂擧云, 圜悟拈	雪竇拈에 大慧云 인용
10	24 (世尊)	雪竇擧云	
11	27 (世尊)	天童頌	
12	31 (世尊)	雪竇上堂	
13	32 (世尊)	圜悟頌, 天童拈	
14	33 (世尊)	圜悟頌, 天童拈, 圜悟拈	圜悟小參 누락
15	38 (華嚴經)	天童頌	
16	44 (涅槃經)	圜悟頌	
17	47 (圓覺經)	天童頌	
18	48 (圓覺經)	圜悟頌	
19	49 (楞嚴經)	雪竇頌, 天童頌	
20	52 (楞嚴經)	雪竇頌, 拈, 天童上堂擧云	
21	55 (金剛經)	天童上堂擧云, 拈	
22	58 (金剛經)	雪竇頌, 天童頌	
23	60 (諸佛要集經)	雪竇垂語云	
24	62 (維摩)	雪竇頌, 天童頌, 雪竇拈, 上堂, 圜悟擧云	
25	69 (須菩提)	雪竇示衆擧云	
26	70 (舍利佛)	雪竇拈, 圜悟拈, 擧云	
27	1 (舍利佛)	圜悟頌, 拈	
28	7 (月氏國王)	圜悟頌, 拈	
29	1 (迦葉)	天童頌, 頌, 頌	
30	5 (師子尊者)	雪竇拈	
31	7 (般若多羅)	天童頌	

번호	『염송집』 칙수(조사)	『삼가염송』 착어	비고
32	8 (達磨)	雪竇頌, 天童頌	
33	01 (達磨)	天童上堂云	
34	05 (二祖慧可)	天童小參擧云	
35	10 (六祖慧能)	雪竇頌, 頌, 擧云	
36	12 (六祖慧能)	圜悟頌	
37	19 (南嶽懷讓)	天童小參擧云	
38	20 (南嶽懷讓)	天童上堂擧云, 上堂擧云	
39	22 (永嘉玄覺)	雪竇擧云	
40	29 (南陽慧忠)	天童拈	
41	130 (南陽慧忠)	天童拈	
42	131 (南陽慧忠)	天童頌, 雪竇擧云	
43	132 (南陽慧忠)	雪竇頌, 頌	
44	133 (南陽慧忠)	天童擧云	
45	144 (南陽慧忠)	天童上堂擧云	
46	146 (南陽慧忠)	雪竇頌, 天童頌, 圜悟頌, 雪竇拈	蔣山勤
47	147 (淸源行思)	天童頌	
48	148 (淸源行思)	天童頌	
49	149 (淸源行思)	雪竇拈	
50	150 (淸源行思)	圜悟頌	
51	153 (破竈墮)	圜悟普說擧云	
52	155 (崇山峻極)	圜悟拈	
53	157 (馬祖道一)	圜悟頌, 天童擧云	蔣山勤
54	159 (馬祖道一)	圜悟頌, 頌	蔣山勤
55	161 (馬祖道一)	天童頌, 頌, 圜悟心要云, 擧云, 擧云, 小參擧云	佛果勤
56	163 (馬祖道一)	圜悟擧云	
57	164 (馬祖道一)	雪竇頌, 天童頌, 圜悟上堂, 擧云, 小參	蔣山勤
58	165 (馬祖道一)	雪竇拈, 天童拈	
59	168 (馬祖道一)	圜悟擧云	
60	169 (馬祖道一)	雪竇頌, 天童頌	
61	172 (石頭希遷)	圜悟頌	
62	175 (耽源眞應)	雪竇拈	
63	177 (百丈懷海)	雪竇頌, 圜悟頌	
64	178 (百丈懷海)	雪竇擧云, 拈	

번호	『염송집』 칙수(조사)	『삼가염송』 착어	비고
65	181 (百丈懷海)	圜悟頌, 雪竇拈, 天童小參, 圜悟擧云	蔣山勤, 圜悟擧云에 분주, 석문, 설두 착어를 모두 인용
66	182 (百丈懷海)	雪竇頌, 圜悟頌	蔣山勤
67	184 (百丈懷海)	天童頌, 圜悟頌	蔣山勤
68	185 (百丈懷海)	雪竇頌, 頌, 頌, 天童頌, 頌, 圜悟上堂	
69	188 (魯祖寶雲)	天童頌, 上堂擧云, 上堂擧云	
70	189 (魯祖寶雲)	雪竇拈, 天童上堂擧云, 上堂擧云	
71	190 (伏牛自在)	雪竇擧云	
72	192 (三角總印)	雪竇拈, 圜悟云	
73	194 (麻谷寶徹)	雪竇頌, 天童頌, 圜悟頌	
74	199 (鹽官齊安)	雪竇頌, 天童頌, 雪竇擧云	
75	200 (鹽官齊安)	雪竇上堂云, 代云	
76	204 (南泉普願)	雪竇擧云	
77	205 (南泉普願)	天童擧云	
78	206 (南泉普願)	雪竇擧云, 天童拈, 圜悟拈	
79	207 (南泉普願)	雪竇頌, 頌, 天童頌	
80	208 (南泉普願)	雪竇頌, 天童拈	
81	209 (南泉普願)	雪竇頌, 天童頌, 圜悟頌, 拈	
82	210 (南泉普願)	雪竇拈, 圜悟拈	
83	211 (南泉普願)	天童頌, 圜悟頌, 雪竇擧云, 圜悟拈	
84	212 (南泉普願)	天童拈	
85	215 (南泉普願)	圜悟頌, 拈	
86	220 (南泉普願)	雪竇拈	
87	222 (南泉普願)	圜悟拈	
88	233 (南泉普願)	天童上堂擧云	
89	235 (南泉普願)	天童頌	
90	237 (南泉普願)	天童拈	
91	239 (南泉普願)	天童擧云	
92	240 (南泉普願)	天童上堂擧云	
93	251 (盤山寶積)	雪竇擧云	
94	252 (盤山寶積)	雪竇擧云	
95	253 (盤山寶積)	雪竇頌	
96	255 (歸宗智常)	雪竇擧云	

번호	『염송집』 칙수(조사)	『삼가염송』 착어	비고
97	256 (歸宗智常)	雪竇拈, 圜悟擧云	
98	257 (歸宗智常)	雪竇別云	
99	262 (歸宗智常)	圜悟擧云	
100	264 (歸宗智常)	圜悟頌	
101	266 (大梅法常)	圜悟頌, 雪竇拈, 天童小參擧云, 圜悟拈	
102	267 (大梅法常)	雪竇拈, 圜悟云	
103	269 (大梅法常)	雪竇拈	
104	273 (洪州水潦)	天童擧云, 圜悟心要曰	佛果勤
105	276 (百丈惟政)	雪竇頌, 圜悟頌, 天童上堂擧云	
106	277 (石鞏慧藏)	雪竇拈	
107	278 (石鞏慧藏)	雪竇擧云, 天童拈	
108	279 (中邑洪恩)	天童頌	
109	281 (金牛)	雪竇頌, 頌, 圜悟頌, 雪竇擧着語云	
110	282 (金牛)	圜悟頌, 拈	
111	286 (則川)	雪竇拈	
112	292 (南園曇藏)	天童拈	
113	293 (五洩靈黙)	圜悟擧云	
114	295 (龍山和尙)	天童上堂擧云	
115	296 (龍山和尙)	天童拈, 上堂擧云	
116	297 (烏臼和尙)	雪竇頌	
117	298 (烏臼和尙)	雪竇拈, 圜悟擧云	蔣山勤
118	301 (京兆興平)	天童頌	
119	305 (鄧隱峯)	雪竇拈	
120	307 (龐蘊居士)	雪竇頌	
121	312 (龐蘊居士)	天童上堂擧云, 圜悟擧云	
122	320 (丹霞天然)	圜悟頌	
123	321 (丹霞天然)	天童上堂	
124	323 (丹霞天然)	雪竇頌	
125	324 (藥山惟儼)	圜悟擧云	
126	325 (藥山惟儼)	圜悟頌, 小參擧云	
127	326 (藥山惟儼)	天童頌, 頌, 雪竇拈	
128	331 (藥山惟儼)	圜悟頌	
129	332 (藥山惟儼)	圜悟拈	
130	335 (藥山惟儼)	天童頌	

번호	『염송집』 칙수(조사)	『삼가염송』 착어	비고
131	338 (藥山惟儼)	圜悟拈	
132	339 (藥山惟儼)	圜悟擧云	
133	342 (藥山惟儼)	雪竇頌, 圜悟頌	
134	347 (長髭曠)	天童頌, 雪竇拈	
135	348 (長髭曠)	雪竇拈	
136	349 (石樓和尙)	雪竇拈	
137	357 (潙山靈祐)	天童頌, 圜悟云	
138	361 (潙山靈祐)	圜悟拈	
139	366 (潙山靈祐)	天童頌	
140	369 (潙山靈祐)	天童頌, 雪竇擧云, 天童拈	
141	371 (潙山靈祐)	天童拈, 小參	
142	374 (潙山靈祐)	雪竇頌, 天童頌, 上堂擧云	
143	376 (潙山靈祐)	圜悟擧云	
144	383 (潙山靈祐)	圜悟拈	
145	384 (潙山靈祐)	圜悟頌	
146	388 (黃蘗希運)	天童拈, 小參	
147	390 (黃蘗希運)	雪竇頌, 天童頌, 圜悟上堂擧云	
148	391 (黃蘗希運)	雪竇拈	
149	393 (黃蘗希運)	天童上堂擧云, 圜悟擧云	
150	394 (黃蘗希運)	雪竇代	
151	397 (黃蘗希運)	雪竇拈	
152	399 (大慈寰中)	雪竇拈, 天童示衆擧云	
153	400 (大慈寰中)	雪竇拈, 天童小參擧云	
154	401 (大慈寰中)	天童拈	
155	402 (大慈寰中)	天童拈	
156	407 (趙州從諗)	圜悟頌	
157	408 (趙州從諗)	雪竇頌, 天童頌, 圜悟拈	
158	409 (趙州從諗)	雪竇頌, 圜悟頌	蔣山勤
159	410 (趙州從諗)	雪竇頌, 天童小參擧云	
160	411 (趙州從諗)	天童頌, 上堂擧云	
161	412 (趙州從諗)	天童頌, 圜悟頌, 雪竇云, 圜悟心要云	蔣山勤, 佛果勤
162	413 (趙州從諗)	雪竇頌, 圜悟頌, 雪竇拈, 天童拈, 小參	蔣山勤
163	414 (趙州從諗)	雪竇頌	
164	415 (趙州從諗)	雪竇頌, 上堂擧云, 天童上堂擧云	

번호	『염송집』 칙수(조사)	『삼가염송』 착어	비고
165	416 (趙州從諗)	雪竇頌	
166	417 (趙州從諗)	天童頌, 頌	
167	418 (趙州從諗)	雪竇頌	
168	419 (趙州從諗)	雪竇拈	
169	421 (趙州從諗)	雪竇頌, 頌, 天童頌, 雪竇嘗~偈曰	雪竇嘗~偈曰:『禪林僧寶傳』에서 인용
170	428 (趙州從諗)	天童上堂擧云, 示衆擧云, 小參	
171	429 (趙州從諗)	天童頌, 頌, 頌, 雪竇拈	
172	430 (趙州從諗)	天童拈	
173	433 (趙州從諗)	圜悟頌, 雪竇拈, 圜悟拈	蔣山勤
174	434 (趙州從諗)	雪竇頌, 天童小參擧云	
175	435 (趙州從諗)	天童頌, 小參, 小參, 小參	
176	436 (趙州從諗)	圜悟拈, 小參擧云	蔣山勤
177	438 (趙州從諗)	雪竇頌	
178	439 (趙州從諗)	天童拈	
179	453 (趙州從諗)	雪竇拈	
180	461 (趙州從諗)	天童上堂擧云	
181	468 (趙州從諗)	圜悟拈	
182	471 (趙州從諗)	雪竇拈	
183	472 (趙州從諗)	雪竇拈	
184	479 (趙州從諗)	雪竇拈	
185	485 (趙州從諗)	雪竇拈	
186	486 (趙州從諗)	雪竇拈	
187	488 (長沙景岑)	天童頌, 雪竇上堂云	
188	490 (長沙景岑)	圜悟頌	
189	491 (長沙景岑)	天童拈, 圜悟拈	
190	492 (長沙景岑)	天童頌, 圜悟拈	
191	493 (長沙景岑)	雪竇頌, 着語云, 天童上堂	
192	499 (子湖利蹤)	雪竇擧云	
193	501 (子湖利蹤)	天童上堂擧云	
194	503 (鄂州茱萸)	雪竇拈	
195	514 (鎭州普化)	雪竇拈, 圜悟拈	蔣山勤
196	521 (雲巖曇晟)	雪竇擧云(頌)	
197	522 (雲巖曇晟)	天童拈	

번호	『염송집』 칙수(조사)	『삼가염송』 착어	비고
198	524 (雲巖曇晟)	天童頌, 雪竇擧云	
199	525 (道吾宗智)	雪竇云, 圜悟拈	
200	528 (道吾宗智)	天童頌	
201	532 (道吾宗智)	雪竇頌, 天童頌, 圜悟頌, 天童上堂	
202	533 (船子德誠)	雪竇拈	
203	534 (船子德誠)	天童上堂擧云, 上堂擧云	
204	536 (椑樹慧省)	雪竇擧云	
205	538 (翠微無學)	雪竇擧云	
206	540 (石室善道)	圜悟拈	
207	545 (本生和尙)	雪竇擧云	
208	550 (于迪相公)	圜悟擧云	
209	552 (金華俱胝)	雪竇頌, 天童頌, 雪竇擧云, 圜悟擧云	
210	553 (末山尼)	天童頌, 小參擧云, 圜悟心要云	佛果勤
211	556 (石霜慶諸)	天童頌	
212	557 (石霜慶諸)	天童拈, 拈, 小參擧云	
213	558 (石霜慶諸)	天童拈	
214	560 (石霜慶諸)	天童拈	
215	564 (漸源仲興)	雪竇頌, 圜悟頌, 天童上堂擧云, 上堂擧云, 圜悟擧云, 擧云	
216	565 (漸源仲興)	天童上堂擧云	
217	566 (漸源仲興)	天童拈	
218	567 (仰山惠寂)	天童頌, 小參擧云	
219	568 (仰山惠寂)	雪竇頌, 天童拈	
220	571 (仰山惠寂)	天童頌	
221	572 (仰山惠寂)	天童頌, 示衆擧云	
222	574 (仰山惠寂)	天童頌	
223	576 (仰山惠寂)	圜悟頌	
224	577 (仰山惠寂)	雪竇擧云	
225	586 (仰山惠寂)	圜悟擧云	
226	587 (仰山惠寂)	雪竇頌	
227	590 (靈雲志勤)	天童頌, 圜悟頌, 頌, 雪竇云, 天童小參, 圜悟拈, 拈	蔣山勤
228	591 (靈雲志勤)	天童拈, 小參, 圜悟拈	蔣山勤
229	600 (香嚴智閑)	雪竇拈, 天童擧云	
230	601 (香嚴智閑)	天童拈, 上堂擧云, 上堂擧云, 示衆	

번호	『염송집』 칙수(조사)	『삼가염송』 착어	비고
231	602 (香嚴智閑)	雪竇擧云, 天童上堂擧云	
232	604 (京兆米胡)	天童頌	
233	605 (京兆米胡)	雪竇拈	
234	607 (臨濟義玄)	天童頌	
235	614 (臨濟義玄)	雪竇拈, 天童上堂擧云	
236	615 (臨濟義玄)	天童頌	
237	616 (臨濟義玄)	天童拈, 圜悟拈	
238	617 (臨濟義玄)	天童頌, 雪竇擧云	
239	625 (臨濟義玄)	雪竇拈	
240	635 (臨濟義玄)	天童頌	
241	636 (睦州陳尊宿)	天童擧云, 圜悟拈	
242	637 (睦州陳尊宿)	雪竇拈, 天童上堂擧云, 上堂擧云	
243	638 (睦州陳尊宿)	天童拈	
244	639 (睦州陳尊宿)	雪竇拈	
245	643 (睦州陳尊宿)	雪竇頌	
246	644 (睦州陳尊宿)	雪竇拈, 天童拈	
247	645 (睦州陳尊宿)	雪竇拈	
248	646 (睦州陳尊宿)	雪竇拈, 天童拈, 圜悟擧云	
249	660 (烏石靈觀)	雪竇拈	
250	661 (烏石靈觀)	雪竇擧云	
251	662 (徑山道欽)	雪竇拈	
252	664 (德山宣鑒)	雪竇拈	
253	666 (德山宣鑒)	雪竇頌, 圜悟頌	
254	667 (德山宣鑒)	圜悟頌, 雪竇擧云, 圜悟拈	
255	668 (德山宣鑒)	天童頌, 雪竇擧云, 圜悟拈	
256	670 (德山宣鑒)	雪竇拈	
257	671 (德山宣鑒)	天童頌, 雪竇拈, 天童拈	
258	681 (洞山良价)	天童頌, 上堂擧云	
259	683 (洞山良价)	天童頌	
260	684 (洞山良价)	天童頌, 上堂擧云	
261	685 (洞山良价)	天童頌	
262	686 (洞山良价)	雪竇頌, 天童頌, 圜悟頌, 天童上堂擧云	
263	687 (洞山良价)	天童頌, 圜悟頌, 天童上堂擧云, 上堂擧云, 示衆擧云	

번호	『염송집』 칙수(조사)	『삼가염송』 착어	비고
264	688 (洞山良价)	天童擧云, 擧云	
265	689 (洞山良价)	雪竇拈, 天童擧云	
266	690 (洞山良价)	天童拈, 圜悟拈	
267	691 (洞山良价)	天童拈	
268	695 (洞山良价)	圜悟拈	
269	696 (洞山良价)	天童上堂擧云	
270	702 (洞山良价)	天童上堂擧云	
271	707 (洞山良价)	天童頌, 上堂擧云, 小參云	
272	711 (夾山善會)	雪竇擧云, 天童拈, 上堂擧云	
273	712 (夾山善會)	天童小參	
274	713 (夾山善會)	天童頌	
275	714 (夾山善會)	天童拈	
276	715 (夾山善會)	天童上堂	
277	717 (夾山善會)	雪竇拈	
278	720 (夾山善會)	天童頌	
279	723 (石梯和尙)	天童拈	
280	725 (投子大同)	天童頌, 圜悟頌, 拈	
281	726 (投子大同)	雪竇頌, 天童頌, 小參, 小參	
282	728 (投子大同)	雪竇頌	
283	729 (投子大同)	雪竇拈	
284	732 (投子大同)	天童上堂	
285	733 (投子大同)	圜悟拈, 擧云	
286	737 (投子大同)	雪竇擧云	
287	741 (投子大同)	雪竇拈	
288	744 (投子大同)	雪竇拈	
289	746 (淸平令遵)	天童上堂擧云, 示衆擧云	
290	749 (鎭州保壽)	雪竇拈	
291	750 (鎭州保壽)	圜悟小參擧云	
292	751 (三聖慧然)	天童拈, 圜悟拈	
293	756 (興化存奬)	天童頌, 頌, 雪竇拈	
294	758 (興化存奬)	雪竇拈	
295	760 (興化存奬)	圜悟拈	
296	761 (興化存奬)	圜悟拈	蔣山勤
297	765 (灌溪志閑)	天童拈	

번호	『염송집』 칙수(조사)	『삼가염송』 착어	비고
298	767 (定上座)	雪竇頌, 天童頌, 上堂擧云	
299	774 (桐峯庵主)	雪竇頌, 拈	
300	782 (雪峯義存)	雪竇拈	
301	783 (雪峯義存)	雪竇拈	
302	784 (雪峯義存)	圜悟頌, 雪竇拈, 天童小參擧云	
303	785 (雪峯義存)	圜悟頌, 雪竇拈, 天童拈	
304	786 (雪峯義存)	圜悟拈	
305	788 (雪峯義存)	雪竇頌, 圜悟頌, 天童小參擧云, 圜悟拈	
306	789 (雪峯義存)	雪竇頌, 天童頌	
307	790 (雪峯義存)	雪竇頌, 天童頌, 圜悟頌, 雪竇拈	
308	792 (雪峯義存)	圜悟頌, 雪竇代云, 擧云, 圜悟擧云	
309	795 (雪峯義存)	圜悟頌, 天童上堂云	
310	797 (雪峯義存)	天童擧云	
311	800 (雪峯義存)	天童拈	
312	801 (雪峯義存)	圜悟拈	
313	803 (雪峯義存)	雪竇拈	
314	806 (雪峯義存)	天童拈	
315	807 (雪峯義存)	雪竇拈	
316	810 (雪峯義存)	雪竇頌, 天童頌, 圜悟頌	
317	811 (雪峯義存)	雪竇拈, 天童擧云	
318	812 (雪峯義存)	雪竇拈, 天童拈	
319	823 (雪峯義存)	雪竇云	
320	825 (雪峯義存)	圜悟上堂擧云	
321	826 (巖頭全豁)	天童頌, 雪竇拈, 圜悟拈	
322	827 (巖頭全豁)	天童拈	
323	831 (巖頭全豁)	天童上堂擧云	
324	835 (巖頭全豁)	雪竇頌	
325	836 (巖頭全豁)	天童頌	
326	845 (陳操尙書)	天童拈	
327	846 (大隨法眞)	雪竇頌, 天童頌	
328	847 (大隨法眞)	雪竇拈, 天童拈	
329	856 (雲居道膺)	天童頌	
330	857 (雲居道膺)	雪竇頌, 天童頌, 頌	
331	858 (雲居道膺)	天童小參擧云	

번호	『염송집』 칙수(조사)	『삼가염송』 착어	비고
332	859 (雲居道膺)	天童小參擧云	
333	868 (華嚴休靜)	圜悟拈	
334	869 (疎山光仁)	圜悟頌	
335	871 (疎山光仁)	圜悟頌	
336	877 (曹山本寂)	天童頌, 擧云	
337	878 (曹山本寂)	天童拈, 拈	
338	879 (曹山本寂)	天童拈	
339	880 (曹山本寂)	天童示衆云	
340	881 (曹山本寂)	天童拈, 上堂擧云	
341	882 (曹山本寂)	天童頌	
342	883 (曹山本寂)	圜悟拈, 擧云	
343	890 (曹山本寂)	雪竇別	
344	891 (曹山本寂)	天童擧云	
345	894 (龍牙居遁)	雪竇頌, 云, 天童頌, 雪竇拈, 圜悟拈	
346	901 (龍牙居遁)	圜悟頌	
347	902 (龍牙居遁)	天童擧云	
348	909 (洞山師虔)	天童頌, 小參擧云	
349	911 (白水本仁)	圜悟頌, 雪竇拈	
350	912 (白水本仁)	雪竇擧云, 天童拈, 擧云	
351	914 (欽山文邃)	雪竇拈	
352	915 (欽山文邃)	雪竇頌, 天童拈	
353	917 (越州乾峯)	圜悟頌, 雪竇拈, 拈, 天童拈, 圜悟拈	蔣山勤
354	918 (越州乾峯)	天童頌, 雪竇擧云	
355	919 (越州乾峯)	圜悟頌, 雪竇拈, 天童拈	蔣山勤
356	922 (京兆蜆子)	圜悟頌	
357	923 (霍山景通)	雪竇擧云, 圜悟擧云, 擧云	
358	931 (大光居誨)	天童上堂擧云	
359	932 (九峯道虔)	天童頌	
360	933 (九峯道虔)	天童小參擧云	
361	934 (九峯道虔)	天童頌, 上堂擧云	
362	939 (鳳翔石柱)	天童拈	
363	946 (洛浦元安)	天童頌, 雪竇拈	
364	947 (洛浦元安)	天童上堂擧云	
365	958 (洛浦元安)	天童頌	

번호	『염송집』 칙수(조사)	『삼가염송』 착어	비고
366	962 (韶山寰普)	天童擧云	
367	970 (保福從展)	雪竇拈, 天童拈	
368	971 (保福從展)	雪竇示衆擧云	
369	972 (保福從展)	雪竇云	
370	973 (保福從展)	雪竇頌	
371	974 (保福從展)	雪竇拈	
372	975 (保福從展)	雪竇拈	
373	976 (保福從展)	雪竇拈, 圜悟拈	蔣山勤
374	981 (玄沙師備)	天童頌, 圜悟擧云	
375	982 (玄沙師備)	雪竇拈, 天童拈	
376	984 (玄沙師備)	雪竇拈	
377	985 (玄沙師備)	雪竇頌, 擧云, 天童拈	
378	986 (玄沙師備)	雪竇拈, 天童拈, 圜悟拈	
379	988 (玄沙師備)	雪竇擧云, 圜悟擧云	
380	989 (玄沙師備)	雪竇別, 天童拈	
381	990 (玄沙師備)	圜悟拈	
382	995 (玄沙師備)	雪竇拈	
383	1001 (玄沙師備)	天童頌, 擧云	
384	1004 (玄沙師備)	雪竇擧云	
385	1006 (雲門文偃)	雪竇頌	
386	1007 (雲門文偃)	雪竇頌, 天童頌, 上堂擧云	
387	1008 (雲門文偃)	雪竇頌, 天童頌, 圜悟頌	蔣山勤
388	1009 (雲門文偃)	雪竇頌, 圜悟頌, 天童拈	蔣山勤
389	1010 (雲門文偃)	雪竇頌, 圜悟頌	蔣山勤
390	1011 (雲門文偃)	雪竇頌, 圜悟頌	蔣山勤
391	1012 (雲門文偃)	雪竇頌, 天童頌	崇寧勤頌 누락
392	1014 (雲門文偃)	天童頌, 圜悟頌	
393	1015 (雲門文偃)	雪竇頌, 天童上堂擧云, 圜悟拈, 上堂擧云	蔣山勤
394	1016 (雲門文偃)	雪竇頌, 頌	
395	1017 (雲門文偃)	雪竇頌, 天童擧云	
396	1018 (雲門文偃)	天童頌, 頌	崇寧勤頌 누락
397	1019 (雲門文偃)	雪竇頌	崇寧勤頌 누락
398	1020 (雲門文偃)	雪竇頌	崇寧勤頌 누락
399	1022 (雲門文偃)	雪竇頌, 天童頌, 上堂擧云	

번호	『염송집』 칙수(조사)	『삼가염송』 착어	비고
400	1025 (雲門文偃)	天童頌, 小參	
401	1027 (雲門文偃)	雪竇頌, 頌	
402	1028 (雲門文偃)	雪竇擧云	
403	1031 (雲門文偃)	雪竇擧云	
404	1036 (雲門文偃)	雪竇頌	
405	1037 (雲門文偃)	天童上堂擧云, 上堂擧云	
406	1040 (雲門文偃)	天童拈	
407	1041 (雲門文偃)	圜悟頌	崇寧勤拈 누락
408	1042 (雲門文偃)	雪竇頌	崇寧勤拈 누락
409	1044 (雲門文偃)	天童拈	
410	1045 (雲門文偃)	圜悟拈, 上堂擧云	
411	1046 (雲門文偃)	天童頌, 頌, 圜悟拈	
412	1047 (雲門文偃)	雪竇拈	崇寧勤擧云 누락
413	1057 (雲門文偃)	圜悟頌	
414	1058 (雲門文偃)	天童擧云	
415	1060 (雲門文偃)	圜悟上堂擧云, 小參擧云	
416	1063 (雲門文偃)	雪竇拈, 圜悟拈	
417	1064 (雲門文偃)	雪竇擧云	
418	1069 (雲門文偃)	雪竇擧云	
419	1070 (雲門文偃)	雪竇頌, 圜悟拈	
420	1077 (雲門文偃)	天童頌	
421	1105 (長慶慧稜)	雪竇頌, 天童上堂擧云, 上堂擧云	
422	1106 (長慶慧稜)	天童拈	
423	1108 (長慶慧稜)	圜悟拈	
424	1109 (長慶慧稜)	雪竇頌, 天童上堂擧云, 示衆擧云	
425	1110 (長慶慧稜)	雪竇擧云, 圜悟拈	
426	1111 (長慶慧稜)	雪竇拈, 圜悟拈	
427	1113 (長慶慧稜)	雪竇拈	
428	1114 (長慶慧稜)	雪竇拈, 天童拈	
429	1115 (長慶慧稜)	雪竇拈	
430	1116 (長慶慧稜)	雪竇拈	
431	1118 (鏡淸道怤)	雪竇擧云, 圜悟拈	
432	1119 (鏡淸道怤)	雪竇頌, 圜悟頌, 天童拈	
433	1121 (鏡淸道怤)	圜悟頌, 拈	蔣山勤

번호	『염송집』 칙수(조사)	『삼가염송』 착어	비고
434	1122 (鏡淸道怤)	雪竇頌, 拈	
435	1124 (鏡淸道怤)	雪竇拈	
436	1125 (鏡淸道怤)	雪竇拈	
437	1128 (翠巖令參)	雪竇頌, 天童頌, 圜悟擧云	蔣山勤
438	1131 (太原孚)	雪竇拈	
439	1133 (太原孚)	圜悟頌, 拈	
440	1136 (鼓山神晏)	雪竇拈	
441	1138 (安國明眞)	雪竇云	
442	1142 (金峯從志)	天童拈	
443	1148 (曹山慧霞)	天童拈, 上堂擧云	
444	1153 (南院慧顒)	雪竇拈	
445	1163(鎭州2世保壽)	圜悟拈	
446	1164(鎭州2世保壽)	雪竇拈, 天童上堂擧云, 圜悟拈, 拈	
447	1175 (同安常察)	天童小參擧云	
448	1181 (澄源無殷)	雪竇頌	
449	1183 (護國守澄)	天童頌, 上堂擧云, 小參擧云	
450	1184 (護國守澄)	天童上堂擧云	
451	1185 (護國守澄)	天童頌	
452	1191 (萬銅廣德)	天童擧云	
453	1192 (芭蕉慧情)	天童拈	
454	1194 (資福如寶)	雪竇頌, 天童上堂擧云	
455	1200 (羅山道閑)	天童頌	
456	1207 (羅漢桂琛)	天童頌, 頌, 上堂云	
457	1212 (淨衆歸信)	天童拈	
458	1216 (報慈光雲)	雪竇云	
459	1217 (王延彬)	雪竇頌	
460	1219 (巴陵顥鑑)	雪竇頌, 天童上堂	
461	1220 (巴陵顥鑑)	雪竇頌, 天童擧云	
462	1221 (巴陵顥鑑)	雪竇擧云	
463	1222 (巴陵顥鑑)	圜悟擧云	蔣山勤
464	1224 (香林澄遠)	天童頌, 頌, 雪竇拈, 圜悟拈, 擧云	
465	1225 (香林澄遠)	雪竇頌	
466	1226 (香林澄遠)	圜悟頌	蔣山勤
467	1228 (德山緣密)	天童頌, 小參	

번호	『염송집』 칙수(조사)	『삼가염송』 착어	비고
468	1229 (洞山守初)	雪竇拈	崇寧勤頌 누락
469	1230 (洞山守初)	雪竇頌, 圜悟頌	
470	1234(深明二上座)	天童上堂擧云	
471	1238 (北禪悟空)	雪竇云	
472	1241 (智門師寬)	圜悟頌	
473	1247 (風穴延昭)	雪竇頌, 天童頌, 圜悟頌, 拈	蔣山勤
474	1248 (風穴延昭)	雪竇拈, 天童擧云, 小參	
475	1249 (風穴延昭)	雪竇頌, 天童頌, 雪竇擧云, 天童上堂擧云	
476	1260 (風穴延昭)	天童擧云	
477	1263 (芭蕉繼徹)	天童拈	
478	1278 (大龍)	雪竇頌	
479	1281 (智門光祚)	雪竇頌, 天童頌, 拈, 上堂擧云	
480	1282 (智門光祚)	雪竇頌, 拈	
481	1283 (智門光祚)	天童頌, 雪竇拈	
482	1285(蓮花峯祥庵主)	雪竇頌, 天童拈	
483	1287 (法眼文益)	天童頌	
484	1290 (法眼文益)	雪竇頌, 圜悟上堂擧云	圜悟心要擧云 누락
485	1293 (法眼文益)	天童頌	
486	1294 (法眼文益)	天童頌, 上堂擧云	
487	1295 (法眼文益)	雪竇拈	
488	1296 (法眼文益)	天童頌	
489	1297 (法眼文益)	天童拈	
490	1298 (法眼文益)	天童頌	
491	1299 (法眼文益)	天童上堂擧云	
492	1302 (法眼文益)	天童頌	
493	1306 (修山主)	天童拈	
494	1307 (修山主)	圜悟拈	
495	1309 (修山主)	圜悟拈	
496	1314 (淸溪洪進)	天童頌	
497	1318 (大陽警玄)	天童擧云	
498	1319 (大陽警玄)	天童擧云	
499	1320 (首山省念)	天童頌, 頌	
500	1323 (首山省念)	天童頌	
501	1325 (首山省念)	天童上堂擧云	

번호	『염송집』칙수(조사)	『삼가염송』착어	비고
502	1350 (天平從漪)	雪竇頌, 圜悟頌	
503	1353 (雪竇重顯)	圜悟擧云	
504	1359 (清涼泰欽)	天童拈	
505	1371 (興陽剖)	天童頌	
506	1379 (瑯琊慧覺)	天童頌, 圜悟頌	
507	1418 (五祖法演)	圜悟拈	
508	1427 (金陵寶誌)	天童拈, 圜悟拈	
509	1430 (傅大士)	雪竇頌	
510	1431 (傅大士)	雪竇擧云	
511	1434 (南嶽慧思)	雪竇拈	
512	1436 (文殊)	雪竇頌	
513	1441 (瑊瓚)	圜悟拈	
514	1449 (布袋)	天童擧云	
515	1450 (一老宿)	雪竇拈	
516	1457 (古德)	天童頌	
517	1459 (大宗皇帝)	雪竇代	
518	1460 (大宗皇帝)	雪竇代	

은 글씨로 인용된 착어까지 그대로 전재한 것에서 확인할 수 있다. 그런데 조사별 고칙 공안의 인용 빈도에서 『삼가염송』과 『염송집』은 차이가 있다. 『염송집』에 수록된 공안의 주인공인 조사는 349명이며, 전체 공안의 수는 1463칙이다. 또한 조사별 고칙 공안의 수는 운문(雲門) 99칙, 조주(趙州) 81칙, 설봉(雪峯) 45칙, 남전(南泉) 44칙, 임제(臨濟) 29칙, 동산양개(洞山良价) 28칙 등의 순이다.

그런데 『삼가염송』에 수록된 조사별 고칙 공안의 수는 운문 36칙, 조주 31칙, 설봉 21칙, 남전 17칙, 동산양개 14칙, 현사 11칙, 장경, 법안 10칙, 약산, 위산, 앙산, 조산 9칙 등의 순이다. 이러한 인용 빈도는 대체로 『염송집』과 비슷하지만 특히 운문, 설봉, 현사, 장경, 법안 등과 관련된 고칙이 많은 점에서 차이가 있다. 이들 조사는 설봉계와 법안종, 운문종으로 이어지며, 당 말부터 송 초기까지 활동했던 대표적인 선승들이다.

일부 조사의 경우 인용 빈도의 차이가 보다 뚜렷하게 드러난다. 예를 들어 마조가 8칙에 그치며, 특히 임제가 7칙에 불과한 것에 비해 동산양개는 14칙으로 오히려 훨씬 많이 인용되었다. 더욱이 임제 공안에 대한 착어는 원오의 염고가 1회인 데 비해 굉지의 착어가 6회나 인용될 만큼 압도적으로 많다.[23] 이러한 차이는 설두, 굉지, 원오가 선호하거나 중시한 고칙 공안에 따른 차이로 보이며, 종파나 법통에 대한 인식과는 무관한 것으로 보인다.

이는 『염송집』이 고칙 공안과 그에 대한 착어를 방대하게 수록한 공안집인 데 반해 『삼가염송』은 공안보다 설두, 굉지, 원오의 착어에 초점을 맞추어 편찬된 문헌이기 때문에 나타난 결과이다. 그러면 『삼가염송』에 수록된 3가의 착어가 어떻게 인용되었는지에 대해 살펴보기로 한다.

착어는 고칙 공안과 마찬가지로 거의 대부분의 내용을 그대로 전재했다. 그런데 <표 4-1>에서 드러나듯이 설두와 굉지의 착어가 모두 그대로 수록된 데 비해 원오의 착어는 일부 누락되거나 생략되었다. 원오의 착어가 인용되지 않은 것은 형식상 두 종류로 나뉜다. 하나는 33칙의 소참과 1290칙의 『불과원오진각선사심요(佛果圜悟真覺禪師心要)』에서 인용된 착어가 생략된 것이다. 또 하나는 1012, 1018, 1019, 1020, 1040, 1042, 1047, 1229칙 등 모두 8칙에 수록된 원오의 착어가 모두 생략된 것이다. 전자는 인명 표기가 모두 원오근으로 되어 있지만, 후자는 모두 착어의 주인공이 숭녕근(崇寧勤)으로 되어 있다.

전자는 『염송집』에 원오의 다른 착어 다음에 수록된 것이 생략된 것으로,

---

23 『염송집』에 착어가 많은 공안의 순서와 수를 보면 臺山婆子(412칙) 59, 庭前栢樹子(421칙) 58, 靈雲桃花(590칙) 55, 六祖風幡(110칙) 51, 外道問佛(16칙) 44, 百丈野狐(184칙) 44, 北斗裏藏身(1016칙) 37, 釋尊天上天下(2칙) 35 등의 순이다. 이러한 고칙 공안에 3가의 착어가 수록되어 있는 경우가 있지만 모두 인용되는 것은 아니다. 이러한 고칙 공안은 착어가 많은 만큼 수선사에서 중시된 공안으로 보이지만, 『삼가염송』에서 특별히 주목되지 않았다. 따라서 『삼가염송』은 3가의 착어에 초점을 맞춘 공안집이라는 사실을 확인할 수 있다.

이는 2건에 불과하다. 그에 비해 후자가 누락된 것은 여러 가지 의문이 든다. 먼저 8칙 가운데 7칙의 고칙 공안의 주인공이 운문문언이라는 사실이다. 앞서 언급한 바와 같이 운문의 고칙 공안은 『염송집』과 『삼가염송』에서 가장 많이 수록될 만큼 중시되었던 것이다. 더욱이 누락된 원오의 착어는 『선문염송설화』의 착어의 내용과 관련된 해석이 보인다. 또한 1047칙에 수록된 숭녕근의 착어에는 설두의 착어를 인용한 부분이 모두에 있다.

그렇다면 설두와 굉지의 착어가 하나도 생략되지 않고 모두 전재되었던 것에 비해 원오의 착어가 상당수 생략된 것을 어떻게 이해할 수 있을까. 이와 관련하여 『삼가염송』에 3가의 인명 표기가 다른 사실이 눈에 띈다. 설두중현과 굉지정각은 각각 설두현, 천동각으로 인명 표기가 통일되어 있지만, 원오의 경우는 인명이 다양하게 표기되어 있다. 〈표 4-1〉에서 드러나듯이 원오근으로 쓴 경우가 가장 많지만 불과근, 장산근으로 쓴 경우도 적지 않다. 심지어 인명 표기가 『염송집』과 다르게 된 경우도 있다. 송대 선승들은 대개 출가 후에 받은 법명과 함께 사호(賜號)를 비롯한 법호를 함께 사용했다. 이 가운데 장산·숭녕 등은 원오가 주석한 사찰 이름에서 유래한 것이다.

숭녕은 원오가 태어났던 팽주(彭州) 숭녕현(崇寧縣: 四川省 成都市 북서)과 연관되기도 하지만, 그가 주석했던 성도부(成都府) 소각사(昭覺寺)인 숭녕만수사(崇寧萬壽寺)에서 유래한 호로 보인다.[24] 그렇다면 편찬자인 구암노선이 숭녕근이 원오근이라는 사실을 몰랐거나 다른 선승이라고 착각한 것이 아닐까. 앞서 살펴본 바와 같이 숭녕근으로 표기된 착어는 그 내용과 특징에서 알 수 있듯이 일부러 수록하지 않거나 경시할 만한 것이 아니며, 오히려 주목해야 할 요소를 갖고 있다. 그러므로 『삼가염송』에 원오의 착어가 상당수 누락되거나

---

24 원오는 崇寧 연간(1102~1106)에 성도 六祖院에 처음 머물렀고, 이후 成都府 昭覺寺(崇寧萬壽寺), 澧州 夾山 靈泉院, 長沙 道林寺, 建康府 蔣山 太平興國寺, 東京 天寧萬壽寺, 鎭江府 金山 龍遊寺, 南康軍 雲居眞如院 등에 차례로 머물렀으며, 마지막으로 다시 소각사, 곧 숭녕만수사에서 머물다가 입적했다.

생략된 것은 상식적으로 이해하기 어렵다.[25]

이와 관련된 기록이 없기 때문에 단정적으로 말하기가 곤란하지만, 기존 연구에서 『삼가염송』을 높이 평가하는 것이나 편찬자 구암노선을 몽여로 보는 주장은 재고할 필요가 있다. 채상식이 『삼가염송』에 대해 고려 선종에서 선사상을 단순히 수용하고 자기화하는 단계를 뛰어넘어 이를 재해석하고 평가할 수 있는 단계로 파악했던 것은 『삼가염송』의 문헌적 성격을 잘못 이해한 것이다. 그것은 『삼가염송』이 『염송집』을 발췌, 편찬한 문헌이고, 원오 착어의 인용에서 나타나는 오류 문제 등에서 드러나듯이 송대 선을 재해석하고 평가할 수 있는 내용이 전혀 없기 때문이다.

또한 구암노선을 수선사 3세인 몽여로 추측한 견해도 설득력이 없다. 그것은 거의 비슷한 시기에 『염송집』을 증보, 편찬한 몽여가 원오의 호를 모른다는 게 납득하기 어렵기 때문이다. 또한 동일인이 편찬한 문헌이라면 원오의 착어를 의도적으로 삭제했다는 것인데, 『삼가염송』을 편찬하면서 고칙 공안을 그대로 전재한 것이나 설두와 굉지의 착어를 그대로 수록한 것과 달리 원오의 착어만을 왜 일부 생략했는지를 이해할 만한 이유나 근거가 드러나지 않는다. 따라서 구암노선이 누구인지는 관련 기록이 전혀 없기 때문에 알 수 없지만, 적어도 몽여와 동일인이 아니다.

다음으로 착어의 내용과 특징에 대해 살펴보기로 한다. 먼저 설두의 착어는 본래 『염송집』에 모두 273칙에 수록되어 있을 정도로 대단히 많은데, 전부 『삼가염송』에 수록되었다. 또한 인용된 설두의 착어는 염고와 송고가 압도적으로 많은 것이 특징이다. 특히 『설두송고』는 한 칙을 제외하고 모두 인용되었다.[26]

---

25 원오의 착어를 인용하는 과정에서 나타난 오류는 『염송집』 181칙에 인용된 3가의 착어를 『삼가염송』에 재수록하면서 나타난 문제점을 통해서도 드러난다. 원오의 착어에는 『염송집』에 생략되어 있는 汾州, 石門, 雪竇의 염고가 모두 수록되어 있다. 더욱이 설두의 염고는 『삼가염송』에 수록되어 있으므로 내용이 모두 중복 인용되는 결과가 되었다(『한불전』 11, 283쪽). 편집 과정에서 실수한 것인지 아니면 다른 의도가 있는지 알 수 없으나 『삼가염송』의 편찬은 치밀하지 못한 것으로 보인다.

설두의 송고, 염고가 중시된 것은 이미 12세기 말인 1179년에 구산문도 500인을 대상으로 한 용문사 담선법회에서 『설두송고』와 『설두염고』가 강의된 것에서도 잘 드러난다.[27] 따라서 설두의 착어는 당시 고려 선종계에서 이미 문자선의 정수로서 폭넓게 수용되었으며, 그러한 수요가 『삼가염송』에 반영되었다.

굉지의 착어는 본래 『염송집』에 전체 286칙에 이를 정도로 많이 수록되어 있는데, 전부 『삼가염송』에 그대로 수록되었다. 굉지의 착어는 『굉지송고』와 『굉지염고』에서 인용한 것이 적지 않지만, 상당 및 소참과 같은 법어에서 길게 인용된 것도 적지 않다.[28] 특히 『굉지송고』는 100칙이 모두 인용되었는데, 조동종을 대표하는 선승인 굉지의 공안 비평에 대한 수선사의 관심이 반영된 것으로 보인다.[29]

『굉지송고』는 조동종 계열 조사들의 고화가 많으며, 출전을 『설두송고』에 기초를 두면서도 독자적인 어구로 고친 예도 적지 않다.[30] 설두와 굉지의 착어가 어떻게 다른지는 『염송집』 98칙에 인용된 『설두송고』(1칙)와 『굉지송고』(2칙)에서 잘 드러난다. 설두와 달리 굉지의 송고는 좌선을 강조하고 있으므로 굉지가 지향하는 선의 특징이 그대로 드러난다.[31] 수선사에서 굉지의 착어를 인용할 때에 과연 굉지가 지닌 선의 본령을 의식하면서 수록했는지에 대해서는 알 수 없지만, 적어도 설두의 착어와 함께 수록해 두 착어의 차이를 알 수 있도록 한 것이 아닌가 생각한다. 더욱이 『삼가염송』에는 3가의 착어만을 수

---

26 조명제, 「修禪社의 『禪門拈頌集』 편찬과 雪竇 7部集」, 『한국사상사학』, 42(2012).
27 李知命, 「龍門寺重修碑」, 『금석』 상, 409쪽, "己亥年創寺工畢, 會九山門學徒五百人, 設五十日談禪會, 請斷俗寺禪師孝惇, 教習傳燈錄·楞嚴經·仁岳集·雪竇拈頌".
28 조명제, 「修禪社의 『禪門拈頌集』 편찬과 『宏智錄』」, 『불교학보』, 63(2012).
29 굉지의 시재는 원오극근에게 인정을 받았다. 石井修道 編, 『禪籍善本古注集成 宏智錄』 (名著普及會, 1984), p.515, "適遊雲居, 圓悟勤禪師見其提唱, 以偈送之. 有一千五百老禪將之語, 然弁才三昧, 自然成文非出於思惟也".
30 石井修道, 「宏智錄の歷史的性格(上): 宏智頌古拈古を中心として」, 『宗學研究』, 14(1972).
31 石井修道, 「默照禪の確立」, 『宋代禪宗史の研究』(大東出版社, 1987), pp.341~345.

록했기 때문에 설두와 굉지의 착어가 바로 대비되도록 배치되어 있다.

원오의 착어는 『염송집』에 모두 177칙에 수록되어 있으며, 염고가 96회, 송고가 85회 인용되어 있는데, 다른 착어에 비해 절대적인 비중을 차지한다. 설두, 굉지에 비해 원오의 착어는 인용 횟수도 적지만, 일반적인 경향과 달리 송고보다 염고가 더 많다. 나아가 원오의 착어에는 무사선(無事禪)에 대한 비판을 비롯한 원오 선의 본령에 해당하는 내용이 전혀 반영되어 있지 않다. 이러한 특징은 수선사에서 『염송집』을 편찬한 의도가 주로 공안 비평에 초점을 맞추었기 때문이며, 그것은 원오 착어의 인용에서 잘 드러난다.[32]

이상에서 살펴본 바와 같이 『삼가염송』은 송대 운문종, 조동종, 임제종을 대표하는 설두, 굉지, 원오의 착어에 초점을 맞춰 편찬된 문헌이다. 이들의 착어는 모두 공안 비평이므로 결국 『삼가염송』은 문자선의 이해와 관련해 편찬되었음을 알 수 있다. 이러한 문헌적 성격을 통해 보면 13세기 중반까지 수선사로 대표되는 고려 선종은 송대 공안선의 수용에서 간화선보다 문자선이 중시되었다.

『염송집』은 본래 1226년 진각국사 혜심이 제자 진훈 등과 함께 편찬한 공안집이다. 그러나 강화도로 천도할 때에 초조본이 소실되었으므로 1243년에 수선사 3세인 몽여가 고칙 347칙을 증보하여 『염송집』을 편찬, 간행했다.[33] 그런데 수선사에서 『염송집』이라는 방대한 공안집을 편찬한 직후에 『삼가염송』을 편찬한 이유는 무엇일까, 아울러 이러한 선적의 편찬이 공안선의 수용과 어떻게 연관되는 것이며, 수선사나 당시 선종계의 사상적인 동향과 관련하여 어떻게 이해할 수 있을까? 이와 관련된 기록이 전혀 없는 현실에서 쉽게 설명할 수 없지만 수선사가 편찬, 간행한 선적의 문헌적 성격이나 특성을 통해 살펴보고자 한다.

『염송집』은 문자선의 이해에 필요한 종합적인 공안집의 성격을 띠고 있지

---

32 조명제, 「修禪社의 『禪門拈頌集』 편찬과 원오극근의 저작」, 『한국불교학』, 73(2015).
33 鄭晏, 「增補拈頌跋」(『한불전』 5, 923쪽).

만, 지나치게 방대한 분량이라는 문제점이 있다. 따라서 입문 단계의 선승이나 문자선의 핵심만을 이해하고자 하는 경우에 『염송집』은 편리한 문헌이 아니다. 이에 비해 『삼가염송』은 송대 문자선의 정수만을 수록했기 때문에 문자선의 핵심을 이해하기에 편리하다는 장점이 있다.

따라서 『삼가염송』은 선학 입문서 또는 공안 비평의 핵심을 이해하기 위한 지침서로서 편찬된 것으로 보인다. 나아가 일반적인 공안집의 성격보다 3가의 착어에 초점을 맞춘 선적이라는 특징이 있다. 이와 같이 『삼가염송』이 문자선의 입문서 또는 지침서의 성격을 갖고 편찬, 간행되었다는 것은 당시 선종의 현실적인 수요와 깊이 연관되는 것으로 보인다. 다시 말해 고려 선종에서 문자선이 널리 확산되었기 때문에 입문자에게 맞는 입문서, 지침서로서의 문헌이 요구되었던 것으로 짐작된다. 나아가 당시 선문에서 문자선에 대한 이해가 심화되면서 문자선의 정수만을 담은 문헌에 대한 수요도 존재했던 것이 아닌가 생각된다.

그러므로 『염송집』이 증보, 편찬된 지 3년이 지나지 않아 수선사가 『삼가염송』을 펴낸 기본적인 이유는 당시 선종을 주도했던 수선사가 선종계의 문자선에 대한 다양한 수요에 대응하기 위한 것으로 생각된다. 다시 말해 1226년에 혜심을 중심으로 『염송집』을 편찬할 때에는 송대 선승들의 방대한 착어를 종합, 집성하던 단계라고 한다면, 20년 후에 『삼가염송』이 편찬, 간행되었던 것은 문자선이 더욱 성행하면서 선문 일반에서 문자선의 입문자를 비롯해 심화된 단계나 핵심만을 요구하는 단계로 나아갔다고 하겠다. 나아가 문자선의 성행과 함께 특정 선승의 공안 비평만을 담은 문헌이 출현하고, 그에 대한 사상적인 수요가 존재한다는 것은 공안 비평의 기준이 설정되는 것과 관련된다고 하겠다.

그러면 13세기에 수선사를 중심으로 고려 선종에서 편찬된 선적들과 관련해 『삼가염송』의 사상사적 위상을 어떻게 평가할 수 있을까? 이러한 문제는 결국 『삼가염송』을 통해 수선사가 송대 선이나 공안선을 어떻게 수용하고 이해했는가라는 문제와 연관된다.

이에 대한 이해 문제는 『삼가염송』이 『염송집』에서 3가의 착어만을 발췌한 것이므로 3가의 착어에 대한 이해를 통해 규명할 수 있지만, 특히 원오의 착어에서 단적으로 드러난다. 곧 원오의 착어에는 원오선의 본질이라고 할 수 있는 무사선에 대한 비판 문제가 전혀 반영되지 않았다.34 나아가 이러한 문제는 단적으로 원오의 착어에 『벽암록(碧巖錄)』이 전혀 인용되지 않은 것에서 잘 드러난다.

송대 선종에서 선문답이 탈의미적·몰논리적인 것으로 변화해 가면서 남송시대에는 통속화의 폐단이 확산되었다. 원오는 『벽암록』을 통해 기존 선종계에서 유행했던 공안에 대한 해석, 논평의 범위를 넘어서는 강렬한 실천에의 지향을 제시했다. 원오는 착어와 평창을 통해 신랄한 비평을 더했고, 그것은 공안 비평이라는 형식에 그친 것이 아니라 무사선에 빠진 송대 선의 흐름을 비판하면서 학인에게 철저하게 대오(大悟)할 것을 요구하는 방향으로 귀결되었다.

다만, 『벽암록』에서는 그러한 깨달음의 체험이 어떻게 가능한지 명확하게 제시되지 않았다. 따라서 『벽암록』은 북송의 문자선을 집대성하고, 간화선으로 전환되는 단초를 연 문헌이었다.35 『염송집』에 인용된 원오의 착어에 『벽암록』이 전혀 인용되지 않은 것은 문자선에 대한 비판적 시각이 반영되지 않았음을 보여준다. 나아가 이러한 한계는 원오의 착어가 그대로 수록된 『삼가염송』에도 반영되었다.

이상을 통해 수선사에서 편찬된 선적이 문헌적으로 문자선에 초점을 맞추고 있다는 사실을 확인할 수 있었다. 이러한 경향은 수선사의 공안선 이해에서도 확인할 수 있다. 예를 들어 혜심 단계에서 간화선이 수용되지만, 여전히 문자선에 대한 관심이 강하고, 전반적으로 공안선의 이해가 문자선 중심이라는 사실이 확인된다.36

---

34   土屋太祐, 「北宋期禪宗の無事禪批判と圜悟克勤」, 『東洋文化』, 83(2003); 土屋太祐, 公案禪の成立に關する試論: 北宋臨濟宗の思想史」, 『駒澤大學禪研究所年報』, 18(2007).
35   小川隆, 『語錄の思想史』(岩波書店, 2011), pp. 320~338.
36   조명제, 「修禪社의 『禪門拈頌集』 편찬과 원오극근의 저작」, 318~322쪽.

수선사에서 선적의 편찬과 간행이 활발하게 이루어졌던 것은 수선사가 사회경제적·사상적 기반을 두루 갖추고 있으며, 당시 선문 전반에 사상적 수요가 존재했기 때문이다. 나아가 선적은 수선사에서 수용한 공안선의 흐름이 어떠한지를 이해하는 지표이다. 기존 연구와 마찬가지로 수선사에서 간화선이 일반화된 것으로 이해하면, 수선사 단계에서 왜 간화선과 무관한 송대 선적이 다양하게 간행되었으며, 고려 선종계에서 송대 선의 다양한 흐름에 폭넓은 관심을 가졌는지 이해하기 어려워진다. 주지하듯이 간화선은 본질적으로 지적 이해를 거부하기 때문에 대개 선적에 대한 수요도 줄어들 수밖에 없다.

한편, 『염송집』에 가장 많이 인용된 대혜의 착어가 『삼가염송』에 전혀 수록되지 않은 이유는 무엇일까? 이에 대한 언급이 전혀 없기 때문에 단정적으로 말하기는 어렵지만, 다음과 같은 이유와 관련되는 것으로 보인다. 먼저, 『염송집』에 수록된 대혜의 착어는 전체 323칙의 고칙에 409회나 인용되어 가장 방대한 분량을 차지한다. 더욱이 송고, 염고만이 아니라 상당, 시중, 보설, 법어, 병설 등 187회나 인용된 법어는 원문을 그대로 전재한다든지 길고 자세한 내용으로 구성되어 있다. 따라서 대혜의 착어는 분량이 지나치게 많기 때문에 공안 비평의 정수를 제시하고자 하는 『삼가염송』의 문헌적 성격에 어울리지 않는다.

또한 대혜의 착어는 모두 문자선과 관련된 내용뿐이며, 간화선과 직접 연관되는 내용은 전혀 보이지 않는다. 따라서 『삼가염송』에 대혜의 착어를 수록하게 되면 간화선을 대성한 대혜의 이미지와 어울리지 않게 된다. 더욱이 『삼가염송』이 송대 운문종, 조동종, 임제종에서 이루어진 공안 비평의 정수를 수록하는 것이 목적이기 때문에 원오의 착어는 오히려 임제종을 대표하기에 적합하다. 따라서 대혜의 착어가 전혀 수록되지 않은 것은 이러한 전반적인 사정이 반영된 결과가 아닌가 생각된다.

마지막으로 현재 유일본인 『삼가염송』은 1464년에 간경도감에서 중간된 것이지만 지금까지 전혀 알려지지 않은 이유는 무엇일까? 이에 대해 채상식은 후대에 임제선만을 정통으로 인식하고 강조하려는 경향으로 인해 다양한 선사상이 공존하는 가운데 선사상이 보다 발전할 수 있었던 분위기가 결국 좌절되었기 때문이라고 추측했다.[37] 그러나 선적에 대한 사상적인 수요는 정통 대 이단이라는 분위기로만 결정된 것이 아니라 현실적으로 간화선이 확산되면서 문자선이 퇴조되었던 경향과 관련된다.

다시 말해 송대 선이 종파와 관계없이 공안 비평이 유행하던 단계에서는 다양한 문헌이 출현하고 간행되었다. 그러나 간화선이 성행하면 문자선과 관련된 문헌에 대한 수요가 줄어들기 때문에 『삼가염송』은 점차 사라질 수밖에 없는 운명을 맞게 된다. 『삼가염송』이 간경도감에서 중간되었음에도 불구하고 그 존재조차도 알 수 없을 정도로 선문에서 사라진 것은 그러한 사상사적 맥락과 관련된다.

2. 수선사의 결사와 사상적 위상에 대한 새로운 이해

앞서 살펴본 바와 같이 수선사는 12세기 이래 송대 선이 수용되던 흐름을 이어받으면서 공안선을 본격적으로 수용하고 정착하는 방향으로 나아갔다. 이러한 양상은 수선사에서 편찬된 대표적인 선적인 『염송집』과 『선문삼가염송집』을 통해 확인할 수 있다. 아울러 공안집 편찬에서 알 수 있듯이 수선사에서는 문자선의 수용과 이해에 집중했다. 문자선의 성행은 13세기 단계까지 이어지며, 후술하겠지만 가지산문의 동향을 통해서도 확인할 수 있다.

이러한 결론은 수선사의 선을 간화선 중심으로 이해하던 기존의 연구와 거리가 있다. 나아가 수선사를 신앙결사론의 시각에서 바라보는 기존 연구도 비판적으로 바라볼 필요가 있다. 고려 후기 결사에 대한 연구는 한기두가 처음 제시했으나,[38] 결사의 불교사적 의의에 대해서는 채상식이 본격적으로 제시

---

37 채상식, 『고려후기 불교사 연구』(일조각, 1991), 67쪽.
38 한기두, 「고려불교의 결사운동」, 『박길진박사화갑기념한국불교사상사』(원광대학교 출

했다.³⁹ 이후 고익진이 백련사를 주도한 요세의 사상을 밝혔고,⁴⁰ 진성규·최병헌 등이 수선사 결사에 대한 연구 성과를 제시했다.⁴¹ 그 후 결사에 대한 연구 성과가 다양하게 이어졌지만,⁴² 채상식이 제시한 신앙결사론의 틀에서 벗어나지 않는다.⁴³

채상식은 신앙결사가 이상적으로 생각하는 신앙과 사상을 추구하기 위한 결집체이며 어느 시기에나 존재했지만, 역사상의 개념으로서는 사회변혁운동의 성격을 지닌다고 규정했다. 그는 신앙결사를 통해 소수의 문벌귀족이나 왕실이 독점하던 고려불교 사상계의 주도권을 지방사회의 향리층과 독서층, 나아가 서민 대중까지도 공유할 수 있는 단계로 전환되며, 불교가 소수의 독점에서 상대적으로 다수에 의한 공유체제로 발전되었다고 주장했다. 그는 이

판국, 1975).

39 채상식, 「高麗後期 天台宗의 萬德山 白蓮社 結社에 대한 硏究」(서울대학교 석사학위논문, 1977); 채상식, 「고려후기 천태종의 백련사 결사」, 『한국사론』, 5(1979).

40 고익진, 「圓妙了世의 白蓮結社와 그 사상적 동기」, 『불교학보』, 15(1978); 고익진, 「白蓮社의 사상전통과 天頙의 저술문제」, 『불교학보』, 16(1979).

41 진성규, 「高麗後期 修禪社의 結社運動」, 『한국학보』, 36(1984); 최병헌, 「수선결사의 사상사적 의의」, 『보조사상』, 1(1987); 채상식, 「고려후기 修禪結社 성립의 사회적 기반」, 『한국전통문화연구』, 6(1990); 진성규, 「정혜결사의 시대적 배경에 대하여」, 『보조사상』, 5·6(1992); 최병헌, 「정혜결사의 취지와 창립과정」, 『보조사상』, 5·6(1992); 최병헌, 「知訥의 修行過程과 定慧結社」, 『知訥의 사상과 그 현대적 의미』(한국정신문화연구원, 1996).

42 한기문, 「대몽 항전기 천태종의 동백련사」, 『고려사원의 구조와 기능』(민족사, 1998); 김영미, 「고려전기의 아미타신앙과 결사」, 『정토학연구』, 3(2000); 정제규, 「高麗時代 佛敎信仰結社에 대한 認識과 그 性格」, 『문화사학』, 21(2004); 김성순, 『동아시아 염불결사의 연구』(비움과 소통, 2014); 최동순, 『원묘 요세의 백련결사 연구』(정우서적, 2014).

43 채상식의 연구 성과는 박사학위논문을 수정, 보완한 채상식, 『고려후기불교사연구』(일조각, 1991)에 정리되어 있다. 신앙결사 외에 결사, 불교결사, 결사불교, 결사운동 등 다양한 용어가 사용되고 있으나, 대표적인 주창자인 채상식이 「고려후기의 신앙결사」, 최병헌 편, 『한국불교사연구입문』 상(지식산업사, 2013)에서 제시한 용어를 사용하기로 한다.

러한 신앙결사의 개념에 부합하는 대표적인 결사가 수선사·백련사이며, 이러한 결사는 불교가 당시 사회적 기능을 수행할 수 없는 한계에 이른 자기모순을 인식하고, 이를 개혁하려는 의도에서 출발한 자각·반성운동이며, 불교개혁운동이라고 규정했다.[44]

신앙결사론은 1970, 1980년대에 사회변혁을 중시하는 분위기에 영향을 받아 제기되었다. 또한 인문사회과학에서 불교가 학문적 시민권을 획득하기 시작하던 상황에서 연구자들이 현실의 불교 교단에 절망하면서 불교 개혁의 방향으로서 신앙결사라는 역사상에 공감했다. 이러한 시대적인 분위기와 맞물려 신앙결사론은 연구자의 공감을 쉽게 얻으면서 통설로서 자리 잡았다.[45]

그러나 신앙결사론은 보수 대 진보, 귀족불교 대 민중불교라는 이항대립 도식으로 고려불교사를 이해함으로써 논리적 모순과 한계를 노정한다. 신앙결사에 사회 변혁적인 성격은 드러나지 않으며, 불교계 개혁운동이라고 평가할 만한 근거와 실체가 없다. 나아가 결사의 주도층이 불교계 개혁에 대한 문제 인식을 어떻게 공유하고, 그러한 개혁이 얼마만큼 지속되었는지가 해명되지 않았다.

또한 결사 주도층의 사회적 기반, 결사의 사상적 기반에 대한 이해와 신앙결사의 위상 및 영향에 대한 설명이 도식적·단선적이라는 한계가 있다. 더욱이 고려 후기 불교계의 변화 양상을 신앙결사라는 프레임으로 설명하는 것이 단순 논리에 불과하거나 더욱이 고려 후기 불교계의 변화 양상을 신앙결사라는 프레임으로 설명하는 것은 단순 논리에 불과하며 변화의 전체상을 담아내지 못한다는 문제점도 있다. 또한 신앙결사는 특정 시기에 한정된 것이 아니며, 동아시아 불교의 보편적인 현상임에도 불구하고 고려불교사의 틀에서 다루거나 사상사적 전환기로 바라보는 한계가 드러난다.[46]

---

44 채상식, 「고려후기의 신앙결사」, 22~25쪽.
45 조명제, 「일본·한국 중세불교사 연구와 종교개혁 담론」, 『역사와 경계』, 105(2017).
46 조명제, 같은 글, 12~33쪽.

신앙결사론은 근대주의적 시각과 현재적 관점을 과도하게 적용하여 중세 사상사를 재단했던 점도 한계를 갖고 있다. 아울러 종교·사상을 그 자체의 내용과 사상사적 흐름에 따라 해석하는 것이 아니라 정치, 사회적 관계에 의해 평가한 문제점이 있다.

신앙결사론의 전반적인 한계와 문제점은 대표적인 신앙결사로 평가하는 수선사 결사에서 잘 드러난다. 앞서 언급한 바와 같이 신앙결사론에서는 결사의 성격을 사회변혁운동으로 평가하고 있다. 그런데 이러한 평가와 관련해 구체적인 근거를 제시하기보다 무신란 이후 부패하고 타락한 불교계의 상황을 나열하면서 불교 본연의 자세로 돌아가자는 결사정신만 강조하고 있을 뿐이다. 대부분의 연구에서 신앙결사의 배경과 성격을 거론할 때에 늘 인용되는 것이 다음과 같은 『권수정혜결사문』의 내용이다.

> 그러나 우리들이 아침저녁으로 행하는 자취를 돌아보면 불법(佛法)을 빙자하여 나와 남을 꾸미고 이양(利養)의 길로 치달리고 풍진 세상에 빠져 들어가 도덕은 닦지 않고 의식만 허비하니, 비록 출가하였다고 하지만 무슨 덕이 있겠는가? 아! 삼계를 벗어나려고 하지만 속세를 벗어난 수행이 없으니 헛되이 남자 몸이 되었을 뿐, 장부의 뜻이 없다. 위로는 도를 넓히는데 어긋나고, 아래로는 중생을 이롭게 하지 못하며, 중간으로는 사은(四恩)을 빚졌으니 진실로 부끄러울 따름이다. 지눌은 이런 일로 탄식한 지 오래되었다.
>
> 임인년 정월에 상도 보제사의 담선법회에 나아갔을 때에 하루는 동학 10여 명과 약속하였다. 법회를 마친 후에 마땅히 명예와 이익을 버리고 산속에 은둔하여 함께 결사를 맺자. 항상 정을 익히고 혜를 고르게 함을 본분으로 삼고, 예불하고 독경하고 울력하는 데에 이르기까지 각자 소임에 따라 경영하자. 인연에 따라 성품을 길러 평생을 넉넉하게 지내면서 멀리 달사(達士)와 진인(眞人)의 고결한 행을 따른다면 어찌 즐겁지 않겠는가.[47]

---

47 『한불전』 4, 698쪽.

이 결사문에서 드러난 지눌의 주장은 불교계의 부패, 타락한 현상을 비판하면서 불교 본연의 모습으로 돌아가자는 언설에 불과하다. 지눌은 말세관을 표방하지만 당시의 사회 모순이나 고려불교계가 지닌 근본적인 문제가 무엇인지를 구체적으로 거론하지 않았다. 다시 말해 그는 승가의 본래 모습을 회복하려는 차원에서 결사를 표방했던 것이고, 사회적 모순에 대한 뚜렷한 인식으로 결사를 제기한 것이 아니다.

나아가 『권수정혜결사문』의 전체적인 내용은 신앙결사론에서 제기하는 목적과 의도가 반영되어 있지 않으며, 수행에 대한 내용이 대부분을 차지한다. 따라서 지눌이 제시한 정혜결사의 목적과 방향은 비구승 중심의 수행공동체의 회복에 초점이 맞추어져 있으며, 교단의 개혁이나 사회변혁을 지향한 것은 아니다.

한편, 최병헌은 지눌이 『대혜어록(大慧語錄)』을 통해 세 번째 깨달음을 얻었던 전기에 주목해 지눌이 출가자 중심에서 세속인까지 망라하는 정혜결사로 불교운동의 대상과 폭을 크게 확대했다고 주장한다.[48] 또한 그는 정혜결사가 출가자 중심의 수행 단계에만 머무르지 않고 어떤 형태로든 세속으로 다시 돌아와 서민 대중으로 회향함으로써 당시 사회를 정화해 가려고 한 점에서 신불교운동이라고 주장했다.[49]

최병헌의 주장은 구체적인 근거가 없으며, 지눌 비문에 대한 해석도 논리적인 비약에 불과하다. 그의 글에는 지눌이 세 번째 깨달음을 얻게 되었던 『대혜어록』의 내용에 대한 이해가 구체적으로 논증되지 않았으며, 결사의 성격을 이해할 만한 내용이 어떻게 연관되는지에 대한 설명이 없다. 그것은 지눌이 보았던 『대혜어록』의 내용을 통해서도 확인된다.

> 선은 고요한 곳에도 있지 않고, 시끄러운 곳에도 있지 않으며, 생각하고 분별하는

---

48   최병헌, 「知訥의 修行過程과 定慧結社」, 300~303쪽.
49   최병헌, 같은 글, 310쪽.

곳에도 있지 않으며, 일상 인연에 응하는 곳에도 있지 않다. 그러나 비록 이와 같으나, 첫째로 고요한 곳이나 시끄러운 곳이나 일상 인연에 응하는 곳이나 생각하고 분별하는 곳을 버리지 않고 참구해야 한다. 홀연히 눈이 열리면 자기 집안일임을 알 것이다.[50]

이 글은 지눌이 세 번째 깨달음을 이룬 계기가 된『대혜어록』의 해당 내용이다. 그런데 대혜의 법어는 선이 일상생활에 있다는 의미를 강조한 것이지, 최병헌의 주장처럼 결사가 출가자 중심에서 세속인까지 포괄하는 방향으로 나아갔다고 볼 만한 근거가 드러나지 않는다.[51] 최병헌의 주장은 현재적 관점에서 과도한 추측과 해석을 한 것에 불과하고 객관적인 자료를 근거로 제시한 것이 아니다.

이상에서 살펴본 바와 같이 신앙결사를 사회변혁적인 것으로 이해하기 위해 제시된 자료가 대단히 적을 뿐만 아니라 구체적인 근거도 없다.

이러한 양상은 중국불교의 결사문을 살펴보아도 마찬가지다. 동아시아에서 신앙결사는 대부분 염불결사이며, 재가신자의 현세 이익적인 욕구가 반영되어 있다.[52] 따라서 신앙결사를 사회변혁적인 성격으로 볼 수 있는 근거가 전혀 없다.[53] 나아가 결사 주도층이 불교계 개혁이라는 근본적인 문제인식을 가

---

50 「示妙證居士」,『大慧語錄』권19.
51 『대혜어록』에서 대혜는 사대부에게 화두 수행을 지도하면서 선이 추구하는 궁극적인 진리가 일상 속에 있다고 강조했다[조명제,『고려후기 간화선 연구』(혜안, 2004), 74~75쪽]. 이러한 언설은 송의 정치사회적 주도층인 사대부에 초점을 맞추고자 한 대혜의 입장이 반영된 것이다. 아울러 일상성을 강조하는 것은 당의 마조 이래 선의 본질적인 지향이라고 할 수 있다.
52 鈴木中正,「宋代佛教結社の硏究」,『史學雜誌』, 52-1, 2, 3(1941).
53 중국불교사에서 결사가 민중반란의 기폭제가 되었던 경우가 적지 않지만, 대부분 미륵하생신앙과 밀접히 관계되며, 일반적인 염불결사와 차이가 있다. 또한 불교는 민중반란의 종교적 외피에 불과하고 변혁의 주체로 보기 어렵다. 중국의 결사와 민중반란에 대해서는 鈴木中正,『中國史における革命と宗敎』(東京大學出版會, 1974); 鈴木中正 編,『千年

졌다는 주장에도 구체적인 근거가 없다. 수선사 결사는 중앙과 거리가 먼 지방 사원을 중심으로 전개되었고, 중앙 불교계를 개혁하고자 한 움직임도 찾아볼 수 없기 때문이다.

신앙결사론은 불교 사상사를 단순히 정치적 이데올로기론으로 이해하던 분위기에서 탈피하고자 나온 이론이지만, 논리 구조는 여전히 정치권력과의 관계 문제를 단선적으로 이해하는 데에 그치고 있다. 신앙결사론은 권력과 유착된 귀족불교에서 탈피해 권력과 거리를 두고 종교적 순수성으로 회귀한 결사불교를 높이 평가하거나 현실 참여를 긍정적으로 보고, 은둔하거나 권력과 유착된 것을 부정적으로 파악하는 이분법적 사고가 뚜렷하게 보인다. 그런데 이러한 단순 논리는 수선사가 최씨 정권의 정치적 후원을 받으면서 결사의 성격 자체가 변질되었다는 결론으로 이어진다는 문제점이 있다.

결국 신앙결사론은 정치적 이데올로기론을 탈피하려 한 의도와 달리 불교사의 흐름을 여전히 정치, 사회적 관계에 따라 단선적으로 해석하는 한계를 드러낸다. 더욱이 수선사가 정치권력과 쉽게 유착하게 된 이유가 무엇인지, 주도층의 현실인식과 어떻게 관련되는지에 대한 구체적인 검토가 없다. 이에 대한 해명이 불가능하다면 불교가 지닌 사회적 관계에 대한 구조적 한계의 문제인지, 아니면 신앙결사의 성격 규정이 잘못된 것인지에 대한 검토가 요구된다.

신앙결사론은 1970, 1980년대 사회변혁에 대한 요구가 분출되던 시대적 상황에서 지식인의 현실 참여와 민중적인 지향이라는 현재적 관점이 그대로 반영된 연구라고 할 수 있다. 신앙결사가 고려 후기 불교계의 변화를 보여주는 하나의 단서이고, 변화를 추동한 하나의 계기라는 사실을 부정할 수 없다. 그러나 운동사적 시각에서 결사라는 프레임으로 불교사의 흐름과 사상적 맥락

王國的民衆運動の硏究』(東京大學出版會, 1982); 野口鐵郞, 『明代白蓮教史の硏究』(雄山閣, 1986); 小島晋治, 「農民戰爭における宗教」, 窪德忠·西順藏 編, 『宗教』(中國文化叢書 6) (大修館書店, 1967); 野口鐵郞, 「祕密結社硏究を振り返って」, 森正夫 等 編, 『明淸時代史の基本問題』(汲古書院, 1997) 참조.

까지 모두 설명하는 방식은 오히려 사상사를 단선적으로 파악하거나 전체상을 제대로 이해하지 못하는 결과를 가져왔다.

신앙결사론은 일반적인 결사와의 차별성을 강조하지만 실제 차이가 있는지도 의문이다. 신라 중대 이후 결사가 다양하게 추진되었고, 지방사회에 광범위하게 존재했던 향도는 결사를 특정 시기에 한정해서 이해할 수 없는 사실을 보여준다.54 또한 12~13세기에 화엄종의 반룡사(盤龍社), 수암사(水嵓寺) 결사,55 유가종의 수정사(水精社)56 결사 등을 통해 신앙결사는 종파와 관계없이 고려 불교계에서 지속적으로 이어졌다.57 더욱이 고려 중기 이래 결사가 불사 중심에서 수행 중심으로 바뀌고 다수의 구성원으로 조직되는 등 기존 결사의 성격이나 참여 주체에서 수선사와 특별한 차이가 보이지 않는다.

나아가 수선사가 일반적인 신앙결사와 다른 점을 어떻게 이해할 것인가도 지적하지 않을 수 없다. 동아시아의 결사가 대부분 염불결사인 데 비해 수선사

---

54 신라 중대 이후 불교가 대중화되고 향도가 각지에서 결성되면서 불상, 석탑, 사찰의 조성, 법회 보시 등 신앙 활동을 했으므로 만큼 향도는 신앙공동체로서 결사라고 할 수 있다. 고려 이전에 향도가 전국적으로 분포했으므로 결사는 이미 불교신앙 활동의 주축을 이루면서 광범위하게 존재했다[채웅석, 『고려시대의 국가와 지방사회』(서울대학교 출판부, 2000), 43~57, 174~188쪽; 구산우, 「고려전기 향도의 불사 조성과 구성원 규모」, 『한국중세사연구』, 10(2001) 참조].

55 崔瀣, 「送盤龍如大師序」, 『東文選』 84; 李奎報, 「水嵓寺華嚴結社文」, 『東國李相國後集』 12.

56 權適, 「智異山水精社記」, 『東文選』 64. 수정사는 북송 초에 昭慶寺의 省常이 결성한 淨行社의 계승을 표방했다. 수정사가 정행사를 계승했던 데에는 고려 전기 이래 송대 불교의 수용이나 의천의 영향 등이 복합적으로 관련된 것으로 보인다. 의천은 송의 소경사를 방문했으며, 『圓宗文類』 권22에 화엄경 결사와 관련된 자료와 함께 정행사와 관련된 4편의 글이 수록되어 있다(「西湖昭慶寺結淨行社集總序」, 「施華嚴經淨行品序」, 「西湖結社詩序」, 「大宋杭州西湖昭慶寺結社碑銘」, 『한불전』 4, 640~643쪽). 『화엄경』 결사는 이미 唐代에 행해지고 있었으며, 신라에서 「華嚴社會願文」, 「華嚴經社會願文」을 통해 9세기에 화엄경 결사가 이루어지고 있었다[『한불전』 4, 646~647쪽; 鎌田茂雄, 「華嚴經結社の形成: 華嚴思想の民衆化」, 『中國華嚴思想史の研究』(東京大學出版會, 1965), pp. 239~249].

57 김영미, 「고려 전기의 아미타신앙과 결사」, 『정토학연구』, 3(2000).

는 대단히 예외적인 결사이다.[58] 수선사는 이름 그대로 선 수행에 중점을 둔 승가 중심의 수행공동체라는 성격이 강하다. 더욱이 정혜결사 초기 단계에 참여한 지방토호, 향리층 등을 수선사의 사회적 기반으로 이해하고 있지만, 이들이 결사 자체에 참가한 것으로 보기 어렵다. 지눌이 정토신앙을 배제했고,[59] 수선사에서 재가자들은 단월의 성격에 그치고 결사의 주체로 참여하지 않았다.[60]

더욱이 수선사 결사의 지향과 구체적인 내용이 지눌을 계승한 2세 혜심부터 6세 충지까지 어떻게 이어졌는지에 대한 해명이 없다. 자료의 부족을 감안하더라도 수선사에서 결사정신을 계승하거나 적극적으로 표방하는 양상은 드러나지 않는다. 오히려 수선사는 하나의 새로운 선문으로 부각된 것으로 보일 뿐이지 결사라는 성격이 지속되었는지에 대해서도 의문이 든다.

기존 연구에서는 수선사가 등장한 이후에 불교계를 주도한 것으로 이해하고 있다. 이러한 주장이 설득력을 가지려면 결사를 통해 교단을 어느 정도 장악했는지, 네트워크를 통해 독자적인 세력을 어느 정도 구축했는지에 대해 구체적인 해명이 필요하다. 그러나 기존 연구는 이러한 의문에 대한 구체적인 설명이 없으며, 단지 역대 주법의 활동을 중심으로 서술하는 수준에 그치고 있다.[61]

---

58 물론 수선사에서 정토신앙을 수용했다는 주장이 있지만, 그에 대한 논란이 적지 않으며 설사 수용 자체를 인정하더라도 부수적이거나 수선사의 지향과 연결되지 않는다.
59 고익진, 「普照禪脈의 정토사상 수용」, 『불교학보』, 23(1986) 참조.
60 신앙결사론은 서양 중세의 종교개혁을 모델로 한 것이다. 종교개혁 담론은 일본학계에서 메이지 시기 이래 가마쿠라 신불교론으로 제시되어 오랫동안 통설로 자리 잡았지만, 1970년대에 현밀체제론의 등장으로 해체되었다. 한국의 신앙결사론은 다른 시대적인 배경에서 제기된 것이고, 시대적 상황과 내용으로 보아 종교개혁 담론으로 담기 곤란하다. 단순화해 비교한다면 수선사는 종교개혁이 아니라 수도원 개혁운동에 가깝다고 생각된다(조명제, 「일본·한국 중세불교사 연구와 종교개혁 담론」 참조).
61 채상식은 수선사가 재조대장경의 각성사업에 수선사가 주도적으로 참여했다고 주장한다. 그러나 재조대장경의 편찬과 간행은 균여 계통에 의해 주도되었으며, 수선사는 보유판의 각성에 참여하는 선에서 그쳤던 것으로 보인다.

그러나 수선사가 지닌 사회경제적인 기반에 대한 연구 성과는 통념적인 이해와 거리가 있다. 수선사는 혜심이 최우 정권의 비호를 받으면서 사세가 확대되었지만, 소속 사원과 토지는 주로 전남 지역에 제한되었다. 지눌 대에 4곳의 사원을 세웠고, 혜심 대에 7개의 말사가 수선사 소속이 되었으며, 토지 규모도 241결로 하나의 군현에 미치지 못하는 수준이었다.[62] 또한 수선사의 사회적·사상적 영향력이 전국적인 네트워크를 구성할 만한 수준이라고 보기 어렵다. 나아가 수선사의 역대 주법을 통해 결사가 하나의 그룹을 형성하고 지속성을 지닌 집단으로 존재했던 것으로 보이지 않는다.

기존 연구에서 결사의 자율성을 강조하는 것과 달리 수선사가 불교계에서 크게 부각된 데에는 최씨 무신정권의 후원이 적잖이 작용했다. 1196년에 최충헌이 집권하면서 기존의 불교계에 대한 대대적인 개편 작업이 이루어지면서 선종 중심의 교단을 구축하고자 했다. 이러한 의도에서 최충헌은 1204년에 정혜결사를 수선사로 사액하고, 1213년에 지겸(志謙, 1145~1229)을 왕사로 책봉해 양종오교를 주관하게 했다.[63] 또한 지겸과 함께 원진국사(圓眞國師) 승형(承逈, 1171~1221)이 부각되는 등 수선사만이 아니라 선종의 다양한 흐름이 최충헌의 주목을 받았다.[64]

1219년에 집권한 최우는 수선사와 균여 계통의 화엄종을 중시했다. 최우는 아들인 만종, 만전을 혜심의 문하에 출가시키고, 그의 핵심 세력을 수선사의 주요 단월로 참여하게 했다. 수선사는 혜심 단계에 최우 정권과 유착하면서 선종계에서 부상했다.

이와 같이 수선사가 정혜결사를 통해 어느 정도 주목을 받았지만, 최씨 정권의 적극적인 후원으로 불교계에서 입지를 굳힌 사실을 알 수 있다. 더욱이

---

62 이병희, 「고려 무인집권기 수선사의 농장경영」, 『전농사론』, 1(1995) 참조.
63 李奎報, 「故華藏寺住持定師正印大禪師追封靜覺國師碑銘奉宣述」, 『東文選』 118; 『고려사』 권21, 康宗 2년 6월 甲申.
64 李公老, 「高麗國寶鏡寺住持大禪師贈諡圓眞國師碑銘幷序」, 『금석』 상, 451~452쪽.

무신란 이후 선종은 지겸, 승형을 중심으로 한 희양산문이 수선사와 함께 위상이 부각되었고, 13세기 후반에 부각된 일연의 가지산문 등 다양한 선문이 존재했다. 따라서 선종의 전체적인 동향을 고려하지 않고, 수선사만을 과도하게 강조하는 것은 문제가 있다.

신앙결사론에서는 수선사가 광범위한 지지 기반을 확보하게 된 사상적인 요인에 대해서 간화선과 정토신앙을 들고 있다. 곧 지눌, 혜심은 12세기 이래 고려 사상계에서 유행하던 간화선을 단순히 답습하고 계승한 것이 아니라 정교하게 종합, 발전시켰으며, 당시 불교계뿐만 아니라 독서층에게 참신한 사상체계로서 영향을 주었다고 보았다. 또한 수선사는 공덕과 정토신앙을 포용하는 불교관을 표방하여 지방사회의 서민 대중에게 폭넓은 지지를 얻게 되었다고 보았다.[65]

수선사는 차츰 선사상을 강조함으로써 독서층이나 문신관료층의 지지를 받는 방향으로 전개되었고, 최우 정권의 적극적인 지원에 힘입어 교단의 중추적인 위치를 차지한 것으로 파악되었다. 아울러 수선사가 중심 교단으로 떠올랐다는 것은 지눌의 사상체계가 사회사상으로서 사회적으로 일정한 기능을 수행한 것으로 이해했다.[66]

이러한 신앙결사론의 논지는 불교학, 철학 분야 연구에서 지눌, 혜심의 선에 대한 연구 성과를 바탕에 두고 제시된 것이다. 그러나 기존 연구의 성과는 수선사가 13세기 불교계에서 갖는 위상이나 영향을 지나치게 높게 평가한다든지 간화선이라는 제한된 흐름만으로 접근하는 문제가 있다.

기존 연구에서는 수선사의 역대 주법이라는 대표적인 인물을 중심으로 수선사의 형성과 사상적 전개에 대해 설명하고 있다. 그러나 한 사람의 사상체계가 얼마나 정교하게 구축되었는지와 그것이 사상계에 어떻게 수용되고 이해되었는가는 전혀 다른 문제이다. 아무리 위대한 인물의 사상이더라도 그것

---

65   채상식, 「고려후기의 신앙결사」, 419쪽.
66   채상식, 『고려후기 불교사 연구』, 32~51쪽.

이 당대 사상계의 사상적 양상을 그대로 반영한다고 할 수 없으며, 나아가 사상적인 영향은 전혀 별개의 문제이다. 그럼에도 불구하고 기존 연구는 특정 인물의 사상이 사상계 전체를 대변하는 것으로 이해하는 데에 문제점이 있다.

수선사가 불교계를 주도했다고 평가하거나 조계종의 형성으로 귀결되었다는 설명은 실제 역사상을 반영한 것이 아니며, 고려 후기 불교사를 선종사 위주로만 파악하는 한계가 있다.[67] 나아가 다양한 선문의 존재와 사상적 흐름을 무시하고 지나치게 단선적으로 이해하는 한계가 있다.

또한 수선사의 선에 대한 연구는 간화선에 초점을 맞춰 진행되었다. 곧 지눌 단계에서 간화선이 수용되고, 이어 혜심 단계에 간화선 일변도로 나아가면서 고려 선종계에서 간화선이 일반화되었던 것으로 이해하고 있다. 이러한 이해는 지눌, 혜심에 대한 인물 연구를 토대로 한 것이지만 그 자체가 완결된 성과가 아니다. 더욱이 수선사 전체나 13세기 고려 선종계 전체를 대상으로 검토한 결과가 아니다. 13세기 고려 선종에 지겸, 승형을 중심으로 한 희양산문, 일연으로 대표되는 가지산문 등 다양한 선문이 존재했다. 이러한 산문들은 위앙종, 운문종, 조동종의 다양한 선적에 관심을 기울였으며, 송대 선에 대한 관심과 이해가 다양하게 나타났다. 더구나 수선사 단계에서는 간화선 일변도로 선이 전개되지 않았으며 오히려 문자선의 이해에 초점이 맞추어져 있었다.

12~13세기에 고려 선종은 송의 선종과 직접적인 교류가 불가능했기 때문에 선적을 통한 간접적인 방식으로 송대 선을 수용했다. 또한 송대 선은 시계열적으로 수용된 것이 아니며, 간화선과 임제종이라는 단선적인 흐름만이 중시된 것도 아니었다. 오히려 북송 이후 선종의 주요한 종파였던 운문종, 임제종, 조동종의 선에 대한 관심이 고려 선종계에 존재하며, 그러한 경향은 문자

---

[67] 지눌에 의해 조계종이 개창되었다는 통설적인 이해도 재고되어야 한다고 생각한다. 조계종은 선종 일반을 가리키는 관용적인 표현이지 하나의 종파로서 확립된, 실체가 있는 존재라고 보기 어렵다. 더욱이 지눌과 수선사는 하나의 문파에 불과하지 종파를 형성했다고 볼만한 근거는 없다.

선의 수용으로 표출되었다.

　무신란 이후 선종사의 흐름을 수선사 일변도로 이해하는 것은 고려 선종사를 단선적으로 이해하거나 당시 사상적인 흐름을 단순화하여 이해하는 것이다. 이러한 이해는 근대불교가 모색되면서 통불교론에 입각해 지눌을 과도하게 평가하거나 구체적인 연구를 하지 않은 상황에서 일부 문헌 자료만을 대상으로 편협하게 연구한 결과와 무관하지 않다. 아울러 일국사적 시각에서 한국불교사라는 좁은 틀에서 접근함으로써 동아시아불교사의 전체 흐름을 연구 시각에 반영하지 못한 결과이다.

── 제5장 ──

고려 선종의 공안 주석서 편찬

1. 『남명천화상송증도가사실』의 구성과 특징

『남명천화상송증도가사실(南明泉和尙頌證道歌事實)』(이하『증도가사실』)은 서룡선로(瑞龍禪老) 연공(連公)이『남명천화상송증도가(南明泉和尙頌證道歌)』(이하『남명송증도가』)에 대한 주석서로 편찬한 문헌이다. 이 책은 고려대장경의 보유판으로 잘 알려져 있으며, 고려 선종에「증도가(證道歌)」,『남명송증도가』가 어떻게 수용되었는지, 나아가 송대 선의 수용 과정을 이해할 수 있는 문헌이다.[1] 그럼에도 불구하고 저자 문제를 해명한 고익진의 연구 이외에는 본격적인 연구 성과가 거의 없다.[2]

이 글에서는『증도가사실』의 구성과 주석 내용이 어떠하며, 편찬 방향과 방법이 어떠한 문헌에서 영향을 받았는지에 대해 문헌학적으로 검토하고자 한

---

1 『증도가사실』은 고종 34년(1247)에 전광재가 주선한 법회에서 초본이 처음 이루어졌고, 다음 해에 대장도감 남해 분사에서 간행되었다. 고익진,「증도가사실의 저자에 대하여」,『한국불교학』1(1975); 고익진,『한국찬술불서의 연구』(민족사, 1987), 123~133쪽.
2 「증도가」와 관련 주석서는 근래 금속활자본의 기원과 관련하여 논쟁이 벌어지고 있는 분위기에서 알 수 있듯이 대부분 서지학계에서 주목되고 있다. 서지학계의 연구 동향에 대해서는 남권희,「구결본「南明泉和尙頌證道歌; 증도가」의 서지적 고찰」,『구결학회 학술대회 발표논문집』(구결학회, 2012), 23~52쪽 참고.

다. 이어 『증도가사실』의 편찬을 통해 13세기 고려 선종계에서 송대 선을 어떻게 수용하고 이해했으며, 그 사상사적 의미가 무엇인지 살펴보고자 한다.

영가현각(永嘉玄覺, 675~713)의 작품으로 알려진 「증도가」는 선문 입문자를 위한 기본적 텍스트로서 선종계에서 선호된 작품이다. 「증도가」는 여래장사상의 입장에서 자성, 법성, 법신 등을 해석한 것으로, '절학무위한도인(絶學無爲閑道人)', '환화공신즉법신(幻化空身卽法身)', '일초직입여래지(一超直入如來地)' 등의 어구는 후대 선적에 자주 인용되었던 만큼 선사상의 전개에 커다란 영향을 미쳤다. 「증도가」는 단행본이 거의 없고, 『전등록』・『선문제조사게송(禪門諸祖師偈頌)』・사부록(四部錄)[3] 등에 편입되어 간행되었다.[4]

「증도가」가 송대에 유행하면서 그에 대한 주석이나 송을 붙인 저작이 다수 제시되었다. 대표적인 주석서는 소성(紹聖) 4년(1097)에 성립된 범천언기(梵天彥琪)의 『증도가기주(證道歌琪註)』,[5] 황통(皇統) 6년(1146)에 성립된 묘공지눌(妙空知訥)의 『증도가주(證道歌註)』[6] 등이 있다. 또한 후술하겠지만 송 이전에 성립된 『정거주(淨居注)』가 남아 있다. 한편 『남명송증도가』는 북송 운문종의 선승인 남명법천(南明法泉, 생몰년 미상)[7]이 「증도가」의 구절마다 7언 3구의 송을 붙인 것으로 희령(熙寧) 9년(1076)에 간행되었다.

그러면 『증도가사실』이 어떠한 기준으로 편찬되었으며 전체 내용이 어떠한지를 살펴보기로 한다. 이 책은 3권 1책으로 구성되었는데 각 권마다 『남명

---

3   일본 선종에서 『증도가』와 『信心銘』, 『十牛圖』, 『坐禪儀』 등 분량이 매우 적은 문헌을 함께 묶어 '禪宗四部錄'이라고 한다.
4   田上太秀・石井修道 編著, 『禪の思想辭典』(東京書籍, 2008), p.282.
5   정확한 명칭은 『舒州梵天琪和尚註證道歌』이다.
6   정확한 명칭은 『蘇州靈岩妙空佛海和尚註證道歌』이다.
7   남명법천은 湖北省 隨州 출신이며 속성은 時氏이다. 그는 雲居曉舜의 법을 잇고, 千頃寺, 靈巖寺, 南明寺, 蔣山寺 등에 머물렀다. 또한 그는 칙명에 따라 大相國寺 智海禪院에 머물렀고 佛慧禪師라는 호를 받았다. 그는 파격적인 독서량으로 인해 泉萬卷이라 불렸다(『續傳燈錄』 卷11, 『五燈會元』 卷16 참조).

송증도가』를 배열하고, 이어 남명이 붙인 송의 어구와 용어에 대해 주석을 제시하는 방식으로 편찬되었다. 주석 형식은 각 어구와 용어에 대한 전거를 각종 문헌에서 뽑아 그대로 전재하는 방식을 취했다.

또한 주석 내용은 『증도가기주』의 해당 주해를 그대로 인용한 것과 서룡선로 연공이 각종 용어에 대한 주석을 다양한 문헌에서 인용해 배열한 것으로 크게 나뉜다. 『증도가사실』에는 『증도가기주』의 전체 내용이 해당 어구에 대한 주석으로 모두 전재되어 있어 전체 주석 가운데 가장 많은 분량을 차지한다. 따라서 『증도가사실』은 『남명송증도가』와 언기의 『증도가기주』를 하나의 문헌에 집성한 형태로 편집되어 있으므로, 선승들이 「증도가」에 대한 송대 선문의 대표적인 주석과 송을 열람하는 데에 편리하다.

그런데 『증도가사실』에는 「증도가」에 대한 다른 주석서가 전혀 언급되어 있지 않다. 대표적인 문헌으로 묘공의 『증도가주』와 『정거주』를 들 수 있는데, 『증도가사실』에는 이에 대한 언급이 없으므로 정확한 이유를 알 수 없다. 다만, 묘공의 『증도가주』는 대단히 간략한 주석서이므로 활용 가능성이 낮았던 것 아닌가 추측된다.

한편 『정거주』는 『영가사매주증도가(永嘉師妹註證道歌)』를 가리키며, 제목에서 드러나듯이 영가의 누이라고 하는 정거니(淨居尼)의 주석서이다. 『정거주』는 고려 선종(宣宗) 6년(1089)에 보제사(普濟寺)의 요오(了悟)와 소충(紹忠) 등이 모연하여 간행했으며, 기해년(己亥, 1239년 또는 1299년)에 이시무(李時茂)가 중조(重雕)한 고려판이 현재 남아 있다.[8]

---

[8] 본래 『조당집』에 소박한 전승이었던 영가현각의 누이가 남송 시대에 육조를 만났던 爭居尼 圓機가 되고, 남송 말에 육조의 法嗣인 정거니 원기로 되었다. 이러한 변천은 정거니의 문제가 아니라 현각과 육조, 「증도가」의 관계를 보다 강조하고자 하는 의도에서 비롯된 것으로 보인다. 다만 중국에는 정거니의 「증도가」 주석에 대한 언급이 없다. 그러한 전승과 작품은 있었지만 일찍 끊어져 고려에만 남았던 것인지, 고려에서 고주와 정거니가 결합되었던 것인지 알 수 없다[椎名宏雄, 「『永嘉師妹註證道歌』의 資料價値」, 『宗學研究』, 44(2002), pp. 218~219].

『정거주』의 주석 내용은 대단히 교학적이고, 일반적인 선문의 설명과 거리가 있는 해석으로 이루어져 있다. 게다가 조사선 특유의 견성성불, 즉심시불이나 교외별전적인 기연 중시의 주장 등은 전혀 보이지 않는다. 오히려 『정거주』의 「증도가」에 대한 해석은 천태교학적 색채가 강하므로 천태 계통에 속하는 학승에 의해 성립한 작품이라고 생각된다.

또한 지례(知禮)로 대표되는 북송의 천태종은 선문의 조통설을 격렬히 비난하는 등 대항 의식이 뚜렷했기 때문에 『정거주』와 같은 작품을 내놓았다고는 생각하기 어렵다. 『정거주』는 영가현각과 선문과의 관계를 친밀하게 만들기 위해 당대(唐代) 천태종에서 만든 것으로 추측된다.[9] 이와 같이 『정거주』는 고려 불교계에서 간행될 정도로 일정한 수요가 있었지만, 문헌적 성격이 송대 선의 흐름과 배치되기 때문에 『증도가사실』에는 활용되지 않았던 것으로 생각된다.

그러면 서룡선로가 독자적으로 편찬한 주석 내용에 대해 살펴보기로 한다. 필자는 서룡선로의 주석이 어떠한 문헌에서 인용된 것인지를 분석해 〈표 5-1〉로 정리했다.[10]

표를 통해 알 수 있듯이 『증도가사실』의 주석에 활용된 문헌은 불전과 외전으로 크게 구분된다. 외전은 『장자(莊子)』(6),[11] 『사기(史記)』(5), 『주역(周易)』, 『문선(文選)』(2), 『회남자(淮南子)』와 같은 유교, 도교, 역사서 등이 인용되었지만 그렇게 많지 않다.

불전은 일반 불전과 선적으로 나뉘는데, 이 가운데 선적의 비중이 훨씬 크다. 경전으로는 『능엄경(楞嚴經)』(4), 『능엄경집주(楞嚴經集註)』, 『능엄경계환해(楞嚴經戒環解)』, 『금강경주(金剛經注)』, 『양조부대사송금강경(梁朝傳大士頌金

---

9 椎名宏雄, 같은 글, pp. 220~222.
10 『증도가기주』는 『증도가사실』의 해당 항목에 '기주(琪注)'라는 인용 표기가 되어 있으므로 표에서 제외했다. 유일하게 唯一月 항목(『한불전』 6, 110쪽)에 대한 『증도가기주』(X63-271c)의 주석에 '기주' 표시가 없다.
11 이하 괄호 안의 숫자는 인용 횟수이며, 표시가 없는 경우는 모두 1회 인용된 경우이다.

표 5-1 『증도가사실』 주석에 활용된 문헌

출전	용어	인용 전적	비고
104	泉和尙	『建中靖國續燈錄』(X78-706a3)	
105	幷序	『永嘉集注』, 『刊正錄』	
〃	護念付囑	『金剛經注』(X24-538a4)	
〃	不麗	『周易』	
〃	前際不來	『華嚴經』(T10-274b19), 『維摩詰所說經』(T14-554c29)	
106	涅槃	『涅槃經』(T12-377c15)	
〃	金色頭陀	『付法藏因緣傳』(T50-297b)	
107	幽鳥不歸來	『景德傳燈錄』(T51-227b6)	
〃	本來人	알 수 없음	
〃	賀昇平	天童云:『宏智錄』(T48-18c27) 古德云:『天聖廣燈錄』(X78-537b)	고덕: 筠州洞山曉聰
108	疥狗	『大慧語錄』(T47-855c19)	말구 차이
〃	當日事	알 수 없음	
〃	攜筇	『根本說一切有部毘奈耶雜事』(T24-229c8)	
〃	西風一陣掃無蹤	『心賦注』(X63-112c4)	원문은 清涼云
109	朝宗	?	
〃	絶離微	『寶藏論』(T45-145c)	
〃	鷓鴣啼	『禪宗頌古聯珠集』(X65-694a11)	후반 『조정사원』
〃	善惡不同途	『景德傳燈錄』(T51-233a)	
〃	猶霜雪	『佛說觀普賢菩薩行法經』(T9-393b11)	
〃	遠遊子	알 수 없음	
110	忘筌	『莊子』	『조정사원』(X64-314b10)
〃	依舊眉毛	『林間錄』(X87-279c12)	
〃	團扇擬月輪	『法華經科註』(X31-33a)	원문은 『惟穀疏』
〃	俊鷹		『五家正宗贊』(X78-610b14)
〃	望南星	雪寶云:『建中靖國續燈錄』(X78-810a 10) 又云:『禪宗頌古聯珠集』(X65-680c4)	
111	從來不許外人看	알 수 없음	
〃	心垢爲緣	『起信論』(T32-581c3)	
〃	徇世情		『緇門警訓』(T48-1083)

출전	용어	인용 전적	비고
〃	眞眞未出塵	알 수 없음	法泉禪師上堂
112	秋風臺殿黎離離		『續古尊宿語錄』(X68-356b22)
〃	隨人手	『楞嚴經』(T19-113a), 『宗鏡錄』(T48-601a)	원문: 『佛頂經』
〃	翦翦規規	『莊子』	
〃	可雌黃	『史記』	
113	空尋覓	『寒山子詩集』	
114	那律能觀	『楞嚴經』(T19-126a27)	
〃	如視庵摩	『楞嚴經集註』(X11-257a18)	
〃	李文和都尉	『大慧語錄』(T47-890c14)	
〃	心匪石	『從容錄』99칙(T48-291b) 『鐔津文集』(T52-676a)	
〃	舊主人	『正法眼藏』(X67-610a4)	
〃	癡猿狂解	『摩訶僧祇律』(T22-284a)	
115	藜藿味	『莊子』	
116	孃生破布衫	『宗鏡錄』(T48-941c26)	
〃	機宜	『法華經玄義』(T33-746c)	
117	悲願所熏	『圓覺經略疏注』(T39-553b15)	
〃	降雨初	알 수 없음	
〃	泥水空三	알 수 없음	
〃	石橋西	알 수 없음	
118	勢若崩山	알 수 없음	
〃	誇精進		『空谷集』(X67-294 a6)
〃	木人花鳥	『龐居士語錄』(X69-143)	
119	忍心如幻	『梁朝傅大士頌金剛經』(T85-2a12)	
〃	達多親授	『法華經』(T9-34c26)	
〃	曾渡流沙	알 수 없음	『南明法泉語錄』?
120	文殊撞倒老維摩	『禪宗頌古聯珠集』(X65-494b1)	『碧巖錄』(T48-210a)
124	荊棘林	『宗鏡錄』(T48-681a11)	
〃	失舊容	『釋迦如來成道記註』(X75-6a9)	
〃	泥洹	알 수 없음	
〃	著弊衣	『天台四教儀』(T46-775a)	
〃	金瓶	알 수 없음	
〃	寶珠	『經律異相』(T53-47b26)	

출전	용어	인용 전적	비고
125	栁標	『禪宗頌古聯珠集』(X65-618b16)	
〃	玄沙出嶺	『正法眼藏』(X67-607a24)	『從容錄』(T48-279b17)
〃	隻履	『通錄』	
126	護身符子	『建中靖國續燈錄』(X78-812c14)	
〃	蘊空	『大藏一覽』(482c5)	
〃	布髮泥途	『過去現在因果經』(T3-622b20)	
127	長夜冥冥	알 수 없음	
〃	信脚行	『寒山子詩集』	
〃	積骨如山	『菩薩處胎經』(T12-1030b27)	
128	熏成	『華嚴經探玄記』(T33-185b)	
〃	養病顏	『寒山子詩集』	
〃	斷雲還		『古尊宿語錄』
〃	心猿	『景德傳燈錄』(T51-458a), 『禪門諸祖師偈頌』(X66-745c24)	
〃	行藏	『從容錄』(T48-268c7)	
〃	半夜曉		『重編曹洞五位』(X63-213a18)
〃	恰似風	『禪林僧寶傳』(X79-510a10)	
129	囹圄	알 수 없음	
〃	歡園	『經律異相』(T53-1c15)	
〃	三輪	『元曉金剛般若經疏』	
130	四生六類	『楞嚴經』,『戒環解』(X11-851a9)	
〃	悲水心花	『普賢行願品』(T10-846a)	
131	馬生角	『史記』	
132	普眼當時	『天聖廣燈錄』(X78-527c4)	
133	一毛畢	『景德傳燈錄』	
〃	喪家狗	『論語』	
〃	夜未央	『南宗頓教最上大乘摩訶般若波羅蜜經六祖惠能大師於韶州大梵寺施法壇經』一卷 (T48-338a)	
〃	錐頭利	『景德傳燈錄』(T51-270a11)	
〃	木女	『寶鏡三昧』	
〃	登木望芙藁	알 수 없음	
134	一爲媒	『寒山子詩集』	
135	戴瓮鍱腹	『付法藏因緣傳』(T50-305a)	

출전	용어	인용 전적	비고
〃	靈山據坐	『景德傳燈錄』(T51-434c1)	
〃	九垓	『文選』	
〃	到王孫	『景德傳燈錄』(T51-205b4)	
136	寒山撫掌笑豊干	『景德傳燈錄』(T51-433b11)	
136	芥納須彌	『心賦注』(X63-122a20)	
137	亭亭	『文選』	
〃	未透淸波	『雲門廣錄』(T47-545a18)	기타
〃	潘處士	알 수 없음	
138	明州布衲	『景德傳燈錄』(T51-434a19)	
138	天兵魔后	『御製祕藏詮』(K35-922c7)	원문에 『佛藏經』
〃	僑尸裴把天花散	『明覺禪師語錄』(T47-680a5)	
139	徧衣裓	『維摩詰所說經』(T14-547c23)	
140	步行騎馬	『景德傳燈錄』(T51-430b)	
〃	謝三本是釣魚人	『景德傳燈錄』(T51-343c27)	
141	黃輿		宋玉大人賦
〃	折錐	『四分律隨機羯磨疏正源記』(X40-793a20)	
145	蒸沙	『楞嚴經』(T19-131c24)	
〃	虎皮羊質	알 수 없음	
〃	髻角	알 수 없음	
〃	八臂那吒	『圓悟錄』(T47-808a1)	
146	糞掃爲衣	『付法藏因緣傳』	
〃	洩天機	『景德傳燈錄』(T51-435a)	
147	白駒	『淮南子』	
148	無塵未許	『燃燈會要』(X79-177c11)	
148	空立二車	『法華經』(T9-12c4)	
〃	火宅外	四行論	
〃	四衢	『新華嚴經論』(T36-887b)	
〃	三災	알 수 없음	
〃	險詖	『시경』	
149	參辰		
〃	金彈	『莊子』	
150	狐假虎威	『史記』	
〃	毗藍園樹	『處胎經』	

출전	용어	인용 전적	비고
〃	南陽國老	『建中靖國續燈錄』(X78-811a2)	
151	髻珠無類	『法華經』(T9-39a7)	
〃	中心樹子	『正法眼藏』(X67-620c5)	
152	前後三三	『禪門拈頌集』(H5-913中)	
〃	依珠無價	『法華經』(T9-29b)	
〃	去日衣杉		孟浩然
〃	葉公好畫	『史記』	
153	沙土學圍城		小兒論
154	金鏘馬麥	『因果經』	
〃	華野	『景德傳燈錄』(T51-381c)	
155	畵瓶	『經律異相』(T53-110b)	원문에 『出耀經』
〃	去釘楔	알 수 없음	
156	餧驢餧馬	『大智度論』(T25-301b1)	
157	鉢中盛	알 수 없음	
158	越王任有頓吳策	『史記』	
〃	驪龍窟	『雪竇明覺大師語錄』(禪典2-61下1)	
159	有盈虧	『經律異相』(T53-6b15)	
〃	爝火不停	『莊子』	
〃	効顰	『莊子』天運篇	
160	海變桑田	『葛洪神仙傳』	
〃	師之緒餘	『莊子』讓王篇	

주: 『증도가사실』의 원문은 『한불전』 6권에 수록된 것을 이용하고, 출전에는 해당 페이지만을 표기했다. 인용 문헌이 다수인 경우에 가장 오래된 문헌을 기준으로 했다. 아울러 인용 문헌이 『증도가사실』보다 후대 자료에서만 확인되는 경우에는 비고에 표기했다. 외전은 문헌명만을 표기했다.

剛經)』, 원효의 『금강반야경소(金剛般若經疏)』, 『원각경약소주(圓覺經略疏注)』, 『화엄경(華嚴經)』, 『화엄경보현행원품(華嚴經普賢行願品)』, 『신화엄경론(新華嚴經論)』, 『법화경(法華經)』(4), 『법화경과주(法華經科註)』, 『기신론(起信論)』, 『열반경(涅槃經)』, 『유마경(維摩經)』(2) 등이 활용되었다.

다른 불전에 비해 『능엄경』, 『금강경』, 『원각경』 등과 그 주석서가 많이 활용되었는데 선과 밀접한 관계가 있는 경전이기 때문이다. 그 외에 『마하승기율(摩訶僧祇律)』을 비롯한 율전과 『경율이상(經律異相)』(5), 『부법장인연전(付

法藏因緣傳)』(3) 등이 활용되었다.

선적은『전등록』(14),『속등록』(4),『광등록』(2),『통록(通錄)』[12] 등 전등사서와『송고연주』(4),『정법안장』(3),『연등회요』,『종용록(從容錄)』(2),『염송집』등 공안집이 많이 활용되었다. 반면 어록은『설두어록(雪竇語錄)』,『원오록(圓悟錄)』,『대혜어록(大慧語錄)』,『굉지록(宏智錄)』,『방거사어록(龐居士語錄)』등 다양한 어록에서 인용된 전거가 꽤 있지만 대부분 1, 2회 인용에 그치고 있다. 그 외에 각범혜홍의『선림승보전』과『임간록』, 영명연수(永明延壽)의『심부주(心賦注)』(2)와『종경록(宗鏡錄)』(2),『영가집주(永嘉集注)』등이 인용되었다.

이러한 문헌 이외에『한산자시집(寒山子詩集)』,[13]『선문제조사게송』(3),[14]『보경삼매(寶鏡三昧)』,[15]『대장일람집(大藏一覽集)』[16] 등이 인용되고 있어 주목된다. 이러한 선적은 모두 게송을 수록한 문헌이므로 송대의 공안집, 전등사서, 어록 등과 함께『증도가사실』이 공안 비평의 성행과 관련되는 문헌이라는 사실을 보여준다. 또한『증도가사실』에 인용된 문헌 중에는 주로 송대 선의

---

[12] 송의 西余拱辰이 편집한『祖源通錄』으로 보인다[椎名宏雄,「解題」,『禪典』6卷上(臨川書店, 2001), pp. 430~433].

[13] 『한산자시집』은 한산자의 작품이라는 300여 수 외에 豊干 작품이라는 2수, 拾得의 작품이라고 하는 4, 50수를 포함하기 때문에『三隱詩集』이라고 불린다. 송대 이후 현대까지 동아시아 삼국에서 간행된 텍스트는 말소까지 더하면 수백에 이른다[椎名宏雄,「寒山詩集』の諸本」,『宗學硏究』, 48(2006), p. 247].

[14] 이 책은 송의 子昇과 如祐가 편집하고, 남송 福州 開元寺의 수좌였던 대혜파의 道永이 증보했던 선적이다. 당·송 시기의 84종 작품을 수록했는데, 이름과 달리 각종 게송과 함께 선문의 어구, 산문 종류가 3분의 1을 넘는다[椎名宏雄,「『禪門諸祖師偈頌』の文獻的考察」,『田中良昭博士古稀記念論集禪學硏究の諸相』(大東出版社, 2003), pp. 222~223].

[15] 이 책은 특히『參同契』와 함께 조동종에서 중시된 작품이다[椎名宏雄,「『寶鏡三昧』の諸本」,『曹洞宗總合硏究センター學術大會紀要』(第11回)(2010), p. 59].

[16] 고려대장경 보유판의 하나인『大藏一覽集』(10권)은 紹興 27년(1157)에 大隱居士 陳實이 편찬한 類書이며, 대장경의 중요 문장을 추출해서 8부문 60품으로 분류하여 구성한 것이다[椎名宏雄,「『祖源通錄撮要』와『大藏一覽集』」,『宗學硏究』, 42(2006), p. 220].

흐름과 연관된 선적이 많다. 아울러 서룡선로는 이 책이 편찬되기 직전의 최신 문헌까지 입수할 만큼 다양한 문헌을 섭렵해 주석에 인용했다.

이상에서 『증도가사실』에 인용된 문헌의 종류와 성격을 살펴보았다. 그런데 『증도가사실』의 편찬 방식이나 주석 인용에서 가장 주목되는 선적은 『조정사원(祖庭事苑)』이다. 서룡선로가 『증도가사실』에 인용한 『조정사원』의 항목과 내용을 〈표 5-2〉로 정리했다.

목암선경(睦庵善卿, 생몰년 미상)이 편찬한 『조정사원』(1108년 성립)은 선문 조사의 어록과 선적 등에서 약 2400어구를 대상으로 훈고한 것이다. 전 8권 가운데 권1에서 권4까지 주석의 대상이 운문문언(雲門文偃)과 설두중현(雪竇重顯)의 어록이므로 운문종의 선에 대한 이해와 깊이 관련된다.

『조정사원』에 전거로 인용된 문헌은 대단히 다양하지만 크게 외전과 불전으로 나뉜다. 외전은 『한서(漢書)』, 『장자』, 『설문해자(說文解字)』, 『논어』, 『춘추(春秋)』, 『이아(爾雅)』, 『사기』, 『석명(釋名)』 등 총 247종의 문헌이 425항목에 사용되고 있으므로 양적으로 보면 외전에서의 인용이 불전보다 더 많다.

불전을 전거로 하는 경우는 선적을 제외하고 『열반경』, 『대지도론』, 『대당서역기』, 『유마경』, 『능엄경』, 『화엄경』, 『법화경』 등이 대표적이며, 총 85종의 불전이 186항목에 이용되고 있다. 이러한 전적 가운데 목암이 특히 관심을 가진 것은 징관(澄觀)의 저술을 비롯한 화엄학 문헌이며, 그는 당·송대 화엄학에 대해 조예가 깊었던 것으로 추측된다. 반면, 목암은 규봉종밀(圭峰宗密), 영명연수(永明延壽), 이통현(李通玄) 등을 철저히 무시했다.[17]

〈표 5-2〉에서 알 수 있듯이 『조정사원』은 『증도가사실』에 무려 42회나 인용된 문헌이며, 전체적인 구성과 편집 방식에서 『증도가사실』에 깊은 영향을 미쳤다. 특히 주요한 용어, 어구에 대한 전거를 인용하는 방식이나 인용 문헌의 내용이 『조정사원』과 유사하다.

---

17   永井政之, 「祖庭事苑の基礎的研究」, 『駒澤大學佛教學部論集』, 4(1973), pp. 80~81.

표 5-2 『증도가사실』에 인용된 『조정사원』 항목

번호	출전	용어	『조정사원』	비고
1	106	金色頭陁	X64-405b7	전반 『付法藏因緣傳』
2	〃	曹溪	X64-314c3	
3	107	打破	X64-387a20	후반 僧問南明 이하 불명
4	109	鷗鵠啼	X64-334b22	
5	109	直是貧	X64-321a	
6	〃	金剛	?	
7	111	吹布毛	X64-329c8	
8	112	一粒	X64-417a	
9	113	上上機	X64-320c23	
10	114	不二門	X64-314b19	
11	115	忘却來時路	X64-337b8	
12	〃	妙峰頂	X64-355a23	
13	117	香飯	X64-357c14	
14	118	刻舟	X64-318c14	
15	118	蒼蒼	X64-358c6	
16	119	無生自證	X64-408c15	
17	120	摩竭當年	X64-314b15	
18	〃	止啼黃葉	X64-314b7	
19	125	奔逐者	X64-345a23	
20	〃	跋提	X64-425b10	
21	126	寶刀	X64-395a21	
22	129	拂石	X64-360c5	『法苑珠林』(T53-273)
23	130	龍門	X64-341b6	
24	131	碧眼	X64-345a9	
25	〃	指南	X64-355a9	
26	132	更看迦葉	X64-410a2	
27	〃	試將金屑	X64-374b	『古尊宿語錄』(X68-30c13)
28	〃	擺尾上南山	X64-324c8	
29	133	半滅半生	X64-321a16	
30	137	穿耳胡僧	X64-392b6	
31	138	善吉	X64-320c7, X64-346c24	
32	〃	十聖三賢	X64-424c21	
33	139	白拈賊	X64-339c21	
34	〃	鷲子	X64-388a19	

번호	출전	용어	『조정사원』	비고
35	145	膀樣	?	
36	147	五葉花	X64-320c5	
37	〃	提不起	X64-345a23	
38	153	楊朱	X64-384c9	
39	154	塗毒鼓	X64-355b4	
40	155	金田	X64-358a24	
41	156	祇園	X64-372c18	
42	〃	香嚴童子	X64-329a22	『維摩經』(T14-542c10)

그러나『증도가사실』은『조정사원』의 저자인 목암선경의 사상적 경향과는 차이가 있다. 목암이 화엄학을 중시한 것에 비해『증도가사실』에는 화엄학 문헌의 인용이 많지 않고, 사상적으로 중시한 흔적이 별로 없다. 따라서『조정사원』의 영향은 남명송의 어구와 용어에 대한 주석 내용, 나아가 주석 방식이나 전거를 활용하는 방법이라고 하겠다.

이상에서『증도가사실』에 인용된 주석 내용에 대해 살펴보았다. 앞서 서술한 바와 같이 서룡선로가 붙인 주석은『남명송증도가』의 용어, 어구의 이해를 돕기 위한 내용으로 일관하고 있다. 아울러 주석 내용은 다른 문헌에서 인용한 것이며, 서룡선로 자신의 독자적인 해석이나 설명이 전혀 없다. 따라서『증도가사실』은『조정사원』과 같은 주석서의 영향을 받아 고려 선종계에서 문자선과 관련된 주석서로서 편찬된 초기 단계의 문헌이라고 볼 수 있다.

그러면 이 책의 편찬이 13세기 고려 선종계에서 이루어진 배경과 그 사상사적 의미가 무엇인지 살펴보기로 한다. 먼저 13세기 고려 선종계에서는『증도가사실』뿐만 아니라 공안 비평과 관련된 선적과 주석서가 다양하게 수용되고 새롭게 편찬되고 있었다. 기존 연구에서는 대부분 13세기 이후 수선사를 중심으로 간화선이 수용되는 양상에만 주목하고, 임제종 법통설에 입각한 시각으로 고려 후기 불교사의 흐름을 이해했다. 그러나 선적의 수용을 통해 12~13세기 고려 선종의 사상적 경향을 파악해 보면 송대 선의 다양한 흐름이 수용되고 있었다.

운문종은 설봉의존(雪峯義存)의 법맥을 계승한 운문문언에 의해 개창되었다. 이어 운문의 문하에서 덕산연밀(德山緣密), 향림징원(香林澄遠), 동산수초(洞山守初) 등이 출현하여 종파의 틀을 갖추기 시작했다.[18] 이후 운문종을 대표하는 설두중현과 불일계숭(佛日契崇)이 활약하면서 전성기를 맞이했다. 북송 말에 운문종은 쇠퇴하지만, 운문종의 선승들이 편찬, 저술한 선적은 동아시아 선종계에 폭넓게 영향을 미쳤다.

고려 선종계에서 운문종의 사상적 흐름에 어떻게 관심을 갖게 되었는지를 파악할 수 있는 자료가 많이 남아 있지 않지만, 일부 자료를 통해 그러한 양상을 확인할 수 있다. 11세기 이후 운문종의 선이 고려 불교계에 수용된 양상은 이자현(李資玄, 1061~1125), 혜조국사(慧照國師) 담진(曇眞) 등을 통해 알 수 있다.[19] 또한 명종 9년(1179)에 열린 예천 용문사(龍門寺)의 담선법회(談禪法會)는 운문종의 사상적 영향을 단적으로 보여준다. 이 담선법회에서는 단속사(斷俗寺)의 효돈(孝惇)이 『경덕전등록』, 『설두염송(雪竇拈頌)』 등을 구산문도 500인을 대상으로 강의했다.[20] 전국의 선승을 초청한 담선회에서 『설두염송』이 대표적인 선적으로 강의된 것은 그만큼 공안 비평에 밝은 선승들이 존재했고, 나아가 선문 일반에서 문자선에 대한 폭넓은 수요가 있었다는 것을 보여준다.

그런데 이러한 사례보다 13세기에 간행, 편찬된 선적을 통해 운문종의 사상적 영향력을 확인할 수 있다. 먼저 13세기에 간행된 운문종의 선적은 『종문척영집(宗門摭英集)』, 『선원청규(禪苑淸規)』 등이 있다. 『종문척영집』은 경우(景祐) 5년(1038)에 운문종의 유간(惟簡)이 편집한 공안집으로, 전등사서에서 송고집·염고집으로 옮겨 가는 과도기에 등장한 문헌이다. 이 책은 고종 41년

18　永井政之, 『唐代の禪僧 11 雲門』(臨川書店, 2008), pp.198~230.

19　鄭修芽, 「慧照國師 曇眞과 '淨因髓': 北宋禪風의 수용과 高麗中期 禪宗의 부흥을 중심으로」, 『李基白先生古稀紀念韓國史學論叢』(1994); 조명제, 「고려중기 거사선의 사상적 경향과 간화선 수용의 기반」, 『역사와 경계』, 44(2002).

20　李知命, 「龍門寺重修碑」, 『금석』 上, 409쪽, "己亥年創寺工畢, 會九山門學徒五百人, 設五十日談禪會, 請斷俗寺禪師孝惇, 敎習傳燈錄楞嚴經仁岳集雪竇拈頌".

(1254)에 남해 분사도감에서 중간되었고, 현재 세계 유일본으로 남아 있다.

『선원청규』는 숭녕(崇寧) 2년(1103)에 장로종색(長蘆宗賾)이 편찬한 책으로 선문 독자의 수행 체계와 규범을 담고 있다. 『선원청규』는 역시 1254년에 고려 불교계에서 간행되었는데, 규범서가 요구될 만큼 선종이 부각된 현실을 반영한다. 이러한 운문종 선적의 수용과 간행은 고려 선종이 송대 선의 흐름을 수용하고 이해하는 과정과 밀접히 연관된다. 또한 고려 선종계에서는 선적에 대한 이해를 바탕으로 독자적인 선적이 편찬, 저술되기도 했다.

이러한 경향이 가장 포괄적이고 다양하게 확인되는 것은 『선문염송집』이다. 『선문염송집』의 편찬에는 운문종의 공안집, 전등사서인 『종문통요집(宗門統要集, 1093년 성립)』, 『속등록』, 『보등록』 등과 설두중현의 어록을 비롯해 운문종 선승 20명의 어록 등이 폭넓게 활용되었다.[21] 이러한 양상은 고려 선종계에서 운문종의 선적을 다양하게 입수해 공안 비평 이해에 활용했다는 사실을 보여준다.

특히 『조정사원』은 13세기 이후 고려 선종계에서 편찬, 저술된 선적에 깊은 영향을 미쳤다. 지겸(志謙)의 『종문원상집(宗門圓相集)』(1219년 성립)은 남양혜충(南陽慧忠)을 비롯해 운문종 선승인 목암선경에 이르는 46명의 조사에 의한 원상의 기연(機緣) 100여 사례를 채록한 문헌인데, 마지막의 목암에 관한 인용은 『조정사원』 권2의 원상 관련 조항과 관련된다.[22] 또한 일연의 『중편조동오위(重編曹洞五位)』 첫 부분에서도 목암선경을 거론하는 등 『조정사원』의 영향이 드러난다.

일연이 『조정사원』을 중시한 것은 그 자신이 직접 『조정사원』(30권)을 편찬한 데서 잘 드러난다. 이 책은 현전하지 않지만, 일연이 목암의 『조정사원』(8권)이 존재함에도 다시 30권본으로 편찬했던 것은 기존의 『조정사원』이 12세기 이후 송대 선의 흐름을 반영하지 못한 문헌적 한계를 감안한 것으로

---

21 조명제, 『선문염송집 연구: 12~13세기 고려의 공안선과 송의 禪籍』, 39~72, 89~131쪽.
22 椎名宏雄, 「『宗門圓相集』の資料價値」, 『宗學硏究』, 43(2001), pp. 209~214.

추측된다. 다시 말해 일연은 목암의 『조정사원』에 수록되지 못한 12세기 이후 송대 선적을 이해하는 데 필요한 주석서로서 30권본 『조정사원』을 찬술한 것으로 보인다.[23]

　이상에서 살펴본 바와 같이 13세기 고려 선종에 운문종의 선적이 다양하게 수용되었고, 송대 선에 대한 이해를 바탕으로 독자적인 선적이 편찬, 저술되었다. 『증도가사실』의 편찬은 이러한 운문종 선적에 대한 수용 및 이해를 배경으로 이루어졌다. 아울러 운문종 선적의 수용은 송의 문자선과 관련된다.

　송과 고려의 선종계에서 편찬, 저술된 공안 주석서는 대부분 문자선의 이해와 관련된다. 당의 선승들이 문답을 통해 선의 깨달음을 추구했다면 송의 선승들은 스스로의 문답이 아니라 공안에 대한 비평의 독창성으로 실력을 과시했다. 송대에 착어는 처음 염고가 유행했다가 송고로 전환되었고, 이어 평창과 같은 형태로 발전했다. 고칙에 송을 붙이는 것은 중당(中唐)부터 시작되었고, 설봉의존·현사사비·법안문익 등이 많은 작품을 남겼으며, 『조당집』이나 『천성광등록(天聖廣燈錄)』에서 그러한 면을 확인할 수 있다.

　그러나 고칙을 모아 연속해서 같은 형태의 송을 붙이는 시도는 분양선소가 최초였다. 그는 『경덕전등록』에서 100칙의 기연을 뽑아, 여기에 송과 염을 덧붙여 『선현일백칙(先賢一百則)』과 『대별일백칙(代別一百則)』을 지었으며, 스스로 만든 공안 100칙을 모아 『송고대별삼백칙(頌古代別三百則)』을 편집했다. 운문종의 설두중현이 제시한 『설두송고』는 이후 선종계에서 문자선의 정수로 폭넓게 수용되었다. 나아가 이러한 풍조는 임제종, 조동종의 경우에도 마찬가지였다.

　이상에서 살펴본 바와 같이 송고를 비롯한 공안 비평에 대한 높은 관심이 선문에서 유행하면서 그러한 경향을 반영한 선적이 다양하게 출현하게 되던 것이다. 『증도가사실』이 기본적으로 『남명송증도가』에 대한 주석서라는

23　조명제, 「一然의 선사상과 宋의 禪籍」, 『보조사상』, 33(2010), 202~204쪽.

사실은 그러한 문자선의 경향을 잘 보여준다. 『남명송증도가』뿐만 아니라 남명법천의 착어가 『선문염송집』 전체 134칙에 인용된 것은 남명의 공안 비평에 대한 고려 선종계의 관심이 어떠했는지를 잘 보여준다.[24]

그렇다면 『증도가사실』의 편찬이 갖는 사상사적 의미는 무엇인가? 첫째, 기존 연구에서는 13세기 수선사 단계에서 간화선이 수용, 정착된 것으로 이해하고 있으나 실제 역사상과 거리가 있다. 고려 선종계에서 간화선이 수용 단계이지만 오히려 문자선이 광범위하게 유행하고 있었으며, 그에 대한 수요가 다양한 문헌에 반영되었다. 『증도가사실』은 공안 비평의 유행과 관련된 주석서라는 문헌적 성격을 띤다. 아울러 문자선과 관련된 선적이 13세기 말까지 지속적으로 편찬, 저술되는 사실을 고려하면 적어도 13세기 고려 선종사는 간화선 일변도로 이해할 수 없고, 문자선이 성행된 단계로 파악할 필요가 있다.[25]

둘째, 임제법통설에 입각한 불교사 이해에서 탈피할 필요가 있다. 임제종은 북송 말 이후 선종계를 주도했고, 고려 선종에 미친 영향도 광범위하게 드러난다. 그러나 적어도 북송까지 운문종이 임제종과 함께 송대 선을 주도했으며, 그러한 사상적 위상과 영향은 13세기 고려 선종계에서도 마찬가지였다. 따라서 고려 선종사를 임제종 위주로 바라보는 시각에서 탈피하여 송대 선의 전체적인 흐름과 관련해 이해할 필요가 있다.

『증도가사실』은 서룡선로 연공이 『남명송증도가』에 대한 주석서로 편찬한 문헌이며, 1248년에 고려대장경의 보판으로 간행되었다. 이 책의 구성은 권마다 먼저 『남명송증도가』를 배열하고, 이어 각종 어구와 용어에 대한 주석을 배열하는 방식으로 이루어졌다. 주석 내용은 『증도가기주』의 해당 주해를 그대로 인용하는 것과 서룡선로가 각종 용어에 대한 주석을 다양한 문헌에서 인용한 것으로 크게 나뉜다. 『증도가기주』의 전체 내용이 해당 어구에 대한

---

[24] 조명제, 「修禪社의 『禪門拈頌集』 편찬과 雲門宗의 어록」, 『역사와 경계』, 90(2014), 141~142쪽.

[25] 조명제, 『선문염송집 연구: 12~13세기 고려의 공안선과 송의 禪籍』, 322~337쪽.

주석으로 모두 전재되어 있으므로 전체 주석 가운데 가장 많은 분량을 차지한다. 다만 『정거주』와 묘공의 『증도가주』는 전혀 인용되지 않았다. 이러한 문헌은 천태종 사상을 반영하거나 내용 자체가 간략하기 때문에 활용되지 않았던 것으로 보인다.

『증도가사실』은 『남명송증도가』와 언기의 『증도가기주』를 하나의 문헌에 집성한 형태로 편집되었으므로 「증도가」에 대한 송대 선문의 대표적인 주석과 송을 열람하는 데에 편리하다. 서룡선로가 붙인 주석에는 불전, 외전을 비롯한 다양한 문헌이 활용되었는데, 송대 선의 흐름을 반영한 선적이 가장 많다. 또한 서룡선로는 이 책의 편찬 직전까지 이루어진 다양한 문헌을 입수해 주석에 인용했을 정도로 송대 선적에 대한 관심이 폭넓었다.

그런데 『증도가사실』의 편찬 방식이나 주석 인용에서 가장 주목되는 선적은 『조정사원』이다. 『조정사원』은 『증도가사실』에 무려 42회나 인용된 문헌이며, 전체적인 구성과 편집 방식에서 『증도가사실』에 깊은 영향을 미쳤다. 또한 주요한 용어, 어구에 대한 전거를 인용하는 방식이나 인용 문헌의 내용이 『조정사원』과 유사하다. 다만 저자인 화엄학을 중시했던 목암선경의 사상적 경향과는 일정한 차이가 보인다.

한편 『증도가사실』의 편찬이 이루어진 것은 12세기 이후 운문종을 비롯한 송대 선의 전체 동향에 대한 관심이 본격적으로 나타나고, 공안 비평과 관련된 선적과 주석서가 다양하게 수용되고 새롭게 편찬되던 동향과 관련된다. 13세기 고려 선종계에서 『종문척영집』, 『선원청규』 등을 비롯한 운문종의 선적이 다양하게 수용되고 간행되었다. 아울러 지겸의 『종문원상집』, 일연의 『중편조동오위』・『조정사원』(30권) 등의 선적 편찬에 운문종의 선적이 깊은 영향을 미쳤다. 이러한 경향은 특히 『선문염송집』의 편찬에 『종문통요집』을 비롯한 공안집이나 운문종 선승 20명의 어록 등이 폭넓게 활용되었던 것에서 잘 드러난다.

이러한 선적의 간행, 편찬 양상을 통해서 보면 13세기 고려 선종계에서 공안 비평이라는 문자선이 성행했으며, 그러한 사상적 동향의 일환으로서 『증도가사실』이 편찬되었다. 따라서 종래 고려 불교사 연구에서는 13세기 수선사 단계에서 간화선이 수용, 정착된 것으로 이해하고 있으나 오히려 문자선이 광범위하게 유행하고 있으며, 그에 대한 수요가 다양한 문헌을 통해 반영되어 있다. 나아가 13세기 말까지 고려 선종사의 흐름은 임제종 중심으로만 이해할 것이 아니라 송대 선의 전체적인 흐름을 고려하여 이해할 필요가 있다.

2. 『선문염송설화』의 주석 내용과 특징

『선문염송설화(禪門拈頌說話)』(이하『염송설화』)는『염송집』에 수록된 고칙 공안과 각종 착어에 대한 주석서 또는 해설서로 찬술된 문헌이다.『염송설화』는『염송집』에 대한 이해뿐만 아니라 고려 후기 이후 공안선이 어떻게 수용되고 이해되었는지를 해명하는 데에 중요한 선적이다. 그럼에도 불구하고『염송설화』의 저자, 찬술 시기, 내용과 사상적 의미 등에 대한 기초적인 연구가 거의 이루어지지 못했다.[26]

『염송설화』에는 다양한 선의 용어에 대한 주석, 각종 공안 비평에 대한 설명과 저자의 독자적인 해석 등이 서술되어 있으며, 이와 관련된 각종 선적을 비롯한 불전과 외전 등 다양한 문헌이 인용되어 있다. 이러한 인용 문헌에 대한 분석은『염송설화』의 문헌적 성격을 해명하기 위해 필요할 뿐만 아니라 저

---

26 석종진,「각운의『선문염송설화』연구(I)」,『가산학보』, 4(1995)에서 서지적인 소개를 중심으로 한 연구 성과가 처음으로 제시되었다. 근래에『선문염송집』과 함께 일부 다루어진 연구는 다음과 같다[이동준,「고려 혜심의 간화선 연구」(동국대학교 박사학위논문, 1993); 정천구,「해제」,『선문염송염송설화』(육일문화사, 2009); 이점숙,「혜심의『선문염송』연구」(동국대학교 박사학위논문, 2010); 조영미,「『禪門拈頌』의 공안 조직 양상과 언어 활용 연구」(성균관대학교 박사학위논문, 2015); 박재현,「『선문염송집』과『선문염송설화』의 텍스트성」,『한국선학』, 42(2015); 박영록,「고려본『선문염송』과『염송설화』의 역주에 대한 일검토: 제1권을 중심으로」,『한국선학』, 42(2015)].

자, 찬술 시기를 어떻게 볼 것인가에 대한 문제와도 관련된다.

저자 각운(覺雲)에 대해서는 『염송설화』의 설암추붕(雪岩秋鵬)의 발문에 따라 고려 말에 활동했던 구곡각운(龜谷覺雲)으로 보는 견해가 있지만 동명이인이라는 비판이 제기되었다.[27] 그리하여 각운을 혜심의 직제자로 보는 견해가 제시되었고 근래의 연구에 대부분 수용되었다.[28] 그 근거로는 1538년에 우주옹(宇宙翁)이 쓴 「고염화발(古拈話跋)」[29]과 1686년에 요부(了父)가 쓴 「중간염송설화서(重刊拈頌說話序)」[30]에 혜심이 『선문염송집』을 집성한 후에 각운에게 전했다는 기록, 『염송설화』에 혜심의 저술에 실려 있지 않은 무의자(無衣子) 송(頌)이 22수 수록되어 있는 사실 등이 제시되었다.[31]

그러나 이러한 근거만으로 각운을 혜심의 직계 제자라고 단정할 수 있는지 여전히 의문이 남는다. 저자인 각운의 서문이 현재 남아 있지 않고, 저자와 관련된 행적을 알 수 있는 기록이 전혀 없는 상태에서 간접적인 정황을 전해주는 서술뿐이다. 더욱이 『선문염송집』의 편찬 과정에 각운이 참가한 사실을 알 수 없고, 무의자 송이 수록된 사실만으로 각운을 혜심의 제자로 단정하기도 곤란하다. 또한 현존 판본이 모두 조선 후기에 간행되었고, 초간본에 대한 정보가 전혀 없으므로 『염송설화』의 찬술 시기도 정확히 알 수 없다. 다만 『염송설화』가 『선문염송집』의 주석서이기 때문에 찬술 시기를 추정하는 데에 도움이 된다.

따라서 『염송설화』의 찬술 시기에 대한 이해는 인용 문헌의 기초적인 분석

27　이능화, 『朝鮮佛教通史』 下編(신문관, 1918), 528~530쪽.
28　忽滑谷快天, 『朝鮮禪教史』, 정호경 옮김(보련각, 1978), 304~305쪽. 석종진, 정천구, 조영미 등은 같은 주장을 하고 있다.
29　『한불전』 5, 924쪽.
30　같은 책, 924쪽.
31　『진각국사어록』에 혜심이 각운에게 준 글(「示覺雲上人」, 『한불전』 6, 28쪽)을 근거로 혜심과 각운을 사제 관계로 보는 경우도 있다. 다만, 제목만으로 이 글의 각운과 『염송설화』의 저자 각운을 동일 인물이라고 단정하기는 곤란하다.

표 5-3 『선문염송설화』의 인용 문헌 일람

칙수	출전	비고
1	『華嚴經』, 『起信論』, 『華嚴經疏』, 「決疑論後記」『五燈會元』(X80-361a), 『大慧語錄』(T47-842c8), 『碧巖錄』(34칙, T48-173b14), 『碧巖錄』(51칙, T48-186c), 『碧巖錄』(56칙, T48-190b)	
2	『本生經』, 『大慧語錄』(T47-832c)	
3	『普耀經』, 『詩經』大雅, 『大慧語錄』(T47-887c19), 『寶鏡三昧』『洞山良价語錄』(T47-526a)*, 『古尊宿語錄』(X68-183b24), 『祖庭事苑』(X64-378b4)	*『筠州洞山悟本語錄』(T47-515 a)
4	『雜阿含經』, 『辟支論』, 『付法藏因緣傳』(T50-298), 『通錄』(2회), 『付法藏因緣傳』(T50-298b), 『漢書』	
5	『法華經』, 『涅槃經』, 『人天寶鑑』(X87-22b21), 『祖庭事苑』(X64-339a17), 『從容錄』(42칙, T48-254c)	
6	『大集經』, 『祖庭事苑』(X64-323b1), 『從容錄』(1칙, T48-228a6, 227c29, 228a3), 『從容錄』(48칙, T48-257c13), 『百丈清規』, 『金剛經』, 『碧巖錄』(92칙, T48-216b21)	
7	『上生經』	
8	『仁王經』二諦品, 『曉公疏』, 『淨源疏』, 『宗鏡錄』	
9	『入法界體性經』	
10	『四十二章經』, 『孤山疏』	
11	『肇論』	
12	「杭州五雲和尙坐禪箴」『傳燈錄』(T51-460a), 『圓覺經』	
13	『雜阿含經』	
14	『通明集』*, 『論語』	*『釋氏通鑑』
15	『寶篋印陀羅尼經』	
16	『智度論』, 『釋氏新文集』, 『碧巖錄』(65칙, T48-195c)	
17	『大方便佛報恩經』	
18	『七賢女經』, 『碧巖錄』(18칙, T48-158a), 『臨濟錄』(T47-503b20)	
19	『通明集』, 『物類相感誌』, 『楞嚴經』	
20	『五分律』	
21	『智度論』	

칙수	출전	비고
22	『大樹緊那羅王所問經』,『祖庭事苑』(X64-352a21),『左傳』	
23	『觀佛三昧經』,『大集經』,『新華嚴經論』,『普耀經』,『楞嚴經戒環解』,『周易』	
24	『觀佛三昧經』	
25	『華嚴經』,『新華嚴經論』	
26	『因果經』,『新華嚴經論』,『華嚴經』	
27	『本生經』	
28	『釋迦如來成道記』,『傳燈錄』(T51-225b),『大慧語錄』(T47-939a20)	
29	『心印集』	
30	『長阿含經』,『碧巖錄』(86칙, T48-211b),『祖庭事苑』(X64-321b11)	
31	『寶積經』	
32	『諸佛要集經』	
33	『寶篋印陀羅尼經』,『水鏡』,『請益錄』(1칙, X67-462a19, 462b19)	
34	『祖庭事苑』(X64-423b10)	
35	『大唐西域記』	
36	「翫珠吟」『傳燈錄』(T51-463b29)=『禪門偈頌』(X66-743c18)	
37	『涅槃經』,『圓悟錄』(T47-786c22)	
38	『華嚴經』,『華嚴經疏』,『從容錄』(67칙, T48-269a13, 269c2)	
39	『華嚴經疏』,『新華嚴經論』	
40	『雙釋』,『法華文句』	
41	『宗鏡錄』(T48-780b)	
42	『正法眼藏』(X67-616b19),『谷響抄』,『淸凉演義鈔』,『心賦註』,『宗鏡錄』(T48-943a19),『碧巖錄』(51칙, T48-187a1)	
43	『華嚴音義』	
44	『涅槃經』	
45	『圓覺經大疏』	
46	『圓覺經疏』	

칙수	출전	비고
47	『圓覺經略疏註』, 『從容錄』(45칙, T48-256a)	
48	『圓覺經略疏註』	
49	『楞嚴經』, 『戒環解』(X11-790a3)	
50	『戒環解』, 『孤山疏』	
51	『楞嚴經』, 『戒環解』, 『孤山疏』	
52	『楞嚴經』(T19-126a10), 『戒環解』	
53	『戒環解』	
54	『金剛經解義』(X24-518b4), 『圭峯疏』, 『阿含經』	
55	『金剛經解義』(X24-520c17) 『金剛波羅蜜經疏論纂要』(T33-159a18)	
56	『金剛經註解』(X24-773a7), 『曉公疏』	
57	『金剛經解義』(X24-524a22), 『從容錄』(76칙, T48-275a16)	
58	『金剛經解義』(X24-527a21), 『宗鏡錄』, 『從容錄』(58칙, T48-263c2)*	* 착어 내용 바뀜
59	『金剛經解義』(X24-532a7)	
60	『黃蘗傳心法要』(T48-385a)	
61	『寶積經』, 唐逸史(鐘馗)	
62	『傳心法要』(T48-380), 『維摩經』, 『法界圖記叢髓錄』(T45-717c6), 『碧巖錄』(84칙, T48-209c4), 『大慧語錄』(T47-889a17)	
64	『注維摩詰經』	
65	『華嚴經行願品疏鈔』(X5-259a)	
66	『文殊所說佛境界經』	
68	『大般若經』, 『天台教義』, 『般若經』	
69	『祖庭事苑』(X64-324c16)	
70	『祖庭事苑』(X64-386c10)	내용 다소 차이
71	『月上女經』	
72	『賢愚經』, 『感應篇』	
73	『自在王菩薩所問經』	
74	『新華嚴經論』	
75	『祖庭事苑』(X64-428b10)*	* 西域記 표기

칙수	출전	비고
76	『祖庭事苑』(X64-428b23), 『飜譯名義集』	* 西域記 표기
77	『雜寶藏經』	
78	『谷響抄』	
79	『十誦律』	
80	『禪門偈頌』(X66-721b8)	
81	『曹溪觸說』, 『傳燈錄』(T51-215a24, 205c27)	
82	『普耀經』, 『文選注』	
83	『禪門偈頌』(X66-721b12)	
84	『禪門偈頌』(X66-721b18)	
85	「曹洞贊」『重編曹洞五位』(X63-213a8)	
86	『禪門偈頌』(X66-721b24)	
87	『禪門偈頌』(X66-721c3), 『起信論』	
89	『傳燈錄』(T51-209b19), 『別傳宗語』	
90	『祖庭事苑』(X64-374a17), 『林間錄』(X87-278b23)	
93	『禪門偈頌』(X66-722a22)	
94	『傳燈錄』(T51-214a14), 『禪門偈頌』(X66-722b1)	
97	『從容錄』(3칙, T48-229a), 『維摩經注』	
98	『傳燈錄』(T51-219a13), 『碧巖錄』(1칙, T48-140b), 『從容錄』(2칙, T48-228b), 新羅 利貞碑銘	
100	『千正錄』, 『傳燈錄』, 『祖燈錄』, 「十玄談」『傳燈錄』(T51-455b)=『禪門偈頌』(X66-724c)	
101	『五燈會元』(X80-40b24), 『大般若經』, 『法集別行錄』, 『大智度論』	
102	『韓詩外傳』, 『禪門偈頌』(X66-722b19), 『傳燈錄』(T51-220a28)	
105	『金剛經』	
108	『傳燈錄』(T51-222b23)	
109	『林間錄』(X87-248a3)	
110	『林間錄』(X87-277a14)	
112	『仁王經』, 『金剛經』	
114	『傳燈錄』(T51-236b8), 『宗鏡錄』	

칙수	출전	비고
115	『傳燈錄』(T51-235b10), 『莊子』	
117	『傳燈錄』(T51-232a3)	
119	『傳燈錄』(T51-240c10), 『重編曹洞五位』(X63-200a4), 『古尊宿語錄(X68-3a7)』	
120	『古尊宿語錄』(X68-3a20)	
121	『傳燈錄』(X51-240c), 『宗鏡錄』	
122	『傳燈錄』(T51-241a27)	
123	『證道歌琪注』	
124	『證道歌琪注』	
125	『證道歌琪注』	
126	『證道歌琪注』	
127	『證道歌琪注』	
128	『證道歌琪注』	
129	『荊楚歲時記』	
131	『梵網經』	
133	『圓覺經』	
144	『新華嚴經論』	
146	『傳燈錄』(T51-244a7), 『碧巖錄』(18칙 T48-158a), 『從容錄』(85칙, T48-282b1)	
148	『從容錄』(5칙, T48-230b)	
154	『呂氏春秋』	
158	『傳燈錄』(T51-246a9)	
159	『六祖壇經』	
161	『龐居士語錄』(X69-131a11)	
164	『起信論疏筆削記』(T44-318b6), 『碧巖錄』(73칙, T48-200c 25)	
169	『莊椿』, 『碧巖錄』(3칙, T48-142c14)	
176	『林間錄』(X87-280c10)	
182	『禪門偈頌』(X66-726a13)	
184	『從容錄』(8칙, T48-232a9)	
188	『從容錄』(23칙, T48-242a26)	

칙수	출전	비고
193	『釋迦如來行蹟頌』(X75-43c13)	雲默無寄
194	『圓覺經』	
199	『從容錄』(25칙, T48-243c23)	
206	『涅槃經』, 『義苑』, 『楞嚴經』(T19-112b19)	
207	『祖堂集』(上276-13, 中華書局), 『禮記』	
208	『碧巖錄』(69칙, T48-198c)	
209	『肇論』(T45-159b), 『碧巖錄』(40칙, T48-178b1)	
210	『漢書』	
211	『楞伽經』, 『勝鬘經』	
218	『涅槃經』	
237	『圓悟心要』(X69-496c)	
238	『殺鷄論』	
243	『傳燈錄』(T51-255b)	
249	『僧祇律』	
250	『淸凉疏』	
251	『智度論』	
254	『祖庭事苑』(X64-412c)	
256	『天台四敎儀』	
258	『楞嚴經』	
269	『莊子』, 『傳燈錄』(T51-255a), 『五燈會元』(X80-76c14), 『擊節錄』(X67-252b10)	
279	『大乘起信論』	
281	『碧巖錄』(74칙, T48-201c27)	
284	『林間錄』(X87-264c18)	
290	『法苑珠林』	
296	『請益錄』(25칙, X67-473)	
304	『佛說陀羅尼集經』(T18-860b13)	
305	『要覽』	
313	『山海經注』	
320	『五燈會元』(X80-110c17)	

칙수	출전	비고
326	『從容錄』(7칙, T48-231b15)	
331	『晏子春秋』	
335	『傳燈錄』(T51-312b9)	
336	『太平廣記』	
342	『碧巖錄』(81칙, T48-207b20)	
347	『十道志』	
350	『楞嚴經』	
353	原道篇	
356	『傳燈錄』(T51-264b27)	
365	『周易』繫辭傳	
366	『華嚴經』, 『通錄』	
374	『碧巖錄』(24칙, T48-165a17)	
386	『楞嚴經』	
390	『祖庭事苑』(X64-334c12)	
399	『祖庭事苑』(X64-332a)	
403	『傳燈錄』(T51-268a10)	
407	『馬祖錄』(X69-3a)	
408	『碧巖錄』(45칙, T48-181c24)	
409	『碧巖錄』(30칙, T48-169c7)	
410	『碧巖錄』(9칙, T48-149b6)	
411	『叢髓錄』(T45-719a), 『宏智錄』(T48-2a18)	
412	『從容錄』(10칙, T48-233b9)	
413	『請益錄』(74칙, X67-503b)	
417	『談花』	
418	『碧巖錄』(80칙, T48-206b18, 207a4, 58칙, T48-191b16)	
419	『祖庭事苑』(X64-317a16)	
422	『宗鏡錄』(T48-523c)	
425	『宗鏡錄』(T48-504b)	
426	『聞見後錄』錢昭度 食梨詩	
428	『祖庭事苑』(X64-324a1)	

칙수	출전	비고
429	『從容錄』(39칙, T48-253a)	
430	『請益錄』(23칙, X67-472c20), 陶潛詩, 『太平廣記』	
434	『碧巖錄』(96칙, T48-219a7)	
435	『從容錄』(57칙, T48-263a24)	
438	『碧巖錄』(52칙, T48-187a26)	
439	『從容錄』(57칙, T48-263b15)	
442	『祖源通錄』, 『唐書』	
443	『楞嚴經』	
462	『肇論』, 『放光般若經』, 『金剛經』	
469	「翫珠吟」『傳燈錄』(T51-463b29)=『禪門偈頌』(X66-743c)*	*『修心訣』(H4-708b9)
488	『從容錄』(79칙, T48-277c18), 『華嚴經』	
491	『肇論』	
492	崔顥詩, 李白題	
498	『祖庭事苑』(X64-317b6)	
512	『釋韻』	
532	『碧巖錄』(89칙, T48-213c28), 『漢書』, 『從容錄』(54칙, T48-261c5), 『杜詩』, 『觀音經』	
533	『五燈會元』(X80-115a19) 船子德誠	
534	『五燈會元』(X80-115b12) 船子德誠	
550	『大義』	
557	『傳燈錄』(T51-321a10) 石霜慶諸	
558	『祖堂集』(上321-1) 石霜慶諸	
560	『金華子』, 『醉翁談錄』	
571	『祖庭事苑』(X64-332a19)	『從容錄』 (77칙, T48-276a11)
574	『傳燈錄』(T51-283c9)*, 『大慧語錄』(T47-929b15), 『祖堂集』(下818-8), 『祖堂集』(上384-3)	
576	『杜詩』, 『列子』	
578	『仰山語錄』(T47-584a6)	
590	『大慧語錄』(T47-918c22)	
591	『莊子』, 『楞嚴經』	

칙수	출전	비고
597	『大慧普說』(卍正藏59-838a) 姜機宜請普說	
602	『祖庭事苑』(X64-340a5)	
617	『華嚴經』	
628	『論語註』	
629	『臨濟錄』(T47-499a25), 『周本經』, 『李長者決疑論』, 『華嚴經』, 『宗鏡錄』	
630	『大慧語錄』(T47-812c9)	
633	『大慧語錄』(T47-894b11)	
634	羅隱, 醜婦詩	
642	『華嚴經疏』	
659	『周易』繫辭傳	
662	『大慧語錄』(T47-813b11)	
664	『五燈會元』(X80-142b7) 德山宣鑑	
665	『宗鏡錄』(T48-441a12)	
668	『晉書』郭璞傳	
680	「寶鏡三昧」『洞山語錄』(T47-515a22)	
683	『林間錄』(X87-258b7)	
684	『從容錄』(T48-262c12)	
687	『傳燈錄』(T51-320c17)	
689	『洞山語錄』(T47-510c19)	
695	『宋林傳』	
696	『拾遺記』	
700	『抱朴子』	
715	『付法藏因緣傳』	
719	『禮記』	
726	『碧巖錄』(41칙, T48-178c20)	
727	『法苑珠林』	
732	『祖庭事苑』(X64-368a7)	
733	『法華經』方便品	
747	『禪林僧寶傳』(X79-552b1)	

칙수	출전	비고
764	『詩經』	
790	『從容錄』(33칙, T48-249c2), 『碧巖錄』(49칙, T48-184c16)	
821	『楞嚴經』	
826	『孫子兵法』	
855	『禪林僧寶傳』(X79-503b14), 『宗鏡錄』(T48-947a17), 『本草』	
866	『傳燈錄』(T51-335c1), 『涅槃經』	
867	『楞嚴經』	
875	『林間錄』(X87-264a13), 『後漢書』	
881	『十誦律』	
896	『祖庭事苑』(X64-350a12)	
899	『荊楚歲時記』	
900	『華嚴經』	
901	『祖庭事苑』(X64-429b14)	
907	『林間錄』(X87-252c6)	
908	『大唐西域記』(T51-869b4)	
918	『楞嚴經』, 『戒環解』	
921	『寶積經』	
934	『宗鏡錄』(T48-653c26)	
936	『林間錄後集』(X87-276c5)	
939	『祖堂集』(下883-3) 五冠山順之*, 『太平廣記』	* 내용 차이
946	『從容錄』(35칙, T48-250b23)	
947	孤山疏, 疎山『根脚訣』, 曹山室中記	
950	『祖庭事苑』(X64-381b23)	
953	『五燈會元』(X80-39a2)	
954	『法華經』, 『感通傳』*, 『南史』	* 실제 무
957	『五代史』	
958	『從容錄』(41칙, T48-254b6)	
967	『傳燈錄』(T51-333b4) 太原海湖和尙	
978	『禪林僧寶傳』(X79-499a7), 『楞嚴經』	

칙수	출전	비고
979	『涅槃經』	
980	『楞嚴經』	
981	『從容錄』(81칙, T48-279b27)	
982	『華嚴經』	
988	『從容錄』(72칙, T48-272b22), 『楞嚴經』	
990	『法華經』	
995	『祖堂集』(上129-9), 『楞嚴經』	
998	『正法眼藏』(X67-559b17)=『古尊宿語錄』=『聯燈會要』*	* 律藏 표기
1005	『大唐西域記』, 『禪林僧寶傳』(X79-539a10)*	『禪門寶藏錄』(H6-477下1)
1006	『祖庭事苑』(X64-385b2), 『碧巖錄』(60칙, T48-192b13)	
1011	『碧巖錄』(86칙, T48-211b17)	
1012	『碧巖錄』(62칙, T48-194a15)	
1015	『碧巖錄』(27칙, T48-167c9)	
1016	『祖庭事苑』(X64-316a10)	
1017	『李政文資暇集』	
1019	『圓覺經大疏鈔』	
1030	『清規』	
1035	『杜詩』, 『周禮』, 『太平御覽』	
1040	『楞伽經』, 『成唯識論述記』, 『祖源通錄』, 『請益錄』(57칙, X67-487b)	
1042	『碧巖錄』(47칙, T48-183b7)	
1050	末山室中記	
1051	『淮南子』	
1053	『禪林僧寶傳』(X79-554b11)	
1055	『祖庭事苑』(X64-336b18)=『禪門偈頌』(X66-746b16), 『碧巖錄』(16칙, T48-156c)	
1056	『請益錄』(10칙, X67-466b)	
1058	『法眼莊椿叟注』, 「參同契」	
1062	『傳燈錄』(T51-276a26)*	*『五燈會元』

칙수	출전	비고
1068	『祖庭事苑』(X64-321c17)*	*祖燈本傳 표기
1071	『弘贊法華傳』	
1077	『太平廣記』	
1081	『華嚴經疏』	
1089	『義苑私記』	
1100	『首楞嚴經集解熏聞記』(X11-739b19)*	『楞嚴經』 표기
1105	『法華經』, 『涅槃經』, 「牟子理惑論」『弘明集』(T52-4c7)	
1107	『法華經』	
1110	『祖庭事苑』(X64-371b11)	
1118	『太平廣記』	
1121	『閑覽』, 『宗鏡錄』	
1125	『玄沙廣錄』(X73-8c3)=『祖庭事苑』(X64-323c12)	
1126	『宋高僧傳』(T50-745c21)	
1127	『祖庭事苑』(X64-355a9)*	*『古今注』 표기
1157	『頌古聯珠通集』(X65-665a5)	
1165	『說文解字』, 『尙書』, 『詩經』	
1172	『續高僧傳』 僧崖傳, 『茶毘維那事』	
1173	『十洲記』, 『影林集』	
1179	『涅槃經』	
1181	『寶藏論』, 『晋書』 王敦傳	
1182	『鵲王經』	
1185	『祖庭事苑』(X64-345b19)	내용 다소 차이
1187	『涅槃經』	
1203	『楞嚴經』	
1205	『寒山詩』	
1212	『宏智錄』(T48-28c6)	
1213	『寒山詩』	
1216	『祖庭事苑』(X64-333a23)	
1217	『維摩經』	
1219	『禪林僧寶傳』(X79-517c7), 『碧巖錄』(13칙, T48-153c22)	

칙수	출전	비고
1220	『祖庭事苑』(X64-339c15)	
1221	『碧巖錄』(13칙, T48-154a29)	
1226	『華嚴經』	
1233	『碧巖錄』(12칙, T48-153b19), 『祖庭事苑』(X64-335a22)	
1241	『東觀漢記』, 『天聖廣燈錄』(X78-526a22), 『論語』	
1247	柳宗元 鐵爐步銘	
1248	『寶藏論』	
1250	『祖庭事苑』(X64-389c4)	
1251	『法華現應錄』	
1254	『禪林僧寶傳』(X79-497b9)	
1261	『大莊嚴論』, 『祖庭事苑』(X64-390c15)	
1274	『楞嚴經』	
1280	『彌勒上生經』	
1281	『傳燈錄』(T51-389c8)	
1282	『碧巖錄』(90칙, T48-215a6)	
1298	『維摩經』 觀衆生品	
1308	『梵網經』	
1325	『金剛經』	
1330	『太平廣記』, 『義苑』	
1334	『禪林僧寶傳』(X79-498b)*	*『寶傳記』 표기
1337	『十大弟子行狀』, 『六度經』, 『涅槃經』	
1349	『異聞集』	
1350	『碧巖錄』(98칙, T48-221a)	
1353	『春秋正義』	
1362	『禪林僧寶傳』(X79-506a23)	
1367	『宋高僧傳』(T50-822b15)*, 『禪林僧寶傳』(X79-514a15)	*『要會集』 표기
1369	『禪林僧寶傳』(X79-0526c18), 『從容錄』(64칙, T48-267a1)	
1372	『法華經』, 『戒環解』	
1377	『僧祇律』	
1378	『閑覽』	

칙수	출전	비고
1379	『楞嚴經』	
1385	『天台補行記』	
1393	『說文解字』	
1394	淸凉『玄義釋』, 『圭峯注』	
1397	『寶鏡三昧』(X63-211c3)	
1398	『禪林僧寶傳』(X79-508b18)	
1418	『箋』	
1419	『法華經』普門品	
1435	『傳燈錄』(T51-431c17), 『天台補注』	

주: 인용 출전은 『선문염송집』의 원문과 동일한 경우나 원문 출전을 그대로 설명하는 경우는 제외했다. 아울러 인용 출전이 다수인 경우는 최초에 인용된 문헌을 기준으로 작성했다. 『조당집』은 孫昌武, 衣川賢次, 西口芳男 點校, 『祖堂集』(中華書局, 2007)을 이용하고, 『禪門諸祖師偈頌』은 『禪門偈頌』으로 줄여서 표기한다.

에서 출발할 필요가 있다. 나아가 이러한 문헌학적 기초 연구는 『염송설화』의 문헌적 성격과 사상적 특징이 무엇인지 해명하는 것과 연관된다. 다만, 『염송설화』는 양적으로 방대할 뿐만 아니라 내용 분석이 송대 공안선에 대한 이해가 없으면 불가능하기 때문에 연구 자체가 쉽지 않다. 이 글에서는 『염송설화』의 인용 문헌에 대한 기초 분석을 통해 저술 시기와 문헌적 특징을 밝혀보고자 한다. 각운은 『염송설화』에 다양한 선어에 대한 주석과 공안 비평을 하면서 방대한 문헌을 활용하고 있다. 필자는 『염송설화』에 어떠한 문헌이 인용되었는지를 모두 분석해 〈표 5-2〉로 정리했다. 또한 인용 문헌 가운데 선적만을 따로 〈표 5-3〉으로 정리했다.

〈표 5-3〉을 통해 인용 문헌의 내용과 성격을 정리하면 다음과 같다. 첫째, 불교 경전과 각종 주석서가 풍부하게 인용되었다. 경전은 초기 불전인 『아함경(阿含經)』과 같은 초기 불전부터 대승불전, 위경까지 대단히 다양하다. 그러나 인용된 횟수나 내용을 검토하면 『화엄경』, 『능엄경』, 『원각경』, 『유마경』, 『금강경』 등 선종에서 중시한 경전이나 관련 주석서가 주로 중시되었다. 각운이 각종 불전과 주석서를 폭넓게 인용한 것은 그 자신이 불교 교학의 소양을

갖추고 있었음을 보여준다. 나아가 이러한 소양은 공안 비평과 재해석을 하기 위한 폭넓고 정확한 훈고학적 지식이 요구되었기 때문이라고 할 수 있다.

둘째, 외전으로는 『시경(詩經)』·『논어(論語)』·『좌전(左傳)』·『주역(周易)』 등 유교 경전과 『노자(老子)』·『장자(莊子)』·『포박자(抱朴子)』·『황정경(黃庭經)』·『열자(列子)』 등 도교를 비롯한 제자백가서 등이 수록되어 있다. 또한 『사기(史記)』·『한서(漢書)』 등을 비롯한 역사서와 『두시(杜詩)』를 비롯한 각종 시집, 『태평광기(太平廣記)』·『태평어람(太平御覽)』을 비롯한 유서 등이 적지 않다. 아울러 진한(陳翰)의 『이문집(異聞集)』, 지괴서(志怪書)인 왕가(王嘉)의 『습유기(拾遺記)』과 유숭원(劉崇遠)의 『금화자(金華子)』, 전기소설인 나엽(羅燁)의 『취옹담록(醉翁談錄)』 등 다양한 문헌이 인용되었다. 이러한 다양한 외전이 전거로 활용된 것은 후술하듯이 『조정사원』의 영향이라고 할 수 있다. 또한 외전의 활용은 송대 선종에서 문자선이 유행하면서 공안 비평과 관련된 다양한 전고가 많이 활용되었던 흐름과 관련된다.

셋째, 표에서 드러나듯이 선적은 가장 많이 활용된 문헌이다. 또한 선적의 종류는 공안집, 전등사서, 어록, 게송 등 다양하지만, 송대에 저술되거나 편찬된 문헌이 대부분이다. 이 가운데 전등사서는 『조당집』·『전등록』·『천성광등록』·『오등회원』 등이 인용되었지만, 『전등록』을 활용한 경우가 압도적으로 많다. 고칙 공안의 선사들이 주로 당대에 활동했던 경우가 대부분이고, 『전등록』은 전등사서의 대표적인 문헌이므로 중시되었던 것으로 짐작된다.

공안집은 『종문통요집』, 『정법안장』 등이 있지만 인용 횟수는 많지 않다. 그것은 『선문염송집』이 고칙 공안을 방대하게 집성한 공안집이므로 다른 공안집을 활용할 필요가 없었던 것으로 추정된다. 반면에 공안 평창록인 『벽암록』, 『격절록』, 『종용록』, 『청익록』 등이 폭넓게 활용되고 중시되었다.

어록은 『대혜어록(大慧語錄)』, 『마조록(馬祖錄)』, 『동산어록(洞山語錄)』, 『임제록(臨濟錄)』, 『황벽전심법요(黃蘗傳心法要)』, 『방거사어록(龐居士語錄)』, 『굉지록(宏智錄)』 등 다양하게 활용되었으나 인용 횟수가 많지 않다. 이러한 경향은 공안집과 마찬가지로 어록 자료가 『선문염송집』의 본칙과 착어로 폭넓게

표 5-4 『선문염송설화』에 인용된 선적 일람

	서명	저·편자	『선문염송집』 본칙	비고
1	『祖庭事苑』	睦庵善卿	3, 5, 6, 22, 30, 34, 69, 75, 76, 90, 169, 254, 390, 399, 419, 428, 498, 571, 602, 732, 896, 901, 950, 1006, 1016, 1055, 1110, 1125, 1127, 1138, 1185, 1216, 1220, 1233, 1250, 1261	
2	『碧巖錄』	圜悟克勤	1, 3, 6, 16, 18, 30, 42, 62, 98, 146, 164, 169, 194, 208, 209, 281, 342, 374, 408, 409, 410, 418, 434, 438, 532, 726, 790, 1006, 1011, 1012, 1015, 1042, 1219, 1221, 1233, 1282, 1350	
3	『擊節錄』	圜悟克勤	269	
4	『從容錄』	萬松行秀	5, 6, 29, 38, 47, 57, 58, 97, 98, 146, 148, 184, 188, 199, 269, 326, 412, 429, 435, 439, 488, 532, 571, 602, 684, 726, 790, 946, 958, 981, 988, 1369	665 간접
5	『請益錄』	萬松行秀	296, 413, 430, 1040, 1056, 1068	
6	『祖燈錄』	萬松行秀	100	逸書
7	『景德傳燈錄』	承天道原	12, 28, 36, 81, 89, 100, 108, 114, 115, 117, 119, 121, 158, 159, 243, 255, 335, 356, 403, 533, 534, 557, 574, 687, 866, 1435	
8	『天聖廣燈錄』	李遵勖	147, 1125, 1241	
9	『五燈會元』	雪蓬慧明	1, 101, 269, 320, 533, 534, 664, 953	
10	『祖堂集』	靜·筠	207, 558, 574(2), 939, 995	
11	『正法眼藏』	大慧宗杲	42	
12	『宗門統要集』	慧嚴宗永	12, 375	
13	『祖源通錄』	西余拱辰	4, 366, 442, 1040	逸書
14	「參同契」	石頭希遷	1142, 1223	
15	「寶鏡三昧」	洞山良价	3, 680, 1397	
16	「翫珠吟」	丹霞天然	12, 36	
17	『禪門諸祖師偈頌』	子昇·如祐	80, 83, 84, 86, 87, 93, 94, 100, 182, 469	道永 증보

	서명	저·편자	『선문염송집』 본칙	비고
18	『寒山詩』	寒山子	1205	
19	『重編曹洞五位』	一然	119, 893	
20	『馬祖錄』	馬祖道一	407	
21	『臨濟錄』	臨濟義玄	18	
22	『洞山語錄』	洞山良价	689	
23	『傳心法要』	黃檗希運	60	
24	『龐居士本錄』	龐蘊	161	
25	『馬祖四家錄』	黃龍慧南	178	
26	『四家錄』		120	
27	『大慧語錄』	大慧宗杲	1, 2, 3, 28, 590, 630, 633, 662	
28	『宏智錄』	宏智正覺	1212	
29	『禪林僧寶傳』	覺範惠洪	855, 978, 1005, 1219, 1398	
30	『林間錄』	覺範惠洪	109, 110, 176, 284, 683, 875, 907, 1398	
31	『人天寶鑑』	曇秀	5	
32	『禪苑淸規』	慈覺宗賾	1030	
33	『宗鏡錄』	永明延壽	8, 41, 42, 58, 114, 121, 422, 425, 629, 855, 934, 1121	11회
34	『心賦註』	永明延壽	42	
35	『通明集』	天衣義懷	14, 19	逸書
36	『心印集』		29, 999	逸書
37	『證道歌琪注』	梵天彥琪	123, 124, 125, 126, 127, 128	
38	『寶藏論』	僧肇 가탁	880, 1012, 1181, 1248	
39	『戒環解楞嚴經』	戒環	23, 49, 52	

인용되었기 때문이 아닌가 짐작된다.

한편, 종파로 나누어보면 임제종의 선적이 가장 많지만, 운문종·조동종·법안종 등의 선적도 적지 않다. 운문종의 선적은 『종문통요집』, 『조정사원』, 『선원청규』, 『통명집(通明集)』32 등이 있다. 조동종의 선적은 만송행수의 『종용록』·『청익록』·『조등록(祖燈錄)』과 함께 『중편조동오위』·『참동계』·『보경삼매』·

제5장 고려 선종의 공안 주석서 편찬   177

「완주음」 등 다양하다. 이 외에 법안종의 문헌은 『전등록』과 함께 영명연수의 『종경록』, 『심부주』 등이 활용되고 있다. 이와 같이 송의 대표적인 종파의 선적이 다양하게 활용된 것은 송대 공안선의 흐름을 반영한 결과로 볼 수 있다.

이상에서 『염송설화』에 인용된 문헌의 종류와 성격에 대해 살펴보았다. 각운이 다양한 외전, 불전을 인용하여 각종 선어에 대한 주석을 제시하는 형식이나 설명 방식은 『조정사원』의 그것과 유사하다. 실제 『염송설화』에는 『조정사원』에서 직접 인용한 주석도 적지 않다. 각운이 『조정사원』이라는 출전을 밝히지 않은 경우도 많고, 전거로 다른 문헌을 제시한 것 중에는 원전이 『조정사원』인 경우도 적지 않다.

한편, 각운이 이용한 선적은 송대에 간행된 판본을 주로 활용했던 것으로 보인다. 북송 시기에 목판인쇄술이 확산되면서 그 이전에 성립되었던 주요한 선적이 엄밀한 교정을 거쳐 서사본에서 간행본으로 널리 출판되었다. 고려 선종에서도 이러한 과정을 거쳐 간행된 송대 선적이 입수되면서 송대 선에 대한 이해가 확산되었다. 이러한 경향은 『염송설화』에 북종선이나 초기 선종에 속하는 문헌이 거의 보이지 않는다든지 활용된 선적이 주로 공안선과 관련된 문헌이라는 사실에서 잘 드러난다.

고려 선종계에서 송대 선을 수용하고 이해하는 흐름은 이러한 송대 선적을 입수해 간접적으로 이해하는 것이 주된 방식이었다.[33] 『염송설화』에 인용된 선적도 이러한 경향을 잘 보여준다. 예를 들어 『참동계(參同契)』,[34] 『보경삼매

---

32 이 책은 운문종의 天衣義懷가 저술한 것이며, 현전하지 않는 문헌이다. 『嘉泰普燈錄』 (Z79, p.7c22), "紹興府天衣義懷禪師, 師嘗設百問勘驗學者, 今載其二. 又撫古今尊宿契悟因緣, 號通明集, 盛行於世. 崇寧中, 諡振宗大師".

33 조명제, 『선문염송집 연구: 12~13세기 고려의 공안선과 송의 禪籍』, 328~329쪽.

34 『참동계』는 石頭希遷(700~790)의 저술이며, 『祖堂集』을 비롯한 여러 선적에 수록되어 있다. 『참동계』는 『보경삼매』와 함께 조동종에서 중시된 선적이지만, 중국에서 별로 유행하지 않고 일본 조동종에서 주로 선호되었다[椎名宏雄, 「「參同契」の性格と原文」, 『宗學研究』, 23(1981), pp.189~195].

(寶鏡三昧)」,³⁵ 「완주음(翫珠吟)」,³⁶ 「십현담(十玄談)」,³⁷ 「석가여래성도기(釋迦如來成道記)」³⁸ 등은 단독으로 간행되거나 다른 문헌에 수록된 것보다 『선문제조사게송(禪門諸祖師偈頌)』을 통해 읽혔던 것으로 보인다. 이 책은 송의 자승(子昇)과 여우(如祐)가 편집하고, 남송 시기에 복주(福州) 개원사(開元寺)의 수좌였던 대혜파의 도영(道永)이 증보한 선적이다. 이 책은 당·송 시기의 84종 작품을 수록했는데, 제목과 달리 각종 게송과 함께 선문의 어구, 산문 종류가 3분의 1을 넘는다.³⁹

한편 이러한 선적은 송대에 염고, 송고 등 공안 비평이 성행하면서 편찬된 문헌이다. 이러한 경향에 따라 북송 중기 이후에 다양한 공안 주석서와 평창록이 출현했다. 이러한 양상은 『염송설화』에도 마찬가지로 반영되어, 〈표 5-2〉에서 드러나듯이 선적 가운데 가장 많이 인용되거나 중시된 『조정사원』, 『벽암록』, 『종용록』 등을 통해 확인할 수 있다.

그러면 『염송설화』에 드러난 각운의 문헌 활용 방식과 수준을 어떻게 볼 수 있을까. 『염송설화』에 각종 선어 및 공안 비평과 관련된 전거로 다양한 문헌이 활용되고 있으므로 각운이 선사상뿐만 아니라 불교 교학, 나아가 다양한 외전에 대한 지식도 폭넓게 갖추고 있음을 알 수 있다. 이러한 경향은 비슷한 시기에 활동했을 것으로 추측되는 일연의 경우에도 마찬가지였다. 그것은 이들이 문자선에 대한 관심이 높고 그에 대한 이해가 깊었던 양상과 밀접히

---

35 洞山良价(807~869)의 찬술로 알려져 있으나 雲巖曇晟의 찬술로 보는 설도 있다. 고려본 『景德傳燈錄』, 『洞山語錄』 등에 수록되어 있다〔椎名宏雄, 「『寶鏡三昧』の諸本」, 『第11回曹洞宗總合研究センター學術大會紀要』(2010), p. 59〕.
36 丹霞天然(739~824)이 지은 작품으로 돈황본, 『祖堂集』, 『전등록』 등에 수록되어 있다.
37 同安常察(?~961)이 선의 원리를 心印·祖意 등 十玄에 각각 7언율의 송을 붙인 것이며, 『경덕전등록』에 수록되어 있다.
38 王勃(647~675)이 세존이 교화한 행적을 지은 것이며, 『全唐文』에 수록되어 있다.
39 椎名宏雄, 「『禪門諸祖師偈頌』の文獻的考察」, 『田中良昭博士古稀記念論集·禪學研究の諸相』(大東出版社, 2003), pp. 222~223.

관련된다.

한편, 각운은 『염송설화』에 각종 용어와 전고, 나아가 공안 비평과 관련된 다양한 문헌을 인용하면서 출전을 잘못 표기한 경우가 보인다. 예를 들어 『염송설화』 12칙에 「완주음」에서 인용한 구절이라고 했으나 이 부분은 「항주오운화상좌선잠(杭州五雲和尙坐禪箴)」에서 인용한 것이다.[40] 119칙에 『사가록』으로 표기된 부분도 실제로는 『중편조동오위』(X63, p. 200a)에서 인용한 것이다. 또한 147칙에 『천성광등록(天聖廣燈錄)』에서 인용한 것으로 표기한 것이나 895칙에 『선림승보전(禪林僧寶傳)』에서 인용한 것으로 제시된 것도 원자료에 그러한 내용이 없으므로 착오로 보인다. 이와 같은 부분적인 오류에도 불구하고 전체적으로 『염송설화』에서 전고를 인용하는 방식이나 문헌학적 이해 수준은 비교적 높은 것으로 보인다.

그러면 『염송설화』에 인용된 문헌이나 각운의 서술 방식 등을 통해 찬술 시기를 어떻게 이해할 수 있을까. 먼저 인용 선적이 대부분 송대에 찬술, 편찬되거나 간행되었고, 이러한 문헌이 성행되었던 시기는 고려 후기라고 할 수 있다. 왜냐하면 14세기 중반 이후에 간화선 일변도의 흐름으로 나아가면서 문자선이 퇴조하게 되었고, 이러한 경향에 따라 문자선의 이해와 관련 문헌에 대한 수요도 감소했기 때문이다.

따라서 『염송설화』에 인용된 선적의 종류나 공안 비평과 재해석에 대한 높은 관심과 이해는 모두 이 문헌이 문자선의 극성기에 찬술된 것으로 볼 수 있다. 공안 비평이 유행하던 단계에서는 다양한 문헌이 출현하고 간행되었지만, 간화선으로 집약되면 그러한 문헌에 대한 수요가 사라지기 때문에 점차 사라질 수밖에 없는 운명이었다.

---

40 『景德傳燈錄』(T51-460a). 한편, 469칙에 인용한 「翫珠吟」은 『禪門諸祖師偈頌』(X66-743c)에서 인용한 것으로 되어 있으나, 『修心訣』(H4-708b9)의 원문과 동일하므로 각운이 후자를 통해 인용했을 가능성도 있다. 비슷한 사례로 1칙에 수록된 「決疑論後記」(T36-1048c28)는 張商英이 1088년에 方山 昭化院에서 기록했던 것인데, 知訥의 『華嚴論節要』(H4-868)에도 전재되어 있다.

『염송설화』는 다양한 용어와 전고를 밝히는 주석의 형식과 내용에서 『조정사원』의 영향을 받았다. 그러나 인용 문헌을 통해 보면 『염송설화』와 『조정사원』의 사상적인 차이도 드러난다. 목암은 『조정사원』에 외전, 불전 등 다양한 문헌을 전거로 활용했다. 외전은 『한서』, 『장자』, 『설문해자(說文解字)』, 『논어』, 『춘추』, 『이아(爾雅)』, 『사기』, 『석명(釋名)』 등 총 247종의 문헌이 425항목에 활용되고 있다. 양적으로 보면 외전의 인용이 불교 전적보다 더 많다.

내전을 전거로 하는 경우는 선적을 제외하고 『능엄경』, 『화엄경』, 『법화경』 등 총 85종의 불전이 186항목에 이용되고 있다. 목암은 법장(法藏), 징관(澄觀)의 화엄 주석서를 많이 인용했는데, 특히 징관의 화엄학에 대한 관심이 깊었다. 반면에 목암은 규봉종밀(圭峰宗密), 영명연수(永明延壽), 이통현(李通玄) 등을 철저히 무시하는데, 이들은 모두 화엄과 선의 융합을 지향하고 교선일치론을 제기한 공통점이 있다.[41]

이에 비해 각운은 『염송설화』에 징관의 주석서도 인용하지만, 규봉종밀, 영명연수, 이통현 등의 저술을 훨씬 많이 인용하고 있다. 각운이 특별히 교선일치를 강조하지 않지만, 상대적으로 교선일치론을 표방하는 주석서를 많이 활용한 것은 그의 사상적 경향과 관련이 있는 것으로 보인다. 또한 목암이 외전과 일반 불전을 폭넓게 활용한 것은 『조정사원』이 대상으로 하는 선적에 대한 훈고서라는 성격과 관련되는 것으로 보인다. 이에 비해 『염송설화』는 선적의 활용이 적지 않은데 용어에 대한 주석보다 공안 비평과 재해석에 초점을 맞춘 해설서라는 성격을 갖고 있기 때문이다.

그러면 각운의 공안 비평과 해석이 어떠하며, 공안선에 대한 이해 수준은 어떠할까. 이러한 분석은 『염송설화』 전체를 대상으로 해야 하지만 내용 자체가 워낙 방대하므로 이 글에서는 『벽암록』, 『종용록』과 같이 송의 대표적인 평창록에 인용된 내용 및 그와 관련된 각운의 해석이 어떻게 드러나는지를 중

---

41 永井政之, 「祖庭事苑の基礎的研究」, 『駒澤大學佛教學部論集』, 4(1973), pp. 80~82.

심으로 살펴보고자 한다.

송대의 대표적인 평창록은 흔히 4가 평창록(評唱錄)이라고 한다. 4가 평창록은 설두중현, 굉지정각, 투자의청, 단하자순 등의 송고 100칙에 대해 원오극근, 만송행수(萬松行秀, 1166~1246), 임천종륜(林泉從倫) 등이 각각 평창 등을 붙여 만든 작품이다.[42] 곧 원오의 『벽암록』,[43] 만송의 『종용록』과 함께 임천의 『공곡집(空谷集)』(1285), 『허당집(虛堂集)』(1295)을 가리킨다.[44] 『설두송고』에 대한 평창록인 『벽암록』이 임제종을 대표하는 평창록이고, 만송과 임천의 저작은 조동종을 대표하는 평창록이다.

『벽암록』은 원오가 『설두송고』에 대해 강의한 것을 제자들이 모아 편집하여 1125년에 간행했다. 『벽암록』은 각 칙마다 서언에 해당하는 수시(垂示), 설두가 고른 고칙 공안인 본칙, 원오의 착어, 설두의 송고, 본칙과 송고에 대한 원오의 평창이라는 형태로 구성되어 있다.[45] 만송이 『벽암록』을 모방하여, 『굉지송고(宏智頌古)』의 각 고칙에 대해 시중(示衆), 착어(著語), 평창(評唱)을 붙여 완성한 평창록이 『종용록』이다.[46] 또한 만송은 『굉지염고(宏智拈古)』에 평창한 『청익록(請益錄)』을 저술했으며, 현전하지 않지만 『조등록(祖燈錄)』도 저술했다.[47]

---

42 椎名宏雄, 「元版 『四家錄』 とその資料」, 『駒澤大學佛教學部論集』 10(1979), p. 227.
43 정확한 명칭은 『佛果圜悟禪師碧巖錄』(10권)이며, 『碧巖集』이라고도 한다.
44 북송에 이르러 조동종은 쇠퇴했으나 投子義靑-芙蓉道楷-丹霞子淳으로 이어지는 계보가 등장하면서 서서히 교세가 회복되었다. 이어 단하의 문하에서 眞歇淸了와 宏智正覺 등이 배출되어 조동종이 발전했다. 이후 금의 지배하에 있던 화북의 조동종을 대표하는 인물이 만송행수이며, 그의 문하에서 임천종륜이 배출되었다 [石井修道, 『宋代禪宗史の硏究』(大東出版社, 1987), pp. 234~294].
45 『벽암록』의 현행 판본은 모두 大德 4년(1300)에 張明遠이 개판한 판본을 祖本으로 하고, 약간의 異同이 있지만 유포본이라 한다. 그 이전의 형태를 전하는 유일한 사본은 도겐이 일본에 가져온 『佛果碧巖破關擊節』이다[末木文美士, 「『碧巖錄』の諸本について」, 『禪文化硏究所紀要』, 18(1992)].
46 椎名宏雄, 「『從容錄』諸本の系統」, 『宗學硏究』, 39(1997), p. 263.

『염송설화』에 임천의 『공곡집』과 『허당집』은 인용되지 않고, 그 대신 원오의 『불과원오격절록(佛果圜悟擊節錄)』(이하 『격절록』),[48] 만송의 『청익록』・『조등록』 등이 출전으로 활용되어 있다. 『격절록』[49]이 『염송설화』에 단 1회 인용된 것에 비해 『벽암록』[50]이 전체 37칙에 인용되어 있으므로 각운이 중시한 선적이다. 만송의 경우도 『청익록』, 『조등록』[51]이 일부 인용되는 데에 그친 반면에 평창록인 『종용록』이 적지 않게 인용되었다.

현존하는 자료를 통해 보면 고려 후기 선종계에서 『벽암록』이 중시된 것으로 보이지 않는다. 그런데 『염송설화』에 『벽암록』이 적지 않게 인용되어 있으므로 각운이 『벽암록』을 어떻게 인용하고 이해했는지에 대해 살펴보기로 한다. 먼저 『염송설화』에 『벽암록』, 『종용록』에서 인용된 내용은 시중, 착어, 평창 등 다양하지만 그중 평창에서 인용된 것이 가장 많다.

『벽암록』에서 원오의 평창은 분량이 많고 내용도 대단히 중요하다. 원오는 평창에서 다른 일화와 문답을 인용하면서 자주 동시대의 통설을 비판하며 본칙에 대한 새로운 해석을 강조했다.[52] 그것은 당시 송대 선이 직면한 과제와 밀접하게 관련된다. 마조선으로 대표되는 당대 선의 기조는 본래 있는 그대로의 본성(本性)인 불성(佛性)을 강조하므로 수행도 깨달음도 필요하지 않다고

---

47 『角虎集』卷上, 萬松行秀禪師章(X62-202b)에 『祖燈錄』 62권을 편찬한 기록이 있다. 또한 『五燈全書』 권61, 行秀章(X82-256b)에 만송의 저작으로 『조등록』이 기록되어 있다.

48 원오의 저작은 『圜悟佛果禪師語錄』(20권), 『佛果圜悟眞覺禪師心要』(2권) 등이 남아 있다[椎名宏雄, 「圜悟の『語錄』と『心要』の諸本」, 『印度學佛敎學硏究』, 45-1(1996).

49 『격절록』은 설두중현의 拈古百則에 원오가 착어, 평창을 더해 저술한 것이다. 『격절록』이 언제 간행되었는지는 알 수 없지만 대개 『벽암록』과 비슷한 시기에 이루어진 것으로 추측된다.

50 『벽암록』은 중국, 한국에 비해 일본에서 많이 간행되었으며, 그에 대한 주석서도 많이 저술되었다[駒澤大學圖書館 編, 『新纂禪籍目錄』(駒澤大學圖書館, 1962), pp.426~432]. 에도 시대 이전의 저술만을 헤아려도 50종을 넘을 정도이다[末木文美士, 「『碧巖錄』の注釋書について」, 『松ヶ岡文庫硏究年報』, 7(1993)].

51 『조등록』은 『禪門寶藏錄』 권중 32, 47에 인용되어 있다.

52 小川隆, 『語錄の思想史』, pp.152~155.

주장하게 되면서 부정적인 폐단을 초래했다. 송대 선승들은 이러한 주장을 비판적인 어조로 무사선(無事禪)이라고 불렀다.

그런데 무사선의 풍조는 송대 선종계에서도 폭넓게 확산되었으며, 그에 대한 비판이 북송대에 서서히 제기되었다.[53] 원오는 진정극문과 오조법연의 영향을 받아 무사선에 대해 비판적 관점을 견지했다. 이와 함께 송대 선에서 선문답이 탈의미적·몰논리적인 것으로 변화하면서 남송 시기에 이르러 통속화되는 폐해가 확산되었다. 이러한 상황에서 원오는 『벽암록』의 착어와 평창을 통해 신랄한 비평을 더했고, 그것은 공안 비평이라는 형식에 그친 것이 아니라 무사선에 빠진 송대 선의 흐름에 새로운 방향을 제시했다.[54]

그것은 결국 무사선에 반대하면서 학인에게 철저히 깨달을 것을 요구하는 방향으로 귀결되었다. 다만 『벽암록』에서는 그러한 깨달음의 체험이 어떻게 가능한지에 대해서는 『벽암록』에서 명확히 밝히거나 제시하지 않았다. 다만, 자각적인 하나의 방법에 집약되면 필연적으로 간화선으로 귀결되는 방향이 원오의 평창에 싹트고 있었다. 따라서 『벽암록』은 북송의 문자선을 집대성함으로써, 간화선으로의 전환에 단초가 된 문헌이다. 다시 말해 『벽암록』은 문자선의 도달점이면서 동시에 간화선의 기점이기도 하다.[55]

그런데 『염송설화』에는 『벽암록』에서 원오가 무사선을 비판하거나 공안 비평의 한계를 지적하는 내용이 전혀 인용되지 않았다. 예를 들어 각운은 『염송설화』 410칙의 평창에 『벽암록』을 인용하면서 본래 무사선을 비판하는 내

---

53 西口芳男,「黃龍慧南の臨濟宗轉向と泐潭懷澄: 附錄『宗門摭英集』の位置とその資料的價値」,『禪文化研究所紀要』, 16(1990); 石井修道,「眞淨克文の人と思想」,『駒澤大學佛教學部研究紀要』, 34(1976); 土屋太祐,「眞淨克文の無事禪批判」,『印度學佛教學研究』, 51-1 (2002) 참조.

54 土屋太祐,「北宋期禪宗の無事禪批判と圜悟克勤」,『東洋文化』, 83(2003); 土屋太祐,「公案禪の成立に關する試論: 北宋臨濟宗の思想史」,『駒澤大學禪研究所年報』, 18(2007) 참조.

55 小川隆,『語錄の思想史』, pp. 248~283.

용이 있음에도 불구하고 전혀 인용하지 않았다. 이러한 경향은 각운의 『벽암록』 평창에 대한 관심이 문자선에 맞춰져 있었음을 보여준다. 다시 말해 각운은 원오가 『벽암록』의 평창을 통해 강조했던 무사선에 대한 비판이나 간화선으로 귀결되는 강렬한 실천에 대한 관심을 갖고 있지 않았음을 보여준다.

나아가 각운이 『염송설화』에 『벽암록』, 『종용록』의 평창을 하면서 새로운 비평을 하거나 재해석하는 경우는 별로 보이지 않는다. 그가 평창록에서 특정한 내용을 그대로 인용하는 스타일은 옛 조사들이 표현한 구절에 공감하면 선승들이 그대로 인용하는 방식을 따른 것으로 볼 수도 있다. 그러나 공안 해설서라는 성격을 감안하면, 이러한 설명으로만 받아들이기 곤란하다.

다시 말해 『선문염송집』의 본칙 내용 가운데 특정한 어구를 해설하기 위한 대표적인 공안 비평 해설로서 이러한 평창을 소개하고 있다. 물론 각운이 이러한 구절을 단순하게 인용한 것이 아니라 본칙의 내용을 이해하기 위한 대표적인 공안 비평으로서 이러한 평창을 소개한 것이며, 그러한 내용에 대한 깊은 이해나 공감을 갖고 제시한 것으로 보인다. 그렇지만 『염송설화』에는 이러한 평창에 대한 이해가 얼마나 깊이가 있는지를 보여주는 설명이 별로 없다.

여기서는 이러한 문제와 관련하여 『종용록』의 사례를 통해 살펴보기로 한다. 『선문염송집』 684칙에 대한 해설에서 각운은 굉지정각의 송, 상당과 함께 『종용록』 56칙에 나오는 만송의 착어를 인용했다. 굉지의 송은 『종용록』 56칙에 인용되어 있으며, 그에 대한 만송의 평창이 서술되어 있지만, 『염송설화』에는 전혀 언급되지 않았다. 아울러 각운은 만송의 착어로 제시된 "땅에서 하늘로 오르는 것은 간단하다(自地昇空易)"라는 구절과 "하늘에서 방하(放下)하는 것은 어렵다(從空放下難)"라는 구절에 대해 각각 승밀(僧密)을 금시(今時), 동산(洞山)을 본분(本分)이라고 간략하게 해설하고 있다.

그런데 이러한 설명은 『종용록』의 본칙 평창에서 만송이 제시한 내용이 무엇인지를 모르는 독자가 본다면 어떠한 의미인지 이해하기가 쉽지 않다. 더욱이 각운은 굉지의 송에 대한 해설은 간략히 제시하지만, 만송의 평창은 전혀 인용하지 않았다. 이러한 서술 방식은 독자에게 『종용록』으로 대표되는 조동종의 공안 비평을 정확하게 이해시키는 데에 한계가 있다고 하겠다. 비록 인용을 하지 않더라도 각운이 제시한 평창을 통해 의미 파악이 가능하다면 무방하겠지만, 실제로 가능했을지 의문이 든다.

본칙에서 동산양개(洞山良价)와 신산승밀(神山僧密)이 개울을 건널 때에 동산이 "그대가 개울을 건너는 방법은 무엇인가?"라고 물으니 신산이 "다리를 적시지 않는다(不濕脚)"고 대답했다. 이어 승밀이 동산에게 "그대는 어떻게 하는가?"라고 물으니 동산은 "다리가 젖지 않는다(脚不濕)"고 대답했다. 이러한 대답은 뒤에 나오는 '수행에 의해 깨닫고(因修而悟), 범(凡)에서 성(聖)에 들어간다(從凡入聖)'는 것과 '먼저 깨닫고 후에 수행해서(先悟後修) 성에서 범에 들어간다(從聖入凡)'는 것의 비유로서 사용되고 있다.

동산과 승밀의 대화에 나오는 다리가 젖지 않는다는 표현은 다리, 곧 몸이 물에 젖어도 본래인은 젖지 않는다는 의미를 보여준다. 이 공안의 주인공인 동산이 석두 계열이므로 마조 계통이 작용즉성을 강조하는 것과 달리 석두 계열이 작용보다는 주인공을 강조하는 선의 전통을 보여준다고 하겠다.[56] 또한 본칙에서 승밀이 말하는 '여백의배상(如白衣拜相)'이라는 향상문(向上門)은 아직 쉽고, 동산이 말하는 '적대잠영(積代簪纓) 잠시낙부(暫時落薄)'라는 향하문(向下門)이 어렵다는 것을 표현한 것이다.[57]

따라서 『종용록』 56칙에 제시된 만송의 평창은 전체 내용과 수미일관하게 연관되는 내용이다. 이러한 평창에 대한 이해는 공안선 입문자가 이해하기 쉽지 않은데, 각운처럼 간략한 만송의 착어만 제시하게 되면 그 자체만으로는 어떤 의미인지 알 수 없다. 적어도 『염송설화』가 독자적인 평창록으로 제시된 것이 아니라 『선문염송집』에 대한 해설서라는 성격을 감안한다면 대단히 불친절한 스타일로 구성된 셈이다.

필자의 추정에 불과하지만, 각운이 만송의 평창에서 드러난 바와 같은 조동

---

56 小川隆, 『語録のことば 唐代の禪』(禪文化研究所, 2007), pp. 128~249.
57 이 표현은 『종용록』 28칙의 본칙 착어인 "步步登高易 心心放下難"과 같은 표현이다.

종의 공안선에 대한 이해에 수긍하지 않았거나 제대로 이해하지 못했을 가능성도 있다. 구체적인 설명이 없는 상태에서 필자가 무어라 단정할 수 없지만, 이러한 경향은 『종용록』에서 인용된 평창이 대부분 유사하기 때문이다.

이상에서 『염송설화』에 인용된 방대한 문헌을 분석하고, 찬술 시기, 문헌의 성격과 특징 등을 살펴보았다. 『염송설화』에 인용된 문헌은 불전과 외전으로 구분되며, 특히 선적이 가장 중시되었다. 이러한 문헌은 선의 용어에 대한 주석, 공안 비평이나 재해석과 관련된 배경, 근거, 이해 등과 관련된다. 선적은 전등사서, 공안집, 어록, 평창록 등 다양하지만, 기본적으로 공안선의 흐름을 반영하는 문헌이 대부분이다. 선적 가운데 특히 『조정사원』, 『벽암록』, 『종용록』 등이 가장 중시되었다.

각운이 다양한 외전, 불전을 인용하여 각종 선어에 대한 주석을 제시하는 형식이나 설명 방식은 『조정사원』의 그것과 유사하다. 실제 『염송설화』에는 『조정사원』에서 직접 인용한 주석도 적지 않다. 다만 『염송설화』와 『조정사원』에는 저자인 각운과 목암의 사상적 차이나 문헌적 성격의 차이가 드러난다. 목암이 교선일치론의 주석서를 배제한다든지 외전과 일반 불전을 폭넓게 활용한 것에 비해 각운은 『염송설화』에 규봉종밀, 영명연수, 이통현 등 교선일치론을 표방하는 주석서를 많이 활용했다. 또한 『조정사원』이 각종 선어에 대한 주석에 초점을 맞춘 훈고서에 가깝다면, 『염송설화』는 용어에 대한 주석보다 공안 비평과 재해석에 초점을 맞춘 해설서에 가깝다.

『염송설화』에 인용된 선적의 종류가 다양하고, 공안 비평과 재해석에 대한 높은 관심과 깊은 이해는 이 문헌 자체가 문자선의 극성기에 찬술되었음을 보여준다. 이러한 경향은 13세기 후반에서 14세기 초까지 이루어진 가지산문의 일연, 혼구 등의 대표적인 저작을 통해서도 알 수 있다. 따라서 『염송설화』는 12~13세기에 고려 선종계에서 공안선이 수용되는 경향을 반영한 문헌이며, 특히 문자선의 성행을 보여주는 저술이다. 또한 인용 문헌을 통해 각운이 저술한 시기는 13세기 후반에서 14세기 초 사이로 추정된다.

한편, 각운의 공안 비평과 해석이 어떠하며, 공안선에 대한 이해 수준이 어느 정도였는지를 『벽암록』, 『종용록』의 평창에 인용한 내용이나 그에 대한 각운의 해석이 어떠한지를 중심으로 살펴보았다. 각운은 『벽암록』, 『종용록』 등의 평창을 가장 많이 인용했는데, 원오와 만송의 공안 비평이나 해석을 그대로 수용하는 경우가 적지 않다. 그러나 공안 비평의 폐단이나 무사선의 한계에 대해 지적하는 내용은 『벽암록』에 전혀 수용하지 않았다. 이러한 경향은 『염송설화』가 문자선에 대한 관심과 이해에 초점을 맞춘 문헌이라는 사실을 잘 보여준다.

이러한 한계는 『종용록』의 인용을 통해서도 확인할 수 있다. 『선문염송집』 684칙에 대한 해설에서 각운은 굉지정각의 송, 상당과 함께 『종용록』 56칙에 나오는 만송의 착어를 인용했다. 굉지의 송은 『종용록』 56칙에 인용되어 있으며, 그에 대한 만송의 평창이 서술되어 있지만, 『염송설화』에는 전혀 언급되지 않았다. 아울러 만송의 평창은 전체 내용과 수미일관 연관되는 내용이며, 조동종의 공안선에 대한 이해를 대표한다. 그럼에도 불구하고 이러한 평창이 언급되지 않거나 단순한 인용에 그친 것은 각운의 공안 비평이나 재해석에 일정한 한계가 있었던 것은 아닌가 생각된다.

제6장

가지산문의 공안선 이해와 특징

1. 가지산문의 문자선 수용

　수선사는 13세기 전반까지 선종을 주도했으나 정치적·경제적 기반이었던 최씨 무신정권의 몰락과 함께 불교계에서 차지하는 위상이 약화되었다. 왕정복고와 원 간섭기라는 정치사회적 변화에 따라 일연(一然, 1206~1289)을 중심으로 한 가지산문이 선종계의 중심으로 부각되었다.

　가지산문의 동향을 알 수 있는 자료가 절대적으로 부족하기 때문에 기존 연구는 대부분 일연을 중심으로 연구가 이루어졌다. 그런데 일연에 관한 연구는 『삼국유사(三國遺事)』와 관련된 문제에 주로 집중되었고, 일연의 생애와 사상에 대한 연구는 많지 않다. 그 이유는 일연의 행적을 알 수 있는 자료가 절대적으로 부족하고, 저술이 거의 남아 있지 않기 때문이다. 근래에 일연의 비문을 최대한 복원하는 성과가 이어지면서 그의 생애와 행적으로까지 연구가 확대되었다.[1] 그러나 기존 연구는 대부분 인물 연구라는 틀에 머물러 고려불교사,

---

1　채상식, 「普覺國尊 一然에 대한 연구」, 『한국사연구』, 26(1979); 김상현, 「인각사 보각국사비 陰記 再考」, 『한국학보』, 62(1991); 박영돈, 「신자료를 통해서 본 麟角寺普覺國尊碑陰記」, 『비블리오필리』, 3(1992); 정병삼, 「일연 비문의 단월」, 『한국학연구』, 5(1995); 채상식, 「보각국존 일연비의 현상과 복원의 문제」, 『고서연구』, 13(1996); 정병삼, 「일

나아가 송대 불교사의 사상적 흐름과 연관시켜 심층적으로 접근하지 못했다.

일찍이 누카리야 가이텐은 일연이 널리 제학(諸學)에 통했고 저서가 매우 많은데 모두 그의 홍학(鴻學)임을 보여주는 것이나 아깝게도 시대의 사조에 빠져서 사상과 신앙 두 가지 모두가 순수하지 못했고, 가지산문의 현풍을 떨치기에 부족하다고 평가했다.[2] 누카리야가 이러한 평가를 한 근거나 이유가 무엇인지는 알 수 없다. 누카리야의 평가는 구체적인 연구를 통해 제시한 견해가 아니며, 개설서에서 단편적으로 언급한 것에 불과하다. 그가 일본 조동종의 시각에서 바라본 선입견이나 식민지 시기에 일본인 학자가 지닌 한국불교에 대한 편견에서 비롯된 견해이므로 학술적 가치가 낮다.

이후 일연에 대한 언급은 『삼국유사』와 관련해서만 초점이 맞추어졌고, 오랫동안 학계의 관심을 받지 못했다. 그런데 1970년대에 일연의 『중편조동오위(重編曹洞五位)』가 알려지면서 일연의 사상에 대한 새로운 문제가 제기되었다.[3] 민영규는 『중편조동오위』에 주목해 일연의 선을 조동선이라고 주장했다.[4] 민영규의 연구는 『중편조동오위』에 대한 엄밀한 분석이 없는 데다가 일

연선사비의 복원과 고려 승려 비문의 문도 구성」, 『한국사연구』, 133(2006).

2 忽滑谷快天, 『朝鮮禪教史』(春秋社, 1930), pp. 238~239.
3 민영규, 「일연의 重編曹洞五位 二卷과 그 일본중간본」, 『인문과학』, 31·32(1974); 민영규, 「일연과 陳尊宿」, 『학림』, 5(1983); 민영규, 「一然重編曹洞五位 重印序」, 『학림』, 6(1984); 김영두, 「고려중기 이후의 曹洞禪」, 『범한철학』, 7(1992); 한종만, 「일연 중편조동오위 연구」, 『한국불교학』, 23(1997); 김호귀, 「曹洞五位의 구조와 전승」, 『한국선학』, 1(2000); 김호귀, 「조동선법의 한국적 수용과 전개」, 『묵조선 연구』(민족사, 2001); 정천구, 「『重編曹洞五位』와 『삼국유사』」, 『한국어문학연구』, 45(2005); 김두진, 「일연의 불교사상」, 『삼국유사연구』, 창간호(일연학연구원, 2005); 최귀묵, 『김시습 조동오위요해의 역주 연구』(소명출판, 2006); 채상식, 「일연의 『중편조동오위』에 보이는 사상과 역사성」, 『지역과 역사』, 30(2012); 채상식, 『일연 그의 생애와 사상』(혜안, 2017).
4 학계에서 조동선, 임제선이라는 용어를 무분별하게 사용하는 것도 주의할 필요가 있다. 이러한 용어는 종파의 구별이 엄밀한 일본학계에서 사용된 것을 무비판적으로 수용하거나 연구자들이 용어에 대한 명확한 개념과 정의를 하지 않은 채 사용되고 있다.

연의 저작 전반에 대한 검토와 이해가 이루어지지 않은 상태에서 『중편조동오위』라는 저작만으로 일연의 선을 조동선으로 규정하는 한계가 있다.

채상식은 일연이 당시 대표적인 선사상으로 풍미하던 수선사의 간화선 못지않게 조동선을 적극 수용함으로써 여러 갈래의 선사상을 융합, 조화시키려는 의도로 『조동오위』를 중편한 것이라고 주장했다. 나아가 조동선을 수용하는 과정에서 부수적으로 이해할 수 있었던 초기 성리학적 분위기를 불교계의 내적 바탕을 토대로 하여 더욱 심도 있게 받아들이지 못했다고 주장했다.[5] 이러한 견해는 명확한 근거를 갖고 제시된 것이 아니며, 선종사의 맥락을 제대로 파악하지 못한 한계가 있다.

이와 같이 일연의 사상에 대한 연구는 여전히 부진하며 『중편조동오위』에 치우치는 경향이 적지 않다. 일연의 저작이 대부분 남아 있지 않다는 데에서 비롯된 것이지만, 연구 시각과 방법론의 문제도 지적하지 않을 수 없다. 기존 고려불교사 연구에는 임제종 정통론에 입각하거나 간화선 중심으로 이루어져 일연을 거의 주목하지 않았다. 또한 일연이 관심을 기울인 선적이 모두 송대 선과 밀접한 관계가 있음에도 불구하고 대부분의 기존 연구에서는 송대 선종사와 연관시켜 접근하지 않은 한계가 있다. 따라서 고려 후기 불교사에서 일연이 차지하는 사상적 위상을 해명하기 위해서는 동아시아 선종사의 맥락에서 접근할 필요가 있다.

> 국존께서 저술한 것으로는 『어록(語錄)』 2권, 『게송잡저(偈頌雜著)』 3권이 있고, 편수한 것으로는 『중편조동오위(重編曹洞五位)』 2권, 『조파도(祖派圖)』 2권, 『대장수지록(大藏須知錄)』 3권, 『제승법수(諸乘法數)』 7권, 『조정사원(祖庭事苑)』 30권, 『선문염송사원(禪門拈頌事苑)』 30권 등 100여 권이 세상에 전한다.[6]

---

5 채상식, 『일연 그의 생애와 사상』, 184~185쪽.
6 閔漬, 「高麗國華山曹溪宗麟角寺迦智山下普覺國尊碑銘幷序」, "師之所著, 有語錄二卷·偈頌雜著三卷, 其所編修, 有重編曹洞五位二卷·祖派圖二卷·大藏須知錄三卷·諸乘法數七

일연의 비문에서 알 수 있듯이 일연의 저작은 선적이 대부분이며, 이 가운데 현존하는 문헌은 『중편조동오위』가 유일하다. 그의 저작이 대부분 현전하지는 않지만, 제목에서 드러나듯이 송의 선적과 깊은 관계가 있다는 사실을 알 수 있다.[7] 나아가 그가 저술하거나 편찬한 선적은 개인적인 관심에서만 이루어진 것이 아니라 고려 후기 선종사의 흐름과 깊은 관계가 있다.

일연이 편찬한 30권본 『조정사원』은 제목에서 알 수 있듯이 목암선경(睦庵善卿)이 1108년에 편찬한 8권본 『조정사원』을 증보, 편찬한 것으로 보인다. 그러면 일연이 목암의 『조정사원』을 증보, 편찬한 이유는 무엇이며, 그 내용은 어떻게 구성되었을까?

앞서 서술한 바와 같이 『조정사원』은 『종문원상집』, 『증도가사실』, 『선문염송설화』 등 고려에서 편찬된 선적에 깊은 영향을 미쳤다. 이러한 선적의 분석에서 드러난 것처럼 『조정사원』은 주요한 용어, 어구에 대한 전거를 인용하는 방식이나 전체적인 구성과 편집 방식에 영향을 미쳤다.

그런데 목암이 편찬한 『조정사원』은 전 8권 가운데 권1에서 권4까지의 주석은 운문문언과 설두중현의 어록을 대상으로 하기 때문에 운문종의 선, 특히 설두중현에 대한 이해와 깊이 관련된다.[8] 『설두송고』의 등장이 『조정사원』 8권을 낳았다는 평가는 두 책의 관계를 잘 보여준다. 실제로 『조정사원』에는 『설두송고』를 포함한 설두의 7부집과 『운문광록』 등이 주된 훈고의 대상이므로 운문종의 사상적 경향이 반영되어 있다. 그러나 12세기 초에 편찬된 『조정

卷·祖庭事苑三十卷·禪門拈頌事苑三十卷等百餘卷, 行于世"; 조명제 편저, 『한국금석문집성』 25(한국국학진흥원, 2011), 10쪽.

[7] 조명제, 「一然의 선사상과 宋의 禪籍」, 『보조사상』, 33(2010). 최병헌은 일연의 저술 가운데 선종 문헌이 따로 있었고, 일연이 선종을 전통적 고대불교와 다른 성격의 불교로 파악했기 때문이라고 주장했다[최병헌, 「三國遺事에 나타난 한국고대불교사 인식: 불교교학과 종파에 대한 인식 문제를 중심으로」, 『삼국유사의 종합적 연구』(한국정신문화연구원, 1987), 203~203쪽].

[8] 永井政之, 「祖庭事苑の基礎的研究」, 『駒澤大學佛敎學部論集』, 4(1973); 椎名宏雄, 「『明覺禪師語錄』諸本の系統」, 『駒澤大學佛敎學部論集』, 26(1995).

사원』은 이후 송대 선종의 흐름을 반영하지 못한 문헌적 한계가 있다. 송대에는 운문종뿐만 아니라 조동종, 임제종을 비롯해 모든 종파에서 문자선이 성행했다.

따라서 일연은 목암이 편찬한 『조정사원』의 한계를 인식하면서 12세기 이후부터 13세기까지 이루어진 송대 선의 흐름을 이해하는 데에 도움을 줄 수 있는 사전으로서 30권본 『조정사원』을 편찬한 것으로 생각된다.[9] 일연의 『조정사원』에는 운문종의 선적에 대한 주석뿐만 아니라 조동종, 임제종의 선적에 대한 폭넓은 주석과 이해가 반영된 것으로 짐작된다. 그것은 일연의 저술에서 송대 선의 다양한 흐름에 대한 문헌적 이해가 드러나기 때문이다.

다음으로 일연의 『선문염송사원』에 대해 살펴보기로 한다. 이 책은 제목에서 드러나듯이 『선문염송집』과 밀접히 관련된다. 『선문염송집』은 수선사에서 독자적으로 편찬한 공안집이며, 수선사 전체 차원에서 공안선을 어떻게 이해하고 수용했는지를 보여주는 대표적인 문헌이다. 또한 『선문염송집』에 수록된 고칙 공안과 착어는 모두 중국 문헌에서 인용된 것이며, 특히 송대 선적이 대부분을 차지한다.

증보한 『선문염송집』이 대장도감 남해분사에서 간행되었는데, 일연은 1249년에 정안의 초청으로 남해 정림사에 머물렀다. 더욱이 일연은 수선사의 몽여와 교류하면서 송대 선의 이해에 관해 논의했다. 따라서 일연이 언제 『선

---

[9] 남동신은 일연의 30권본 『조정사원』이 목암선경의 8권본 『조정사원』을 바탕으로 한국 선종에 관한 사전적 내용을 대폭 증보한 것으로 추정했다[남동신, 「『삼국유사』의 사서로서의 특성」, 『일연과 삼국유사』(일연학연구원, 2007), 104쪽]. 13세기 고려 선종에서 한국 선종의 내용을 전면적으로 부각시킨 선적은 거의 없었고, 고려 선승들은 송대 선의 흐름을 어떻게 수용할 것인가에 주로 관심을 갖고 있었다. 더욱이 선적은 기본적으로 당, 송에서 산출된 것이며, 고려에서 한국 선종의 사전적 내용을 대폭 증보할 만한 문헌이 제시된 적이 거의 없었다. 따라서 남동신의 주장은 특별한 근거가 없이 제시되었고, 당시 선종사의 흐름을 감안하면 설득력이 없다. 이러한 주장은 동아시아 선종사의 전체적인 흐름과 다르며, 사상사적 맥락을 잘못 이해한 것이다.

문염송집』을 보았는지를 알 수 없지만 아무리 늦게 잡아도 남해 시절 이후에는 증보된 『선문염송집』을 충분히 열람했던 것으로 보인다.

그러면 일연이 『선문염송사원』을 편찬한 이유는 무엇일까. 이 책이 현재 남아 있지 않기 때문에 편찬 이유와 내용을 전혀 알 수 없다. 다만 제목과 30권이라는 분량을 통해 이 책의 성격이 무엇인지 짐작할 수 있다. 이 책은 '사원(事苑)'이라는 명칭에서 드러나듯이 『선문염송집』에 대한 주석서로 보인다.[10] 아울러 주석서의 기준은 일연에게 깊은 영향을 미친 목암의 『조정사원』으로 짐작된다.[11]

앞서 살펴본 바와 같이 일연은 문자선과 관련된 선어를 이해하기 위한 주석서인 『조정사원』 30권을 찬술했다. 마찬가지로 『선문염송집』(30권)이라는 방대한 공안집에 수록된 당, 송대의 공안과 착어 등을 이해하기 위해 사전과 같은 성격의 주석서가 당시 고려 선종에 요구되었다. 일연은 이러한 선문의 요구에 부응하는 선적으로서 『조정사원』 30권과 마찬가지로 『선문염송사원』을 찬술한 것으로 보인다. 다시 말해 『선문염송사원』은 『선문염송집』에 수록된 선의 용어와 어구 등에 대한 이해를 돕기 위한 주석서였던 것으로 보인다.[12] 그러면

---

10 채상식은 일연의 『선문염송사원』과 혼구의 『중편염송사원』이 『선문염송집』을 계승한 것으로 추정하고, 일연이 『선문염송집』을 통해 다양하게 전개된 5가 7종의 선사상을 점검하고 이를 계기로 수선사를 계승한 것을 자처했다고 추정했다[채상식, 「일연 그의 생애와 사상」(혜안, 2017), 177쪽]. 이러한 견해는 송대 선의 흐름을 잘못 이해한 것으로 보인다. 일연이 지눌을 계승했다고 표방한 문제는 수사적 표현에 불과하고 구체적인 내용이 없기 때문에 엄밀하게 재검토할 필요가 있다. 13세기 전반기에 수선사가 고려 선종을 주도했기 때문에 수선사의 영향력을 어느 정도 감안할 필요가 있지만, 당시 공안선의 수용은 수선사뿐만 아니라 고려 선종에서 전반적으로 이루어졌기 때문에 지나치게 수선사 일변도로 이해할 필요가 없다고 생각한다.
11 비문 자료에 드러나듯이 일연은 말년까지 노모를 직접 모셨으며, 睦州 陳尊宿의 풍모를 흠모하여 스스로 호를 睦庵이라고 했다. 목주 진존숙은 송의 목암선경을 가리키며, 일연이 공안선의 이해와 관련하여 목암선경의 영향이 적지 않음을 보여준다.
12 일연은 普幻이 『戒環解楞嚴經』의 문제점을 보완하기 위해 저술한 『環解刪補記』에 대한 교감을 했다[조명제, 「고려후기 계환해능엄경의 성행과 사상사적 의의」, 『부대사학』,

일연이 이러한 주석서에 관심을 가진 이유와 학문적 기반은 무엇일까.

> 배움에 있어서는 스승의 가르침에 말미암지 않고 스스로 통달하였다. 이미 도를 깨닫고도 평온히 성실하였고 막힘없는 언변을 갖추었다. 옛 조사들이 깨달음을 얻게 된 어구(機緣語句)와 얽히고설키어 풀기 어려운 일과 물결이 소용돌이치고 험한 파도 같은 일을 긁어내고 도려내어 소통하고 거울처럼 드러내니 시원스럽게 일을 처리함에 여유가 있었다. 또 참선하는 기쁨을 누리는 여가에 거듭 대장경을 읽고 여러 대가의 주석을 깊이 연구하였으며 유학의 서적을 두루 읽고 백가(百家)를 섭렵하여서 사방에 만물을 이롭게 하고 기묘한 방편이 자유자재하였다.[13]

이 비문에 드러나듯이 일연은 선적의 주석과 공안 해석에 대한 이해가 깊었으며, 각종 불전과 제자백가뿐만 아니라 주석서까지 섭렵했다. 이와 같이 일연은 선 수행에만 몰입하지 않고 폭넓은 학문적 기반과 공안 비평에 대한 안목을 갖추고 있었다. 이는 송대 선의 동향에 대한 이해와 깊은 관심에서 비롯된 것이며, 그가 찬술하고 편찬한 선적의 성격과도 깊이 연관된다.

그러면 일연의 공안 주석서와 『삼국유사』는 어떠한 관계에 있을까. 나아가 일연이 선승임에도 불구하고 『삼국유사』에 선종사를 거의 서술하지 않았던 이유가 무엇일까. 자료의 한계와 연구자들의 무관심으로 인해 이에 대한 해명이 뚜렷하게 제시되지 못하고 있다. 남동신은 일연의 경우는 물론이고 고려 말까지 선종의 역사를 담은 종합적인 전등사서가 편찬되지 않았다고 주장했다.[14]

12(1988)〕.

13 閔漬,「高麗國華山曹溪宗麟角寺迦智山下普覺國尊碑銘幷序」, 조명제 편저,『한국금석문집성』 25, 10쪽, "於學 不由師訓, 自然通曉. 旣入道穩實, 而縱之以無礙辯. 至古人之機緣語句, 盤根錯節, 渦旋波險處, 抉剔疏鑿, 恢恢焉游刀有餘. 又於禪悅之餘, 再閱藏經, 窮究諸家章疏, 旁涉儒書, 兼貫百家, 而隨方利物, 妙用縱橫."

14 남동신,「『삼국유사』의 사서로서의 특성」, 105쪽.

이러한 주장은 선종사의 동향을 오해한 것으로 보인다. 전등록은 반드시 사실(史實)을 기록하는 것을 주목적으로 편찬된 서적이 아니라 선의 사자상승(師資相承) 계보를 중심으로, 역대 조사들의 기연문답과 상당, 시중을 집록했다는 의미가 있다.[15] 앞서 살펴본 바와 같이 『전등록』・『광등록』・『속등록』・『보등록』 등은 각각 법안종・임제종・운문종 중심으로 편찬되었고, 송대 선종의 시기별 상황과 사상적인 경향이 반영되어 있다.

순우(淳祐) 12년(1252)에 편찬된 『오등회원(五燈會元)』도 마찬가지이다. 오등이란 앞의 4등과 『연등회요』를 아우르는 것이지만, 단순히 전등록을 종합하는 데 그치지 않고 당시 임제종 대혜파의 입장과 사상적 경향을 반영했다. 『연등회요』는 4등과 달리 공안을 수록한 전등록이며, 간화선의 사상적 맥락과 깊이 연관된다. 『오등회원』은 편자인 대혜파의 혜명(慧明)[16]이 『종문통요집』・『연등회요』 등 전등사서를 총괄한 것이며, 공안집의 성격을 포함한 특징이 있다. 또한 이전의 전등록이 사용한 5가 분류에 새롭게 황룡파, 양기파라는 2파를 더하여 오가칠종(五家七宗)으로 송대 선종을 정리했다.[17]

선종의 문헌은 하나의 성격만을 단순하게 반영한 것이 아니다. 예를 들어 공안집인 『선문염송집』에 공안의 주인공인 조사들을 석존 이래 선문 전등의 차례에 따라 배열한 것은 그 자체로 선종 역사서임을 보여준다. 그렇다면 일연도 이와 같은 선종사적 역사인식을 토대로 『선문염송사원』을 편찬한 것이 아닐까. 『선문염송사원』은 공안집에 대한 공안 주석서 또는 해설서로 찬술된 것이지만, 일연의 선종사 인식이 담겨 있다고 생각된다.

그런데 『선문염송집』에 인용된 공안의 주인공 중 신라 출신자는 박암(泊巖), 대령(大嶺), 운주(雲住) 등이고, 공안도 5칙에 불과하다. 그러면 『선문염송

15　柳田聖山, 『初期禪宗史書の硏究』(法藏館, 1967), p. 11.
16　종래 『오등회원』의 편찬자를 大川普濟로 보았지만, 佐藤秀孝, 「『五燈會元』編集の一疑点」, 『印度學佛敎學硏究』, 29-2(1981)에 의해 편찬자가 慧明임이 밝혀졌다.
17　石井修道, 「宋代禪宗史の特色」, 『東洋文化』, 83(2003).

집』에 신라, 고려 선종사에 대한 인식이나 사실을 왜 담지 않았을까. 이러한 의문은 비슷한 시기에 간행된『조당집』을 통해 어느 정도 실마리를 찾을 수 있다.

『조당집』은 오대(五代) 남당(南唐) 보대(保大) 10년(952)에 복건성 천주부(泉州府)의 초경원(招慶院)에서 정(靜)·균(筠) 선사가 편집한 전등사서이다. 현존하는 유일한 판본은 해인사에 소장되어 있고, 20세기 초에 오노 겐묘(小野玄妙), 세키노 타다시(關野貞) 등에 의해 소개되었다.『조당집』은 중국 선종사와 중국어학 연구에서 자료 가치가 높이 평가되는 중요한 전적이다.

그런데『조당집』은 적어도 2차례의 편집을 거친 전적이며, 특히 두 번째 편집은 고려 선종에서 이루어졌다.『조당집』은 본래 불분권(不分卷), 곧 1권본이고, 이것이 고려에 전해진 뒤 10권으로 증광된 텍스트가 다시 전래되었다. 이후 고려에서 광준(匡儁)이 그것을 20권으로 재편했고, 1245년에 고려대장경의 보판으로 간행되었다.[18]

『조당집』은 신라, 고려 출신의 선승들의 기연어구가 비교적 풍부하게 실려 있다.『조당집』에 수록된 10명의 선승들은 대부분이 구산선문의 개조라는 사실이다. 석두계의 제운영조(齊雲靈照), 복청현눌(福淸玄訥)이 권11에 수록되었고, 마조계의 법맥을 이은 선승은 모두 권17에 수록되었다. 이들은 가지산문의 원적도의(元寂道義), 동리산문의 동리혜철(桐裏慧徹), 실상산문의 실상홍척(實相洪直), 봉림산문의 혜목현욱(慧目玄旭), 사굴산문의 굴산범일(崛山梵日), 성주산문의 낭혜무염(朗慧無染), 사자산문의 쌍봉도윤(雙峯道允)이다. 또 위앙종 계통의 오관순지(五冠順之)가 권20에 수록되었다.

이 선승들은『전등록』에 이름만 전해질 뿐인데『조당집』에 특별히 수록된 이유는 무엇일까? 먼저 해동 선사들에 대한 서술이『조당집』의 일반적인 내

---

18 「祖堂集序」, "已上序文幷祖堂集一卷, 先行此土, 尔後十卷齊到. 謹依具本, 爰欲新開印版, 廣施流傳, 分爲二十卷"; 衣川賢次, 「祖堂集の校理」, 『東洋文化』, 83(2003), pp. 140~141.

용 및 구성과 다르다는 사실이 주목된다. 이들 가운데 5명은 단문의 전기만이 있고, 범일·무염의 경우에도 대부분 전기이고 기연의 어구가 적다. 또한 무염의 어구는 『선문보장록』에 실린 「무염국사무설론(無染國師無舌論)」의 논지와 같은 것으로 교리적 어구라 할 수 있다. 이러한 전기만의 서술이나 교리적 어구는 『조당집』 전편의 구성과 매우 다르다.

따라서 『조당집』에 해동 선사들을 수록한 것은 13세기 고려 선종의 동향이나 입장에서 생각할 필요가 있다. 고려에서 『조당집』을 재편집해 간행할 때 구산선문의 개조에 해당하는 선승을 수록한 것은 13세기 당시 고려 선종의 정통성을 제시하고자 하는 의도에서 비롯된 것으로 보인다. 실제 『조당집』에 과거 7불, 서천(西天) 28조설, 남종 6조설 등이 반영되어 있고, 그들을 계승한 남종선의 법맥이 신라로 전승된 사실을 서술하고자 하는 의도가 드러나고 있다.

따라서 고려에서 재편집된 『조당집』은 신라 선종사의 흐름을 수록하고 있다. 다시 말해 신라 선종사에 대한 서술은 『선문염송집』에 반영되지 않았지만, 『조당집』의 편찬을 통해 구현되었다. 그렇다면 일연이 『삼국유사』를 편찬하면서 신라 선종사를 서술하지 않았던 이유는 이미 『조당집』에 구현되었기 때문이 아닐까.[19]

한편, 일연의 선종사 인식은 그의 저작 중 『조파도(祖派圖)』(2권)에 반영되었던 것으로 짐작되지만 현재 남아 있지 않다. 『조파도』는 제목으로 보아 선종 법맥의 계보도로 보인다. 그런데 이러한 성격을 지닌 문헌이 일연 당대의 남송에서 이미 편찬되었다. 현재 일본 도후쿠지(東福寺)에 소장된 『불조종파총도(佛祖宗派總圖)』 1권은 남송 가희(嘉熙) 2년(1237)에 간행된 판본이며, 여달(汝達)이 편집한 선문 법계보(法系譜)이다. 전체 구성은 석가종파(釋迦宗派)에서 시작하여 과거 7불, 서천 28조, 동토(東土) 6조 등을 서술하고, 이어 중국 선종의 계보를 따라 법명을 도표로 제시했다. 그 총수는 4773명으로 선문 법

---

19   조명제, 「일연의 선사상과 송의 禪籍」, 『보조사상』, 33(2010), 210~212쪽.

계를 일대 집성한 것이다. 여달이 이러한 법계도를 작성하면서 당시 완성된 오등이라는 전등록을 비롯해 비문, 전기 등을 참조했던 것으로 보인다.

13세기 말에 선종이 불교계를 주도하던 상황에서 수백 년간 이어진 해동 법맥의 계보를 제시하고자 한 선종 내부의 동기와 그에 대한 수요가 충분히 존재했던 것으로 보인다. 이미 이장용(李藏用, 1201~1272)이 『선가종파도(禪家宗派圖)』를 편찬한 사실은 이러한 상황을 잘 보여준다. 따라서 일연이 『조파도』를 편찬한 것은 이러한 사상적 동향과 무관하지 않다. 나아가 일연이 송의 선적을 방대하게 섭렵해 다양한 선적을 저술, 편찬했기 때문에 『조파도』의 편찬에 당시 새롭게 편찬된 『불조종파총도』를 참조했을 가능성이 크다.

나아가 신라 구산선문의 개산조를 비롯한 해동 선사들의 법맥은 중국 선종의 법맥과 연결시켜 제시했던 것으로 보인다. 『불조종파총도』와 같은 법계도를 단순히 간행하는 선에 그치지 않고 그가 독자적으로 법계도를 저술한 것은 나름의 의도와 이유가 있었을 것이다.

이러한 추정은 일연이 역사서 편찬에 보인 관심과 내용을 통해 비교해 보면 더 설득력이 있다고 생각된다. 일연은 『삼국유사』를 편찬하면서 왕력편(王曆篇)을 구성하고, 그 선행 작업으로 『역대연표(歷代年表)』를 편찬했다. 따라서 이러한 연표 작성에 대한 경험과 학식이 선종사에 그대로 반영되었을 것으로 생각된다.

이상에서 살펴본 바와 같이 일연은 『선문염송사원』과 『조파도』 등을 통해 그의 독자적인 선종사 인식과 내용을 담고 있는 문헌을 저술하거나 편찬했다. 따라서 그가 『삼국유사』를 편찬하면서 선종사에 대한 내용과 인식을 담지 않은 것은 선종사 관련 저작이 있었기 때문이다.

일연은 불교뿐만 아니라 제자백가를 비롯해 다양한 분야에 폭넓은 지식을 갖고 있었다. 그런데 이러한 경향은 일연에 국한된 것이 아니라 대체로 당시 선승들은 공안선을 이해하기 위해 중국 고전에 대한 소양을 폭넓게 지니고 있었다. 이러한 경향은 앞서 살펴본 바와 같이 공안 주석서의 성격에서 잘 드러난다. 일연의 경우에도 그의 저작 중 하나인 『조정사원』의 성격에서 이러한 사실을 확인할 수 있다.

목암선경의 『조정사원』에 전거로 인용된 문헌은 대단히 다양하지만 크게 외전과 불전으로 나뉜다. 외전은 『사기』, 『한서(漢書)』, 『장자』, 『설문해자(說文解字)』, 『논어』, 『춘추』, 『이아(爾雅)』, 『석명(釋名)』 등 총 247종의 문헌이 425항목에 사용되고 있으므로 양적으로 보면 외전의 인용이 불전보다 더 많다. 더욱이 어구와 용어에 대한 주석 내용, 나아가 주석 방식이나 전거를 활용하는 방법 등이 훈고학에 기인한다. 그러므로 일연은 문자선의 이해와 관련된 송대 선적뿐만 아니라 역사서, 유교를 비롯한 제자백가의 문헌까지 두루 섭렵했으며, 이러한 학문적 기반이 있었기 때문에 『삼국유사』를 찬술할 수 있었다.

2. 일연의 『중편조동오위』와 공안선의 이해

일연은 송대 선, 특히 문자선에 깊은 관심을 갖고 방대한 저작을 남겼다. 그러면 일연이 이해한 문자선의 수준은 어느 정도였으며, 간화선에 대해 얼마나 관심을 갖고 있었을까? 일연의 저작이 거의 남아 있지 않아 이를 해명하는 데에는 한계가 있다. 이를 감안해 이 글에서는 일연의 『중편조동오위』를 통해 검토해 보기로 하겠다.

당 말 오대에 이르러 선종은 이른바 오가(五家)로 분화, 발전했다. 오가라는 개념이 일반화되면서 각 교단이 추구한 종풍의 독자성이 제시되었다. 그러한 분위기에서 중시된 것이 '임제삼구', '동산오위' 등의 기관(機關)이었다. 조동종의 종풍은 이른바 오위사상을 특징으로 한다. '오위'는 당 말 선문에서 성립한 것으로, 진리와 현상과의 관계를 5유형으로 나타낸 일종의 세계관이다. 오대(五代) 무렵부터 조동종에서는 오위 참구가 종풍처럼 여겨졌고, 임제종계에서도 이에 관심을 보였다. 오위 법문으로는 크게 나누어 편정오위(偏正五位), 공훈오위(功勳五位), 군신오위(君臣五位), 왕자오위(王子五位) 등 4종이 있으며, 이는 전통적으로 동산양개의 창작으로 알려져 있다.[20]

그런데 오위에 대한 전거가 명확하지 않다는 문제점이 있다. 『조당집』 어디에서도 동산과 오위의 관계를 언급하지 않았다. 이러한 양상은 『송고승전』, 『경덕전등록』 등에서도 마찬가지이다. 오히려 『송고승전』, 『경덕전등록』에는 조산이 오위를 기관으로 사용했다고 서술되어 있다.

현전하는 문헌 가운데 각범혜홍이 편찬한 『선림보승전』에서 동산과 오위의 관계를 명확히 서술했다. 『선림승보전』 권1 조산 조에는 동산에게서 전수받은 「보경삼매」, 「오위현결(五位顯訣)」, 「삼종삼루(三種滲漏)」 등이 실려 있다. 각범은 『선림승보전』을 통해 동산이 오위를 창작한 것으로 서술했고, 이 내용이 『인천안목(人天眼目)』에 실리면서 이후 선문에서 사실로 정착했다.

그러나 고문헌에 동산이 오위를 창작하거나 사용했다는 전거가 없는 데다가 그러한 사상체계와 동산의 선풍과 합치되지 않는다는 문제점이 있다. 또한 조산 이후의 교단에서 오위를 통해 조산과 동산을 결합할 필요가 있었다는 점에 착안해 오위의 창시자를 동산이 아니라 조산으로 보는 학설이 제기되었다.[21]

이상에서 간략히 살펴본 바와 같이 오위를 둘러싼 오위에 대한 이해 문제는 당송 선종계에서 해결하지 못했고, 이는 고려 선종으로도 이어졌다. 일연은 1256년 남해 길상암에 머무르며 『중편조동오위』를 편찬해 1260년에 간행했다. 그런데 일연이 『조동오위』를 중편한 동기는 지겸(志謙)의 중간본에 대한 문제 인식에서 비롯되었다. 지겸은 송 전래본에 소산광인(疎山匡仁)과 구봉도건(九峯道虔)의 어결(語訣)과, 조동의 유문을 합철해 2권의 저서를 남겼다. 일연은 수선사의 몽여를 만나 지겸의 중간본이 안고 있는 문제점에 대해 논의하기도 했다.[22]

---

20 宇井伯壽, 「洞山の五位顯訣と曹山の揀」, 『第三禪宗史硏究』(岩波書店, 1943), pp. 253~269.
21 椎名宏雄, 『唐代の禪僧7 洞山』(臨川書店, 2010), pp. 192~195. 다만 동산에게 후에 오위가 체계화될 때에 사용된 다양한 용어 가운데 「主·賓」, 「功·勳」, 「君·臣」 등이 『조당집』에 산견된다.
22 채상식, 『일연 그의 생애와 사상』, 205쪽에서 일연이 몽여의 점검을 받아 개정본을 내게 되었다고 했다. 그러나 한 차례의 만남에서 문제의식을 공유한 것에 불과하고, 몽여의

『중편조동오위』에는 '보왈(補曰)'이라는 형식으로 일연의 서술이 남아 있다. 이 책 권상 첫머리에 서술된 '보왈'에서는 '선경운(善卿云)'이라는 형식으로 『조정사원』의 내용을 그대로 인용했다.[23] 나머지 '보왈'도 전거를 통해 설명하거나 고증하는 내용이 적지 않다. 일연은 『조동오위』를 중편하면서 지겸의 중간본을 교열하고, 착종을 개정, 개편하는 작업을 주로 했다.[24] 나아가 「조산간(曹山揀)」과 「광휘석(廣輝釋)」의 내용을 취사선택해 게재하고, 주석이 없는 부분을 보완했다. 곧 일연의 '보'는 주석의 필요성을 깨달은 곳에 붙인 보주(補註)의 총칭이다.[25]

18곳에 단 '보왈'에는 대부분 전거가 적혀 있는데, 『유마경』·『화엄경』·『능가경』·『태자모백경』·『대승기신론』·『석마하연론(釋摩訶衍論)』 등의 경론이 다양하게 보이지만, 『방거사어록(龐居士語錄)』·『굉지록(宏智錄)』·『경덕전등록』·『선림승보전』·『임간록』 등 선적이 가장 많다. 그러면 '보왈'을 통해 일연의 조동오위에 대한 이해와 논의 수준을 살펴보기로 하자.

일연은 오위가 동산양개의 작품이라는 것이 천하의 통론인데도, 『선림승보전』에서 동산이 운암담성(雲巖曇晟, 782~841)으로부터 오위, 보경삼매 등을 받았다고 하거나 약산유엄(藥山惟儼, 745~828)이 지은 것으로 추측한 것을 비판했다. 즉, 일연은 각범의 지적이 명확하지 않다고 하면서 그가 예단한 데 대해 비판했다. 아울러 비판의 근거로 목암선경의 견해를 가장 먼저 제시하고 있어 주목된다. 이와 같이 일연이 각범을 비판한 것은 「축위송(逐位頌)」의 작자를 둘러싼 문제에서도 드러난다. 『임간록』에서는 동산이 「축위송」을 지었다고 했지만, 일연은 조산이 작자라고 주장했다. 따라서 일연은 각범혜홍의 언설을

사후에 『중편조동오위』를 냈기 때문에 실제 몽여의 점검을 받았다고 보기 어렵다.
23 『한불전』 6, 218쪽.
24 채상식, 『일연 그의 생애와 사상』, 217쪽에서 『중편조동오위』에 대해 일연이 전거를 통해 고증하고 여기에 그의 견해를 부분적으로 피력하는 수준이라고 지적했다.
25 桐野好覺, 「『重編曹洞五位』における晦然の「補」をめぐる一考察」, 『印度學佛敎學硏究』, 51-2(2003).

비판 대상으로 강하게 인식했다.

한편, 『중편조동오위』는 제목 그대로 조동종의 조동오위에 대한 내용이 중심이지만, 게송도 적지 않게 수록되어 있다. 더욱이 이러한 게송은 굉지정각을 비롯한 조동종 선승들의 게송이 주류를 이루지만, 석상초원·심문담분 등 임제종 선승들의 것도 적지 않다.

또한 『정법안장(正法眼藏)』 권6, 시중(示衆)에 수록된 대혜종고의 조동오위에 대한 상세한 언급과 주석을 『중편조동오위』에도 전재했다. 대혜는 20세부터 2년간 조동종의 동산도미(洞山道微, 생몰년 미상) 문하에 있었다. 대혜는 이때 동산도미 문하에서 조동오위를 이해했다고 스스로 공언했다.[26] 그러나 대혜는 동산도미 문하를 떠났고, 조동종에서 오위설 전승이 형해화된 상황을 비판했다. 대혜는 1115년부터 각범과 교류를 시작했으며, 1128년 각범이 입적한 뒤 각범의 행장을 지을 정도로 각별한 사이였다.

그런데 각범은 오위의 제4위를 편중지(偏中至)라고 했지만, 대혜는 그것을 따르지 않고 겸중지(兼中至)를 채택했다. 당시 각범은 무비판적으로 겸중지를 사용하는 조동종을 비난하며, 편중지가 바르다고 주장했다. 그러나 대혜는 각범의 설을 답습하지 않고, 겸중지와 겸중도를 거론하며 '지'와 '도'의 단계성을 강조했다.[27]

이와 같이 오위설을 둘러싼 다양한 해석이 존재하지만, 일연은 자신의 의견이 무엇인지를 명확히 밝히지 않았다. 앞서 살펴본 바와 같이 일연은 '보왈'을 통해 조동오위와 관련된 전거에 대한 주석을 제시하고 있지만, 그 이상으로 자신의 독자적인 해석이나 견해를 밝히지 않았다. 그 이유가 무엇인지 알 수 없지만, 여러 가지 의문이 남는다.

앞서 서술한 바와 같이 일연이 문자선에 관한 방대한 내용의 주석서를 찬술

---

26 『大慧普覺禪師普說』卷2, 「方敷文請普說」〔柳田聖山·椎名宏雄 共編, 『禪典』4(臨川書店, 2000), p. 206下〕.

27 桐野好覺, 「大慧宗杲と五位」, 『印度學佛教學研究』, 49-1(2000).

할 정도로 송대 선에 대해 폭넓은 지식을 갖추고 있었다는 점에 비추어 본다면 조동오위에 대한 이해 수준은 납득하기 어렵다. 기본적으로 자료의 한계가 있기 때문에 명확히 해명하기 어렵지만, 향후 일연이 독자적인 해석이나 견해를 밝히지 않은 이유가 무엇인지 보다 엄밀하게 검토할 필요가 있다. 일연은 송대 선에 대해 폭넓은 지식을 갖추고 있었지만, 문자선의 이해에 의문이 있는 분야도 있음을 보여준다.

이상에서 살펴본 바와 같이 일연의 방대한 저작은 대부분 선적이며, 그가 관심을 갖고 찬술한 저작의 내용은 송대 선의 이해, 특히 문자선과 관련된 것이다. 일연의 관심이 주로 문자선에 집중되었기 때문에 그의 저작에서 간화선과 관련된 문헌을 볼 수 없거나 간화선에 대해 언급한 경우를 찾기가 어려운 것으로 보인다.[28]

채상식은 일연이 22세 때에 포산 보당암에 머물면서 '심존선관(心存禪觀)' 했고, '생계불감(生界不減) 불계부증(佛界不增)' 화두를 참구하여 깨달음을 이루었기 때문에 간화선을 중시한 것으로 보았다.[29] 그러나 비문 자료의 표현이 과연 간화선으로 볼 수 있는지에 대해서는 재검토할 필요가 있다. 일연이 참구한 것이 간화선에서 제시하는 일반적인 공안이라고 보기 어렵고, 원문의 표현으로 볼 때 오히려 공안 비평과 관련되는 것으로 볼 수 있기 때문이다.[30] 나

---

[28] 채상식은 일연이 간화선에 깊이 심취했으며, 혜심의 『선문염송』에 의거해서 더욱 심화된 선사상과 다양한 갈래의 선사상을 접했다고 주장한다(채상식, 『일연 그의 생애와 사상』, 219쪽). 그러나 이러한 견해는 송대 선의 흐름을 오해하거나 일연의 전체 저작에서 드러나는 선의 지향이 무엇인지를 잘못 이해한 데에서 비롯된 주장이다. 일연이 간화선에 대해 언급한 것이 거의 없고, 송대 선에 대한 관심과 이해가 주로 문자선에 초점이 맞춰져 있다.

[29] 閔漬, 「高麗國華山曹溪宗麟角寺迦智山下普覺國尊碑幷序」, 『금석』상, 조명제 편저, 『한국금석문집성』 25(한국국학진흥원, 2011), 8쪽, "時常以生界不減佛界不增之語參究之, 忽一日豁然有悟, 謂人曰, 吾今日乃知三界如幻夢, 見大地無纖毫礙"; 채상식, 「일연의 사상적 경향」, 『고려후기불교사연구』(일조각, 1991), 138~142쪽.

[30] 필자는 일연이 화두 참구를 통해 깨달았기 때문에 간화선을 중시하고, 그의 저작 가운데

아가 이 기록 이외에 일연이 간화선을 강조한 경우를 볼 수 없다는 근본적인 문제가 남아 있다.

이런 경향은 일연을 계승한 보감국사(寶鑑國師) 혼구(混丘, 1251~1322)의 저작을 통해서도 확인할 수 있다. 혼구의 비명에 따르면 그의 저작으로 『어록』(2권), 『가송잡저(歌頌雜著)』(2권), 『신편수륙의문(新編水陸儀文)』(2권), 『중편염송사원(重編拈頌事苑)』(30권) 등이 기록되어 있다.[31] 현재 그의 저작이 남아 있지 않지만, 이 가운데 『중편염송사원』이 주목된다.[32] 이 책은 제목으로 보아 일연의 『선문염송사원』을 보완하는 문헌으로 보인다. 혼구는 『선문염송사원』의 체재와 내용에서 드러난 문제점을 일부 보완하기 위해 이 책을 편찬한 것으로 추측된다.

그런데 채상식은 일연의 저작이 대부분 현전하지 않는 이유에 대해 선종의 정통론 논의 과정에서 파기되었을 것으로 추측했다. 채상식은 다양한 선사상이 공존하는 가운데 선사상이 보다 발전할 수 있었던 분위기가 임제선만을 정통으로 인식하는 경향에 의해 결국 좌절된 것이라 했다. 그러나 이러한 설명은 송대 선의 흐름을 잘못 이해한 데에서 비롯된 것이며, 사상사적 맥락을 오해했다는 문제점이 있다. 송대에 종파와 관계없이 공안 비평이 유행하던 단계에서는 다양한 문헌이 출현하고 간행되었지만, 간화선으로 집약되면서 그러한 문헌에 대한 수요가 감소했기 때문에 점차 사라질 수밖에 없는 운명이었다.

이러한 경향은 당대에 사본으로 전해지던 선적이 송대에 목판본으로 간행

『어록』(2권), 『게송잡저』(3권), 『선문염송사원』(30권) 등이 그의 간화선 이해와 관련된다고 지적한 적이 있다(조명제, 「일연의 선사상과 송의 禪籍」, 206쪽). 그러나 이 글에서 지적한 것처럼 일연은 문자선에 관심을 기울였고, 간화선과 관련된 직접적인 자료가 거의 없기 때문에 이러한 견해를 수정하고자 한다.

31 李齊賢, 「瑩源寺寶鑑國師碑銘」, 『東文選』 권118, "師沉厚寡言, 學無不窺, 爲詩文富贍. 有語錄兩卷. 歌頌雜著二卷. 新編水陸儀文二卷. 重編指頌事苑三十卷, 行叢林間. 中吳蒙山異禪師, 嘗作無極說, 附海舶以寄之. 師默領其意, 自號無極老人".

32 채상식, 「一然의 사상적 경향」, 148~149쪽.

된 양상과도 일맥상통한다. 예를 들어 당대에 크게 세력을 떨친 북종의 문헌이 대부분 사라진 것은 북종선이 당 말에 사라진 데에 기인한다. 이뿐 아니라 초기 선문의 문헌과 남종선, 우두선(牛頭禪)의 어록들도 대부분 전해지지 않는 것은 북송 이후 선이 대부분 공안선 일색이 되면서 공안이 되기 어려운 선에 관한 어록이나 낡은 전등사서, 강요서(綱要書) 등의 수요가 선문에서 사라졌기 때문이라고 할 수 있다.[33] 따라서 선적이 유행하고 사라지는 이유는 이러한 사상사적 맥락에서 찾아야 한다.

일연, 혼구 등을 통해 알 수 있듯이 가지산문에서는 문자선에 대한 관심이 계속 되고 있었다. 달리 말하면, 13세기 후반 가지산문에서는 간화선에 대한 관심이 그리 높지 않았다는 사실을 보여준다.

이러한 경향은 일연 단계에 남송 선종계의 사상적 경향과 일정한 차이가 있는 것을 통해서도 추측할 수 있다. 남송대에 송대 선의 형식화·정형화가 진행되어 송대 선이 정점에 도달하는 양상을 보이지만, 일연 단계에서는 그러한 정형화·고착화 현상은 나타나지 않는다. 고려 선종계에서 '무자' 화두 일변도로 간화선이 정형화되는 것은 14세기 전반 이후이기 때문에 일연 단계에서는 문자선이 여전히 성행했다.

이러한 경향은 앞서 살펴본 바와 같이 『선문염송설화』(이하 『염송설화』)를 통해서도 확인할 수 있다. 각운은 『염송설화』에서 원오와 만송의 공안 비평이나 해석을 그대로 수용하는 경우가 적지 않다. 그렇지만 원오가 『벽암록』에서 지적한 공안 비평의 폐단이나 무사선의 한계에 대한 내용은 전혀 수용하지 않았다. 이러한 경향은 『염송설화』가 문자선에 대한 관심과 이해에 초점을 맞춘 문헌이라는 사실을 잘 보여준다.

이러한 한계는 『종용록』의 인용을 통해서도 확인할 수 있다. 『선문염송집』 684칙에 대한 해설에서 각운은 굉지정각의 송, 상당과 함께 『종용록』 56칙에

33　椎名宏雄, 「唐代禪籍の宋代刊行について」, 鈴木哲雄 編, 『宋代禪宗の社會的影向』(山喜房佛書林, 2002), p. 528.

나오는 만송의 착어를 인용했다. 굉지의 송은 『종용록』 56칙에 인용되어 있으며, 그에 대한 만송의 평창이 서술되어 있지만, 『염송설화』에는 전혀 언급되지 않았다. 아울러 만송의 평창은 전체 내용과 수미일관 연관되는 내용이며, 조동종의 공안선에 대한 이해를 대표한다. 그럼에도 불구하고 이러한 평창이 언급되지 않거나 단순한 인용에 그친 것은 각운의 공안 비평이나 재해석에 일정한 한계가 있었던 것이 아닌가 생각된다.[34]

한편 일연이 입적하던 해인 1289년에 『인천보감(人天寶鑑)』을 간행할 것을 문도에게 명한 사실이 주목된다. 『인천보감』은 임제종 대혜파의 석실담수(石室曇秀)가 소정(紹定) 3년(1230)에 편찬, 간행한 것이다. 담수는 대혜의 『정법안장』을 모방하여 선, 교, 율을 포괄하는 승려들의 언행 가운데 수행자가 모범으로 삼아야 할 120편을 뽑아 편찬했다.[35]

담수의 편찬 의도는 서문에 제시되어 있다. 하나는 대혜의 『정법안장』과 같이 옛 사람의 훌륭한 행적을 널리 세상에 알리기 위한 것이고, 또 하나는 당시 선 수행자들이 오로지 선만을 주장하는 폐단을 경계하기 위한 것이다. 옛 선승들은 선뿐만 아니라 누구나 경학과 율을 공부했고, 나아가 유교와 도교까지도 널리 터득하여 철저히 깨달았는데 당시 불교계에서는 한 가지 방법만 오로지 하여 서로 비방하는 폐단이 심각하기 때문에 이를 편찬했다고 담수는 직접 밝히고 있다.[36]

따라서 『인천보감』은 다양한 영역에 걸쳐 서술되어 있다. 먼저 선승이 편찬한 문헌이므로 당연히 선종에 대한 서술이 많다. 담수가 임제종 대혜파 출신이기는 하지만 임제종뿐 아니라 법안종, 운문종, 조동종 등 오가의 선승들에 대한 이야기를 두루 수록하고 있다.

34　조명제, 「『선문염송설화』의 인용 문헌과 사상적 특징」, 『역사와 경계』, 108(2018), 82~84쪽.
35　이 책은 일본 선종에서 선문 7부집의 하나로 널리 수용되었다. 椎名宏雄, 2023, 「五山版『人天寶鑑』の槪要」, 『宋元版禪籍の文獻史的研究』 제1권, 臨川書店, pp. 631~633.
36　曇秀, 「人天寶鑑序」(Z87, p. 1).

나아가 그는 교선일치의 입장에서 천태종 승려에 대한 이야기도 많이 수록했다. 실제로 『인천보감』의 모두에 소개된 담광법사(曇光法師)부터 10번째인 사명지례(四明知禮)까지 모두 천태종과 관련된 내용이다. 아울러 전체 122단락 중 천태종에 관련된 단락이 약 40개이므로 거의 3분의 1이다. 이 책에 실린 천태종 승려들은 모두 사명지례의 법손이며, 특히 선종과의 교류를 강조한 남병범진(南屛梵臻)의 후손이 많이 수록되어 있다.

또한 선종과 천태종 승려의 교류와 같이 종파 간의 교류에 대한 언급이 적지 않다. 더욱이 영명연수의 『종경록』을 마지막에 언급했다. 이 책이 선과 교, 천태, 유식, 화엄 등을 하나의 근원인 일심(一心)으로 귀결시키는 문헌인 만큼 그에 대한 담수의 공감이 잘 드러난다.

제3부

고려 후기 간화선의 확산과 선의 제도화

제7장

간화선의 수용과 확산

12세기 이후 고려 선문에서는 송대 선이 선적을 통해 본격적으로 수용되었다. 송대 선은 공안선으로 대표된다. 북송 시기에 문자선이 성행했으나, 북송 말에 문자선의 폐단에 대한 비판이 제기되면서 남송 대에 대혜종고가 간화선을 완성했다. 그런데 고려 선종계는 당시의 국제 정세로 인해 송과 직접적인 교류가 불가능해, 송의 상인에게 입수한 선적을 통해 송대 선을 간접적으로 수용할 수밖에 없었다.

북송 말에 전적 인쇄가 성행했기 때문에 송의 선적은 대부분 12세기 이후에 고려로 전해졌다. 이러한 사정으로 인해 고려 선문에서는 송대 공안선의 동향을 시계열적으로 이해할 수 있는 상황이 아니었다. 문자선에서 간화선으로 전환되는 과정에 대한 정확한 이해가 수반되지 않은 채 공안선이 복합적으로 수용된 것이다.

자료가 절대적으로 부족해 12세기에 공안선이 어떻게 수용되었는지를 정확히 알 수 없지만, 문자선이 수용되는 양상은 어느 정도 파악된다. 그에 비해 간화선이 언제, 어떻게 수용되었는지는 명확하지 않다. 현존하는 자료에 의하면, 수선사를 개창한 지눌이 간화선에 관심을 갖고 실천했다.

지눌은 사굴산문의 종휘선사(宗暉禪師) 문하로 출가했지만, 특정한 스승에게 배우지 않고 다양한 지적 편력과 수행 과정을 겪었다. 그는 이 과정에서 세 차례 깨달음의 전기를 체험했다. 그는 25세 때에 청원사(淸源寺)에서 『육조단경

(六祖壇經)』을 통해 첫 번째 깨달음을 이루었다. 이어 28세 되던 해에 보문사(普門寺)에서 대장경을 열람하다가 『화엄경(華嚴經)』「여래출현품(如來出現品)」과 이통현(李通玄)의 『화엄론(華嚴論)』을 통해 선교일치(禪敎一致)에 대해 깨닫게 되었다. 마지막으로 41세 되던 해에 지리산 상무주암에서 『대혜어록』을 보다가 궁극적인 깨달음을 얻게 된다.[1]

지눌은 세 차례의 전기를 통해 그의 선사상 체계를 점진적으로 형성했으며, 이는 그의 비문에 표현된 바와 같이 성적등지문(惺寂等持門), 원돈신해문(圓頓信解門), 경절문(徑截門)이라는 삼문(三門)으로 요약할 수 있다. 성적등지문은 정혜쌍수(定慧雙修)를 가리키는데, 이는 『권수정혜결사문(勸修定慧結社文)』, 『수심결(修心訣)』에서 언급했다. 원돈신해문은 이통현의 화엄사상을 선법에 수용해 선교일치를 표방한 것으로 『원돈성불론(圓頓成佛論)』, 『화엄론절요(華嚴論節要)』에서 주로 밝히고 있다. 경절문은 성적등지문과 원돈신해문의 한계를 극복하기 위해 간화선을 강조한 것으로서 『간화결의론(看話決疑論)』에서 잘 드러난다. 아울러 이러한 삼문을 하나의 체계로 통합하려는 노력이 『법집별행록절요병입사기(法集別行錄節要幷入私記)』(이하 『절요』)에서 잘 드러난다.

그러면 지눌의 선사상 체계에서 삼문의 상호 관계는 어떠했을까? 지눌 선사상의 핵심이요 한결같은 과제는 마음(心)이라고 할 수 있다. 곧 지눌이 그의 생애를 통해 고심했던 '마음을 어떻게 이해하고 실천할 것인가'라는 문제는 그의 모든 저술에서 일관되게 나타나는 주제인 것이다. 지눌에게서 이러한 물음에 대한 응답은 삼문이라는 형식으로 나타났다. 즉, 그는 『기신론』의 일심이문삼대(一心二門三大)에 깊은 영향을 받아 자신의 철학적 중심 문제를 일심에 두고, 마음을 진여문(眞如門)과 생멸문(生滅門)의 구조로 분석하고 마음의 존재, 양태, 작용이라는 삼대는 경절문, 원돈신해문, 성적등지문이라는 삼문의

---

[1] 金君綏,「昇平府曹溪山松廣寺佛日普照國師碑銘幷序」,『금석』하, 949~953쪽; 黒田亮,「宋代に於ける大慧書の開版及ひ其の朝鮮刊本」,『朝鮮舊書考』(1940); 駒澤大學圖書館 編,『新纂禪籍目錄』(1962), pp. 288~289.

형식으로 체계화했다.

　삼문의 상호 유기적 관계는 지눌의 저술 속에서 상호 관계를 가지면서 유기적으로 변형된 구조를 만들어낸다. 하나는『수심결』의 방식인 전수문(全收門)이고, 다른 하나는『절요』나『간화결의론』의 방식인 전간문(全揀門)이다. 전자의 경우에 원돈신해문과 성적등지문은 깨닫기 전에는 인식의 대상과 주체로 상호 대립관계에 놓여 있다. 그러나 경절문의 공안에 의해 인식과 대상이 하나가 됨으로써 양자는 하나로 통합이 된다. 후자의 경우에는 일체의 이론과 개념을 의해(義解)로써 부정한다. 즉 원돈신해문의 공적영지(空寂靈知)도 없애며, 성적등지문의 자성정혜(自性定慧)까지도 철저하지 못하다고 비판한다. 그러나 이것은 전자의 입장이 변화한 것이 아니라 부정함으로써 더욱 철저하게 일심의 법계로 회귀하기 위한 것이다. 따라서 삼문이 상호 작용하여 만들어내는 두 가지 형태의 관계 구조는 상보적 관계를 가지는 것으로 지눌 선사상 체계는 일심에 바탕을 둔 간화선 체계라 할 수 있다.[2]

　지눌은 '무자' 화두를 통한 화두 참구법을 제시하고 있으며,[3] 간화선을 수행하는 과정에서 일어나기 쉬운 선병(禪病)을 지적하는데, 이는 대혜가 제시한 내용과 거의 동일하다.[4] 이러한 선병은 특히 대혜 간화선에서 가장 금기시하는 지해분별심을 타파해야 하는 것으로 귀결된다. 따라서 지눌이 제시한 간화선 참구법은 대혜가 주창한 '무자(無字)' 화두 참구법을 기본적으로 충실하게 따르고 있음을 알 수 있다. 그러면 지눌이 경절문으로 제시하는 간화참구법과

2　印鏡,「知訥 禪思想의 體系와 構造」,『普照思想』, 12(1999) 참조.
3　『看話決疑論』(『普照全書』, 96~97쪽), "情識未破, 則心火燿燿地. 正當恁麽時, 但只以所疑底話頭提撕. 如僧問趙州, 狗子還有佛性也無, 州云無. 只管提撕擧覺, 左來也不是, 右來也不是. 不得作有無會, 不得作眞無之無卜度, 不得作道理會, 不得向意根下思量卜度, 不得向揚眉瞬目處垛根, 不得向語路上作活計, 不得颺在無事甲裏, 不得向擧起處承當, 不得文字中引證, 不得將迷待悟, 直須無所用心, 心無所之時, 莫怕落空. 這裏却是好處, 驀然老鼠入牛角, 便見倒斷也".
4　『大慧普覺禪師語錄』권30,「答張舍人壯元」(T47, p.941).

다른 선수행방법론이나 교학인 원돈문과의 관계는 어떠할까.

지눌은 화두에는 참의문과 참구문이 있는데, 참의문은 지해분별을 일으키는 문제점이 있기 때문에 참구문보다 못 하고, 교학인 원돈문과 같은 것으로 보았다. 그러나 그는 참의문이 교학의 관행보다 낫다고 주장한다. 참의문에 비해 교학인 원돈문은 보고 들음과 알고 행하는 공이 있지만 안으로 마음이 있다고 분별하거나 바깥으로 이치를 구하지만 그 이치가 미세해지고, 결국 바깥 모습만을 취하는 한계가 있는 것으로 파악했다.[5] 따라서 지눌은 수행방법론에서 경절문이 가장 우월하다고 주장했다. 다만 그는 간화선 이외의 다른 수행론을 부정하거나 경시하지 않았다.

지눌은 근기론에 입각해 다양한 수행방법론을 제시했다. 그는 최상근기를 가진 수행자라야 열 가지 지해의 병에 걸리지 않기 때문에 경절문인 간화선 수행을 권했다. 이에 비해 원돈신해문은 지해분별이라는 알음알이의 장애를 내므로 사구(死句)이고, 기본적으로 한계가 있다고 보았다. 그러나 지눌은 초심자들이 경절문의 활구(活句)를 참구하지 못하기 때문에 그들에게 맞는 수행법으로 원돈신해문을 제시했다.[6]

지눌은 간화경절문을 우위에 놓고 있지만, 간화경절문과 화엄교학이 성기

---

5 『看話決疑論』(『普照全書』, 102쪽), "據此義則話頭, 有叅意叅句二義. 今時疑破者, 多分叅意, 未得叅句, 故與圓頓門正解發明者一般矣. 如是之人, 觀行用心, 亦有見聞解行之功, 但不如今時文字法師, 於觀行門中, 內計有心, 外求諸理, 求理彌細, 轉取外相之病耳. 豈可與叅句門疑破, 親證一心, 發揮般若, 廣大流通者同論耶. 此證智現前者, 今時罕見罕聞, 故今時但貴依話頭叅意門, 發明正知見耳. 以此人見處, 比於依教觀行, 未離情識者, 天地懸隔故也".

6 『看話決疑論』(『普照全書』, 92쪽), "禪門中, 此等圓頓信解, 如實言教, 如河沙數, 謂之死句, 以令人生解碍故. 竝是爲初心學者, 於徑截門活句未能叅詳故, 示以稱性圓談, 令其信解不退轉故. 若是上根之士, 堪任密傳脫略窠臼者, 纔聞徑截門無味之談, 不滯知解之病, 便知落處, 是謂一聞千悟, 得大摠持者也. 又若約圓頓信解門, 則此十種知解之病, 亦爲眞性緣起, 無可取捨. 然以有語路義路聞解思想, 故初心學者, 亦可信受奉持. 若約徑截門, 則當於親證密契, 無有語路義路, 未容聞解思想故, 雖法界無碍緣起之理, 飜成說解之碍".

설(性起說)에서 같은 심성론적 토대를 갖고 있다고 보았다. 그런데 간화경절문은 지눌의 말년 저술인 『절요』나 『간화결의론』에서 제시된 것이다. 지눌은 간화선을 수용하지만 다른 수행 방법을 완전히 포기하거나 무시하지 않았다. 이러한 경향은 지눌이 선사상체계를 형성하는 과정에서 신회, 종밀 등의 사상과 함께 이통현 화엄교학의 사상적 영향을 받았던 것과 일정한 연관이 있다.[7]

수선사 2세인 혜심(慧諶, 1178~1234)은 간화선을 본격적으로 표방했다. 혜심은 억보산에서 지은 게송으로 지눌에게 인가를 받았고, '무자' 화두와 십종병(十種病) 문답을 통해 지눌에게 최종 인가를 받았다.[8]

> 수행의 요점은 지관(止觀)과 정혜(定慧)를 벗어나지 않는다. 모든 법이 공(空)임을 비추어보는 것을 관(觀)이라 하고, 모든 분별을 쉬는 것을 지(止)라 한다. 지는 허망함을 깨닫고 그치되, 마음을 써서 억지로 끊는 데 있지 않고, 관은 허망함을 보고 깨우치되 마음을 써서 생각하고 살피는데 있지 않다. 경계를 대하여 흔들리지 않는 것이 정(定)이며, 힘써 제어하는 것이 아니다. 성품을 보아 미혹하지 않는 것이 혜(慧)이며, 힘써 구하는 것이 아니다. 비록 '그러나 스스로 공부를 점검하여 힘을 얻었는가 얻지 못했는가?'라는 소식을 알 때라야 되는 것이다. 이 밖에 화두를 드는 한 문이 있으니, 그것은 가장 빠른 길이어서 지관과 정혜가 모두 그 가운데 있다. 그 법은 『대혜서』 가운데서 보라.[9]

이 글에서 지(止)는 곧 정(定)이며, 관은 곧 혜이므로 정과 지는 곧 적적(寂

---

7   조명제, 『고려후기 간화선 연구』(혜안, 2004), 97~103쪽.
8   李奎報, 「高麗國曹溪山第二世故斷俗寺住持修禪社主贈諡眞覺國師碑銘幷序」, 『금석』 상, 462쪽.
9   『眞覺國師語錄』, 「孫侍郞求語」(『한불전』 6, 40쪽), "修行之要, 不出止觀定慧. 照諸法空曰觀, 息諸分別曰止. 止者悟妄而止, 不在用心抑絶, 觀者見妄而悟, 不在用心考察. 對境不動是定, 非力制之. 見性不迷是慧, 非力求之. 雖然自檢工夫, 得力不得力消息知時乃可耳. 此外有看話一門, 最爲徑截. 止觀定慧 自然在其中. 其法具如大慧書答中見之".

寂)의 상태를 의미하고 혜와 관은 곧 성성(惺惺)의 상태를 의미한다고 볼 수 있다. 따라서 이 법어에서 성성적적(惺惺寂寂)을 찾는 것이 수행의 요체라고 하고 있다. 혜심은 그러한 정과 혜는 본래 스스로 갖추고 있는 것이므로 힘써 제어하거나 억지로 구하지 않아도 닦을 수 있다고 한다. 이러한 주장은 지눌과 같지만 혜심의 경우는 화두를 참구하고 있는 상태가 곧 성성적적한 상태를 내포하고 있는 것으로 파악해 지관과 정혜를 간화선에 수용했다.[10]

혜심은 오로지 화두를 참구할 것을 강조하고,[11] 『대혜서』를 화두 참구의 기본적인 지침으로 제시했다. 혜심은 화두 참구의 한 방편으로서 신심을 중시했다.[12] 아울러 혜심이 강조한 신심은 결정적인 믿음이었다.[13] 혜심은 자신이 곧 부처라는 믿음의 방편을 갖춘 후에 오로지 화두를 참구하게 했다. 또한 혜심은 수행자가 화두를 참구할 때에 겪게 되는 문제점으로서 무엇보다도 지해분별심(知解分別心)을 지적하고 있다. 그런데 이러한 지해분별심은 '대오지심(待悟之心)', 즉 깨달음을 기다리는 마음에서 비롯된다. 대혜는 이러한 지해분별심이 일으키는 선병(禪病)을 근원적인 문제로 파악하고, 그것을 무자 화두를 참구할 때의 열 가지 병(十種病)으로 제기했다.

혜심은 대혜, 지눌과 마찬가지로 십종병을 중시하는데, 이를 보다 체계화해 『구자무불성화간병론(狗子無佛性話揀病論)』(이하 『간병론』)으로 정리했다. 『간병론』은 고종 2년(1215)에 『원돈성불론』, 『간화결의론』과 함께 간행되었다. 혜심은 '무자' 화두를 인용하고, 이어 굉지정각(宏智正覺), 오조법연(五祖法演), 진정극문(眞淨克文) 등 송대 선승들의 게송과 그것에 대한 자신의 논을 제

---

10 李東埈, 『高麗 慧諶의 看話禪 硏究』(동국대학교 박사학위논문, 1992), 66~67쪽.
11 『眞覺國師語錄』, 「上康宗大王心要」(『한불전』 6, 24쪽), "世出世間, 善惡攀緣, 種種分別, 莫教相續, 亦莫斷除, 念念起時, 但擧話頭云啞. 不得作瘂啞會, 不得向意根下思度, 不得向擧起處承當, 不得將心待悟. 莫管有味無味, 悟與不悟. 但時時擧覺, 念念提撕, 日久月深, 知其功能耳".
12 『眞覺國師語錄』, 「示善安道人」(『한불전』 6, 35쪽).
13 『眞覺國師語錄』, 「答鄭尙書」(『한불전』 6, 45쪽).

시한다. 이어 그는 '무자' 화두를 참구할 때에 나타나는 십종병에 대해 구체적으로 설명했다.[14] 혜심은 십종병이 유심(有心)·무심(無心)·언어(言語)·적묵(寂默)의 4가지 병을 벗어나지 않는다고 하고, 이를 간략하게 사의(思議)·부사의(不思議)라는 두 가지 병이라고 제시한다. 그는 화두를 참구하는 데 있어 사량 분별 하지 않고 일상사 가운데서 오래도록 참구하면 저절로 깨닫는다고 역설한다.[15]

한편 『진각국사어록』을 통해 혜심의 선에 대한 이해가 어떠한지를 살펴보면 통설과 다른 면을 확인할 수 있다. 기존 연구에서는 『진각록』을 주로 활용하면서 혜심이 지눌과 달리 오로지 간화선을 강조한 것으로 설명하고 있다. 예를 들어 혜심이 화두 참구가 경절문이며,[16] 대혜의 언구를 통해 활구를 참구해야 한다고 강조한다든지,[17] '무자' 화두를 강조하는 것에서 그러한 면모가 확인된다.[18]

그러나 혜심은 '무자' 화두만이 아니라 '죽비자(竹篦子)', '시개심마(是箇甚麼)', '아자(啞字)' 공안 등 다양한 공안을 간화선 수행에 권하고 있다. 특히 이 가운데 청량태흠(淸凉泰欽)의 '아자' 공안을 강조하고 있다. 그리하여 혜심은 대혜와 같이 '무자' 화두를 특별히 강조하지 않는다. 대혜가 간화선 수행에서 '무자' 화두를 기본적으로 중시했던 사실을 감안하면, 혜심은 대혜의 간화선을 철저히 수용한 것이라 보기 어렵다. 더욱이 혜심은 무심(無心), 무사(無事)를 강조하고 있다.[19] 이러한 면은 『염송집』에 『벽암록』이 전혀 인용되지

---

14 『狗子無佛性話揀病論』(『한불전』 6, 69쪽).
15 『狗子無佛性話揀病論』(『한불전』 6, 70쪽), "廣而言之, 則有十種病, 略而言之, 則不出有心無心言語寂默. 故古人云, 不可以有心求, 不可以無心得, 不可以言語造, 不可以寂默通. 略而言之, 則不出思議不思義. 所以道, 左來也不是, 右來也不是. 又道, 伊麼也不得, 不伊麼也不得, 伊麼不伊麼摠不得則, 明明地揀破, 明明地現示".
16 『眞覺國師語錄』, 「孫侍郞求語」(『한불전』 6, 40쪽).
17 『眞覺國師語錄』, 「示居悅上人」(『한불전』 6, 30쪽).
18 『眞覺國師語錄』, 「示空藏道者」(『한불전』 6, 31~32쪽).

않거나 무사선에 대한 비판이 제시되지 않은 것과 같은 맥락으로 보인다.

나아가 혜심의 선을 간화선으로만 이해하는 데에는 근본적인 한계가 있다. 그것은 기존 연구가 대부분 그의 어록을 대상으로 이루어졌고, 그가 중심이 되어 편찬한 『염송집』에 대해서는 거의 주목하지 않았기 때문이다. 앞서 서술한 바와 같이 『염송집』은 문자선에 초점을 맞춘 것이고, 간화선과 무관한 문헌이다. 그렇다면 혜심의 선에 대한 이해를 간화선 일변도로 볼 수 없다.

이와 같이 혜심의 간화선 이해가 갖는 한계는 『염송집』의 문헌적 성격이 문자선에 초점을 맞추고 있다는 사실과 무관하지 않다. 혜심이 중심이 되어 편찬한 『염송집』의 내용과 특징이 문자선이라는 사실은 그가 수용하고 이해한 공안선에서 아직까지 간화선이 중심적인 위치를 차지하고 있지 않다는 사실을 보여준다. 따라서 혜심은 간화선을 수용하면서도 여전히 문자선을 이해하는 단계에 머무르고 있었던 것으로 보인다.

이러한 양상은 혜심 이후의 역대 수선사 주법들이 간화선을 강조한 흔적을 찾아볼 수 없다는 사실을 통해서도 확인된다. 특히 3세인 몽여와 6세인 충지의 사상적 흐름에서 이러한 경향을 확인할 수 있다. 몽여는 문자선에 중점을 둔 선적의 편찬에 깊이 관여했고, 일연을 비롯한 다른 선문의 선승들과의 교류에서도 송대 선의 다양한 흐름에 관심을 갖고 있었다. 그럼에도 불구하고 몽여가 간화선을 강조한 사실을 찾아볼 수 없다. 이러한 양상은 충지의 경우에도 마찬가지이다. 그의 어록을 통해 확인할 수 있지만, 충지는 사대부와 시문을 교류하는 양상이 두드러지며, 간화선을 강조한 사례를 찾기 어렵다. 이러한 경향은 앞서 살펴본 바와 같이 가지산문의 동향에서도 확인할 수 있다.

송과의 직접적인 교류가 불가능한 국제 관계와 함께 무신정권이 100년간 지속된 고려 내부의 정치적 상황, 몽골 제국의 침략 등으로 인해 고려 선종계는 송의 선종계와 직접 교류할 수 없었다. 고려에서 송대 선종의 동향과 사사

---

19 『眞覺國師語錄』, 「上康宗大王心要」(『한불전』 6, 23~24쪽), "是知直下無心, 最爲省要. 內若無心, 外卽無事, 無事之事, 是名大事, 無心之心, 是名眞心".

상적 경향을 이해할 방법은 송의 상인을 통한 정보 습득과 선적 도입이었다.

이러한 현실로 인해 고려에서는 송대 선의 대체적인 동향을 파악하고는 있었지만, 즉각적으로 수용하기는 어려웠다. 더욱이 관련 자료가 절대적으로 부족하기 때문에 송대 선의 수용이 어떻게 이루어졌는지를 구체적으로 이해하기는 여러모로 한계가 있다. 앞서 살펴본 바와 같이 선적의 수용, 편찬을 통해 12세기 이후 송대 선이 수용되며, 특히 13세기에 공안선이 본격적으로 확산되는 과정을 살펴보았다.

이를 통해 고려 선종에서는 13세기까지 문자선이 성행했고, 간화선은 수용 단계에 불과했다는 사실이 밝혀졌다. 14세기에 이르러 문자선이 퇴조하고 간화선이 성행하는 단계로 나아갔다. 다만 자료의 한계로 인해 문자선에서 간화선으로 전환되는 양상을 구체적으로 이해할 수 없는 한계가 있다.

그럼에도 불구하고 13세기 말에서 14세기 초에 간화선이 성행하는 단서를 확인할 수 있다. 간화선이 선문 전반에 확산되었음을 『몽산법어(蒙山法語)』의 수용을 통해 알 수 있다. 『몽산법어』는 「시고원상인(示古原上人)」, 「무자십절목(無字十節目)」 등을 비롯한 6편으로 구성된 선적이다. 저자인 몽산덕이(蒙山德異)는 남송 말에서 원 초기에 활동한 임제종 선승이다. 몽산의 간화선 수행법은 철저하게 '무자' 화두를 강조하며, 깨달은 이후에 반드시 조사의 인가를 받도록 했다. 곧 몽산의 간화선 수행방법론은 오로지 하나의 '무자' 화두에만 집중하게 한 정형화된 스타일이다.[20]

본래 대혜종고의 간화선이 일상을 벗어나지 않고 '무자' 화두에 집중하는 것이므로 선문뿐만 아니라 사대부까지 폭넓게 수용되었다. 간화선은 깨달음이 평균적인 이념으로 바뀌어 고유의 언어와 문화의 전통을 초월해 동아시아 각지로 보급, 확산되었다.[21] 『몽산법어』가 고려 선종계에 수용된 것은 간화선의

---

[20] 조명제, 「고려후기 몽산법어의 수용과 간화선의 전개」, 『보조사상』, 12(1999), 240~243쪽.

[21] 小川隆, 『語錄の思想史』(岩波書店, 2011), p.337. 다른 한편으로 선의 개성적인 생명력

전형적인 화두수행론이 기술된 선적이기 때문이다. 나아가 고려 선문에서 간화선의 확산되는 과정을 반영한 선적으로 이해할 수 있다.

『선요(禪要)』는 고봉원묘(高峰原妙)의 법문을 엮은 책이며, 본문 29장의 간략한 선적이다.[22] 고봉은 『선요』에서 자신의 실제적인 체험에 입각하여 간화선 수행법을 제시했다. 그는 수행자가 화두 수행에서 핵심인 의심을 일으켜 깨달음을 체험하는 방법을 제시했고, 대신근(大信根), 대분지(大憤志), 대의정(大疑情)이라는 공부 삼요설을 화두 참구의 기본 지침으로 강조했다. 공부 삼요설은 신심이 크면 큰 의심을 내고, 의심이 크면 크게 깨닫는다는 것이다. 또한 고봉은 화두 공부에서 선지식인 본분종사의 지도를 받아야 한다고 강조했다.

이와 같이 『몽산법어』와 『선요』는 간화선 수행의 실제적인 지침을 담은 선적이다. 또한 이러한 선적은 화두 수행법의 요지를 대단히 간략하게 제시한 간화선의 매뉴얼이라 하겠다.[23] 달리 말하면 누구나 실천 가능한 화두 수행법을 제시함으로써 간화선이 보급되고 확산되는 데에 기여했다.[24]

이러한 선적은 대혜가 완성한 간화선 수행론을 정형화하고, 일종의 매뉴얼로 제시한 것이다. 현재 고려 시기에 간화선이 어떻게, 어떠한 과정을 거쳐 성행했는지 명확히 밝힐 수 없는 한계를 감안한다면, 이러한 선적이 수용, 정착

이 쇠퇴하게 되었고, 중국 본토에서 새로운 사상적 발전을 이루지 못한 한계도 있다. 이와 관련하여 前川亨은 「禪宗史의 終焉と寶卷의 生成」〔『東洋文化』, 83(2003)〕에서 간화선의 형성과 함께 선이 사상적 발전의 한계점에 이르고 민간신앙에 용해되어 간 과정에 대해 서술하고 있다.

[22] 정확한 서명은 『高峰和尙禪要』이나 약칭이 널리 사용된다. 이 책은 고봉원묘의 시자인 指正이 기록하고 洪喬祖가 편찬했다. 元貞 원년(1295)에 초간본이 간행되고, 1358년에 集雲精舍에서 중간되었다. 현전하는 고판본이 대부분 고려, 조선에서만 간행되었다〔駒澤大學圖書館 編, 『新纂禪籍目錄』(1962), p. 118〕.

[23] 『몽산법어』, 『선요』는 중국, 일본 선종에서 간행된 적이 거의 없고 중시된 흔적도 보이지 않는다. 일본 선종에서 『무문관(無門關)』이 성행한 것에 비해 왜 『몽산법어』가 중시되었던 것인가에 대해 뚜렷하게 설명할 수 있는 단서나 자료적 근거가 없다. 향후 연구에서 밝혀야 할 과제이지만, 문헌의 사상적 성격은 비슷하다.

[24] 조명제, 「고려후기 선요의 수용과 간화선의 전개」, 『한국중세사연구』, 7(1999).

되는 과정을 통해 대체로 이해할 수 있다. 그것은 이러한 선적의 수용 이후인 14세기 중반에 간화선이 성행하는 양상을 선문과 사대부 계층에서 모두 확인할 수 있기 때문이다.

한편, 이러한 변화는 당시 새로운 국제질서의 전개와 맞물려 이루어졌다. 1270년에 무신정권이 무너지고 왕정이 복고되면서 몽골제국이 주도한 비교적 자유로운 국제 교류로 인해 고려 선승들이 선의 본고장인 강남의 선지식을 찾아가는 것이 하나의 유행이 되었다. 수선사의 혜감국사(慧鑑國師) 만항(萬恒, 1249~1319)이 몽산에게 글과 게를 보내어 인가를 받고 '고담(古潭)'이라는 아호를 받았다.[25] 또한 가지산문의 보감국사 혼구(1250~1322)가 몽산이 보낸 '무극설(無極說)'의 의미를 터득하고 스스로 호를 '무극노인(無極老人)'이라고 했다.[26]

몽산과의 교류는 선승뿐만 아니라 사대부 문인 사이에도 유행했다. 이승휴(李承休)는 대덕(大德) 원년(1297)에 몽산에게 화두 수행법을 담은 법어를 받고서 사례하는 글을 보냈다.[27] 고려의 선승과 사대부들은 서신을 통한 간접적인 교류만 한 것이 아니라 직접 몽산을 찾아가기도 했다.[28]

또한 몽산의 제자인 철산소경(鐵山紹瓊)이 대덕 8년(1304)에 수선사의 원명국사(圓明國師) 충감(冲鑑, 1275~1339)의 초청으로 고려에 와서 3년간 머물렀다.[29] 소경은 충렬왕의 환대를 받아 수녕궁(壽寧宮)에서 법문을 하고,[30] 충렬왕

---

25 李齊賢, 「海東曹溪山修禪社第十世別傳宗主重續祖燈妙明尊者贈諡慧鑑國師碑銘幷序」, 『동문선』 권118.
26 李齊賢, 「有元高麗國曹溪宗慈氏山瑩源寺寶鑑國師碑銘幷序」, 『東文選』 권118, "中吳蒙山異禪師, 嘗作無極說, 附海舶, 以寄之. 師黙領其意, 自號無極老人".
27 『動安居士集』, 「上蒙山和尙謝賜法語」, 「和尙所寄法語」(『문집』 2, 390~391쪽).
28 『諸經撮要』, 「法文景致」에 충렬왕 21년(1295)에 고려의 了庵元明과 覺圓을 비롯한 8명의 선승들이 몽산이 주석한 휴휴암을 방문했다. 이어 대덕 원년(1297)에 靖寧院公主, 妙智, 明順院公主, 妙惠, 混丘, 金方慶, 韓康, 廉承益 등이 휴휴암을 방문했다[남권희, 「蒙山德異와 고려 인물들과의 교류」, 『도서관학논집』, 21(1994)].
29 危素, 「普光寺重創碑」, 『新增東國輿地勝覽』 권17.
30 『高麗史』 권32, 忠烈王 30년 7월 己卯; 『고려사』 권32, 忠烈王 30년 8월 丁亥

과 숙창원비(淑昌院妃)에게 보살계를 주었다.[31] 왕실, 사족이 그에게 대승계를 받았고, 권단(權㫜)은 소경의 지도를 받기 위해 그에게 출가했다.[32] 소경은 고려 왕실의 극진한 예우를 받으며 각지를 순례했고, 고려판 대장경을 인출해 원에 보내기도 했다.

이러한 직간접적인 교류를 통해 몽산의 간화선 수행론이 고려에 수용되었고, 그의 사상적 영향이 점차 확산되었다.[33] 특히 몽산은 화두 수행으로 깨달은 후에는 반드시 조사의 인가를 받아야 한다고 강조했다. 이에 따라 14세기에는 고려의 선승들이 원에 들어가 각지의 선지식을 찾아가는 구법 순례가 유행했다.[34] 물론 이러한 현상은 동경의 대상이자 살아 있는 선지식을 통해 스스로 깨달음에 대한 체험을 인가받고자 하는 종교적 욕구와 함께 선의 본고장에 가서 직접 인가를 받음으로써 종교적 권위와 명예를 추구하는 현실적인 욕구도 존재했으리라 생각한다.

새로운 선적의 수용, 원대 선종과의 직간접적인 교류 등을 통해 고려에서는 간화선이 성행했다. 아울러 이러한 양상은 선문뿐만 아니라 사대부 문인에게까지 확산되었다. 먼저 자료의 한계로 인해 선문에서 간화선이 성행하던 양상은 태고보우(太古普愚, 1301~1382), 나옹혜근(懶翁惠勤, 1320~1376)의 어록과 관련 자료를 통해 확인할 수 있다.

태고는 19세 때에 '만법이 하나로 돌아가니 하나는 어디로 돌아가는가(萬法歸一 一歸何處)' 화두를 참구할 정도로 출가 후 일찍부터 간화선에 입문했다. 이후 그는 20대에 『화엄경』을 탐구하다가 32세 때인 1333년에 감로사(甘露寺)

---

31 『고려사』 권104, 韓希愈傳.
32 『고려사』 권107, 「權㫜傳」, 李瑱, 「端誠亮節功臣壁上三韓三重大匡僉議政丞判選部事贈諡文清公權公墓誌銘幷序」.
33 조명제, 「고려후기 『蒙山法語』의 수용과 간화선의 전개」, 『보조사상』, 12(1999), 244~245쪽. 몽산의 사상적 영향은 德異本 『六祖壇經』을 비롯한 몽산의 저술이 고려 말 이후 조선시대까지 폭넓게 수용된 것에서도 확인된다.
34 조명제, 「14세기 고려 지식인의 입원과 순례」, 『역사와 경계』, 69(2008), 22~24쪽.

에서 분심(憤心)을 내어 정진해 7일 후에 깨치게 되었다. 태고의 첫 번째 깨달음에서 분심을 내어 깨치게 된 사연은 『선요』의 공부 삼요설에 제시된 대분심이 연상된다.

이후 태고는 37세 때에 채홍철(蔡洪哲)의 전단원(栴檀園)에서 '무자' 화두를 참구하다가 깨닫게 되었다. 이어 그는 공안을 점검하다가 암두(巖頭)의 밀계처(密啓處)에 대한 의문을 풀고 깨달음을 이루게 되었다.[35] 태고는 1341년에 중흥사(重興寺) 인근 태고암(太古庵)에 머물다가 1346년에 인가를 받기 위해 원에 갔다. 태고의 어록을 통해 그는 대혜의 간화선 수행론을 충실히 계승하며, 정형화된 스타일로 '무자' 화두를 제시하거나 "큰 의심이 있는 곳에 커다란 깨달음이 있다"라고 강조하는 것에서 『몽산법어』의 영향이 그대로 드러난다.[36]

이러한 태고의 수행 과정과 행적은 몇 가지 흥미로운 사실을 보여준다. 먼저 태고는 출가 후에 일찍부터 화두 수행에 입문하고 이후 대체로 간화선 수행에 집중했다. 그는 선종 사찰에서 스승의 지도를 받는 형식이 아니라 홀로 화두를 참구했고, 채홍철의 개인 선실인 전단원에서 화두를 수행했다. 태고가 화두를 선택하고 분심을 낸 사연, 깨달은 후에 인가를 받으러 원에 간 행적 등은 모두 『선요』, 『몽산법어』에서 제시된 간화선 수행법을 따른 것이다. 나아가 이러한 양상은 간화선이 고려 선종에서 보편적으로 확산된 것을 보여준다.

이러한 사례는 나옹혜근의 경우에도 마찬가지였다. 그는 출가한 후에 회암사(檜巖寺)에서 4년간 정진한 후에 깨달음을 얻게 되었다. 그는 원에 들어가 지공(指空), 평산처림(平山處林) 등의 인가를 받았다.[37] 일상적인 가운데 오로지 의심에 집중하여 하나의 화두만을 참구하면 저절로 깨치게 된다는 가르침

---

35 李穡, 「高麗國國師大曹溪嗣祖傳佛心印行解嚴妙悲智圓融贊理王化扶宗樹教大願普濟一國大宗師摩訶悉多羅利雄尊者諡圓證塔銘幷序」, 『금석』 상, 525~529쪽; 「行狀」, 『太古錄』(『한불전』 6, 695~700쪽).
36 조명제, 『고려후기 간화선 연구』(혜안, 2004), 173~176쪽.
37 李穡, 「高麗國王師大曹溪宗師禪教都摠攝勤修本智重興祖風福國祐世普濟尊者諡禪覺塔銘幷序」, 『금석』 상, 498~502쪽.

은 역시 대혜 간화선을 기본적으로 계승하는 것으로, '무자' 화두를 중시하고, 「공부십절목(工夫十節目)」이 몽산의 「무자십절목(無字十節目)」을 본뜬 것이며, 몽산의 「휴휴암주좌선문(休休庵主坐禪文)」을 중시했다.38

이와 같이 태고보우, 나옹혜근을 비롯한 대표적인 선승들이 체험하거나 강조한 간화선 수행론은 그들의 문하 선승들이 불교계를 주도하면서 선종 전체로 확산되었다. 또한 간화선의 성행은 선문뿐만 아니라 사대부 계층에도 확산되었다. 13세기에 사대부가 간화선에 관심을 보인 사례나 자료가 거의 보이지 않는 것에 비해, 고려 말의 문집 자료와 어록에서 간화선이 성행한 양상을 다양하게 확인할 수 있다.

사대부들은 『전등록』·『선문염송』·『대혜서』 등 다양한 선적에 관심을 갖고 있었고, 나아가 다양한 공안을 이해하고, 직접 화두 참구를 했다.39 예를 들어 이제현이 '무자' 화두를 참구하다가 생긴 의문을 나옹에게 문의하자, 나옹이 서신을 통해 간화선의 수행 방법에 대해 상세한 가르침을 주었다. 이제현이 화두를 참구할 때 의심이 잘 생기지 않는 데에 대한 고민을 토로하자 나옹은 화두를 들 때 의심이 잘 일어나지 않는다고 해서 화두를 놓거나 다른 화두로 바꾸지 말고 오직 하나의 화두를 참구할 것을 당부하고 있다.40 서신을 통해 화두 수행의 문제를 점검하는 과정은 『대혜서』에서 대혜와 사대부가 간화선 수행 과정에서 느끼는 문제점과 애로 사항을 구체적으로 논의하던 대목과

---

38 조명제, 『고려후기 간화선 연구』, 177~180쪽.
39 조명제, 같은 책, 222~231쪽.
40 『懶翁和尙語錄』, 「答李相國齊賢又」(『한불전』 6, 725~726쪽), "前進嶺梅, 分付信物, 及廻言內 曾於無字話提撕, 山僧未審相國, 曾叅無字話故, 親傳消息. 今聞相國, 更求之言如此做, 又却忉怛, 幸望留心. 古人留下一言半句, 令諸人立定脚頭, 不爲移易. 常於日用間, 雖有千差萬別之事, 志在上面, 不隨他變, 則何必改叅也. 況擧起別話頭時, 曾叅無字不離, 則必然無字上, 有少熟也. 切莫移動, 切莫改叅, 但於二六時中四威儀內擧起. 僧問趙州, 狗子還有佛性也無, 州云無, 末後一箇無字, 盡力提起, 切莫待幾時悟不悟, 莫管有滋味無滋味, 亦莫得力不得力. 只單單提箇無字, 驀然體到話頭, 不擧自擧, 疑情不疑自疑. … (中略) … 於此忽得翻身一擲, 始知道一不造, 二不休".

비슷하다.

  이러한 내용은 다른 사대부의 문의에 대한 답변에서도 드러난다. 나옹은 사대부가 일상에서 화두를 참구하는 것이 가능하며, 세속적인 생활을 포기하지 말고 적극적으로 화두를 참구하라고 권했다.[41] 염흥방이 화두 참구의 어려움을 토로한 것에 대해 나옹은 사대부의 화두 참구에서 나타나는 병폐 가운데 결정신(決定信)이 부족함을 지적하고,[42] 본래 참구하던 화두를 끊임없이 쉬지 않고 의심하면 깨닫게 된다고 강조했다.[43]

  이러한 간화선 수행을 통해 사대부는 선사와 마찬가지로 깨달음을 체험했다. 이색(李穡)은 화두 수행에 몰입해[44] 스스로 활연대오(豁然大悟) 했다고 깨달음의 경험을 시로 밝혔다.[45] 이색은 다양한 소리를 감각기관인 귀가 듣지만 소리 자체를 분별하는 것은 마음이라는 이근원통(耳根圓通)의 깨달음을 시로 표현했다.[46] 이 시는 이색이 『능엄경』의 핵심적인 의미를 이해하고 그에 대한

---

41 『懶翁和尙語錄』, 「示睦相國仁吉」(『한불전』6, 725쪽), "請公或在家中, 指揮雜事時, 或在上官, 判斷公事時, 或迎接, 或言語, 或談笑, 或喫飯, 或喫茶, 或行住, 或坐臥, 畢竟是箇甚麽. 但恁麽叅, 叅來叅去, 看來看去, 不覺大笑時, 始知此段大事. 本不在剃染出家, 苦行持戒, 蒲團竹倚裏".

42 『懶翁和尙語錄』, 「示知申事廉興邦」(『한불전』6, 726쪽), "若欲眞實究明此段大事, 不問僧之與俗男之與女, 亦不問上中下根, 亦不問初叅舊學, 只在當人, 立決定信, 生堅固志, 佛不云乎. 信爲道源功德母, 長養一切諸善法. 又云, 信能增長智功德, 信能必到如來地, 公妙年登高第, 遇知今上, 事務煩劇之時, 又向此箇門中的信無疑, 要求脩心方便這箇, 豈非世出世, 開第一等有大力量底人也".

43 『懶翁和尙語錄』, 「示淑寧翁主妙善」(『한불전』6, 727쪽).

44 『牧隱詩藁』 권27, 「驪江二首」(『문집』4, 376쪽), "牧翁今日似緇流, 只把驪江作話頭, 妄想眞同結空果, 浮生還是泛虛舟, 香飄席上花開樹, 影入江中月在樓, 打破疑團應不遠, 可休休處未休休";『牧隱詩藁』 권10, 「卽事二首」(『문집』4, 103쪽), "直道自難屈, 異端誰復擠. 種花師粲可, 採蕨友夷齊. 清節普天少, 話頭終日提. 他年名實在, 愧我獨栖栖".

45 『牧隱詩藁』 권18, 「前數日登天水寺西峰愛其勝鏘有鄙作後有天台釋到家訊其名則曰吹笛峰也因記思亭題詠有用吹笛峰者當時雖一訊之忘之久矣今乃豁然大悟心自語曰聞其名於前履其地於後非天台釋猶不能融會而爲一於是有感焉乃作吹笛峰一篇」(『문집』4, 219쪽).

46 『牧隱詩藁』 권16, 「卽事」(『문집』4, 197쪽), "兒啼聲裏雨來聲, 白髮老翁無限情, 千載淵

깨달음을 드러낸 것이다.⁴⁷ 이러한 표현은 이색이 간화선을 통해 깨달은 경지가 선승에 못지않은 수준임을 보여주는 것으로 생각된다. 실제 그는 선승들에게 선 수행의 방향이나 방법에 대한 지침까지 제시하기도 했다.⁴⁸

明一盃酒, 悠悠天運竟難明, 少年誰不立名聲, 晚境應須養性情, 枏溜四垂人迹滅, 淡忘移念自虛明, 松聲絶壁掛泉聲, 觸耳爽然生道情, 漫向山中寄幽興, 時時逓食候天明, 虛堂寂寂鳥啼聲, 兀坐悠然忘世情, 淫雨彌旬止還作, 小窓終日晦仍明, 心通入耳有餘聲, 遇事無端自適情, 六鑿掃除查滓盡, 始知游豫昊天明".

47 이근원통의 깨달음은 다음 시에도 표현되어 있다. 『牧隱詩藁』 권16, 「聞山鳥」, "春來有句贈同游, 喚起催歸摠是悠, 聲入心通吾自樂, 可悠悠處卽悠悠, 夜寐仍須更夙興, 心中道德幾時凝, 一聲啼鳥心還動, 宛似如今雀鼠僧", 『牧隱詩藁』 권20, 「曉起」, "聲入心通我敢希, 欲分形色尙稀微".

48 조명제, 『고려후기 간화선 연구』, 229~230쪽.

제8장

문자선의 계승

    14세기에 간화선이 선문뿐만 아니라 사대부 계층에서도 성행하면서 문자선이 서서히 퇴조했다. 그럼에도 불구하고 선종에서 문자선의 수요가 완전히 사라지지 않았고, 선승들이 문자선을 배제하지도 않았다. 선승들이 공안선을 이해하기 위해서는 여전히 문자선에 대한 이해가 필요했다. 나아가 선승이 간화선으로 깨달아도 자신의 깨달음을 표현하기 위해서는 문자선에 대한 안목을 갖춰야만 했다.

    이러한 경향은 조선시대 승과 과목에 『선문염송집』이 포함되어 있고, 『선문염송설화』와 같은 공안 주석서가 줄곧 간행되었던 것에서 잘 드러난다. 또한 문자선의 계승은 다양한 문헌을 통해 확인할 수 있다. 이 글에서는 『반야심경』의 주석서인 『대전화상주심경(大顚和尙注心經)』(이하 『주심경』)에 주목해 살펴보고자 한다.

    『반야바라밀다심경(般若波羅蜜多心經)』(이하 『반야심경』)은 동아시아 불교에서 폭넓게 수용되어 대중에게 친숙한 경전이다.[1] 『반야심경』은 3세기에 중

---

1   『반야심경』이 성행한 이유에 대해 마쓰모토 분자부로는 현장이 呪文의 공덕을 고취한 것과 선종의 유행을 들고 있다. 그는 『금강경』이 당 선종에서 애독되었는데, 『반야심경』이 『금강경』을 精選한 것이고, 문장이 매우 간결하고, 독송에 편리하기 때문에 선승들이 항상 염송하게 되었을 것이라고 지적했다 [松本文三郎, 「異本般若經に就いて」, 『藝

국에 전래되었으며 불전보다 주문(呪文)으로 취급되었다. 인도의 텍스트 원문에는 '경(經, sutra)' 자가 없었으나 649년에 현장(玄奘)이 번역한 『반야바라밀다심경』이라는 새로운 번역명이 불교계에 확산되었다. 현장이 '주(呪)'를 '심(心)'으로 번역하면서 7세기 이후에 『반야심경』을 불교의 중심 경전으로 해석하게 되었다.[2]

이후 『반야심경』에 대한 주석서는 현장의 번역본을 토대로 당~청 시기에 지속적으로 제시되었다. 현장 문하의 유가종에서 규기(窺基)의 『반야심경약찬(般若心經略贊)』, 원측(圓測)의 『반야심경소』 등이 저술되었다. 법장(法藏)이 저술한 『반야심경약소(般若心經略疏)』가 화엄종에서 이루어진 대표적인 주석서이다. 송대에 천태종에서 지원(智圓)·인악(仁岳) 등이 주석서를 제시했고, 법장의 주석서에 대한 주소본으로 중희(仲希)의 『반야심경현정기(般若心經疏顯正記)』, 사회(師會)의 『반야심경약소연주기(般若心經略疏連珠記)』 등이 제시되었다.[3]

신라불교에서 원측·원효(元曉)·태현(太賢) 등이 『반야심경』에 대한 주석서를 다양하게 저술했고, 이 가운데 일부가 현전한다. 의천이 편찬한 『신편제종교장총록』에 17명의 승려들이 저술한 『반야심경』 주석서가 수록되어 있다.[4] 또한 대안(大安) 9년(1093)에 법장의 『반야심경약소』가 흥왕사에서 간행되었다.[5] 이와 같이 신라, 고려 불교계에서 다양한 주석서를 수용하고, 저술했던 것에서 드러나듯이 『반야심경』에 대한 관심이 지속적으로 이어졌다.

세조 10년(1464)에 간경도감에서 『반야심경』 언해본을 간행했다. 이 언해본

    文』, 2-9(1911), p.158; 福井文雅, 『般若心經の總合的硏究』(春秋社, 2000), p.254에서 재인용].

2 福井文雅, 『般若心經の總合的硏究』, pp.i~iii.

3 駒澤大學圖書館 編, 『新纂禪籍目錄』(1962), pp.382~388; 小野玄妙, 『佛書解說大辭典』(改訂版) 9권(大東出版社, 1964), pp.59~85.

4 『한불전』 4, 686~687쪽.

5 곽승훈, 『고려시대 전적자료집성』(혜안, 2021), 76~77쪽.

은 『반야심경』 원문과 법장의 『반야심경약소』를 한글로 번역하고, 중희의 『반야심경소현정기』를 협주(夾註) 형태로 넣었다. 이어 1705년에 명안(明眼)이 법장의 『반야심경약소』와 사회가 지은 『반야심경약소연주기』를 회편한 『반야바라밀다심경약소연주기회편(般若波羅蜜多心經略疏連珠記會編)』이 남아 있다.[6]

이와 같이 신라 이래 조선시대까지 『반야심경』과 교학승의 주석서가 줄곧 이어졌다. 한국불교에서 이러한 주석서보다 선종의 『주심경』이 가장 많이 간행되고 중시되었다. 『주심경』의 내용과 특징이 무엇이며, 중시된 이유가 무엇이고, 어떠한 사상사적 배경과 맥락에서 수용되고 중시되었는가라는 의문이 든다. 그럼에도 불구하고 『주심경』에 대한 연구는 국내에서 거의 이루어지지 않았다. 그나마 근래 서지학계에서 『주심경』의 저자와 판본에 대한 연구가 제시되고 있다.[7]

이에 비해 『주심경』에 대한 연구는 일본 학계에서 기초적인 성과가 이미 제시되었다. 시나 고유(椎名宏雄)는 『주심경』의 저자 문제와 문헌학적 연구 성과를 제시했다.[8] 그의 연구로 『주심경』에 대한 기초적인 이해 방향이 제시되었지만 국내 학계에서는 거의 주목을 받지 못했다. 다만, 이 논문은 『주심경』에 대한 내용 검토가 충분하지 않고, 사상사적 의미에 대해서는 재검토할 필요가 있다.

후쿠이 후미마사는 『반야심경』에 대한 역사적·종합적 연구를 폭넓게 제시하면서 『주심경』의 일본 현존본에 대해 검토했다. 특히 『주심경』이 전진교(全眞敎)에 미친 영향을 분석한 성과가 있으므로 주목된다. 따라서 『주심경』의 사상사적 의미는 송·원대 사상사로 확대해 바라볼 필요가 있다.

이러한 연구 성과에도 불구하고 『주심경』이 송대 선종사의 흐름과 관련해

---

6 『한불전』 9, 169~201쪽.
7 유근자, 「신흥사 경판의 조성 배경과 사상」, 『강좌미술사』, 45(2015); 김방울, 「고려본 『大顚和尙注心經』과 저자 문제」, 『서지학연구』, 77(2019).
8 椎名宏雄, 「『太顚和尙注心經』とその作者」, 『宗教學論集』, 13(1987).

선종의 『반야심경』 주석서로서 어떻게 출현했는지, 어떠한 사상적 위상을 갖는지에 대해서 아직까지 뚜렷하게 해명되지 않고 있다. 나아가 송의 선종에서 제시된 『반야심경』 주석서가 적지 않은데도 한국불교에서 『주심경』이 중시된 이유가 무엇인지, 언제 어떻게 수용되었는지에 대한 검토가 요구된다.

『주심경』의 서지 해설에는 대부분 저자를 석두희천(石頭希遷)의 제자인 대전보통(大顚寶通, 733~797)이라고 설명한다. 이러한 설명은 『불서해설대사전』에 수록된 해제를 그대로 인용한 데 따른 오류로 보인다.[9] 그런데 『주심경』의 현존 판본을 확인하면 모두 서문에 '대전선사요통주(大顚禪師了通注)'라고 기록되어 있다. 또한 이 책에 인용된 선승들의 어구를 보면 송대 선승들의 선적에서 인용한 것이 적지 않다. 이러한 사실로 보아 『주심경』의 저자는 당의 선승인 대전보통이 아니다.[10]

『주심경』의 저자는 서문에 기록된 것처럼 대전요통(大顚了通)이 명확하다. 대전요통에 대한 기록이 거의 없기 때문에 저자의 행적을 구체적으로 알 수 없다. 『가태보등록』 권9 목록에 천제유조(闡提惟照)의 제자 가운데 이름만 기록된 선승으로 '가흥부보은대전통(嘉興府報恩大顚通)'이 있다.[11] 또한 『속전등록(續傳燈錄)』 권17에 '보은통(報恩通)'이라는 인명이 기록되어 있다.[12] 이러한 기록을 통해 대전요통은 조동종의 투자의청(投子義靑)-부용도해(芙蓉道楷)-천제유조-대전요통으로 이어지는 계보에 속하는 선승이라는 사실을 알 수 있다. 그러면 조동종에서 대전이 차지하는 위상은 어떠하며, 『주심경』의 저술 배경은 무엇일까.

조동종은 흔히 청원계(淸原系), 또는 석두계(石頭系)의 계보를 잇는 동산양개(洞山良价)와 그의 제자인 조산본적(曹山本寂)의 법맥을 잇는 문파로서 형성

---

9 小野玄妙, 『佛書解說大辭典』, pp.70~71.
10 椎名宏雄, 「太顚和尙注心經とその作者」.
11 『嘉泰普燈錄』 권9, Z79, p.277.
12 『續傳燈錄』 권17, T51, p.578b.

되었지만 당대에는 종세가 확산되지 못했다. 더욱이 청원계의 법안종과 운문종이 확산되면서 조동종은 세력이 약화되었다. 당 말에서 오대까지 조동종은 강서(江西)에서 하나의 사원을 중심으로 동일 법계의 선승에 의해 유지되었던 거점이 몇 군데에 존재했다. 또한 동산양개의 법맥은 조산본적보다 운거도응(雲居道膺)을 통해 주로 전승되었다.[13]

이후 명맥만을 유지하던 조동종은 송 중기에 투자의청이 등장하고, 그의 문하에 대홍보은(大洪報恩)·부용도해 등이 배출되면서 서서히 종세를 회복했다. 소성(紹聖) 원년(1094)에 대홍보은이 호북성 수주(隨州) 대홍산(大洪山)에 주석하고, 이어 2대 주지가 된 부용도해가 우수한 인재를 배출하여 조동종이 발전했다.[14] 부용의 문하에 석문원이(石門元易), 고목법성(枯木法成), 단하자순(丹霞子淳) 등이 배출되면서 조동종을 주도했다. 특히 단하자순은 대홍산의 4대 주지이며, 일찍이 석두희천의 제자 단하천연(丹霞天然)이 머물렀던 서하사(棲霞寺)를 부흥시켰다.[15]

그리하여 대홍산에서는 계율과 가람이 부흥하고 규범이 정비되어 조동종의 거점이 되었다. 특히 부용의 삼현손(三賢孫)으로 불린 혜조경예(慧照慶預), 진헐청료(眞歇淸了), 굉지정각(宏智正覺) 등이 활약하면서 조동종은 호북성에서 절강, 복건으로 확산되었다.[16]

이와 같이 대전은 북송 말 남송 초에 조동종을 주도하던 투자의청-부용도해-단하자순으로 이어지던 법맥에 속하는 선승이다. 대전의 스승인 천제유조는 부용도해의 법을 이었으며, 단하자순과는 법형제에 해당한다. 또한 대전은 법계로 보면 조동종을 주도하던 굉지정각, 진헐청료 등과 같은 위치에 있으므로 이들과 비슷한 시기에 활동했던 것으로 보인다.

---

13 石井修道, 『宋代禪宗史の硏究』(大東出版社, 1987), pp. 197~208.
14 石井修道, 같은 책, pp. 234~253.
15 石井修道, 「丹霞子淳の宗風」, 『宗教研究』, 50-3(1976).
16 石井修道, 『宋代禪宗史の硏究』, pp. 254~275.

대전이 머물던 가흥부의 보은사는 본래 북송 말에 수성원(壽聖院) → 숭녕사(崇寧寺) → 천녕만수원(天寧萬壽院)으로 이름이 바뀌었고, 소흥(紹興) 7년(1137)에 광효원(光孝院), 소흥 13년(1143)에 보은광효선원(報恩光孝禪院)으로 개칭되었다. 그러므로 대전이 보은사에 주석한 것은 1143년 이후라고 할 수 있다.[17] 한편, 무구자(無垢子) 장구성(張九成)이 저술한 『반야심경주해(般若心經註解)』에 『주심경』이 적지 않게 인용되어 있다.[18] 따라서 『주심경』은 북송 말에서 남송 초에 장구성의 주석서가 저술되기 이전 시기에 저술되었다.

그러면 대전요통이 『주심경』을 저술한 배경과 이유가 무엇일까. 대전이 쓴 서문에서 이 책은 불조의 언교(言敎)를 끌어 초심근기(初心機根)의 학도자(學道者)를 접인(接引)하기 위한 것이고, 먼저 견성을 얻어 차례로 돈위(頓位)에 들어가도록 지었다고 한다. 이러한 설명은 선적 저술의 일반적인 표현과 비슷하며, 『주심경』을 저술한 이유를 알 수 없으므로 당시 조동종의 사상적 동향과 관련해 살펴보기로 한다.

먼저 북송 말 이후에 조동종의 투자의청 계열에서 경전 주석서가 적지 않게 제시된 사실이 주목된다. 부용도해는 『반야심경주(般若心經注)』를 저술했는데, 이 책이 에도 시대에 편찬된 『반야심경삼주(般若心經三注)』에 포함되어 현재 남아 있다. 도해의 제자인 매산수기(梅山修己)는 『금강경지요(金剛經旨要)』(1권)를 저술했다.[19] 또한 투자의청-대홍보은의 계보를 잇는 대홍수수(大洪守遂)는 선화(宣和) 연간(1119~1125)에 『불조삼경주(佛祖三經注)』를 저술했다.

이와 같이 북송 말에서 남송 초에 투자의청 계열에서 선종에서 중시된 경전의 주석서를 저술하는 흐름이 이어졌다. 따라서 『주심경』은 당시 조동종에서 경전 주석서를 저술하던 흐름과 밀접히 관계되며, 특히 『반야심경』·『금강경』 등에 대한 주석서가 계속해서 제시되던 양상과 관련된다. 나아가 이러한 흐름

---

17 椎名宏雄, 「太顚和尙注心經とその作者」, pp. 335~336.
18 『般若心經註解』, Z26, pp. 950~965.
19 『新纂禪籍目錄』, p. 127.

표 8-1 『주심경』의 인용 문헌과 내용

항목	인용 내용	인용 전적과 전거	비고
摩訶	南西北方~	『金剛經』(T8-749a)	
〃	十方無壁落~	『廣燈錄』(X78-479a), *『聯燈會要』(X79-95c), *『五燈會元』(X80-225a), *『正法眼藏』(X67-578b)	灌溪志閑
〃	仰望不見天~	『雪峰眞覺大師語錄』(X69-84c)	
〃	寬則遍法界 窄也不容針	『達磨大師血脉論』(X63-5b)	원문 寬時
〃	庵雖小 含法界	『傳燈錄』(T51-461c) 石頭 草庵歌	
〃	藏山於澤~	『莊子』大宗師	
〃	盡大地是沙門一隻眼	『雪峰眞覺禪師語錄』(X69-74c), 『明覺禪師語錄』(T47-684c), 『碧巖錄』(T48-145a) 5칙	
〃	父母所生眼~	『法華經』(T9-47c)	
〃	一條柱杖子化爲龍	『雲門匡眞禪師廣錄』(T47-558b), 『古尊宿』(X68-104b), 『碧巖錄』(T48-164a) 22칙	
〃	海底金烏天上日	*『法華經大意』(X31-88b)	會麼
般若	何須待零落~	『金陵淸涼院文益禪師語錄』(T47-590c)	
〃	舍利弗見天女問	『維摩經』	
〃	萬象之中獨露身	『전등록』(T51-347b), 『벽암록』(T48-146) 6칙, 『종용록』(T48-239c) 19칙	
〃	只見六龍爭戲舞	*『會稽雲門湛然澄禪師語錄』(X72-785c)	會麼
度一切苦厄	老子曰 吾有大患~	『老子』	
〃	三界無安~	『法華經』譬喩品(T9-14)	
〃	攣頭鷂子過新羅	『南明泉頌永嘉證道謌』(X65-439b), 『고존숙』(X68-2b)	會麼
舍利子	藥山道 皮膚脫落盡~	『江西馬祖道一禪師語錄』(X69-5a), 『연등회요』(X79-163b), 『종용록』(T48-282b)	
〃	大千俱壞 這箇不壞~	『전등록』(T51-286a), 『벽암록』(T48-169a) 29칙, 『종용록』(T48-247a) 30칙	
色不異空	幻化空身卽法身	『證道歌』(T48-395c)	
〃	有相身中無相身	『전등록』(T51-450b) 寶誌 십이시송	

제8장 문자선의 계승 233

항목	인용 내용	인용 전적과 전거	비고
〃	雨洗淡紅桃萼嫩	『普燈錄』(X78-347b), 『羅湖野錄』(X83-391a), *『속전등록』(T51-542c)	會麼 闡提惟照
空不異色	不見一法卽如來	『증도가』(T48-396c), 『宗鏡錄』(T48-918)	會麼
色卽是空	通身是 遍身是	『雲門匡眞禪師廣錄』(T47-536c), 『벽암록』(T48-203b) 76칙	
〃	色可色非眞色~	僧肇『寶藏論』(T45-143b)	
〃	常憶江南三月裏	『明覺禪師語錄』(T47-689a), 『전등록』(T51-303), 『송고연주』(X65-694a), 『종용록』(T48-465b) 8칙	風穴
空卽是色	亦無空 亦無色		會麼
受想行識	佛祖位中留不住	*『空谷集』(X67-292b) 43칙 丹霞云	會麼
亦復如是	文殊與淨名~	『淨名經』(X24-798b)	
〃	百舌未休枝上語	『舒州投子靑和尙語錄』(X71-746c), 『공곡집』(X67-293a) 45칙	會麼
是諸法空相	我身本不有~	『원각경』(T17-920a)	
〃	亦無人 亦無佛	『증도가』(T48-396c)	會麼
不生不滅	云何得長壽~	『大般涅槃經』(T12-379c)	
〃	竹影掃堦塵不動	『속등록』(X78-724c), *『보등록』(X79-339)	會麼
不垢不淨	佛面猶如淨滿月	『金光明最勝王經』(T16-432a)	
不增不減	體若虛空勿涯岸	『증도가』(T48-396b)	
〃	上乘菩薩信無疑	『전등록』(T51-461c), 石頭 草庵歌	
〃	喚作一物卽不中	『金剛經註解』(X24-799b)	會麼
波羅	渡河須用筏~	『梁朝傳大士頌金剛經』(T85-3a)	
〃	窮理盡性	『周易』	
〃	除是我家親的子 誰人肯向裏頭行	*『補續高僧傳』(X77-522b), *『송고연주』(X65-506a)	慶預
心	衆星皆拱北~	『黃龍慧南禪師語錄』(X47-635b), 『黃龍晦堂心和尙語錄』(X69-213b)	
〃	靑靑翠竹 盡是眞如~	『證道歌註』(X63-264b), 『祖庭事苑』(X64-387b), 『벽암록』(T48-220c) 97칙	

항목	인용 내용	인용 전적과 전거	비고
〃	明明百草頭~	『龐居士語錄』(X69-134b), *『송고연주』(X65-556b), 『金剛經註』(X24-556a)	
	目前無法~	『宗鏡錄』(T48-945c), 『전등록』(T51-339b)	
〃	道在瓦礫	『莊子』知北遊	
〃	唯一堅密身~	『華嚴經』如來現相品(T10-31c)	
〃	二祖問達磨~	『송고연주』(X65-510a)	
經	如何是學人一卷經~	『金陵清涼院文益禪師語錄』(T47-589a)	
〃	出息不涉萬緣	『圓悟佛果禪師語錄』(T47-769b)	
觀自在菩薩	眼裏聞聲方始知	『전등록』(T51-321b), 『祖庭事苑』(X64-403c)	會麼 洞山良价
行	行到水窮處~	『전등록』(T51-417b), 『조정사원』(X64-356a), 『從容錄』(T48-284a) 87칙	본래 王維 시구
〃	何不自聞聞~	『楞嚴經』(T19-130)	反聞聞性
〃	末了之人聽一言	『전등록』(T51-450b) 寶誌 十二時頌	
〃	水流元在海~	『속등록』(X78-739c), 『禪林僧寶傳』(X79-543b)	淨因道臻
深	爲道損之又損	『老子』	
〃	去年窮 未是窮~	『전등록』(T51-283b)	仰山慧寂
般若	若一人反眞歸源	『楞嚴經』(T48-651c)	
〃	學道先須且學貧	『禪門諸祖師偈頌』(X66-726c) 龍牙和尙偈頌	
〃	撒手到家人不識	『전등록』(T51-455b) 同安十玄談	會麼
波羅	及盡玄微妙~		會麼
蜜多	吾道一以貫之	『論語』里仁	
〃	洞山道 二十年~		洞山良价
時	玄之又玄	『老子』	
照見五蘊皆空	西天罽賓國王問師子尊者~	『고존숙』(X68-333b)	
〃	僧問龍牙和尙 二鼠侵藤~	『丹霞子淳語錄』(X71-766b), 『전등록』(T51-337)	원문 岑和尙
〃	肇法師云 將頭臨白刃~	『전등록』(T51-435b),	

항목	인용 내용	인용 전적과 전거	비고
是故空中	欲言言不及~	『五家正宗贊』(X78-619c) 法眼文益	會麼
無眼耳鼻舌身意	僧問雲門~花藥欄~雪竇頌	『벽암록』(T48-177b) 39칙, 『속등록』(X78-810a), 『송고연주』(X65-683b)	
〃	僧問大龍 色身敗壞~	『벽암록』(T48-208a) 82칙, 『송고연주』(X65-696a), 『연등회요』(X79-145c)	
無色聲香味觸法	三祖乞二祖懺罪	『전등록』(T51-220), 『고존숙』(X68-133b), 『광등록』(X78-443c)	
〃	對坐不相見~		會麼
無眼界乃至無意識界	靈光獨耀~	『백장어록』(X69-6b), 『전등록』(T51-268a), 『벽암록』(T48-194b) 62칙, 『종용록』(T48-274c) 75칙	百丈懷海
無無明	僧問投子 大死底人却活時如何	『벽암록』(T48-178c) 41칙, 『종용록』(T48-266b) 63칙	
〃	刹那滅却阿鼻業	『증도가』(T48-395c)	
亦無無明盡	永斷無明~	『원각경』(T17-913b)	
〃	一片白雲橫谷口	『전등록』(T51-331), 『송고연주』(X65-644c), 『벽암록』(T48-208b) 82칙	會麼 洛浦元安
乃至無老死	若無我相人相~	『금강경』(T8-753a)	
〃	不見一法卽如來	『증도가』(T48-396c)	
〃	無影樹下~	『오등회원』(X80-138b)	會麼
亦無老死盡	不是息心除妄想	『고존숙』(X68-335), 『연등회요』(X79-233c), 『정법안장』(X67-617b)	南臺守安
〃	木人半夜穿靴去	『法華經大意』(X31-496a)	會麼
無苦集滅道	諸法從本來	『법화경』方便品(T9-8b)	
〃	密竹不妨流水過	『속등록』(X78-666b), 『송고연주』(X65-590c)	天衣義懷
無智亦無得	本來付有法	『종경록』(T48-937c), 『전등록』(T51-206c)	
〃	昨日有人從天台來	『明覺禪師語錄』(T47-677a)	
以無所得故	纔有纖毫卽是塵一翳在眼	『전등록』(T51-450a), 寶誌和尙十二時頌 『속등록』(X78-741b)	
〃	因我得禮你	『송고연주』(X65-669b)	
〃	朗州山澧州水	『전등록』(T51-274b), 『종용록』(T48-277c)	長沙景岑

항목	인용 내용	인용 전적과 전거	비고
		79칙	
依般若波羅蜜多故	千日學慧~	『傳心法要』(T48-384a)	
〃	破鏡不重照~	『전등록』(T51-338a), 『조정사원』(X64-414c)	會麽 京兆休靜
心無罣礙	心同虛空界~	『종경록』(T48-938a), 『전등록』(T51-208b)	
〃	有物混成	『老子』	
〃	太始太初	『老子』	
〃	三歲孩兒抱花鼓		會麽
無罣碍	汝何不見	『楞嚴經』(T19-111b)	
〃	南有天台~	『속등록』(X78-817b)	
無有恐怖	白頭童子智猶長	『丹霞子淳語錄』(X71-767b), 『송고연주』(X65-688c)	
遠離顚倒夢想	聖人無己	『전등록』(T51-399b), 『조정사원』(X64-409a), 『종용록』(T48-286b) 91칙	
〃	朝聞道夕死可矣	『논어』 里仁	
究竟涅槃	咫尺之間	『송고연주』(X65-624c) *『請益錄』(X67-498b) 83칙	石上慶諸
依般若波羅蜜多故	唯此一事實	『법화경』(T9-8a)	
〃	我宗無語句	『전등록』(T51-318a), 『송고연주』(X65-649a)	德山宣鑑
〃	日午打三更	『벽암록』(T48-211c) 86칙	會麽
得阿耨多羅~	山下及大地	『고존숙』(X68-191a)	
故知般若波羅蜜多	學道先須有悟由	『전등록』(T51-453a), 『고존숙』(X68-143a), 『선림승보전』(X79-510a), 『벽암록』(T48-182b) 45칙	龍牙
〃	西瞿耶尼	『고존숙』(X68-37c, 291c)	睦州
是大神呪	神通竝妙用	『龐居士語錄』(X69-139a), 『벽암록』(T48-179c) 42칙	
是大明呪	鑿池不待月	*『虛堂和尙語錄』(T47-995b)	
是無上呪	杖林山下竹根鞭	『전등록』(T51-303c), 『송고연주』(X65-694b)	風穴延沼

항목	인용 내용	인용 전적과 전거	비고
能除一切苦	處處逢歸路	『보등록』(X79-439a)	
眞實不虛	證實相	『증도가』(T48-395c)	
〃	爲甚不壞~	『종용록』(T48-247a) 30칙	
〃	欲識庵中不死人~	『전등록』(T51-461c), 『연등회요』(X79-265c), 『종용록』(T48-288b) 94칙	石頭 草菴歌
〃	百骸俱潰散~	『전등록』(T51-463b) 玩珠吟	
〃	我有無價寶珠	『法華經』 五百弟子授記品	
〃	摩尼珠~	『증도가』(T48-395c)	
〃	朝看雲片片~	『禪門諸祖師偈頌』(X66-729b)	
故說般若波羅蜜多呪	上大人丘乙己	『운문록』(T47-552b), 『고존숙』(X68-37c), 『보등록』(X79-316a)	會麼
卽說呪曰	春來草自生	『광록』(X78-552a)	會麼
揭諦揭諦	不勞懸石鏡~	『전등록』(T51-333) 『연등회요』(X79-200a)	會麼
波羅揭諦	月上中峰頂~	『종용록』(T48-235c) 13칙	會麼
波羅僧揭諦	自從泥牛鬪入海		會麼
菩提薩婆訶	鴛鴦繡出從君看	『黃龍慧南禪師語錄』(T47-637a) 『보등록』(X79-323b) 闍提惟照	

주: 항목은 『주심경』의 배열에 따랐고, 인용 문헌을 확인할 수 없는 항목은 비워두거나 일부 생략했다. 대전요통이 활동하던 시기에 볼 수 없었던 것으로 짐작되는 문헌은 앞에 * 표시를 했다. 또한 『禪宗頌古聯珠集』은 『송고연주』, 『古尊宿語錄』은 『고존숙』 등으로 표기한다.

과 함께 『주심경』은 송대 공안선의 성행과 깊이 관련된다. 이러한 경향은 『주심경』의 내용 분석을 통해 확인할 수 있다.

『주심경』의 서술 방식은 『반야심경』의 본문 1구마다 자구 해석과 선의 제창(提唱)을 제시하는 식이었다. 대전은 각종 경전과 조사의 어구를 인용하여 해설하고, 마지막에 회마(會麼)라는 항목으로 1~2구의 착어를 제시했다. 따라서 이 책은 『반야심경』을 텍스트로 한 일종의 제창록(提唱錄)과 같은 체재이다.[20] 필자는 『주심경』에 인용된 어구의 출전과 내용을 분석해 〈표 8-1〉로 정리했다.[21]

〈표 8-1〉을 통해 인용 문헌은 대부분 불전과 선적이지만, 『논어』· 『주역』 등 유교 경전과 『노자』·『장자』가 적지 않게 인용되어 있다. 이러한 유교와 도가 문헌에서 인용된 내용은 공통적으로 도라는 관점에서 통용될 수 있는 인식을 제시하고 있다. 예를 들어 나의 도는 하나로 일관된다는 『논어』의 표현, 인간의 사려인식을 끊은 경지에서 조화의 묘용이 되는 다양한 현상이 나온다는 『노자』의 표현, 세계의 존재를 있는 그대로 놓아두고 새삼 감추려는 잔재주를 펴지 않고 자연에 맡기라는 『장자』의 표현을 인용한 것에서 알 수 있다. 더욱이 『장자』 지북유(知北遊) 편에 나오는 도가 있지 않은 곳이 없다는 장자와 동곽자의 문답을 인용하는데, 이는 도의 보편적 내재성이나 절대적 초월성을 명확하게 보여준다.

이러한 내용은 『반야심경』과 무관한 것이며, 일반적인 주석서에서 볼 수 없는 인용 사례이다. 『주심경』에 주석이나 해설을 위해 굳이 인용하지 않아도 되는 유교와 도가의 문헌을 적지 않게 제시한 이유는 대전이 밝힌 내용이 없기 때문에 정확히 알 수는 없다. 다만 후술하겠지만 『주심경』이 송·원대의 도교를 대표하는 전진교에 미친 영향이나 유불도 삼교일치론에 부합할 수 있는 내용을 포괄한다는 점에서 주목된다.

한편, 불전은 『법화경』·『화엄경』·『유마경』·『열반경』 등 일반적인 대승불전과 함께 『능엄경』·『원각경』·『금강경』 등 선문에서 중시하는 경전이 주로 인용되었다. 『주심경』에는 불전보다 선적이 더 많이 인용되었는데, 대전이 활용한 선적은 다양하지만 당·송대 조사들의 문답이나 그와 관련된 공안을 비롯해 다양한 착어가 주로 인용되었다. 먼저, 마조도일의 법맥을 이은 백장회해(百丈懷海), 방거사(龐居士), 황벽희운(黃蘗希運), 장사경잠(長沙景岑), 앙산혜적(仰山慧寂) 등과 관련된 공안이나 송고가 인용되어 있다. 또한 임제의현

---

20 椎名宏雄, 「太顚和尙注心經とその作者」, pp. 332~333.
21 『大顚和尙注心經』은 Z26, pp. 949~950에 수록되어 있으나, 전체가 아니라 주요한 내용만을 간추린 것이다. 이 글에서는 1411년 문수사 중간본을 이용했다.

(臨濟義玄)과 그의 제자인 풍혈연소(風穴延沼), 관계지한(灌溪志閑) 등과 관련된 내용이 보인다.

이러한 마조계보다 석두계 선승들의 오도송이나 기연 등이 많이 인용되었는데, 단하천연, 투자대동(投子大同), 석상경제(石霜慶諸), 동산양개, 협산선회(夾山善會), 낙포원안(洛浦元安) 등과 동산의 제자인 운거도응, 용아거둔(龍牙居遁)이 눈에 띈다. 또한 덕산선감(德山宣鑑)의 제자인 설봉의존(雪峰義存)과 그의 문하를 대표하는 운문문언(雲門文偃), 현사사비(玄沙師備), 장경혜릉(長慶慧稜), 법안문익(法眼文益) 등과 덕산선감의 손제자인 백조지원(白兆志圓)의 문하인 대룡지홍(大龍智洪)이 드러난다. 한편, 운문종의 선승으로는 설두중현(雪竇重顯), 천의의회(天衣義懷) 등이 확인된다.

이와 같이 인용된 어구와 착어가 다양하지만, 당대 이후 조사는 청원계가 많으며 특히 조동종의 조사가 많다는 특징이 드러난다. 대전과 가까운 조동종 선승은 부용도해의 제자인 혜조경예의 송고, 투자의청, 단하자순 등의 착어가 눈에 띈다. 한편, 인용 문헌 가운데 석두희천의 초암가(草庵歌, 3회), 단하천연의 완주음(翫珠吟), 동안상찰의 십현담(十玄談), 용아거둔의 용아게송(2회) 등은 모두 석두계 선승들의 작품이며, 송대 조동종에서 중시한 게송이다.

더욱이 대전은 영가현각(永嘉玄覺, 675~713)의 증도가(證道歌, 8회), 보지(寶誌)의 십이시송(十二時頌, 3회) 등을 많이 인용했다. 이러한 게송은 모두 단독으로 간행되거나 다른 문헌에 수록된 것보다 『선문제조사게송』에 수록된 것을 인용한 것으로 보인다. 이 책에 수록된 작품 37종은 북송 말인 11세기 후반에 편찬된 것으로 보이며, 청원 계열의 작품을 주로 채록했다.[22]

이상에서 살펴본 바와 같이 대전이 『주심경』에 인용한 선적은 조동종의 문헌이 가장 많고, 내용으로 보아도 중시된 사실이 드러난다. 한편, 『벽암록』과 『종용록』이 각각 14, 12회 인용되었다. 대전이 1125년에 편찬된 『벽암록』을

---

22 椎名宏雄, 「『禪門諸祖師偈頌』の文獻的考察」, 『田中良昭博士古稀記念論集 禪學硏究の諸相』(大東出版社, 2003), pp. 222~223.

보았을 가능성이 있으나 1223년에 편찬된 『종용록』은 훨씬 후대의 문헌이다. 대전이 두 문헌을 모두 볼 수 없었다고 하더라도 이 문헌들은 송의 선종에서 성행한 고칙 공안과 착어를 수록한 대표적인 문헌이다. 따라서 대전이 인용한 어구가 송대 선문에서 널리 수용된 공안과 착어를 반영한 사실을 알 수 있다.

이와 같이 인용된 문헌의 내용과 성격을 통해 『주심경』은 『반야심경』의 일반적인 주석서와 다르다는 사실을 알 수 있다. 일반적인 주석서라면 『반야심경』의 어구에 대한 주석을 중심으로 구성되는 것이 자연스럽다. 그러나 대전은 『반야심경』의 어구에 대한 주석보다 실제 본문과 연관이 없는 내용을 착어로 제시하고 있다.

이러한 경향은 각 항목의 마지막 회마에서 잘 드러난다. 회마는 한마디로 대전이 제시한 송고인데, 내용을 분석한 결과와 같이 대부분 다른 선승의 착어를 인용한 것이다. 송대 선승들의 착어는 대개 자신의 독창적인 작품이 아니라 선문 조사의 착어를 그대로 인용하는 경향이 적지 않으므로 대전의 경우도 그러한 흐름을 따른 것이다. 물론 이러한 경향은 단순한 인용이 아니라 선지식의 깨달은 경지나 독자적인 안목에서 제시한 것이다. 그렇다고 하더라도 회마에 대전이 제시한 착어는 『반야심경』의 이해와 직접 관련되지 않으며, 오히려 당시 선문에서 성행하던 공안선의 흐름을 수용한 결과로 보인다.

운문종, 임제종에서 송고가 유행하게 되면서 조동종에서도 이러한 공안 비평이 나타났다. 투자의청의 『투자송고(投子頌古)』, 단하자순의 『단하송고(丹霞頌古)』 등은 북송의 조동종을 대표하는 송고백칙이다. 다만, 『단하송고』의 경우 100칙 모두가 청원계 조사에 관한 것이지만, 『굉지송고』의 고칙은 오가(五家)를 두루 취급하고 있다. 물론 굉지는 설두의 영향을 받으면서도 설두중현과 다른 선의 경지를 드러내고자 했다. 『설두송고』의 본칙이 운문종의 조사가 중심인 것에 비해 『굉지송고』는 조동종 계열의 조사들의 고화가 많다.[23]

---

23 石井修道,「宏智錄の歷史的性格(上): 宏智頌古拈古を中心として」,『宗學研究』, 14(1972).

한편 설두중현·굉지정각·투자의청·단하자순 등의 송고 100칙에 대해 원오극근·만송행수·임천종륜 등이 각각 평창 등을 붙여 만든 제창록인 『벽암록』·『종용록』·『공곡집』·『허당집』 등 4종이 평창록이 제시되었다.

이상에서 살펴본 바와 같이 송대에 공안선이 성행하면서 선종에서 종파의 차이와 상관없이 공안 비평이 유행했다. 운문종, 임제종이 공안선을 주도하는 분위기였지만, 북송 말에 조동종이 부흥하면서 조동종의 선승들도 송고집과 평창록을 제시하면서 공안선의 흐름을 이어갔다. 따라서 대전의 『주심경』은 단순한 주석서가 아니라 공안선이 성행하던 경향을 반영한 문헌이다.

『주심경』의 현존 판본은 영락(永樂) 9년(1411)에 공선(空禪)이 고창현(高敞縣) 문수사(文殊寺)에서 중간한 것이 대부분이다. 공선은 이 책을 『화엄경』 보현행원품, 『금강반야경천로해(金剛般若經川老解)』와 함께 간행했다. 현재 중국에는 판본이 없고, 경전 목록에서 서명도 볼 수 없다. 일본에 도쿄 다이토큐 기념문고(大東急記念文庫)와 나고야 호사문고(蓬左文庫)에 문수사 중간본이 소장되어 있다.[24]

그런데 왕중민(王重民)이 1957년에 편집한 『미국국회도서관장 중국선본저록(美國國會圖書館藏中國善本著錄)』 II의 해제에 지정(至正) 20년(1360)에 간행한 판본이 소개되어 있다. 이 판본은 위소(危素, 1303~1372)가 서문을 쓰고, 소명(紹明)이 간행한 것이다. 이 판본의 발문에 기록된 발원 내용이나 구본을 간행했다는 서술이 있으므로 주목된다. 종래 이 판본은 원판으로 간주되었으나 간기의 발원 내용으로 보아 고려본일 가능성이 있다.[25] 또한 구본이라는 표현으로 보아 원판(元版)에 앞서 송판이 존재했던 것으로 짐작된다.[26]

이와 같이 현재 남아 있는 판본을 통해 『주심경』이 고려 말이나 조선 초에

---

24 藤本幸夫, 「大東急記念文庫藏朝鮮本について」, 『かがみ』, 21·22(1977, 1978).
25 김방울, 「고려본 『大顚和尙注心經』과 저자 문제」, 240~241쪽.
26 "伏爲聖上陛下, 統臨四海, 億載萬年, 公主殿下壽齊年, 王后殿下壽無疆, 干戈息靜國民安, 天下大平法輪轉, 刊此舊本, 廣施無窮者. 至正二十年庚子五月日, 剋手禪師戒元".

간행되었다는 사실은 확인할 수 있지만, 언제 어떻게 수용되었는지는 알 수 없다. 다만, 12~13세기에 고려 선종에 송의 선적이 수용되던 양상을 참고하면 어느 정도 실마리가 풀리지 않을까 생각된다.

이와 관련하여 계환(戒環)의 주석서가 고려에 수용된 과정이 주목된다. 대감국사 탄연(坦然)이 임제종 황룡파의 무시개심(無示介諶)에게 인가를 받은 후에 계환을 비롯한 개심의 제자들과 교류했다. 탄연이 송의 선승들과 교류하면서 황룡파의 선적이 다양하게 수용되었다. 예를 들어 1126년과 다음 해에 저술된 계환의 『법화경』, 『능엄경』에 관한 주석서가 수용되었다.[27] 이어 심문이 소흥 2년(1132)에 편찬한 『종경촬요(宗鏡撮要)』가 수용되고, 1213년에 수선사에서 중간되었다.

계환의 주석서는 송의 불교계에서 크게 주목을 받지 못했지만, 고려불교에 수용된 이후에 조선 시대까지 『법화경』, 『능엄경』에 대한 대표적인 주석서로 줄곧 간행되었다. 이러한 사례에서 드러나듯이 북송 이후 널리 간행된 불전을 고려불교계에서 지속적으로 구입했고, 어느 정도 수요가 있는 문헌은 고려에서 직접 간행했다.

고려에서는 특정 종파에 치우치지 않고 모든 종파의 선적을 광범위하게 구입했다. 송의 조동종 문헌에 대한 고려 선종계의 관심과 입수정도는 『선문염송집』을 통해 확인할 수 있다. 수선사에서 『선문염송집』을 편찬할 때에 투자·단하·굉지 등을 비롯해 북송 말, 남송 초의 조동종 선승들의 송고를 대부분 수록했다.[28] 또한 『선문염송설화』에서 『종용록』을 비롯한 조동종 문헌을 중시한 데에서 드러나듯이 고려 선종계는 조동종 선적에 많은 관심을 보였다.[29]

---

27 고익진, 「法華經 戒環解 盛行來歷考」, 『불교학보』, 12(1975); 조명제, 「고려후기 戒環解楞嚴經의 성행과 사상사적 의의」, 『부대사학』, 12(1988).

28 조명제, 『선문염송집 연구: 12~13세기 고려의 공안선과 송의 禪籍』(경진출판사, 2015), 131~166쪽.

이와 같이 12~13세기에 조동종의 선적을 비롯한 송의 문헌이 고려에 폭넓게 수용되었던 양상을 감안하면 『주심경』도 함께 수용되었던 것으로 추측된다. 그러나 『반야심경』 주석서가 다양한 데다가 공안 비평을 대표하는 선적이 많기 때문에 『주심경』은 선문에서 크게 주목을 받지 못했을 것으로 짐작된다. 그렇다면 『주심경』이 1360년과 1411년에 각각 간행되었던 것은 고려 말 불교계에서 이 책이 사회적·사상적으로 부각되어 수요가 증가했음을 반영한다.[30]

고려 시기에 목판인쇄술이 발전했지만 전적을 간행하기 위한 비용, 인력 등을 감안하면 특정한 전적이 간행되는 것은 그만큼 수요가 있었음을 의미한다. 그러면 『주심경』이 고려 말에 부각된 이유는 무엇일까. 이와 관련한 자료가 없기 때문에 구체적으로 해명하기가 곤란하지만, 고려 말 사상계의 동향과 『주심경』의 문헌적 성격을 통해 살펴보고자 한다.

먼저 『주심경』이 고려 말에 본격적으로 수용되었던 것은 선종이 고려불교를 주도하던 흐름과 밀접한 관계가 있다. 교학승들이 제시한 『반야심경』 주석서가 다양하게 존재하지만, 선종이 성행하면서 그러한 주석서보다 선의 입장에서 주석한 『주심경』에 대한 사회적·사상적 수요가 증가했을 것이다. 또한 고려 말에 간화선이 확산되면서 공안 비평을 중심으로 한 문자선에 대한 수요가 줄어들기는 했지만, 선문에 대한 수요는 여전히 존재했다. 간화선으로 깨닫더라도 그러한 깨달음의 경지를 표현하려면 문자선이 필요했다.

한편, 『주심경』이 고려 말에 본격적으로 수용된 데에는 당시 조동종의 선적에 대한 수요가 일정하게 존재했음을 보여준다. 『불조삼경(佛祖三經)』의 간행은 이러한 양상을 보여주는 대표적인 사례이다. 『불조삼경』은 『사십이장경

---

29 조명제, 「『선문염송설화』의 인용 문헌과 사상적 특징」, 『역사와 경계』, 108(2018).
30 일본불교계에서 당의 南陽慧忠, 송의 조동종 선승인 芙蓉道楷, 운문종의 慈受懷深이 각각 저술한 『반야심경』에 대한 주석서를 모은 『般若心經三注』가 에도 시대에 간행되었다 [『佛書解說大辭典』(改訂版) 9권, 63쪽]. 『반야심경』에 대한 선종의 주석서가 다양하며, 어떤 주석서가 왜 선택되었는가에 대해서는 각국 불교계의 사회적·사상적 수요의 차이가 존재한다는 사실을 보여준다.

(四十二章經)』, 『불유교경(佛遺教經)』, 『위산경책(潙山警策)』 등을 합친 서적으로 편성 시기와 편집자는 확실하지 않다. 마조 문하에서 편집된 전등사서인 『보림전(寶林傳)』에는 석존이 성도 후에 한 최초의 시중이라는 『사십이장경』을 석존의 가장 중요한 어록으로 보아 전문이 수록되었다. 『위산경책』은 마조 문하의 3세인 위산영우(潙山靈祐)의 저작이다. 이러한 사실을 고려하면 『불조삼경』은 위앙종(潙仰宗)이나 그로부터 영향을 받았던 선문에서 당(唐) 말 내지 오대(五代) 무렵에 편성된 것으로 추측된다.[31]

송에 이르러 조동종의 대홍수수가 『불조삼경』의 주석서를 처음으로 제시했다. 그런데 지원(至元) 23년(1286)에 임제종의 몽산덕이(蒙山德異)가 『불조삼경』을 간행하면서 작성한 서문이 눈에 띈다. 임제종 선승인 몽산이 조동종에서 중시한 선적을 개판한 이유가 무엇일까.

『불조삼경』은 조동종의 선풍이 희박한 데다가 『불유교경주(佛遺教經註)』에 실린 마조와 석혁(石革)에 문답이 인용되어 있고, 마조의 법손인 위산의 저작에 대한 주를 포함하고 있으므로 임제종에서 거부감을 덜 느꼈을 것으로 보인다. 몽산이 처음 간행한 이후 이 책이 중국에서 중간되었다는 기록은 전혀 없고, 한국 불교계에서 거듭 간행되었다.[32]

이와 같이 『불조삼경』, 『주심경』과 같은 조동종의 선적이 고려 말 이후에도 줄곧 간행되고 선문에 수용되었다. 이러한 흐름은 고려 말에 임제법통설이 강조되던 분위기와 별개로, 고려 후기에 수용된 송의 다양한 선적에 대한 수요가 일정하게 존재하던 경향을 반영한다.

『주심경』의 수용은 고려 말 사상계에 확산되던 불교비판론에 대한 대응과 연관된 것으로 보인다. 종래 유학자들이 불교의 현실적인 폐단을 중심으로 비

---

31 椎名宏雄, 「『佛祖三經註』の成立と諸本」, 『印度學佛教學研究』, 47-1(1998).
32 현존하는 판본은 至正 1년(1341)의 正覺社版, 지정 21년(1361)의 전주 圓嚴寺版, 禑王 10년(1384)에 李穡 跋文이 있는 판본 등을 비롯하여 16세기까지 8판본이 있다(椎名宏雄, 「佛祖三經註の成立と諸本」, p. 30).

판하던 경향과 달리 고려 말의 사대부는 주자학을 수용하면서 불교에 대한 근본적인 비판을 제기했다. 특히 정도전은 이러한 경향을 대표하는 저술을 본격적으로 제시했다. 그는 우왕 원년(1375)에 『심문천답(心問天答)』, 태조 3년(1394)에 『심기리편(心氣理篇)』, 태조 7년(1398)에 『불씨잡변(佛氏雜辨)』 등을 저술하여 불교비판론을 제기했다.

이러한 사대부의 불교비판론에 대해 불교계는 불교를 옹호하는 논리를 담은 문헌을 제시하거나 유불일치론으로 대응했다. 전자는 우왕 5년(1379)에 환암혼수(幻庵混修)가 『호법론(護法論)』을 간행한 것에서 잘 드러난다.[33] 『호법론』은 송의 장상영(張商英)이 불교비판론에 대응하기 위해 저술한 것이다. 장상영은 유교, 도교가 각각 피부의 질환과 핏줄의 질환을 고치는 것이라면, 불교는 뼛속의 질환을 고치는 것이므로 삼교는 각각 서로 의존해야 비로소 일관된다고 하면서 유불도 삼교조화론을 표방했다.

한편, 고려 말 조선 초에 득통기화(得通己和, 1376~1433)가 『현정론(顯正論)』을 저술해 불교비판론에 대응했다. 『현정론』은 불교의 사회적·역사적 문제를 둘러싼 대응 논리와 불교의 교리적 진실성에 관한 내용을 책 전반에서 주로 다루고 있다. 『현정론』은 유교의 윤리의식과 가치체계를 그대로 수용하면서 불교를 거기에 끼워 맞추려는 경향이 두드러진다.

이와 같이 유불일치론, 또는 유불도 삼교일치론은 고려 불교계가 사대부의 불교비판론에 대응하기 위해 제기한 대표적인 논리이다. 이러한 경향은 불교계뿐만 아니라 사대부 사회에서도 제기되었다. 사대부 계층에서 불교에 우호적이거나 유불 조화적인 입장을 가진 이들이 이러한 논리를 다양하게 제시했다. 이러한 경향을 반영하는 대표적인 사례로 원천석(元天錫)이 안병(顔丙)의 삼교일치론을 중시한 것이 주목된다.[34]

여여거사(如如居士) 안병은 남송 말에서 원 초기에 걸쳐 활동한 사대부이며,

---

33 『牧隱文藁』 권13, 「跋護法論」(『문집』 5, 112쪽).
34 『耘谷行錄』 권3, 「三敎一理幷序」(『문집』 5, 174~175쪽).

대혜종고의 제자인 가암혜연(可庵慧然)의 법을 이은 선지식이다.[35] 원천석은 안병의 「삼교일리론(三敎一理論)」을 인용하여 유교가 궁리진성(窮理盡性), 불교가 명심견성(明心見性), 도교가 수진연성(修眞鍊性)으로 요약되며, 세 성인의 가르침은 오로지 본성을 다스리는 것이라고 이해했다.[36]

원천석은 유교, 불교, 도교가 지향하는 바는 궁극적으로 동일하며, 교단적인 입장에서 상호 비방하거나 서로의 도에 대해서 올바로 이해하지 못하는 폐단이 문제라고 지적했다. 이와 같이 안병의 어록은 고려 말에 불교에 우호적이거나 유불도 삼교가 궁극적으로 지향하는 바가 같다는 인식을 지닌 사대부계층에서 불교비판론에 대응하기 위한 논리로 수용되었다.[37]

이상에서 살펴본 바와 같이 고려 말의 불교계는 사대부의 불교비판론에 대응하기 위해 불교를 옹호하는 논리를 담은 전적을 제시하거나 간행했다. 유불도 삼교일치론은 이러한 경향을 반영한 논리였다. 삼교일치론은 승려뿐만 아니라 사대부사회에서도 폭넓은 공감을 형성하고 있었기 때문이다.

『주심경』은 송·원대 사상계에서 유교 및 도교와 적잖이 관련된다. 예를 들어 무구자(無垢子) 장구성(張九成)이 주석한 『반야심경주해(般若心經註解)』에 대전의 주석서에서 인용한 내용이 적지 않다.[38] 장구성은 구절마다 끝에 회마라는 항목을 두고 자신의 착어를 붙였고, 불교와 함께 유교, 도교의 해석이나 인식이 반영되어 있다. 이러한 경향은 『주심경』의 사상적 영향이 적지 않음을 보여준다.

특히 『주심경』은 송·원대 도교에 사상적 영향을 미쳤다. 송대 도교를 대표하는 전진교(全眞敎)의 개조 왕중양(王重陽, 1112~1170)이 유불도 삼교일치를

---

35 조명제, 「高麗末 儒佛一致說의 思想的 傾向과 그 意義」, 『民族文化論叢』, 27(2003).
36 안병의 어록은 『如如居士語錄』과 『重刊增廣如如居士三敎大全語錄』이 있는데, 전자가 紹熙 5년(1194), 嘉定 5년(1212)에 편집, 간행되었고, 후자는 洪武 19년(1386)에 간행되었다.
37 조명제, 「원천석의 불교인식」, 『보조사상』, 26(2006).
38 『般若心經註解』, Z26, pp. 950~965.

표방했다. 그는 『효경(孝經)』, 『도덕경(道德經)』, 『청정경(清靜經)』과 함께 『반야심경』을 읽도록 권했다.³⁹ 한편, 형섬자(瑩蟾子) 이도순(李道純)이 지은 『삼천역수(三天易髓)』에 「심경직지(心經直指)」가 있다. 또한 그의 『청암형섬자어록(清庵瑩蟾子語錄)』 권1은 '대전심경주운(大顚心經注云)'이라는 문장으로 시작한다. 이 글에는 『주심경』에 인용된 잠화상(岑和尙)의 '이서침등(二鼠侵藤)'과 관련된 선문답을 전재하고 있다.⁴⁰

「선종가송(禪宗歌頌)」은 『수진십서(修眞十書)』 권30(悟眞篇)의 마지막 권 전체에 해당한다. 『오진편(悟眞篇)』은 장백단(張伯端, 987~1082)이 희령(熙寧) 8년(1075)에 저술한 문집이다. 『오진편』에 도에 뜻을 둔 사람은 도교 금단술(金丹術)만 배워서는 원통(圓通)의 경지에 이를 수 없고, 그러한 초학의 방법이 아니라 최후에 미망(迷妄)에서 벗어나 불교의 진여실상의 법을 깨닫고, 위없는 깨달음의 경지에 이르러야 한다는 것을 설했다. 따라서 「선종가송」은 『오진편』 최후의 권이므로 깨달음의 경지를 묘사한 가송에 해당한다.

이와 같이 「선종가송」은 『오진편』의 결론에 상당하고, 장백단이 자기 깨달음의 경지를 투영한 것이다. 「선종가송」 가운데 수록된 「심경송(心經頌)」은 장백단의 의도와 사상이 반영되어 서술된 것이다. 장백단에게 선의 영향이 적지 않지만, 특히 「선종가송」에 수록된 「독설두선사조영집(讀雪竇禪師祖英集)」이 보여주듯이 설두중현에게 적지 않은 영향을 받았다.⁴¹

이와 같이 전진교에서는 선종의 영향이 강하게 드러난다. 『반야심경』이 전진교에서 주목된 이유는 선종을 통해 이 경전을 알게 되었던 것으로 추측된다. 나아가 전진교 도사들의 문집에는 선종 용어가 적지 않게 보이며, 왕중양이 선종과 도교와의 일치를 서술할 정도이다. 아울러 「선종가송」에서 드러나듯이

---

39 福井文雅, 『般若心經の總合的研究』, pp. 256~260.
40 道藏 729, 卑五, 一丁; 福井文雅, 『般若心經の總合的研究』, p. 263에서 재인용. 잠화상이 아니라 어느 승과 용아화상의 문답을 『단아자순어록』에서 인용한 것이다.
41 福井文雅, 『般若心經の總合的研究』, pp. 256~276.

전진교에서 주목한 선은 북송 이후 성행한 공안선과 밀접한 관계가 있다. 특히 설두중현이 중시된 사실은 그러한 면을 단적으로 보여준다. 대전의 『주심경』이 공안선의 성행과 관련되므로 일반적인 『반야심경』 주석서보다 전진교에서 중시된 것으로 보인다.

이상에서 살펴본 바와 같이 고려 말의 사상계에 주자학이 본격적으로 수용되면서 불교비판론이 확산되었다. 불교계는 이러한 불교비판론에 대응하기 위한 차원에서 유불일치론 내지 유불도 삼교일치론을 반영한 문헌을 간행하거나 제시했다. 따라서 대전의 『주심경』은 그러한 사상적·역사적 맥락을 담은 문헌으로서 주목되었던 것이 아닐까 추측된다.

― 제9장 ―

선의 제도화 양상과 의미

　송대 선종의 두드러진 특징으로 선의 제도화가 흔히 지적되고 있다. 제도화는 선종이 사회제도 속에 편입되고, 그에 따라 선종 내부의 조직 형태와 수행 방식이 제도적으로 정비, 규격화되었다는 두 가지 의미를 포함한다.[1] 선의 제도화 현상은 선종 의례, 청규, 오산제도 등으로 나타난다.

　고려 선종에서 이러한 경향이 언제 수용되었는지는 자료의 한계로 인해 구체적으로 알 수 없다. 『진각국사어록』은 현존하는 고려 선승들의 어록 가운데 가장 오래된 것으로, 전체가 상당(上堂), 서장(書狀), 시인(示人), 시중(示衆), 소참(小參) 등으로 구성되어 있다. 비교 대상이 적기 때문에 정확히 알 수 없지만, 이러한 구성은 어록의 정형화가 어느 정도 이루어지는 양상을 보여준다. 예를 들어 혜심의 상당이 1224년에서 1233년 사이에 이루어졌으므로, 수선사에서는 선종의 조직 형태와 수행 방식이 제도적으로 도입되어 어느 정도 규격화되고 있었던 것으로 보인다.

　이러한 양상은 청규가 고려 선종에 본격적으로 도입되는 것을 통해서도 확인된다. 청규는 선종의 생활규범으로, 선종이 하나의 교단으로 독립되었음을 보여주는 근거가 된다. 청규의 효시인 『백장청규』는 당의 백장회해(百丈懷海)

1　小川隆, 「禪宗の生成と發展」, 沖本克己 編, 『新アジア佛敎史7 興隆·發展する佛敎』(佼成出版社, 2010), pp. 310~315.

가 제정한 것이지만 일찍부터 사라졌다. 북송 숭녕(崇寧) 2년(1103)에 운문종의 장로종색(長蘆宗賾)이 『선원청규(禪苑淸規)』를 편찬했다.² 『선원청규』는 6종의 이본이 알려져 있는데, 대부분 가태(嘉泰) 2년(1202)에 다시 판각한 『중조보주선원청규(重雕補註禪苑淸規)』 계통이다.³

청규가 고려에 언제, 어떻게 수용되었는지는 자료의 한계로 정확히 알 수 없다. 다만 고려판 『선원청규』가 고종 41년(1254)에 간행된 것을 통해 어느 정도 유추해 볼 수 있다.⁴ 고려판은 북송 정화(政和) 원년(1111)의 판본이 저본이며, 초판본 『선원청규』보다 8년 후에 간행되었기 때문에 가장 고형(古形)을 전하는 것이다.⁵ 고려판 『선원청규』는 분사대장도감에서 간행된 고려대장경 보유판의 하나이다. 선적의 간행 자체는 당시 선종에서 일정한 수요가 존재한다는 사실을 반영한다. 다시 말해 선종 사원에서 청규라는 규범서에 대한 수요가 존재할 정도로 총림이 각지에 형성된 것을 반영한다. 일정한 규모를 갖춘 총림에서 선종의 조직 운영과 규범에 적합한 청규에 대한 이해가 요구될 정도로 선종 제도가 어느 정도 갖추어진 상황을 반영한다고 하겠다.

다음으로 선의 제도화를 보여주는 오산제도의 도입에 대해 살펴보기로 한다. 앞서 서술한 것처럼 오산십찰제도는 송, 원과 중세일본에서 형성되어 있었다. 그러나 고려 선종에 오산제도가 도입된 기록은 전혀 없다. 이 장에서는 '오산지상(五山之上)'의 도입이 고려 말 대표적인 선종 사찰로 부각된 회암사

---

2 金井德幸, 「宋代禪刹の形成過程: 十方住持制の法制化」, 『駒澤大學禪研究所年報』, 15 (2003); 諸戶立雄, 『中國佛敎制度史の硏究』(1990, 平河出版社); 林德立, 『中國禪宗叢林淸規史の硏究』(山喜房佛書林, 2011).

3 椎名宏雄, 「五山版 『重雕補註禪苑淸規』 の槪要」, pp. 492~495.

4 곽승훈 편저, 『고려시대 전적 자료집성』(혜안, 2021), 217쪽.

5 다만 고려판은 다른 판본과 비교하면 본문 구성에서 크게 다르다. 고려판은 현행본 제8권에 수록되어 있는 坐禪儀, 自警文, 一百二十問, 제10권에 수록된 勸檀信, 齋僧儀 등 5편이 수록되어 있지 않다[小坂機融, 「禪苑淸規の變容過程について: 高麗版禪苑淸規の考察を介して」, 『印度學佛敎學硏究』, 20-2(1972); 小坂機融 著, 鏡島元隆·佐藤達玄·小坂機融 解說, 『譯註禪苑淸規』(曹洞宗宗務廳, 1972), pp. 5~9.

(檜巖寺)의 위상과 어떻게 관련되는지를 통해 오산제도의 수용에 대해 살펴보고자 한다.

회암사는 고려 후기에 존재했지만 14세기 전반에 이르러 선종 사원의 위상이 점차 부각되었다. 특히 공민왕 23년(1374)에 나옹이 국가의 후원을 받아 대대적으로 중수하면서 고려 선종을 대표하는 사원으로 부각되었다. 먼저 공민왕이 표방한 불교 정책과 그 정치적 배경이 무엇인지를 살펴보기로 한다.

고려 왕실은 원 황실이 티베트불교를 중시하는 흐름을 의식했지만, 기본적으로 티베트불교와 친연성이 높지 않았다. 고려 왕실과 지배층은 전통적인 불교신앙에 관심을 갖고 있었지만, 14세기에 접어들면서 원과 고려에서 선종이 성행했기 때문에 선에 대한 관심이 높아지게 되었다. 고려 국왕들은 즉위 전에 원 황실에서 숙위했으므로 원의 선종 정책을 깊이 이해할 수 있는 기회가 있었다. 특히 원에서 머문 기간이 길었던 충선왕과 공민왕은 선종 정책뿐 아니라 원의 선종계와 직간접적으로 교류했으므로 선에 대한 이해가 깊었다.

충선왕은 원 황실의 정치에 깊숙이 개입했고, 정치적 관계와 개인적 신앙을 모두 충족시키기 위해 원의 불교계와 다양한 관계를 맺고 있었다. 인종은 황태자 시절에 충선왕을 통해 임제종의 북계지연(北溪智延)을 천령사(天寧寺)에 주석하도록 했는데,[6] 이를 보면 충선왕이 불교계 행정에 관여했던 것으로 추측된다. 또한 충선왕은 1305년에 세조비(世祖妃) 유성황태후(裕聖皇太后)를 위해 대도의 대표적인 선종 사찰인 대경수사(大慶壽寺)에 대장경 1질을 보시했다.[7] 이어 1312년에 입성론(立省論)을 둘러싼 정치적 문제가 불거졌을 때에 보령사판(普寧寺版) 대장경 50질을 인출해 원의 주요한 사찰들에 기증했다.[8]

---

6 黃溍,「榮祿大夫大司空大都大慶壽禪寺住持長老佛心普慧大禪師北溪延公塔銘」,『金華黃先生文集』권41; 장동익,『元代麗史資料集錄』(서울대학교 출판부, 1997), 134~135쪽.
7 程文海,「大慶壽寺大藏經碑」,『楚國文憲公雪樓程先生文集』18; 장동익, 같은 책, 131~133쪽.
8 『解節經』序文,『佛本行集經』刊記; 장동익, 같은 책, 140~141쪽.

충선왕은 강남 선종에 대해 많은 관심을 보였으며, 특히 중봉명본을 찾아가 가르침을 받았다. 충선왕은 조맹부(趙孟頫)의 주선으로 중봉이 머물고 있던 천목산을 찾았다. 1319년에 충선왕은 중봉을 만나 제자의 예를 올리고 화두 참구에 대한 가르침을 받았다.[9] 중봉은 충선왕에게 승광(勝光), 진제(眞際)라는 법명과 법호를 주고 9편의 법어를 주었다.[10]

공민왕은 1341년에 원에 입조해 10년간 숙위했는데, 그의 왕위 계승 과정은 순탄치 않았다.[11] 충혜왕이 죽은 후에 충목왕이 즉위했고, 충목왕이 사망한 뒤 고려 관료들이 공민왕을 추대했지만 결국 조카인 충정왕이 즉위했다. 공민왕은 1349년 위왕(魏王) 볼라드 테무르의 딸인 보타시리와 결혼했고, 기황후 세력의 지원을 받아 1351년 충정왕이 폐위된 후에 즉위했다.[12]

공민왕은 대도에 장기간 숙위하면서 원 황실과의 관계뿐 아니라 충선왕과 마찬가지로 원의 불교계 동향이나 불교 정책에 관심을 가졌던 것으로 보인다. 1347년 영녕사(永寧寺) 개당법회를 주관한 태고보우는 순제가 하사한 금란가사를 받을 정도로 환대를 받았다. 당시 대도에 숙위 중인 공민왕은 고려에 돌아가면 보우를 스승으로 삼기로 결심했다.[13]

공민왕은 원년, 5년, 12년, 20년 등 네 차례에 걸쳐 개혁정치를 표방하며 왕권을 강화했는데, 그 과정에 불교를 이용했다. 공민왕은 즉위한 직후인 원년(1351) 5월에 태고보우의 정치적 자문을 받았다.[14] 또한 공민왕 5년(1356)에 정치개혁을 추진하기 전에 보우를 중용했다. 또한 같은 해 2월에 보우를 내불당에 불러

---

9 「示衆」, 『天目中峰和尙廣錄』 권1上(F73, pp.818~820); 장동익, 같은 책, 147~160쪽.
10 西尾賢隆, 「元朝の江南統治における佛敎」, pp.272~273; 野口善敬, 『元代禪宗史研究』 (禪文化硏究所, 2005), p.135.
11 『고려사』 권36, 忠惠王 후2년 5월 癸酉, "元遣使, 召王弟江陵大君祺入朝. 政丞蔡河中, 前僉議評理孫琦·朴仁幹等三十餘人從之".
12 민현구, 「고려 공민왕의 즉위배경」, 『한우근박사정년기념사학논총』(1981).
13 維昌, 「行狀」, 『太古和尙語錄』 卷下(『한불전』 6, 697~698쪽).
14 『고려사』 권38, 恭愍王 元年 5월 己丑.

반승(飯僧)을 행하고,[15] 3월에 봉은사에서 보우의 설법을 들었다.[16] 4월에는 보우를 왕사로 삼고 광명사(廣明寺)에 원융부(圓融府)를 설치하여[17] 불교계의 인사권을 보우에게 주었다.[18] 공민왕은 2월부터 5월까지 이런 일련의 조치를 취한 뒤 기철 일당을 숙청했다.[19]

공민왕 8년과 10년에 홍건적이 침입하고, 그 후 왜구의 침범도 잇따라 고려는 위기를 맞게 되었다. 더욱이 공민왕 12년, 원에서 공민왕을 폐위하고 덕흥군(德興君)을 옹립했다는 소식이 전해지자 최유(崔濡)가 원의 병력 1만을 거느리고 침입했다.[20] 공민왕은 내외적인 위기를 겪으면서 국정 운영을 주도할 수 있는 돌파구를 마련하기 위해 1365년(공민왕 14)에 신돈을 등용했다.[21] 신돈의 개혁정치는 권력집단을 개편하고 왕권을 강화하는 것으로, 그는 공민왕을 대행해 조정을 운영했다.[22]

신돈이 집권하면서 고려의 불교 정책은 선종 대신 화엄종을 중시하는 쪽으로 변화했다. 신돈이 집권한 후에 왕사였던 태고보우가 물러나고, 그 대신 화엄종의 천희(千熙)가 국사로, 선현(禪顯)이 왕사로 각각 책봉되었다.[23] 그러나 공민왕 20년(1371)에 신돈 정권이 몰락하면서 세족이 다시 세력을 회복했고, 신흥사족이 점차 정계에서 부각되었다.

그런데 신돈 정권의 몰락을 전후한 시기에 대륙의 정세에도 커다란 변화가

---

15 『고려사』 권38, 공민왕 5년 2월 丙子.
16 『고려사』 권38, 공민왕 5년 3월 丙戌.
17 『고려사』 권38, 공민왕 5년 4월 癸酉.
18 『고려사』 권38, 공민왕 5년 5월 乙酉.
19 『고려사』 권38, 공민왕 5년 5월 丁酉. 공민왕 5년의 개혁은 1354년에 원 조정의 실력자 톡토아가 강남 원정에 나섰다가 실각하면서 원의 영향력이 현저하게 실추되었던 상황에서 이루어졌다.
20 민현구, 「新主(德興君)과 舊君(恭愍王)」, 『고려정치사론』(고려대학교 출판부, 2004).
21 『고려사』 권41, 공민왕 14년 5월.
22 조명제, 「신돈의 불교 정책과 불교계의 동향」, 『한국중세사연구』, 53(2018).
23 『고려사』 권132, 신돈전.

나타나고 있었다. 1342년 이후 해마다 수해와 기근이 발생하고, 각지에서 농민이 봉기했다. 이러한 봉기는 진압되었지만 강남 지역에서 장사성(張士誠), 방국진(方國珍), 주원장(朱元璋) 등이 할거하는 정국이 되었다. 1354년 원의 실권자인 톡토아가 대군을 이끌고 장사성 토벌에 나섰다. 그런데 원 황실에서 톡토아가 권력을 찬탈할지도 모른다고 의심해 그를 제거했기 때문에 정벌은 실패하고 만다.

그리하여 강남의 반원 세력이 패권 다툼을 할 수 있는 여력을 얻어, 1368년에 주원장이 명을 수립한다. 이후 몽골이 본토를 중심으로 요동, 감숙, 운남 등의 몽골군과 연락하면서 명과 남북으로 대립했다. 두 세력의 공방은 요동을 장악한 나하추가 명에 투항하고 1388년에 원이 패배하여 몽골고원으로 물러날 때까지 이어졌다.[24]

고려는 공민왕 19년(1370)에 명과 국교를 맺었다. 그러나 다음 해에 명이 요동으로 진출하면서 고려에 대해 억압적인 태도를 취했다. 명에서는 고려가 요동의 북원 세력과 통하는 것이 아닌지 의심했기 때문에 고려와 명 사이에 외교적 갈등이 일어났다.[25] 공민왕이 친명 정책을 지속하자 친원 세력이 이에 반발했다.[26] 이러한 와중에 1374년 9월 공민왕이 시해되고 우왕이 즉위하면서 정권을 장악한 이인임 세력은 북원과의 외교 관계를 정식으로 재개하고, 명에도 사신을 파견하는 이중외교를 실시했다.

이와 같이 국제 정세 변화와 맞물려 고려의 정국도 커다란 변화를 맞고 있었다. 아울러 공민왕은 신돈 정권을 무너뜨리고 선종을 다시 중시했다. 이미 공민왕 19년(1370)에 나옹에게 광명사의 공부선(功夫選)을 주관하도록 했고,[27]

24　杉山正明, 『モンゴル帝國の興亡(下)』(講談社, 1996), pp. 218~225.
25　박원호, 「고려와 주원장의 첫 교섭에 관한 소고」, 『북방사논총』, 3(2005); 김순자, 『한국중세한중관계사』(혜안, 2007).
26　이정신, 「공민왕의 죽음과 국내외 정세」, 『한국사학보』, 67(2017).
27　『고려사』 권42, 공민왕 19년 9월 辛丑.

다음 해에 나옹을 왕사로 삼았다.[28] 이러한 변화는 신돈 정권의 몰락과 함께 공민왕의 불교계 정책이 화엄종에서 선종 중심으로 바뀐 것을 보여준다.[29] 그러면 공민왕이 왕권을 강화하기 위해 선종에 주목한 배경과 이유가 무엇일까.

첫째, 공민왕은 장기간 원에 숙위하면서 원의 황실과 사대부 문인들에게 선이 성행했던 동향과 선종 정책이 어떻게 실행되는지에 대해 이해했던 것으로 보인다. 둘째, 공민왕이 숙위하던 시기에 원의 국가권력이 선종을 어떻게 보호, 통제하는 정책을 시행하는지에 대해 직간접적으로 체험하거나 이해할 수 있는 기회가 있었던 것으로 보인다. 공민왕이 숙위하던 1340년대에는 오산제도를 비롯해 남송 이후 구체화된 선의 제도화가 확립되던 시기였다. 이러한 관심과 이해는 공민왕이 직접 『칙수백장청규』를 간행하도록 한 사실에서 잘 드러난다.[30] 셋째, 14세기 전반기에 선종이 불교계를 주도하고, 사대부 계층에 공안선이 성행하는 등 선종의 사회적 기반과 영향이 폭넓게 확산되었기 때문이다.

이러한 이해 기반은 회암사 중수에 반영된 것으로 보인다. 회암사지 발굴조사를 통해 전체를 관통하는 중심축을 중심으로 좌우대칭으로 가람이 배치되어 있는 사실이 밝혀졌다.[31] 이러한 가람 배치는 고려 말에 나옹이 원에서 직접 경험한 사찰제도를 도입한 것으로 이해된다. 후술하듯이 나옹이 순례한 강남의 선종 사원은 오산이 중심이며, '오산지상'으로서 대용상집경사가 선종을 대표하는 사원으로 존재하던 양상을 이해할 수 있었다.

한편 공민왕이 집권 초기에 태고보우를 통해 선종을 통제한 정책에 비해 나옹 계열에게 회암사를 중수시켜 선종을 주도하도록 한 정책에는 '오산지상'의 사례를 활용한 것으로 추측된다.[32] 공민왕은 서열화된 오산을 지정하는 것보

---

28 『고려사』 권43, 공민왕 20년 8월 丁亥.
29 공민왕은 普印 등에게 내전에서 매일 『전등록』을 강론하게 했는데, 선에 대한 사상적 관심이나 이해가 적지 않음을 알 수 있다(『고려사』 권39, 공민왕 10년 8월 癸巳).
30 「玄陵勅刊百丈淸規跋」, 『太古和尙語錄』 卷下(『한불전』 6, 694쪽).
31 韓志晩, 「韓國高麗時代における禪宗寺院の傳來と展開」(東京大學 大學院 工學系硏究科 博士學位論文, 2009), pp. 238~245.

다 오산의 정점에 해당하는 사원을 중심으로 선종을 통제하고자 한 것으로 이해된다. 곧 공민왕이 태고보우에게 불교 교단의 인사권을 주어 선종을 통제했던 것과 달리 회암사를 중심으로 한 나옹 계열에게 선종을 주도하게 할 방향을 모색했던 것으로 보인다. 이는 선종 교단에 대한 국가의 통제가 더욱 체계화된 방향으로 나아가고 있었던 것으로 이해할 수 있다.

국가권력의 후원을 받으며 나옹 계열이 기존의 선문 세력을 배제하고 선종이 주도하는 사원을 내세워 불교계에서 권위를 확보할 방법을 다양하게 강구했다. 그 과제를 위해 회암사의 성역화가 추진되었다. 성역화의 핵심은 지공의 위상을 높이고, 나옹을 현창하는 것이었다.

나옹은 1344년에 회암사에서 수행하다가 깨달음을 얻었고, 1348년에 원에 들어가 10년간 머물렀다. 나옹은 먼저 대도 법원사(法源寺)에 가서 지공을 만났는데, 나옹 행장에 지공과 나눈 문답이 이례적으로 길게 서술되어 있다. 이후 나옹은 강남을 순례한 후에 다시 법원사로 가서 지공의 의발을 받았다. 또한 나옹은 1350년부터 1352년까지 강남의 선종 사원에 머물며 임제종의 선지식에게 점검과 인가를 받았다. 나옹은 정자사(淨慈寺)에서 평산처림(平山處林), 아육왕사(阿育王寺)에서 설창오광(雪窓悟光)을 만났는데, 이들은 모두 오산의 주지였다.[33]

나옹은 평산에게 인가를 받고, 천암에게 입실을 허락받는 등 당시 선지식의 인정을 받았다. 특히 나옹 행장에는 평산의 인가를 받아 임제종의 법통을 계승한 사실이 강조되어 있다. 나옹은 오산의 대표적인 사찰에서 머물면서 중국 선종의 수행 과정, 의례, 규범 등을 직접 체험했다.

이후 나옹은 다시 대도로 가서 순제의 명으로 광제사(廣濟寺)에 주석했고,

---

32 고려 선종에서 송·원 선종의 사상, 의례, 제도를 수용했음에도 불구하고 오산제도가 전면적으로 수용된 사실이 드러나지 않는다. 오산제도는 국가의 선종정책과 밀접한 관계가 있으므로 동아시아 각국의 정치적 배경, 불교계의 대응 등을 함께 검토해야 한다.

33 강호선, 「고려말 나옹혜근 연구」(서울대학교 박사학위논문, 2011), 77~93쪽; 정영식, 「나옹혜근의 강남유학에서의 행적과 그 영향」, 『한국선학』, 37(2014).

1356년에 원 황실의 후원을 받아 법회를 주재했다. 1358년에 나옹은 고려로 돌아왔고, 1361년에 왕명에 따라 원 황실과 인연이 깊은 신광사(神光寺)에 머물렀다. 그러나 신돈 집권기에는 개경과 거리가 먼 곳에 주로 머물렀다.[34]

나옹은 고려로 돌아온 후에 오랫동안 지공과의 관계를 내세우지 않았지만, 회암사 중수를 계기로 기조가 변화했다. 공민왕 21년(1372)에 나옹은 지공의 부도를 회암사에 세웠고,[35] 회암사 주지가 되어 공민왕 23년에 회암사 중수에 나섰다.[36] 나옹은 우왕 2년 4월 낙성법회를 열기도 했으나 정치적 박해를 받아 유배지로 가던 중 신륵사에서 입적했다.[37]

그런데 나옹은 회암사 중수와 관련해 지공의 수기를 강조하는 것에서 드러나듯이 지공의 유지를 강조했다. 나옹은 지공 수기를 통해 회암사 터가 나란타사와 같은 복지(福地)임을 강조했고, 지공의 신성성을 일종의 붓다 신화로 이용했다. 지공의 세속적인 계보에 지공의 아버지 곡반(斛飯)이 붓다의 아버지 정반왕과 형제라고 서술되어 있다.[38] 이러한 서술은 사실이 아닌 허구이며, 지공의 계보를 붓다와 연결시켜 지공의 신성성을 강조하기 위한 의도에서 비

---

34 李穡,「高麗國王師大曹溪宗師禪敎都摠攝勤脩本智重興祖風福國祐世普濟尊者諡禪覺□□□□□□塔銘幷序」,『금석』상, 499~502쪽.

35 공민왕 19년(1370)에 達睿가 지공 사리를 회암사에 안치했고, 공민왕이 불사리와 지공 유골을 궁궐에 맞아들였다.『고려사』권42, 공민왕 19년 1월 甲寅.

36 金守溫,「檜巖寺重創記」,『拭疣集』권2, "有玄陵王師普濟尊者, 受指空三山兩水之記, 遂來居此. 乃欲大創, 分授棟樑, 奔走募緣, 功未及半, 而王師亦逝矣. 其徒倫絶潤等, 念王師未究之志, 踵其遺矩, 以畢其績".

37 『고려사』권133, 禑王 2년 4월.

38 閔漬,「佛祖傳心西川宗派旨要序」, "今於指空和尙下, 得見和尙禪要錄, 俱載毘婆尸佛已來, 七世七佛, 迦葉已來一百七祖(下略)"[허흥식,『고려로 옮긴 인도의 등불』(일조각, 1997), 315쪽에서 재인용]; 達牧,「梵語心經施食眞言後誌」, "竊惟聖師指空和尙, 以悲願力, 爲中天國王第三子"; 허흥식, 같은 책, 351쪽; 李穡,「西天提納薄陁尊者浮圖銘幷序」,『東文選』권119, "迦葉百八傳, 提納薄陁尊者禪賢號指空 … (中略) … 師自言吾曾祖諱師子脇, 吾祖諱斛飯, 皆王伽毗羅國. 吾父諱滿, 王摩竭提國. 吾母香志國公主, 吾二兄悉利迦羅婆, 悉利摩尼, 吾父母禱于東方大威德神而生吾".

롯된 것이다.

나아가 지공에 대해 '서천백팔조(西天百八祖)'라고 표현하고, 과거 7불, 붓다를 거쳐 초조 가섭에서 108조 지공까지 정통 법맥을 길게 나열하고 있다.[39] 가섭 이하 22조까지 기술된 조사는 전등사서에 인도 법맥으로 흔히 제시되는 인명이다. 대부분의 전등사서에는 인도 조사에 이어 보리달마를 기점으로 중국 조사들의 계보가 이어진다. 그러나 지공의 법맥에는 보리달마 이후 중국 조사가 아니라 인도 조사들의 인명이 제시되어 있다.

본래 선종의 법통은 인도불교에서 볼 수 없으며, 종법의 영향을 받아 중국 선종에서 제시한 정통설이다. 선종 법통설은 기존 불교인 교종에 대한 차별성과 정통성을 내세우기 위한 언설로 제시된 것이다. 그런데 나옹이 내세운 지공의 법통은 일반적인 선종법통설과 전혀 다른 계보로서 사실이 아닌 허구이며, 인도의 정통 법맥을 강조하는 데에 초점을 맞췄다. 지공 법통설은 5가 7종으로 전개되어 온 중국 선종의 계보와 다른 과거 7불, 붓다 이후 정통 법맥이 지공에게 계승되었다는 주장을 강조하려는 의도에서 구성된 것이다.

지공의 전기에서 나란타사에서 수학한 사실을 강조하는 것도 마찬가지이다. 나란타사는 5세기에 굽타왕조에서 건립했고, 7세기에 현장(玄奘)이 방문했을 당시에 인도 제일 사원이자 불교학의 중심도량이었던 면모가 『대당서역기』에 서술되어 있다. 따라서 불교 교학의 메카라는 나란타사에서 수학한 사실을 강조한 것은 지공이 선과 교를 모두 겸했다는 사실을 강조하려는 의도와 연관된다.

그러면 지공 법통설을 새롭게 표방한 의도는 무엇일까. 하나는 중국 법통설과 차원이 다른 새로운 정통설을 제기하고자 한 것이다. 선종의 법통설이 인도-중국으로 이어지는 법맥을 강조하지만, 문헌에만 기술된 것에 불과하다. 이에 반해 지공의 법통설은 붓다 이후 인도의 역대 조사로 이어진 정통을 실제로 계

---

39 「佛祖傳心西川宗派旨要」, 『禪要錄』; 허흥식, 같은 책, 316~323쪽.

승했다는 사실을 강조한다. 이러한 이미지는 중국의 법통만을 계승한 선승들과 달리 지공의 법맥을 계승한 나옹이야말로 인도-중국-고려로 이어지는 정통을 계승한 유일무이한 선사로 현창함으로써 신앙적 효과와 정통의 권위를 아우를 수 있다는 점을 기대한 것이다. 태고보우와 같이 고려 말에 선승들이 대거 원에 들어가 중국 선종의 법통을 이었기 때문에 나옹 계열에서는 일반적인 법통과 차별성을 부각시키려는 차원에서 지공 법통설을 강조한 것으로 보인다.

이와 같이 지공의 정통성을 강조하는 언설과 함께 나옹이 입적한 후에는 그를 현창하는 사업을 전국적으로 추진했다. 나옹의 문도들은 나옹의 사리를 모시는 부도와 비를 전국 곳곳에 세웠다.[40] 먼저 나옹의 제자인 익륜절간(益倫絶磵)이 회암사 주지를 맡으면서 나옹의 부도와 비를 회암사에 세웠다. 이어 금강산, 치악산, 소백산, 사불산, 용문산, 구룡산, 묘향산 안심사, 신륵사 등에 사리 석종비를 세웠다.[41] 곧 나옹 문도들은 전국의 대표적인 사찰과, 나옹과 관련이 있는 사찰에 나옹의 진영을 봉안하는 진당을 건립했고,[42] 회암사, 신륵사, 안심사에 나옹의 비를 건립했다.[43]

또한 나옹에 대한 현창은 지공과 마찬가지로 정통설의 제시로 이어졌다. 『통록촬요(通錄撮要)』 권4에는 신라와 고려의 선승이 수록되어 있는데, 마지막에 나옹이 나온다.[44] 이 선사들은 중국에서 법맥을 잇고 신라와 고려에서 선을 확산시킨 조사라는 공통점이 있다. 그런데 나옹에 대한 서술은 행장을 거의 그

---

40 남동신, 「여말선초기 나옹 현창 운동」, 『한국사연구』, 139(2007).
41 李穡, 「香山潤筆菴記」, 『東文選』 권72; 「金剛山潤筆菴記」, 『동문선』 권73; 「驪江縣神勒寺普濟舍利石鍾記」, 『동문선』 권73; 「潤筆菴記」, 『동문선』 권74; 「香山安心寺舍利石鍾記」, 『동문선』 권74; 「砥平縣彌智山潤筆菴記」, 『동문선』 권74.
42 「青州龍子山松泉寺懶翁眞堂記」, 『동문선』 권76.
43 회암사에 지공, 나옹의 부도와 비를 건립하여 현창하는 사업은 1397년에 무학의 부도를 미리 건립하여 지공-나옹-무학으로 이어지는 계보를 현창하는 것으로 이어졌다.
44 『通錄撮要』 권4(『禪典』 第6卷 上, pp. 142~144). 『통록촬요』는 북송 임제종의 西余拱辰이 편찬한 『祖源通錄』 24권을 密契가 촬요하고, 嘉靖 8년(1529)에 백운산 萬壽菴에서 간행되었다.

대로 수록할 정도로 길게 인용되어 있다.[45] 이는 고려 선종을 대표하는 인물로서 나옹을 부각시켜 그를 현창하려는 의도에서 비롯된 것이다.

『통록촬요』는 『조원통록』을 주요한 자료로 사용하고 다른 자료도 채록해 인도, 중국, 한국 등을 아울러 선문 전등록을 편성한 것이다.[46] 『통록촬요』에 수록된 나옹전은 『치성광명경(熾盛光明經)』과 『변정경(辨正經)』이라는 위경을 인용하여 나옹을 말법시대에 정법을 구현할 인물로 추앙하고 있다. 『통록촬요』에 수록된 나옹전은 15세기까지 나옹에 대한 현창 사업이 이어진 것을 보여준다.[47] 또한 『통록촬요』가 편찬되기 전에 나옹전이 성립했을 가능성도 있다.

이와 같이 공민왕의 후원과 나옹 계열의 주도에 따라 회암사는 선종을 대표하는 사원으로 부각되었다. 이러한 양상은 고려 말부터 조선 초기까지 이어졌다. 태조는 즉위 후에 무학자초(無學自超)를 왕사로 책봉해 회암사(檜巖寺)의 주지와 감주(監主)를 맡겼다. 태조는 자주 회암사에 행차하며 꾸준히 후원했

---

45 고익진, 「祖源通錄撮要의 출현과 그 사료가치」, 『불교학보』, 21(1984); 椎名宏雄, 「『祖源通錄撮要』와 『大藏一覽集』」, 『宗學研究』, 42(2000).

46 『通錄撮要』권4(『禪典』第6卷 上, p.144), "熾盛光明經云, 世尊告迦葉尊者曰, 我滅度後, 後五百歲, 吾法乃行新羅, 五種外道, 盛行於世, 敢壞我法. 庚申之間, 有一比丘, 作大沙門, 作大佛事, 破諸外道, 號曰普濟懶翁, 其會曰工夫選. 迦葉當知, 我身是也. 以兹其後二三度, 重行而後, 我法永滅, 末劫已盡, 人壽十歲爲限也. 五種外道者, 第一見聞覺知識心外道, 第二無心自然外道, 第三無想天外道, 第四天魔外道, 第五順魔外道. 如是外道, 如麻似粟, 敢壞我法, 如來再三重來也. 又辨正經云, 佛告阿難, 汝於當知. 正法千歲, 禪定堅固. 像法千歲, 塔寺堅固. 末法一萬年, 鬪諍堅固, 外道熾盛, 婬魔外道, 口弄婬欲, 不傳教學, 憂愁戲魔, 俗服妻子, 食噉魚肉, 說時悲泣, 誑惑人間. 無心外道, 常說知覺, 誹訪眞僧. 無想外道, 不展盂鉢, 常用盤床. 天魔外道, 不禮先覺, 無嗣說法, 我慢甚高. 順魔外道, 常毁靈山, 脉氣情石, 如是世中, 恭敬大魔. 最外道, 如麻似粟, 天下大亂, 陰陽不調, 旱氣甚重, 魔强法弱, 善人者少, 惡人者多, 智人者少, 愚痴者多, 親近邪魔外道知識, 墮無間獄, 永無出期. 迦葉當知, 後五百歲, 破魔外道, 我身是也. 再三重來, 作大比丘, 作大佛事. 佛說非虛, 實知無疑. 此經爲宗, 此偈爲仰, 此經書寫讀誦比丘, 不墮邪道, 速成佛道. 阿難大衆, 皆大歡喜, 信受奉行, 作禮佛足".

47 남동신, 「여말선초기 나옹 현창 운동」, 『한국사연구』, 139(2007), 192~198쪽.

다. 회암사가 고려 말 조선 초에 선종의 대표적인 사찰이었다는 사실은 그 규모에서도 잘 드러난다. 세종 6년(1424)에 선교 양종의 사원에 대한 전지와 상주승의 수를 정했는데, 회암사는 원속전이 500결, 상주승이 250명으로 다른 사원과 비교할 수 없을 정도로 최대 규모였다.[48] 이러한 규모는 '오산지상'처럼 국가의 공인을 받아 국가가 보장하는 사찰에 걸맞은 위상을 보여준다.

고려에 제한된 형태로나마 오산제도가 도입된 면모는 회암사의 가람 배치를 통해서도 확인된다.[49] 회암사는 겐초지와 마찬가지로 불전 서쪽에 승당이 건립되었고, 내당과 외당이 명당(明堂)을 통해 이어져 있었다. 침당은 설법과 접객 등 주지가 주최하는 다양한 의례를 위한 시설로 법당의 뒤에 있으며, 방장과 함께 주지의 영역이었다.

남송에서 원으로 전환되면서 침당의 사용 방식이 바뀌었다. 소참과 보설은 법당에서 행하는 정규 설법과 별도로 필요에 따라 행해졌다. 이 시기가 되면 소참이 유명무실해지는 대신 보설이 대중의 요구에 따라 정착되었다. 따라서 대중 전원이 모일 수 있는 규모의 장소가 필요했다. 원대에는 대중 전원이 모여 소참과 보설이 행해지는 장소로 법당이 활용되었다. 다시 말해 소참의 장소가 침당에서 법당으로 변화했다.

이러한 변화에 따라 대규모 침당을 건립할 필요가 없어졌다. 실제로 대용상집경사의 가람 배치를 보면 법당 뒤에 침당이 없고 방장만이 건립되었다. 침당은 주지가 의례를 행하는 장소로서 방장에 흡수되거나 소규모 독립 건축으로 존재했다. 회암사에서는 정청(正廳)이 침당에 해당하는 것으로 추측된다.[50] 이와 같이 회암사의 건축 구조는 원에 유학했던 나옹이 직접 경험한 오산의

---

48 『세종실록』 24권, 세종 6년 4월 5일 庚戌.
49 李穡, 「天寶山檜巖寺修造記」, 『동문선』 권73.
50 韓志晩, 「韓國高麗時代における禪宗寺院の傳來と展開」, pp. 220~225; 韓志晩・鈴木智大, 「淸規から見る禪宗の儀禮・生活・建築」, 島尾新 編, 『東アジアのなかの五山文化』(東京大學出版會, 2014).

건축을 도입한 것으로 보인다. 종교 건축이 보수적인 형태라는 사실을 감안하면, 이런 양상은 나옹 개인의 경험에만 그치는 것이 아니라 오산의 가람 배치가 자연스럽게 도입될 수 있을 정도로 나옹 계열의 선승이나 단월을 비롯해 후원 계층 사이에 공감대가 형성될 만큼 선종문화가 고려 사회에 수용되었음을 보여준다. 이러한 경향은 14세기에 고려 선종에서 간행된 선적을 정리한 〈표 9-1〉을 통해서도 확인된다.

표에 근거해 14세기 고려 선종계의 사상적·문화적 동향이 어떠했는지 요약하면 다음과 같다. 첫째, 14세기 고려 선종에 영향을 미친 원판본 선적의 중요성과 가치가 주목된다. 원대에 간행된 문헌은 종래 연구에서 과소평가되었지만, 실제 송대의 간행본보다 더 많은 선적이 현존하고 있다. 원의 판본을 충실하게 복각, 중간했던 오산판, 고려·조선판, 명청 간본 등을 포함하면 원판이 출판문화사에서 차지하는 비중과 의미를 재고하지 않을 수 없다.[51]

『호법론(護法論)』, 『인천안목(人天眼目)』, 『선림보훈(禪林寶訓)』, 『심부(心賦)』 등은 모두 중국, 한국, 일본에서 공통적으로 많이 간행되었던 선적이다.[52] 원의 적극적인 문화정책에 의해 강남 지역을 중심으로 출판문화가 성행하고, 동시에 고려와 일본까지 포함한 동아시아에서 인적·물적 교류가 성행했다. 예를 들어 『치문경훈(緇門警訓)』은 보우가 직접 원 간본을 가져와 고려에서 간행했다.[53] 태고보우가 강남에 입원해 구법했던 때에 이 책을 입수했고, 우왕 4년(1378)에 고려에서 간행했다.

원 판본의 영향은 공안선 관련 선적의 간행에서도 드러난다. 특히 『대혜보각선사서(大慧普覺禪師書)』, 『몽산법어(蒙山法語)』, 『선요(禪要)』 등은 간화선

51　宮紀子, 『モンゴル時代への出版文化』(名古屋大學出版會, 2006).

52　椎名宏雄, 「宋元版禪籍と五山版」, 『斯道文庫論集』 38(2004).

53　「重刊緇門警訓序」, 『太古和尙語錄』 卷下(『한불전』 6, 694쪽). 『치문경훈』은 중봉명본의 제자인 擇賢이 편찬한 『緇林寶訓』을 토대로 선 수행자에게 격려하는 법어를 증보한 것이다〔椎名宏雄, 「『緇門警訓』의 文獻的考察」, 『宋元版禪籍の文獻史的研究』 제1권(臨川書店, 2023), pp. 813~822〕.

표 9-1　14세기 고려 선종의 선적 간행 일람

연도	문헌	간행	비고
1300	『六祖法寶壇經』		1290년 德異本
1305	『牧牛子修心訣』	지리산 德奇庵 중간	附誡初心學人文, 합부蒙山法語
1314	『寒山詩』	1301년 元版을 복각	朴景亮 간행, 연도 추정
1326	『禪要錄』	1474년 白雲菴重刊本	指空
1335	『觀心論』	鷄林府 개판	
1338	『禪門祖師禮懺儀文』	釋行 重彫	
1341	『佛祖三經』	小白山正覺社 개판	
1357	『人天眼目』	姜金剛 壽慶寺 간행, 玉田 誌	物初大觀 重修序(1258)
1360	『大顚和尙注心經』	宋 大顚了通 저, 危素 書, 紹明 간행	1411년 文殊寺 간행본(同)
1361	『佛祖三經』	전주 圓嵒寺 중간	1286년 蒙山德異 서문
1363	『懶翁和尙語錄』	白文寶 序	1379년 중간
1370	『六祖法寶壇經』	空黙, 南原歸正禪寺	
1372	『景德傳燈錄』	중간	이색 서문
1372	『傳心法要』, 『宛陵錄』	1483년 중간본	이색 발문, 中菴壽允
공민왕	『勅修百丈淸規』		공민왕 勅刊, 태고보우 발문
공민왕	『證道歌』	趙孟頫 書	이색 서문, 玉田達蘊 전래
1377	『直指』	흥덕사 鑄字印施	白雲景閑 편
1378	『緇門警訓』	元 智賢 편	太古普愚 서
1378	『禪林寶訓』	청룡사 개판	
1378	『白雲和尙語錄』	鷲巖寺 개판	이색 서문
1379	『護法論』	幻菴混脩 간행	이색 발문
1381	『禪宗永嘉集』	청룡사 개판	
1384	『佛祖三經』		이색 발문, 1286년 益大 발문
1387	『太古和尙語錄』		이색 서문, 정몽주 발문
1387	『大慧普覺禪師書』		이색 발문
1395	『人天眼目』	檜巖寺 중간	無學
1397	『註心賦』	檜巖寺	無學 題
1399	『禪要』	德奇寺	

이 성행되면서 간화선의 매뉴얼로 활용된 선적이다. 아울러 몽산과 관련된 덕이본(德異本)『육조단경(六祖壇經)』,『불조삼경(佛祖三經)』,『선교시식의문(禪教施食儀文)』 등이 도입, 간행되었다.[54]

둘째, 송대 선의 흐름을 집약한 선적이 남송 말에서 원대에 편찬, 간행되었고, 그러한 경향이 고려 말의 선적 간행으로 이어졌다. 송대 선을 종합하고자 한 문헌은 남송 시기에 편찬된 공안집인『연등회요』(30권), 전등사서인『오등회원』(20권), 선종 강요서(綱要書)인『인천안목』(3권) 등으로 대표된다. 이러한 흐름은 원에 이르러 청규를 집대성한『칙수백장청규』, 불교사를 총괄한『불조역대통재(佛祖歷代通載)』(22권) 등으로 이어졌다.

셋째, 고려 말에 간행된 선적은 고려 선종의 독자적인 이해와 인식을 반영해 재편집되었다. 이러한 경향은『전등록』,『인천안목』 등에 잘 드러난다. 고려판『전등록』에 수록된 조사 수가 1721명으로 늘어났는데,『오등회원』,『사가어록(四家語錄)』 등을 활용해 내용이 증보되었다.[55] 이러한 경향은 고려 선종계가 선적의 개편 작업을 수행할 수 있을 정도로 문헌과 지식 등을 갖추고 있었을 뿐 아니라, 독자적인 선종사 인식이 형성되어 있었던 것으로 보인다.

『인천안목』은 지정(至正) 17년(1357)에 대도 수경사에서 간행되었고, 태조 4년(1395)에 무학(無學)이 회암사에서『인천안목』을 다시 간행했다. 본래『인천안목』은 대혜파 4세인 회암지소가 1188년에 편집한 선적이다. 그러나 이 책의 필사가 거듭되면서 문자 어구의 오류, 증감 등이 생겨 1258년에 물초대관이 여러 판본의 이본을 대교하고 교정해 중간했다. 고려판은 오산판에 비해 분량이 현저히 많고, 다른 판본에 보이지 않는 독특한 항목과 어구, 게송이 많이 포함되어 있다. 또한 전체적으로 항목의 순서, 항목 중 어순이나 문장 형식 등이 통일감 있게 정리되지 않은 상태이다. 아울러 다른 판본에 없는 고려판

---

54 조명제,「고려후기 蒙山法語의 수용과 看話禪의 전개」,『보조사상』, 12; 조명제,「고려후기 禪要의 수용과 看話禪의 전개」,『한국중세사연구』, 7(1999).

55 椎名宏雄,「朝鮮版『景德傳燈錄』について」,『駒澤大學佛教學部論集』7(1976).

의 독자적인 자료가 적지 않게 실려 있다.[56]

고려 말에는 선종문화의 성행과 관련된 문헌이 널리 확산되었다. 나아가 선승들의 원대 전적에 대한 관심이 선적뿐 아니라 다양한 영역으로 확대되었다. 이러한 경향은 공민왕 21년(1372)에 강시(姜蓍)가 원의 대표적인 농서인 『농상집요(農桑輯要)』를 간행할 때에 목암찬영(木菴粲英)이 붙인 음의(音義)를 통해 드러난다.[57] 목암이 붙인 음의를 모두 분석한 결과, 『광운(廣韻)』·『옥편(玉篇)』·『집운(集韻)』·『운회(韻會)』·『증운(增韻)』·『오음집운(五音集韻)』 등을 비롯한 일반 음운서와 『용감수감(龍龕手鑑)』·『일체경음의(一切經音義)』 등 불교 관련 음운 전문서가 폭넓게 활용된 사실이 확인된다.[58]

선승들이 음운에 대한 전문 지식을 갖고 있던 것은 기본적으로 시문을 작성하기 위해 필수적인 지식이기 때문이다. 북송 이후 문자선이 성행하면서 시문 작성은 선승에게 기본적인 교양이자 필수적인 소양으로 요구되었다. 이러한 경향은 간화선이 성행하면서 문자선이 전반적으로 퇴조하지만, 자신의 깨달음을 시문으로 표현하거나 설법을 위해 여전히 활동되고 있었다. 선승들은 공안에 대한 이해나 공안 비평을 위해 역사서, 시문집, 유서, 음운서 등 다양한 고전 지식이 필요했다.[59] 선종문화는 선문뿐 아니라 선승과 교유하던 사대부 사이에 폭넓게 성행되었다. 선종문화의 확산으로 사원은 선승과 사대부의 교유에 중심 무대가 된 공간이었다. 회암사는 고려 말 선종문화의 확산 과정에서 선종의 중심 센터로서 역할을 수행했던 것으로 보인다.

---

56 椎名宏雄, 「高麗版『人天眼目』とその資料」, 『駒澤大學佛教學部硏究紀要』, 44(1986).
57 위은숙, 「『원조정본농상집요』의 농업관과 간행주체의 성격」, 『한국중세사연구』, 8(2000).
58 조명제, 「14세기 고려 지식인의 입원과 순례」, 『역사와 경계』, 69(2008), 31~32쪽.
59 중세일본의 선종에서 『禮部韻略』, 『古今韻會擧要』, 『韻府群玉』, 『氏族排韻』 등 다양한 운서가 간행되었다. 또한 이러한 문헌의 대량 입수를 통해 음운에 대한 이해가 깊어지면서 虎關師鍊이 『聚分韻略』이라는 운서를 저술할 정도였다[大庭脩, 「僧侶と漢籍」, 『漢籍輸入の文化史』(硏文出版, 1997), pp.64~91].

제4부

고려 후기 선종문화의 형성과 전개

제10장

송대 문화의 수용과 특징

고려와 요가 공식적인 외교 관계를 맺으면서 고려와 송의 직접적인 교류는 단절되었다. 다만 문종 25년(1071)에 일시적으로 국교가 재개되었고, 외교 관계의 단절과 무관하게 송의 상인이 고려를 왕래하면서 국제 교역이 지속적으로 이루어졌다. 특히 인쇄술의 발전에 따라 송에서 다양한 서적이 간행되어 송의 상인을 통해 얼마 걸리지 않아 고려에 전해졌다. 이러한 문헌은 불교 문헌뿐만 아니라 경서, 제자서, 사서, 의서, 역서, 음양서, 형법서 등 매우 다양했다. 또한 12~13세기의 다양한 송대 문화가 고려에 본격적으로 수용되었다.

특히 소식, 황정견이 송의 문화예술을 주도했기 때문에 이들의 문화적 영향이 고려에서도 폭넓게 확인된다. 아울러 흥미로운 사실은 이들과 교유한 각범 혜홍(覺範慧洪)의 시문집이 고려에 수용되어 소식, 황정견의 작시법을 이해하기 위해 문인과 선승들에게 수용되었다는 것이다.

12세기에 고려 사대부 문인들에게 송의 시문학이 수용되었는데, 그러한 양상은 문집을 통해 확인할 수 있다. 당시 사대부 문인은 『서청시화(西淸詩話)』를 비롯한 다양한 송의 시화집을 관심 있게 탐독했다.[1] 또한 구양수, 왕안석, 소식, 황정견 등을 비롯한 송의 시집을 다양하게 입수했다.[2]

---

1   『李相國集』 卷9, 「六月八日罵谷驛, 遇劉天院冲祺小酌, 用小畜詩韻各賦」; 『李相國集』 卷10, 「二月復指扶寧郡, 馬上讀小畜詩, 用茶園詩韻, 記所見」.

이러한 송의 시인 가운데 소식, 황정견은 고려 문인들에게 가장 깊은 영향을 미쳤다. 이인로는 시문의 수사법에 대해 평하면서 소식과 황정견이 고사를 정밀하게 쓰며, 빼어난 기운이 마음대로 분출하므로 시의 구절을 다듬는 것이 절묘하다고 했다.[3]

　　이러한 경향은 『파한집(破閑集)』을 비롯한 문집 자료에 비교적 폭넓게 드러난다. 이러한 문집에 구양수, 왕안석 등을 비롯한 송대 문인의 시가 다양하게 언급되고 있지만 특히 소식, 황정견의 시문이 가장 주목을 받았다. 이들의 시문은 일찍부터 고려에 수용되었으며, 당시 문인 계층 사이에서 성행했다.[4]

　　최자(崔滋)는 소식, 황정견의 시집을 읽고 난 후에야 말이 힘차고 운이 쩌렁쩌렁 울려 시를 짓는 데에 삼매경에 빠질 수 있다고 그들의 시를 높이 평가했다.[5] 사대부 문인들은 고사를 사용하더라도 소식, 황정견처럼 말을 솜씨 있게

2　『西河集』권3,「訪興嚴寺堂頭兼簡金秀才二首」(『명현집』2, 32쪽);『西河集』권4,「答靈師書」(『명현집』2, 43쪽);『李相國集』권21,「論詩說」(『문집』1, 509쪽).

3　『破閑集』卷上(『명현집』2, 87쪽), "琢句之法, 唯少陵獨盡其妙, 如'日月籠中鳥, 乾坤水上萍' '十暑眠山葛, 三霜楚戶砧'之類是已. 且人之才, 如器皿方圓, 不可以該備, 而天下奇觀異賞, 可以悅心目者甚夥. 苟能才不逮意, 則譬如駑蹄臨燕越千里之途, 鞭策雖勤, 不可以致遠, 是以古之人, 雖有逸才, 不敢妄下手, 必加鍊琢之工, 然後足以垂光虹蜺, 輝映千古. 至若句鍛季鍊, 朝吟夜諷, 撚鬚難安於一字, 彌年只賦於三篇. 手作敲推, 直犯京尹, 吟成大瘦, 行過飯山, 意盡西峰, 鍾撞半夜, 如此不可縷擧. 及至蘇黃, 則使事益精, 逸氣橫出, 琢句之妙, 可以與少陵竝駕".

4　『李相國集』권26,「答全履之論文書」(『문집』1, 557~558쪽), "足下以爲世之紛紛效東坡而未至者 已不足導也 雖詩鳴如某某輩數四君者 皆未免效東坡 非特盜其語 兼攘取其意 以自爲工 … (中略) … 及得科第 然後方學爲詩 則尤嗜讀東坡詩 故每歲榜出之後 人人以爲今年又三十東坡出矣";『西河集』卷4,「與眉叟論東坡文書」(『명현집』2, 43쪽), "僕觀近世東坡之文大行於時, 學者誰不伏膺呻吟. 然徒翫其文而已, 就令有捃竄竊, 自得其風骨者, 不亦遠乎".

5　『補閑集』卷中(『명현집』2, 132~133쪽), "李學士眉叟曰, "吾杜門讀黃蘇兩集, 然後語遒然韻鏘然, 得作詩三昧. 文順公曰, 吾不襲古人語, 創出新意. 時人聞此言, 以爲兩公所入不同非也. … (中略) … 噫時文大變, 至於俚, 俚一變, 至於俳, 不知其卒何若也. 近世尙東坡, 蓋愛其氣韻豪邁, 意深言富, 用事恢博, 庶幾效得其體也. 今之後進讀東坡集, 非欲傲效, 以得其風骨, 但欲證據, 以爲用事之具, 剽竊, 不足導也. 況敢學杜甫, 得其波耶. 文安公常言,

하여 도끼나 끌로 다듬은 흔적 없이 만드는 것을 긍정적으로 평가할 정도로 이들의 작시법에서 깊은 영향을 받았다.[6] 이규보, 최자, 진화 등의 시문에 소식 시의 영향이 다양하게 드러난다.[7] 또한 황정견의 『산곡집(山谷集)』이 수용되어,[8] 사대부 문인에게 영향을 미쳤다.[9]

근래에 소동파와 황산곡이 문장에서 우뚝 솟았는데, 그 법을 좇아 숭상하면서도 말을 만드는 것이 더욱 정교하여 전혀 다듬고 고친 흔적이 없으니 가히 청어람(靑於藍)이라고 말할 만하다. … (중략) … 황산곡이 말하기를, "언어라는 것은 특별한 맛이 없지만 언어가 퍼지는 것을 막을 수 있는 언덕이나 담장이 없으며, 얼음과 눈을 서로 바라만 볼 수 있는 것은 오직 이 대나무뿐이로다"라 하고, "눈으로는 인정이 격오(格五) 놀이와 같이 속고 속이는 것임을 보고, 마음으로는 세상의 일들이 조삼모사처

凡爲國朝制作, 引用古事, 於文則六經三史, 詩則文選李杜韓柳. 此外諸家文集, 不宜據引爲用. 又曰, 至妙之辭, 久而得味, 鄙近之作, 一見卽悅. 學者看書, 當熟讀之深思之, 期至於得意. 文順公曰, 羲余初見歐陽公集, 愛其富. 再見得佳處, 至于三拱手歎服. 又見梅聖兪集, 心竊輕之, 未識古今所以號詩翁者. 及今見, 外若薾弱, 中含骨鯁, 眞詩中之精萬也. 知梅詩, 然後可謂知詩者也."

6 『破閑集』 卷下(『명현집』 2, 97쪽), "詩家作詩多使事, 謂之點鬼薄, 李商隱用事險僻, 號西崑體, 此皆文章一病. 近者蘇黃崛起, 雖追尙其法, 而造語益工, 了無斧鑿之痕, 可謂靑於藍矣. 如東坡見說騎鯨遊汗漫, 憶曾捫蝨話悲辛. 永夜思家在何處, 殘年知爾遠來情. 句法如造化生成, 讀之者莫知用何事. 山谷云, 語言少味無阿堵, 氷雪相看只此君, 眼看人情如格五, 心知世事等朝三, 類多如此. 吾友耆之, 亦得其妙, 如歲月屢驚羊胛熟, 風騷重會鶴天寒, 腹中早識精神滿, 胸次都無鄙吝生. 皆播在人口, 眞不愧於古人".

7 『李相國集』 卷7, 「次韻和崔相國誠和黃郞中題朴內園家盆中六詠」(『문집』 1, 364쪽); 『李相國集』 卷8, 「溪上偶作」(『문집』 1, 372쪽); 『李相國集』 卷11, 「依韻奉和崔平章諴致仕閑適」(『문집』 1, 410쪽); 『李相國集』 卷15, 「次韻皇甫書記用東坡哭任遵聖詩韻哭李大諫眉叟」(『문집』 1, 450쪽); 『李相國集』 卷21, 「論詩說」(『문집』 1, 509쪽); 『李相國集』 卷26, 「答全履之論文書」(『문집』 1, 557쪽); 『補閑集』 卷中(『명현집』 2, 124~125쪽); 『李相國集』 卷11, 「十月五日陳澕見訪留宿置酒用蘇軾詩各賦」(『문집』 1, 404쪽).

8 『李相國集』 卷18, 「偶讀山谷集次韻雨絲」(『문집』 1, 482쪽).

9 『李相國集』 卷12, 「迴安處士置民詩卷 在軍幕作」(『문집』 1, 416쪽), "詩高全勝庭堅體, 文膽猶存子厚風, 但恨未成華國手, 草間呼叫學秋蟲".

럼 변덕스러운 것임을 안다"라고 한 것도 모두 이와 같은 부류이다.

나의 친구인 임춘도 또한 고사를 사용하는 절묘한 기술을 체득하였으니, 예컨대 "세월이 양의 어깨뼈가 익는 것에 자주 놀라며, 시문이 하늘을 나는 학을 떨게 만들 만한 것을 만났네. 뱃속의 정신이 충만하였음을 일찍이 알게 되니, 마음속 깊숙이에서는 속되고 천한 것들이 전혀 생겨나지 않게 되네"라고 하는 것들로서, 모두 사람들 사이에서 전파되어 있으니 진실로 옛 사람들과 비교해 보아도 부끄럽지 않다.[10]

이 글에서 이인로는 고려 문인들에게 소식, 황정견의 작시법이 유행하고 있으며, 고인의 시구를 인용하면서도 자신의 작품으로 승화해 탁월한 시를 제시했다고 밝히고 있다. 이규보는 안치민(安置民)의 시집을 보고 황정견 시보다 낫다고 평했다.[11] 서거정(徐居正)은 김극기(金克己)의 취시가(醉詩謌)가 황정견의 시의(詩意)를 완벽하게 사용하여 도끼로 찍은 흔적이 없다고 높이 평가했다.[12] 이와 같이 사대부 문인들은 소식, 황정견을 비롯한 송의 시문을 수용하고, 그들의 작시법에 따라 시를 짓는 것이 성행했다. 그러면 고려의 사대부 문인이나 승려들이 소식, 황정견의 작시법에서 받은 영향은 무엇일까.

옛날 산곡이 시를 논하기를 고인의 뜻을 바꾸지 않고 그 말을 만드는 것을 환골이라 하고, 고인의 뜻을 모방하여 형용하는 것을 탈태라 했다. 이것은 도용하는 것과 현격한 차이가 있다. 그러나 표절하여 교묘하게 꾸미는 것을 면하지 못하였으니, 어찌

---

10 『破閑集』卷下(『명현집』 2, 97쪽), "近者蘇黃崛起, 雖追尙其法, 而造語益工, 了無斧鑿之痕, 可謂靑於藍矣. 如東坡, '我說騎鯨遊汗漫, 憶曾捫蝨話悲辛.' '永夜思家在何處, 殘年知爾遠來情.' 句法如造化生成, 讀之者莫知用何事. 山谷云, '語言少味無阿堵, 氷雪相看只此君.' '眼看人情如格五, 心知世事等朝三.' 類多如此. 吾友耆之, 亦得其妙, 如, '歲月屢驚羊胛熟, 風騷重會鶴天寒, 腹中早識精神滿, 胸次都無鄙吝生.' 皆播在人口, 眞不愧於古人".

11 『李相國集』권12,「迴安處士置民詩卷在軍幕作」(『문집』 1, 416쪽), "詩高全勝庭堅體, 文膽猶存子厚風, 但恨未成華國手, 草間呼叫學秋蟲".

12 서거정, 『原典對照 東人詩話』, 권경상 역주(다운샘, 2003), 42~44쪽.

고인이 이르지 못한 것에서 새로운 뜻을 내어 절묘하게 만든 것이라 하겠는가.[13]

이 글에서 이인로는 타자의 문장을 활용하는 문제에 대해 황정견의 환골탈태론을 인용하여 논하고 있다.[14] 그런데 이인로가 제시한 환골탈태론은 『냉재야화』에서 인용한 것이다.[15] 이인로는 『냉재야화』를 애독했고, 『석문문자선』의 전반부 시만을 모은 『균계집』까지 구해 보았다.[16] 이인로는 각범의 시를 읽은 후에 청완하여 속세를 벗어난 느낌이 있다고 그의 시를 높이 평가했다.

이인로가 환골탈태를 논한 글에서 자칫 잘못하면 표절에 그칠 위험성을 지적하지만, 그러한 논의도 송대에 이미 제기되었다. 따라서 이인로가 각범의 시화집을 중시한 것은 송과 고려에서 성행된 소식, 황정견 시문을 이해하는 기본적인 문헌이기 때문인 것으로 보인다.

『냉재야화』에 보이는 환골탈태론은 황정견의 시문집에 보이지 않기 때문에 일찍부터 위조되거나 표절된 것이라는 의심을 받았다.[17] 그러나 이론 자체의 신빙성 문제와 관계없이 고려에서 황정견의 시론에 대한 논의가 『냉재야

---

13 『破閑集』卷下(『명현집』2, 100쪽), "昔山谷論詩, 以謂不易古人之意, 而造其語, 謂之換骨, 規模古人之意, 而形容之, 謂之奪胎. 此雖與夫活剝生吞者, 相去如天淵. 然未免剽掠潛竊以爲之工, 豈所謂出新意於古人所不到者之爲妙哉".

14 환골은 최자의 문집에도 언급되어 있다. 『補閑集』卷中(『명현집』2, 128쪽), "陳補闕云, 禪朝案上香堆爐, 講夜簷頭月減稜. 雖語格淸爽, 賦意致非也. 第一聯言設席, 頷聯頸聯皆讚三寶, 落句言福利, 此音讚詩之範也. 雖鴻儒巨筆, 猶局其前範, 未免換骨".

15 『冷齋夜話』卷1,「換骨奪胎法」(『禪典』5, p.769). 환골탈태법은 다음 자료에도 보인다. 『石門文字禪』권16, 「古詩云, 蘆花白間蓼花紅, 一日秋江慘憺中, 兩箇鷺鷥相對立, 幾人喚作水屏風, 然其理可取而其詞鄙野. 余爲改之曰, 換骨法」(『禪典』5, p.469), "蘆花蓼花能白紅, 數曲秋江慘憺中, 好是飛來雙白鷺, 爲誰粧點水屏風".

16 『破閑集』卷上(『명현집』2, 83쪽), "讀惠弘冷齋夜話, 十七八皆其作也. 淸婉有出塵之想, 恨不得見本集. 近有以筠溪集示之者, 大率多贈答篇. 玩味之, 皆不及前詩遠甚. 惠弘雖奇才, 亦未免瓦注也. 古語云, '見面不如聞名.' 信矣. 因見潘大臨寄謝臨川一句, 今爲補之. 滿城風雨近重陽, 霜葉交飛菊半黃, 爲有俗雰來敗意, 唯將一句寄秋光".

17 오태석, 『黃庭堅詩硏究』(경북대학교 출판부, 1991), 197~207쪽.

화』를 통해 이루어졌다는 사실이 중요하다고 생각한다. 다시 말해 각범의 저작에 실린 황정견 작시법의 진위 여부보다 고려 사상계에서 소식, 황정견이 제시한 작시법의 주요한 개념과 대표적인 시문이 각범의 저작을 통해 수용되고 이해되었다는 사실을 주목할 필요가 있다.

이인로는 소식, 황정견의 작시법에 대한 이해를 바탕으로 고려 문인들이 시문 창작의 새로운 경지를 이루고 있다고 밝혔다.

> 산곡이 말하기를, "말이 맛이 적으니 아도(阿堵)가 없기 때문이고, 얼음과 눈과 같이 서로 보니 대나무뿐이네. 눈으로 인정을 보니 격오(格五)와 같고, 마음으로 세상일을 아니 조삼모사와 같네"라 한 것은 모두 이와 같은 부류이다. 나의 벗 임춘이 또한 그 묘함을 체득했다.[18]

이인로는 타자의 표현을 차용하는 사사(使事), 용사(用事)의 병폐를 지적한 후에 소식과 황정견이 그러한 폐단을 극복했다고 높이 평가했다. 그러한 사례로 소식과 황정견의 시를 인용하는데, 이 글에 인용된 황정견의 시는 『냉재야화』에 그대로 수록되어 있다.[19] 이인로는 시문의 수사법에 대해 평하면서 소식과 황정견이 고사를 정밀하게 쓰며, 빼어난 기운이 마음대로 분출하므로 시의 구절을 다듬는 것이 절묘하다고 했다.[20]

---

[18] 『破閑集』卷下(『명현집』 2, 97쪽), "山谷云, 語言少味無阿堵, 氷雪相看只此君, 眼看人情如格五, 心知世事等朝三, 類多如此. 吾友耆之, 亦得其妙, 如歲月屢驚羊肝熟, 風騷重會鶴天寒, 腹中早識精神滿, 胸次都無鄙吝生. 皆播在人口, 眞不愧於古人".

[19] 『冷齋夜話』권4,「詩言其用不言其名」(『禪典』 5, p.782), "又曰, 語言少味無阿堵, 氷雪相看只此君, 又曰, 眼看人情如格五, 心知世事等朝三".

[20] 『破閑集』권상(『명현집』 2, 87쪽), "琢句之法, 唯少陵獨盡其妙, 如'日月籠中鳥, 乾坤水上萍.' '十暑眠山葛, 三霜楚戶砧'之類是已. 且人之才, 如器皿方圓, 不可以該備, 而天下奇觀異賞, 可以悅心目者甚夥. 苟能才不逮意, 則譬如駑蹄臨燕越千里之途, 鞭策雖勤, 不可以致遠, 是以古之人, 雖有逸才, 不敢妄下手, 必加鍊琢之工, 然後足以垂光虹蜺, 輝映千古. 至若句鍛季鍊, 朝吟夜諷, 撚鬚難安於一字, 彌年只賦於三篇. 手作敲推, 直犯京尹, 吟成大瘦, 行過飯

각범의 영향은 다른 문인에게 다양하게 확인된다. 진화(陳澕)의 시「춘만(春晚)」에 "푸른 섬돌에 떨어진 꽃잎이 한 치나 쌓였는데(碧砌飛花深一寸)"[21]라는 구절은『석문문자선』에 수록된 각범의 시에서 인용한 것이다.[22] 이규보가 인용한 화정선자화상(華亭船子和尙)의 1구[23]는『냉재야화』가 출전으로 보인다.[24] 최자도 환골을 언급한다든지 다른 시인의 시구를 활용하는 인유(引喩)를 설명하는데,[25] 황정견의 작시법에서 영향을 받은 것으로 보인다.[26] 이장용이 쓴 시에 각범이 언급된다든지[27] 임유정(林惟正)의『백가의집(百家衣集)』을 통해서도 각범의 영향이 확인된다.『백가의집』은 황정견의 말을 인용해 제목을 정했

山, 意盡西峰. 鍾撞半夜, 如此不可縷擧. 及至蘇黃, 則使事益精, 逸氣橫出, 琢句之妙, 可以與少陵竝駕".

21 陳澕,「春晚」,『東文選』권20, "雨餘庭院蔟莓苔, 人靜雙扉晝不開, 碧砌落花深一寸, 東風吹去又吹來".

22 『石門文字禪』권4,「郭祐之太尉試新龍團索詩」(『禪典』5, p.192), "政和官焙雨前貢, 蒼璧密雲盤小鳳, 京華誰致建溪春, 睿恩分賜君恩重, 綠楊院落春晝永, 碧砌飛花深一寸, 門下賓朋還畢集, 碾聲驚破南窗夢, 高情愛客手自試, 春霧腳繁雪花湧, 聚觀詩膽已開張, 欲啜睡魔先震恐, 我有僧中富貴緣, 此會風流眞法供, 定花磁盂何足道, 分嘗但欠纖纖捧, 七杯淸風生兩腋, 月脅澄魂誰與共, 戲將妙語敵甘寒, 詩成一弔盧仝塚". 서거정은「春晚」을 비평하면서『甘露集』을 구해보니 진화의 시와 한 자도 다르지 않다고 밝혔다(권경상 역주,『原典對照 東人詩話』, 40~41쪽). 서거정이 저자를 직접 밝히지 않았지만『감로집』은 각범의 시집이다.『嘉泰普燈錄』권7,「筠州淸凉寂音慧洪禪師」(Z79, p.333)에 각범의 저술로 소개되어 있다. 또한 원 초에 方回가 편찬한『瀛奎律髓』권16, 京師上元詩에 각범의 시집으로 甘露滅詩集이 소개되어 있다.

23 『李相國集』권11,「題任君景謙寢屛六詠, 與尹同年等數子同賦」(『문집』1, 410쪽), "華亭船子和尙 夜寒江冷得魚遲, 棹却空船去若飛, 千古淸光猶不減, 亦無明月載將歸".

24 『冷齋夜話』권7,「華亭船子和尙偈」(『禪典』5, p.791), "華亭船子和尙偈曰 … (中略) … 夜寒江冷得魚遲, 棹却空船去若飛, 滿目靑山, 載月明歸".

25 『補閑集』, "雖鴻儒巨筆, 猶局其典範, 未免換骨".

26 류화정,「麗末鮮初 黃庭堅 詩論의 수용 양상」,『한국한문학연구』, 77(2020), 381~382쪽.

27 李藏用,「次李需普門寺詩韻」,『동문선』권18, "(前略)官況蹉跎知我少, 生涯淡薄與僧同, 何當粗報君恩了, 來伴筠溪老惠洪".

으며,28 각범의 시가 인용되어 있다.29

이러한 흐름은 고려 말 이후에도 이어져 이색이 중암수윤을 위해 지은 시에 환골, 탈태를 언급하고 있다.30 서거정은 당송 선승의 시를 비평하면서 각범을 높이 평가했다. 서거정은 『동인시화(東人詩話)』 하권에 왕영로(王榮老)의 고사를 인용하여 귀신을 감동시킨 황정견의 시를 소개하는데,31 원문은 『냉재야화』에서 인용한 것으로 보인다.32

또한 서거정은 선시를 평가하면서 선의 요지를 담론하여 언외지미(言外之味)를 나타낸 것이 드물지만, 각범이 지은 시의 "깊은 밤 눈 내리니 원숭이는 산마루에서 울어대고 잠에서 깨어보니 맑은 달빛만 매화에 걸려 있네"33라는 구절은 성색(聲色)이 모두 공이라는 오묘함을 표현한 것이라고 높이 평가했다.34 또한 성종 연간에 편찬된 『정선당송천가연주시격(精選唐宋千家聯珠詩

---

28 趙文拔,「百家衣詩序」,『동문선』 권84.
29 『冷齋夜話』 卷3,「山谷集句貴拙速不貴巧遲」集句詩(『禪典』 5, p.776), "山谷謂之百家衣體, 其法貴拙速, 而不貴巧遲. 如前輩曰, 晴湖勝鏡碧, 衰柳似金黃. 又曰, 事治閑景象, 摩拶白髭鬚. 又曰, 古瓦磨爲硯, 閑砧坐當床, 人以爲巧, 然皆疲費精力, 積日月而後成, 不足貴也"; 허흥식,『고려의 동아시아 시문학』(민족사, 2009), 1-46-6 半窓閑月明, 1-96-21 驚禽移別柳, 2-37-4 暗驚淸鏡失朱顔, 3-63-1 此生已是再眼蠶.
30 『牧隱詩藁』 권1,「雪梅軒小賦爲日本釋允中菴作號作息牧叟」(『문집』 3, 520쪽), "扶桑翁發深省, 道根固心灰冷. 蕭灑出塵之標, 幽閑絶俗之境. 炯玉壺之永出, 森瑤臺之月映. 爾乃謝語奪胎, 宋句換骨".
31 권경상 역주,『原典對照 東人詩話』, 172~174쪽.
32 『冷齋夜話』 卷1,「江神嗜黃魯直書韋詩」(『禪典』 5, pp.764~765), "王榮老嘗官于觀州, 罷渡觀江, 七日風作不得濟. 又老曰, 公篋中必蓄寶物, 此江神極靈, 當獻之得濟. 榮老無所有, 惟王塵尾, 卽以獻之風如故, 又以端硯獻之風愈作, 又以宣包虎帳獻之, 皆不驗. 夜臥念曰, 有魯直草書扇, 頭題韋應物詩曰, 獨怜幽草潤邊生, 上有黃鸝深樹鳴, 春潮帶雨晚來急, 野渡無人舟自橫. 卽取視儻恍之際曰, 我猶不識鬼寧識之乎. 持以獻之, 香火未收, 天水相照如兩鏡展對, 南風徐來, 帆一餉而濟. 予謂觀江神必元祐遷客之鬼, 不然何嗜之深也".
33 권경상 역주,『原典對照 東人詩話』, 265쪽, "夜久雪猿啼岳頂, 夢回淸月上梅花".
34 각범 시의 원문은 다음과 같다. 『冷齋夜話』 권5,「上元詩」(『禪典』 5, p.786), "予嘗自幷州還江南 過都下上元, 逢符寶郞蔡子, 仍相見相國寺未至, 有道人求詩. 且曰, 覺範嘗有寒

格)』35에 『냉재야화』가 6회 인용되어 있다.36 따라서 조선 초까지 각범의 시문집이 문인들에게 알려져 있었다.

한편, 각범의 영향은 소상팔경(瀟湘八景)을 소재로 한 시와 그림이 유행한 데에서도 드러난다. 소상팔경은 북송 말에 사대부와 선승들의 시와 서예의 소재가 되었으며, 산수화를 비롯한 다양한 형태로 발전했다.37 고려 후기에 명종이 문신들에게 소상팔경시를 짓게 하고, 이광필(李光弼)에게 그리도록 하는 등 소상팔경을 소재로 한 시와 그림이 유행했다.38 이인로39·진화40·이제현41 등이 소상팔경시를 지으면서, 경치를 대상으로 한 팔경시로 발전했다.42 소상팔경시는 당시 문인뿐 아니라 혜문(惠文)의 수다사팔영(水多寺八詠)과 같이 선문에도 유행했다. 이규보는 혜문의 수다사팔영에 대한 시를 지으면서 소식의 시구를 인용했다.43

巖寺詩懷京師曰, 上元獨宿寒巖寺, 臥看青燈映薄紗, 夜久雪猿啼嶽頂, 夢回山月上梅花, 十分春瘦緣何事, 一掬歸心未到家, 卻憶少年行樂處, 軟風香霧噴東華. 今當爲作京師上元懷山中也. 予戲爲之曰, 北遊爛熳看竝山, 重到皇州及上元, 燈火樓臺思往事, 管弦音律試新翻, 期人未至情如海, 穿市叛來月滿軒, 卻憶寒巖曾獨宿, 雪窓殘夜一聲猿".

35 이 책은 1300년경에 于濟와 蔡正孫이 편찬한 중국 시선집인 『唐宋千家聯珠詩格』의 주석서이다. 서거정 등이 1485년에 주해를 하고, 1492년에 보완하여 인쇄했다〔류화정, 「『精選唐宋千家聯珠詩格』 增註와 인용된 문학서」, 『고전문학연구』, 63(2023), 192쪽〕.
36 류화정, 「『冷齋夜話』의 국내 수용과 활용 양상」, 『민족문화』, 61(2022), 182~189쪽.
37 堀川貴司, 『瀟湘八景: 詩歌と繪畵に見る日本化の樣相』(臨川書店, 2002), pp. 54~55.
38 『고려사』 권122, 李寧傳, "子光弼, 亦以畵見寵於明宗. 王命文臣, 賦瀟湘八景, 仍寫爲圖. 王精於圖畵, 尤工山水, 與光弼高惟訪等, 繪畵物像, 終日忘倦, 軍國事慢不加意".
39 李仁老, 「宋迪八景圖」, 『동문선』 권20.
40 陳澕, 「宋迪八景圖」, 『동문선』 권6.
41 『益齋亂藁』 권10, 「巫山一段雲瀟湘八景」; 『익재난고』 권10, 「松都八景」.
42 『李相國集』 後集 권6, 「次韻李平章仁植虔州八景詩幷序」, 「次韻李相國復和虔州八景詩來贈」.
43 『이상국집』 권2, 「次韻惠文長老水多寺八詠」(『문집』 1, 305~306쪽), "竹閣 過簷修玉兩三叢, 敲戞聲高小閣風, 忽悟青青眞法性, 齊腰雪重立庭中. 荷池 幽禽入水擘青羅, 微動方池擁蓋荷, 欲識禪心元自淨, 秋蓮濯濯出寒波. 南澗 潺湲界出翠巖根, 閑裏奔忙靜裏喧, 好

그런데 송적의 소상팔경시는 『석문문자선』 권8, 권15에 수록되어 있다.⁴⁴ 황정견과 각범에 이르면 그림을 '무성시(無聲詩)'라 하며 시에 중점을 두는 문인 사대부의 입장이 확립되었다. 이러한 입장을 잘 보여주는 시가 각범의 「소상팔경시」이며, 이로써 각범은 팔경시 시조의 지위를 획득했다.⁴⁵

이상에서 살펴본 바와 같이 송대에 선승과 사대부 문인과의 교유의 수단으로 시문이 중시되었고, 그러한 흐름을 대표하는 것이 소식과 황정견의 시문이다. 아울러 이들의 시문과 작시법은 고려 후기에 다양하게 소개되는데, 고려의 문인과 선승들은 각범의 시문 저작을 통해 소식과 황정견의 시문을 수용하고 이해했다. 그 후 송의 시집과 시화집이 다양하게 수용되면서 고려 말에는 각범의 영향이 점차 약화되었던 것으로 보인다.

在瑠璃澄碧色, 歸來何日洗心煩. 西臺 擬窺弱水下崔嵬, 却築凌雲萬丈臺, 可笑東坡癡濫老, 三山空說近東萊".

44 『석문문자선』 권8, "宋迪作八境絶妙, 人謂之無聲句. 演上人戲余曰, 道人能作有聲畫乎. 因爲之各賦一首"(『禪典』 5, pp. 291~293);『石門文字禪』 권15, 「瀟湘八景」(『禪典』 5, pp. 449~450).

45 大野修作, 「惠洪『石門文字禪』の文學世界」, 『禪學研究』, 67(1989), pp. 16~19.

— 제11장 —

선종의 문인문화 수용

앞서 살펴본 바와 같이 12~13세기에 송의 문화예술이 고려로 본격 수용되었다. 아울러 이러한 경향은 문인 사대부 계층과 선문에 공유된 현상이었다. 기존 연구에서는 불교와 유교를 별개의 영역으로 나누어 접근하거나 양자를 함께 다루더라도 유불 교류라는 단순한 관점에서만 이해했다. 양자는 공통적인 이해 기반을 갖고 있고, 문화예술 전반에서 공유하는 경향이 조성되어 있었다.

앞서 서술한 바와 같이 송대의 선승과 문인 사대부의 교류는 종래와 다른 양상을 보였다. 문인 사대부는 선승에 못지않은 수준으로 선을 이해하고 깨달음을 이루었다. 소식과 황정견의 경우에 잘 드러나듯이 사대부는 선의 외부자로 호의적인 입장을 지니는 것이 아니라 선의 내부에 참여한 당사자였다. 반면에 선종이 세속화되면서 선승의 교양과 사대부의 교양이 동질화되는 경향을 보였다. 곧 송대에 사대부와 선승의 교류는 사대부문화라는 공통의 토양 위에 성립되었다. 선승은 고전 시문의 소양을 통해 깨달음의 경지를 표현할 정도로 선승에게 사대부문화는 필수교양이 되었던 것이다.[1]

이러한 경향은 앞서 살펴본 시문뿐만 아니라 회화·서예 등을 포괄하는 문

---

1   小川隆, 「禪宗の生成と發展」, 沖本克己 編, 『興隆·發展する佛敎』(佼成出版社, 2010), pp. 318~320.

화예술 전반에 나타났다. 고려에서 송대 문화예술의 수용은 송 휘종 대에 본격적으로 확인된다. 예종이 건립한 안화사(安和寺)에는 휘종이 보내준 수많은 중국의 법서(法書)와 명화(名畵)를 비롯한 각종 진품을 소장되어 있었다.[2] 이러한 사실은 사원이 송의 문화예술을 향유한 제한적인 의미의 장소가 아니라 이를 중심으로 문화적 네트워크가 형성되고, 문화예술의 중심 센터로서 기능하고 있었음을 보여준다.

고려 시기에 사원은 단순히 승려만의 공간이 아니라 사대부와 승려들이 교유하는 장이었다. 또한 사대부에게 사원은 정치적 곤경이나 관료 생활을 비롯한 일상의 스트레스에서 벗어나 내면적인 휴식과 안정을 되찾는 곳으로서 여가와 휴식을 취할 수 있는 자연 공간이기도 했다. 사원은 세속의 번뇌를 탈피해 자연의 승경을 누릴 수 있는 공간이므로 사대부가 꿈꾸는 은일의 이상세계로 여겨지기도 했다.

이러한 경향은 특히 고려 사회에서 선승과 사대부의 교류라는 양상으로 나타났다. 그것은 12세기 이후 선종이 고려불교의 사상적 흐름을 주도했고, 특히 송의 공안선과 선종문화가 수용되어 성행했기 때문에 나타난 현상으로 보인다. 여기서는 공안선의 성행에 따른 중국 고전교양의 확산, 선종문화를 매개로 한 선승과 사대부의 교류, 선문의 세속화 등에 대해 살펴보고자 한다. 나아가 사원을 중심으로 한 인적 네트워크가 지닌 현실적·문화적 의미가 무엇인지 살펴보고자 한다.

12~13세기 고려 선문에서 송대 선적을 입수하게 되면서 문자선이 성행했다. 그런데 문자선이 유행하면서 송대 선승들의 공안 비평을 이해하고 염고, 송고와 같은 착어를 제시하기 위해 시문 짓는 능력이 선승들에게 요구되었다. 아울러 이러한 작시 역량을 갖추기 위해서는 중국의 고전교양에 대한 이해도

---

2 『파한집』 권중(『명현집』 2, 94쪽), "鳳城北洞安和寺, 本睿王所創也. 盖睿王以神聖至德, 事大宋無違禮, 顯孝皇帝優加襃賞, 別賜法書名畵珍奇異物, 不可勝計. 聞其刱是寺, 特遣使人, 以殿財像設送之, 宸翰親題殿額, 命蔡京榜於門, 其丹青營構之巧, 甲於海東".

필요했다. 더욱이 사대부 문인 계층과의 교류가 확산되면서 그러한 교류의 매개체로 시문이 성행되면서 시가 선승의 기본적인 소양이 된 것이다.

이러한 양상은 13세기 이후에 본격적으로 나타난다. 문집 자료에 드러나듯이 사대부 문인과 선종의 교류는 다양한 양상을 띠었다.[3] 이들이 만든 시사를 통해 사대부와 선승이 함께 시문을 지으며 교류하는 문화가 지식인 문화의 전형으로 자리 잡았다.[4] 또한 이들의 시문은 송대 문학의 수용, 선시의 성행 등과 관련된다.

이와 같이 공안선의 유행과 함께 시문을 중심으로 한 사대부 문화가 고려 선종계에서 성행하는 양상은 12세기 이후 본격적으로 관찰된다. 승려들이 시를 짓고 작품을 남긴 것은 11세기 의천의 경우에서 확인되지만, 시승이 출현한 것은 12세기 이후라고 할 수 있다. 이러한 경향은 의천의 문하인 무애지국사(無碍智國師) 계응(戒膺),[5] 혜소(惠素),[6] 각훈(覺訓)[7] 등과 분황종 광천(光闡)[8]에게서도 보이지만, 선승들에게서 특히 두드러진다.

불교에 대해 비판적인 입장이었던 임춘도 선문에 시문이 성행했음을 기술했다.[9] 그는 지겸이 유교 경전에 해박하고 그의 시가 매우 뛰어났다고 높이 평

---

3 강석근, 『이규보의 불교시』(이회출판사, 2002); 김건곤 외, 『고려시대의 문인과 승려』(파미르, 2007).

4 『李相國集』 권13, 「又次書筬子詩韻贈之」(『문집』 1, 431쪽).

5 『파한집』 권중(『명현집』 2, 92쪽), "太白山人戒膺, 大覺國師適嗣也. 幼particular僧舍讀書 … (중략) … 作詩送之云, 好學今應少, 忘形古亦稀, 顧余何所有, 而子乃來依, 窮谷三冬共, 春風一日歸, 去留俱世外, 不用淚霑衣. 夫得道者之辭, 優游閑淡, 而理致深遠. 雖禪月之高逸, 參寥之清婉, 豈是過哉? 此古人所謂如風吹水, 自然成文".

6 『파한집』 권중(『명현집』 2, 92쪽), "西湖僧惠素, 該内外典, 尤工於詩, 筆跡亦妙. … (중략) … 住西湖見佛寺方丈闃然, 唯畜青石一葉如席大, 時時揮灑以遣興".

7 『파한집』 권중(『명현집』 2, 93쪽), "華嚴月師少從僕游, 自號高陽醉髡, 作詩有賈島風骨".

8 『파한집』 권중(『명현집』 2, 93쪽), "又王輪光闡師, 誦近詩, '春慵所失與誰云, 時或聞鶯謂誤聞, 堪笑物情如我困, 牧丹頭重午風薰.' 此二篇俱無作者之名, 然其語法, 與唐宋人無異. 二師相從海東名賢遊, 必有所受, 故兩錄之以俟知者".

9 『西河集』 권5, 「送李眉叟序」(『문집』 1, 250쪽).

가했다.¹⁰ 이인로는 계응의 시가 선월(禪月)의 고일(高逸)함과 참요(參寥)의 청완(淸婉)한 것보다 낫다고 평가했다.¹¹ 선월은 오대 시기에 활약한 관휴(貫休)를 가리키는 것으로 보인다.¹² 참요는 송의 선승인 참요도잠(參寥道潛)의 호이며, 소식과 교류가 두터운 선승이다. 소식은 참요의 시를 평하여 한 점도 소순지기가 없다고 평할 만큼 선시의 경지가 뛰어났다고 상찬했다. 이규보도 참요도잠의 시운을 따라 시를 지어주었다.¹³

이규보도 선승들과 다양하게 교류했는데, 특히 가지산문의 혜문(惠文)에 대해 산인체(山人體)를 얻었다고 평가할 만큼 뛰어난 시승으로 인정했다.¹⁴ 소식, 황정견을 비롯한 송의 시문은 문인뿐만 아니라 불교계에도 폭넓은 영향을 미치고 있었다.¹⁵

---

10 『西河集』 권5, 「送志謙上人赴中原廣修院法會序」(『명현집』 2, 52쪽), "今吾上人則獨異夫是. 氣韻絕人, 機鋒迅捷, 所至叢席, 雖名緇奇衲, 無不望風而服, 眞法中俊人也. 又於儒典, 皆貫綜博洽, 且工於詞藻, 遒勁精緻, 過人遠甚, 而深自覆匿, 恂恂若不能言. 吾與之遊三年, 未嘗有一語及此者, 吾固疑而問焉. 謙笑曰, 余深嗜法語, 忘甘露之味, 而況爲禪者以旣落文字爲先, 安可未除口業, 囂嘵與俗士爭名耶".

11 『破閑集』 卷中(『명현집』 2, 92쪽), "太白山人戒膺, 大覺國師適嗣也. 幼時寓僧舍讀書, 大覺隔墻, 聞其聲曰, 此眞法器也. 勸令祝髮在門下. 日夕孜孜鑽仰, 優入閫奧. 繼大覺, 弘揚大法四十餘年, 爲萬乘敬仰, 常不離輦轂, 累請歸太白山. 手剏覺華寺, 大開法施, 四方學者輻湊, 日不減千百人, 號爲法海龍門. 時興王寺有智勝者, 嗜學詣帳下摳衣. 請益踰年將還山, 作詩送之云, '好學今應少, 忘形古亦稀, 顧余何所有, 而子乃來依, 窮谷三冬共, 春風一日歸, 去留俱世外, 不用淚霑衣.' 夫得道者之辭, 優游閑淡, 而理致深遠. 雖禪月之高逸, 參寥之淸婉, 豈是過哉, 此古人所謂如風吹水, 自然成文".

12 『파한집』 권하(『명현집』 2, 102쪽), "昔元曉大聖, 混迹屠沽中, 嘗撫玩曲項葫蘆, 歌舞於市, 名之曰無导. 是後好事者, 綴金鈴於上, 垂彩帛於下以爲飾, 拊擊進退, 皆中音節. 迺摘取經論偈頌, 號曰無导歌, 至於田翁亦效之以爲戲. 無导智國嘗題云, 此物久將無用用, 昔人還以不名名. 近有山人貫休作偈云, 揮雙袖所以斷二障, 三擧足所以越三界. 皆以眞理比之".

13 『李相國集』 권8, 「訪寒溪住老覺師旅寓用參寥子詩韻贈之」(『문집』 1, 372쪽).

14 『李相國集』 권37, 「文禪師哀詞」(『문집』 1, 85쪽).

15 변종현, 『高麗朝 漢詩 硏究: 唐宋詩 受容樣相과 韓國的 變容』(태학사, 1994); 정상홍, 『강서시파와 선학의 수용』(성균관대학교 박사학위논문, 1995); 鄭墡謨, 「高麗朝における蘇東坡受容の樣相」, 『中國文學報』, 74(2007).

내가 일찍이 문안공(文安公, 俞升旦)을 뵈러 갔는데 어떤 승이 『동파집』을 갖고 와 공에게 의심하는 것을 묻고 있었다. 읽어가다가 벽담(碧潭)이란 곳에 이르러 "시험 삼아 흰 탑을 보는 듯하며 서로 한 연구(聯句)를 부르는 듯하네"라는 구절을 두세 번 음미하더니 말하기를, "고금의 시집 중에서 이와 같은 새로운 뜻은 드물게 본다"고 했다.[16]

또 법천사(法泉寺) 승으로 그 이름을 알 수 없는데 밤에 누(樓) 위에서 『동파시』를 읽는데 문득 사람이 문을 두드렸다.[17]

이 글에서 알 수 있듯이 소식의 시는 사대부뿐만 아니라 불교계에서도 널리 성행했다. 당시 선승들은 『동파집』을 애독하고, 소식의 시에 대해 사대부에게 문의하거나 논의할 정도로 심취했다. 두 번째 자료에 보이는 법천사는 어느 절을 가리키는지 정확하지 않지만, 지방의 사찰로 보이므로 소식의 시가 고려 사회에 폭넓게 확산되었음을 보여준다.[18]

이규보는 승려들과 시를 통해 교유하며 소식의 시를 인용하거나 소식의 시운에 따라 시를 지었는데, 그렇게 지은 시가 적지 않다.[19] 예를 들어 이규보는

---

16 『補閑集』 卷中(『명현집』 2, 125쪽).
17 『補閑集』 卷下(『명현집』 2, 146쪽), "又法泉寺僧, 失其名, 夜於樓上讀東坡詩, 忽有人叩門".
18 법천사는 『신증동국여지승람』 권18 懷德縣 佛宇; 권36 務安縣 佛宇; 권46 原州牧 佛宇에 보이지만, 어느 곳인지 정확하게 알 수 없다. 다만 법천사가 모두 지방에 있던 절이라는 사실을 확인할 수 있다.
19 『李相國集』 권3, 「遊天和寺飮茶, 用東坡詩韻」, 「又用東坡詩韻」; 『李相國集』 권8, 「明日與二三子登環碧亭, 又閱御室, 還至別閣小酌, 用蘇公詩韻」; 『李相國集』 권8, 「暮春同崔博士甫淳, 訪尹注簿世儒, 置酒用東坡詩韻各賦」; 『李相國集』 권8, 「安和寺敦軾禪老方丈夜酌, 用東坡韻」; 『李相國集』 권11, 「訪覺月師, 用東坡詩韻各賦」; 『李相國集』 권11, 「十月五日陳㵢見訪, 留宿置酒, 用蘇軾詩各賦」; 『李相國集』 권11, 「觀晉生公度理園, 取東坡詩韻贈之, 晉生予之妻兄, 時同在一家」; 『李相國集』 권15, 「次韻皇甫書記用東坡哭任遵聖詩韻, 哭李大諫眉叟」; 『李相國集』 後集 권8, 「詠雪二首. 以東坡漁簑句好, 柳絮才高之句, 衍爲詩二首」.

그와 가장 친하게 지냈던 선승 혜문의 수다사(水多寺) 팔영에 대한 시를 지으면서 소식의 시구를 인용했다.[20] 이규보가 화정(華亭) 선자화상(船子和尙) 1구를 인용하는데, 각범의 『냉재야화』에 실린 시와 관련되는 것으로 보인다.[21] 이규보는 안화사(安和寺) 돈식(敦軾) 장로의 방장에서 밤에 술을 마시며 소식의 운을 따라 짓는다든지,[22] 각월선사(覺月禪師)를 방문하여 소식의 시운으로 지을 정도로[23] 문인과 선승의 시문 교류에 소식의 시가 공통 토대로 존재했다.[24] 그러므로 사대부 문인과 선승이 함께 시사(詩社)에 참석하고 술을 마시면서 자유롭게 어울리는 문인문화를 공유했다.[25]

---

20 『李相國集』 권2, 「次韻惠文長老水多寺八詠」(『문집』 1, 305쪽), "竹閣 過簷修玉兩三叢, 敲夏聲高小閣風, 忽悟靑靑眞法性, 齊腰雪重立庭中. 荷池 幽禽入水擎靑羅, 微動方池擁蓋荷, 欲識禪心元自淨, 秋蓮濯濯出寒波. 南澗 潺湲界出翠巖根, 閑裏奔忙靜裏喧, 好在瑠璃澄碧色, 歸來何日洗心煩. 西臺 擬窺弱水下崔嵬, 却築凌雲萬丈臺, 可笑東坡癡漢老, 三山空說近東萊". 혜문과 이규보가 시문을 주고받으면서 소동파의 시운을 인용한 것은 다음 시에도 확인된다. 『李相國集』 권3, 「遊天和寺飮茶用東坡詩韻」(『문집』 1, 320쪽); 『李相國集』 권3, 「又用東坡詩韻」(『문집』 1, 321쪽).

21 『李相國集』 권11, 「題任君景謙寢屛六詠, 與尹同年等數子同賦」, "華亭船子和尙 夜寒江冷得魚遲, 棹却空船去若飛, 千古淸光猶不滅, 亦無明月載將歸"(『문집』 1, 409쪽). 이 시는 『冷齋夜話』 권6, 「華亭船子和尙偈」(『禪典』 5, p.791)를 의식한 시가 아닌가 짐작된다.

22 『李相國集』 권8, 「安和寺敦軾禪老方丈夜酌用東坡韻」(『문집』 1, 374).

23 『李相國集』 권11, 「訪覺月師, 用東坡詩韻各賦」(『문집』 1, 403쪽).

24 『李相國集』 권8, 「明日與二三子登環碧亭又閱御室還至別閣小酌用蘇公詩韻」(『문집』 1, 374쪽), 『李相國集』 권8, 「暮春同崔博士甫淳訪尹注簿世儒置酒用東坡詩韻各賦」(『문집』 1, 379쪽); 『李相國集』 권2, 「醉中走筆贈李淸卿」(『문집』 1, 304쪽), "又不見東坡居士簪花老不羞"; 『李相國集』 권5, 「次韻吳東閣世文呈語院諸學士三百韻詩幷序」(『문집』 1, 338쪽), "累聖享雍熙 肇制宮懸樂 初陳蕝纂儀 儉勤師大夏 荒怪黜因壄 拾遺記曰, 因壄國獻五足獸 如師子? 詩曰, 荒怪還須問子年", 『李相國集』 권8, 「又用東坡詩韻贈之」(『문집』 1, 372쪽), "我亦參禪老居士 祖師林下舊橫枝", 『李相國集』 권10, 「草堂與諸友生置酒取王荊公詩韻各賦之」(『문집』 1, 395쪽), 『李相國集』 권11, 「奇尙書退食齋用東坡韻賦一絶」(『문집』 1, 407쪽), 『李相國集』 권11, 「觀晉生公度理園. 取東坡詩韻贈之. 晉生予之妻兄時同在一家」(『문집』 1, 408쪽), 『西河集』 권2, 「遊法住寺贈存古上人」(『문집』 1, 228쪽), "上人唯嗜大道漿, 吾雖不飮亦淸狂, 東坡翰墨工滑稽, 坐客絶倒主人咍".

혜문은 이규보와 절친하게 지낸 선승이다.[26] 이규보는 약관 시절부터 도우인 혜문과 교류하고, 많은 시문을 주고받았다.[27] 혜문은 이름난 사대부들과 많이 교유했고, 그의 시문집이 남아 있지 않지만 이규보를 비롯한 사대부와 교류하면서 남긴 시가 적지 않다.[28] 이규보는 혜문의 시가 산인체(山人體)를 얻었다고 높게 평가했다.[29] 이규보는 혜문과 함께 백거이(白居易) 시운에 따라 시를 짓고 논평했을 정도로 중국 시에 대한 이해나 취향이 비슷했다.[30] 또한 혜문은

---

25 『李相國集』 권21, 「送璨首座還本寺序」(『문집』 1, 510쪽), "吾師之行乎世, 遵此道也, 赴經筵於王宮帝殿不辭也, 受檀施於相門俟邸不拒也, 亦與吾輩入詩社參酒場, 遊戱自在, 無可無不可, 眞可謂達者也".

26 惠文은 자가 彬彬, 호가 月松和尙, 속성이 南氏로 고성군 출신이다. 그는 가지산문에 출가했고, 승계가 대선사에 이르렀다. 그는 華岳寺, 普濟寺, 운문사 등에 머물다가 입적했다. 『李相國集』 권37, 「文禪師哀詞」(『문집』 2, 85쪽), "吾道友大禪師惠文, 字彬彬, 俗姓南氏, 固城郡人也. 某年至京師, 落髮禪宗迦智山門, 爲名長老, 年餘三十, 始中空門選, 累緇秩至大禪師. 越壬辰歲, 遙住華岳寺, 嘗寄居京師普濟寺傳法. 是年國朝因避虜遷都, 師以本寺亦在冠兵屯會之藪, 遑遑無所歸, 遂至門弟禪師某所住雲門寺, 居三年, 至闕逢敦牂之歲, 感疾而化. 師爲人資抗直, 一時名士大夫, 多從之遊. 喜作詩, 得山人體. 嘗題普賢寺, 其略云, 路長門外人南北, 松老巖頭月古今, 人多詠之, 因號月松和尙, 由是著名. 予自弱冠忝交分, 聞訃悽悵, 爲詞以哀之".

27 『李相國集』 권18, 「次韻康先輩哭丈大禪師幷序」(『문집』 1, 480쪽), "予道友華岳寺住老大禪師惠文, 入寂已久, 晚聞其計, 方欲爲詩哭之, 適見康先輩某弔師之門人湛伊大士之作, 次韻贈伊師".

28 『李相國集』 2, 「同文長老訪尹學錄世儒家, 主人與文公次古人韻作詩, 予亦次韻」; 『李相國集』 권8, 「同文長老方崔秀才升圭, 用古人韻各賦」; 『李相國集』 권11, 「次韻文長老未開金錢花」; 『李相國集』 권11, 「書文長老月傾扇」; 『李相國集』 권13, 「早春臨津江上, 送文禪老還本寺, 江上口占」; 『李相國集』 권13, 「文禪師見和, 復次韻答之」; 『李相國集』 권14, 「次韻文長老聞友人彈琴」; 『李相國集』 권14, 「醉後亂導大言, 示文長老」.

29 『李相國集』 권11, 「文長老見和, 多至九首, 每篇皆警策遲鈍, 勉强備數奉廥耳」(『문집』 1, 404쪽), "十載西堂擁葛僧, 普濟西堂, 禪子所聚, 咳咳獨笑一閑僧, 此是香嚴老襲燈, 心地自涵無盡藏, 道天曾上最高層, 月松句好人脣膽 師嘗題普賢寺云 路長門外人南北, 松老嵓邊月古今, 最警策, 自是人號月松和尙. 雨竹篇淸御眼氷, 上召師赴內, 使賦雨竹詩, 嗟賞不已. 塞壑塡溝功不淺, 趙州伎倆有誰勝".

30 『李相國集』 권8, 「初秋又與文長老訪金轍, 用白公詩韻, 各賦早秋詩」, 『李相國集』 권8, 「又

이규보 외에도 박환고(朴還古)를 비롯한 문인과 함께 어울렸다.[31]

소식이 송대 문화예술을 대표하기 때문에 그의 시문이 고려에서 자연스레 성행했고, 이 시문이 유교와 불교의 교류를 매개하며 유행했던 것이다.[32] 고려 문인들이 소식의 작품이 불교에 가까워서 풍소(風騷)의 작품이라고 말하지 않는다고 표현한 것은 그러한 면을 잘 보여준다. 또한 이규보가 『산곡집(山谷集)』을 읽었던 것에서 드러나듯이 황정견의 영향도 보인다.[33]

고려의 사대부 문인이나 승려들이 소식, 황정견의 작시법에서 받은 영향은 무엇일까. 이인로가 강조한 것이 황정견의 환골탈태론이다. 환골탈태론은 점철성금(点鐵成金), 은괄(檃括) 등과 함께 강서시파 작시법의 주요 개념이다.[34] 이러한 작시법은 송대에 유행한 집구시(集句詩)와 함께 다른 작품, 언어를 자기의 것으로 바꾸어 옮겨 재생시키는 방법으로, 독서에 의한 박식, 박학을 기반으로 한다.[35]

이인로가 언급한 환골탈태론은 『냉재야화』 권1, 「환골탈태법」에서 인용한 것으로 보인다.[36] 물론 각범의 『냉재야화』에 보이는 글은 황정견의 시문집에

用白公韻, 賦文長老草履」, 『李相國集』 권14, 「次韻文長老, 朴還古論槿花幷序」(『문집』 1, 435쪽), "長老文公東皐子朴還古, 各論槿花名, 或云無窮, 無窮之意, 謂此花開落無窮. 或云無宮, 無宮之意, 謂昔君王愛此花, 而六宮無色, 各執不決. 因探樂天詩, 取其韻各賦一篇, 亦勸予和之".

31 『李相國集』 권7, 「仲冬十四日, 同文丈老朴還古, 訪興聖寺成禪老, 路上口占」, 「二子見和復答之」日晚到寺小酌, 用皮日休詩韻各賦」.

32 『補閑集』 卷中(『명현집』 2, 122쪽), "古人云, 蘇子瞻, 雖言辭浩瀚有餘意, 近於浮屠, 非謂風騷之作".

33 『李相國集』 권18, 「偶讀山谷集, 次韻雨絲」.

34 환골에 대한 언급은 다음 자료에도 확인된다. 『補閑集』 卷中(『명현집』 2, 128쪽), "陳補闕云, 禪朝案上香堆爐, 講夜簽頭月減稜. 雖語格淸爽, 賦景致非也. 第一聯言設席, 頷聯頸聯皆讚三寶, 落句言福利, 此音讚詩之範也. 雖鴻儒巨筆, 猶局其前範, 未免換骨".

35 淺見洋二, 「詩はどこから來るのか? それは誰のものか?」, 宋代史研究會 編, 『知識人の諸相』(勉誠出版, 2001), pp. 169~173.

36 『冷齋夜話』 卷1, 「換骨奪胎法」(『禪典』 5, p. 769).

보이지 않기 때문에 일찍부터 위조 내지는 표절로 의심을 받아왔다. 나아가 중국문학 연구에서 부정적인 평가가 적지 않다.[37]

> 혜홍(惠弘)의 『냉재야화』를 읽으니 열 편 중에서 일곱에서 여덟 편은 모두 그의 작품이었다. 맑고 아름다워 세속을 벗어난 듯한 생각이 들어, 본집을 보지 못한 것을 한스러워했다. 근래에 『균계집(筠溪集)』을 보여준 사람이 있었는데, 대체로 주고받은 글이 많았다. 이를 잘 생각하며 음미해 보니 모두 이전의 시에 아득하게 미치지 못했다. 혜홍이 비록 기이한 인재였으나 역시 잘 쓰려고 부담을 가지면 잘 쓰지 못하는 것을 면하지는 못한 것이다. 옛말에 이르기를, "얼굴을 보니 명성을 듣던 것만 못하다"라고 하더니 확실하다. 반대림(潘大臨)이 사림천(謝臨川)에게 보낸 한 구를 보고 지금 보탠다. "비바람이 성에 가득한 중앙절 무렵인데, 서리 맞은 잎은 흩날리고 국화는 반쯤 누렇네. 세속의 먼지가 닥쳐와 흥이 깨졌으니, 오직 한 구를 가을 경치에 부치려 하네."[38]

이인로는 소식, 황정견의 작품을 『냉재야화』에서 인용한 것으로 보인다.[39] 고려에서 황정견의 환골탈태론에 대한 이해가 『냉재야화』를 통해 소개되고 논의되었다는 사실이 주목된다. 황정견의 작시법이 각범의 저작에 어떻게 수용되었는지에 대해서는, 그것의 진위 여부를 둘러싼 논의와는 별개로 고려 사상계에 송대 시문학이 어떻게 수용되고 이해되었는가라는 시각에서 접근할 필요가 있다.

각범은 황정견의 작시법에 대한 주요 개념을 가장 탁월하게 해설한 것으로

37　오태석, 『黃庭堅詩硏究』(경북대학교 출판부, 1991), 197~207쪽.
38　『破閑集』 卷上(『명현집』 2, 83쪽), "讀惠弘冷齋夜話, 十七八皆其作也. 淸婉有出塵之想, 恨不得見本集. 近有以筠溪集示之者, 大率多贈答篇. 玩味之, 皆不及前詩遠甚. 惠弘雖奇才, 亦未免瓦注也. 古語云, '見面不如聞名.' 信矣. 因見潘大臨寄謝臨川一句, 今爲補之. 滿城風雨近重陽, 霜葉交飛菊半黃, 爲有俗霧來敗意, 唯將一句寄秋光".
39　『冷齋夜話』 권4, 「王荊公東坡詩之妙」, 「詩言其用不言其名」(『禪典』 5, pp. 781~782).

알려져 있다.⁴⁰ 이인로는『냉재야화』를 읽은 후에 청완하여 속세를 벗어난 느낌이 있으나 본집을 못 본 것이 유감이라고 했다. 또한 그는『균계집』을 얻어 보니 대부분 증답편이고 그전에 보던 시만 못하다고 비평했을 정도로 각범의 시문학에 대한 관심이 깊었다.⁴¹

이러한 경향은 임유정(林惟正)의『백가의집(百家衣集)』을 통해서도 확인된다. 이 책은 제목에서 드러나듯이 유명한 시인들의 시에서 한 구씩 모아서 시를 지은 집구시 시집이다.⁴²『백가의집』은 황정견의 말을 인용해 제목을 정했으며, 북송대에 유행했던 집구시의 영향을 받았다.⁴³ 특히, 각범혜홍의 시도 4구가 인용되어 있다.⁴⁴ 아울러 소동파와 깊이 교류한 선승인 참요도잠의 시도 인용되어 있다.⁴⁵ 각범의 선시와 시 이론은 황정견의 작시법을 소개하고,

---

40 龔鵬程,『江西詩社宗派硏究』(文史哲出版社, 1983); 大野修作,「惠洪『石門文字禪』の文學世界」,『禪學硏究』, 67(1989) 참조.
41 각범에 대한 관심은 李藏用,「次李需普門寺詩韻」,『동문선』권18에도 보인다.
42 『백가의집』은 권1에 5언시 95수, 권2에 7언시 79수, 권3에 7언절구 115수 등 모두 289수가 수록되어 있다. 원 제목은『林㷋酒百家衣詩集』이며, 임유정 사후에 간행되었던 것으로 짐작된다. 현존 중간본은 3권 1책이며, 세종 21년(1439)에 안동에서 간행되었다 [허흥식,「林惟正의 百家衣集」,『서지학보』, 12(서지학회, 1993); 조기영,「林㷋酒百家衣詩集攷」,『연민학보』, 12(1993); 금지아,「임유정의 林㷋酒百家衣詩集 연구」,『중국어문논집』, 49(2008); 허흥식,『고려의 동아시아 시문학』(민족사, 2009).
43 『冷齋夜話』卷3,「山谷集句貴拙速不貴巧遲」集句詩(『禪典』5, p.776), "山谷謂之百家衣體, 其法貴拙速, 而不貴巧遲. 如前輩曰, 晴湖勝鏡碧, 衰柳似金黃. 又曰 事治閑景象 摩挲白髭鬚. 又曰, 古瓦磨爲硯, 閑砧坐當床, 人以爲巧, 然皆疲費精力, 積日月而後成, 不足貴也".
44 허흥식,『고려의 동아시아 시문학』(민족사, 2009), 1-46-6 半窓閑月明, 1-96-21 驚禽移別柳, 2-37-4 暗驚淸鏡失朱顔, 3-63-1 此生已是再眼蠶.
45 허흥식, 같은 책, 參寥 8구 2-17-6 등 陶潛 3구 1-78-4, 2-3-7, 1-49-7.
    崔滋가 쓴「曹溪宗三重神化爲禪師官誥」에 각범의 절묘한 문장을 체득하고,『林間錄』을 보았다는 표현이 있으므로 각범의 영향을 볼 수 있다(『동문선』권27, "得覺範翰墨三昧, 遇事輒錄於林間, 如永嘉言意兩忘, 證道還歌於路上, 入蒼龍窟, 題黃鶴樓, 蹔住蘇來而卽辭, 還從松廣而自恣").

소식의 시문을 이해하는 데에 적지 않은 영향을 미쳤다.[46]

고려의 선승과 사대부 문인층 사이에 송대 소식, 황정견 등의 시문이 유행했다. 아울러 각범의 저작은 강서시파의 작시법을 소개하는 문헌으로서 고려의 사대부 문인과 선승들에게 적지 않은 영향을 미쳤다.[47] 이러한 양상은 당시 선시의 유행과 밀접한 관련이 있으며, 사상적 배경으로는 문자선의 성행과 관련된다.[48]

그러면 선승과 사대부의 교유가 지닌 사회, 문화적인 의미는 무엇일까. 먼저 선승과 사대부의 인적 네트워크가 당시 사회에서 먼저 당시 사회에서 선승과 사대부의 인적 네트워크가 긴밀히 유지되었음을 알 수 있다. 가령 이규보는 만년에 고위 관직으로 출세하기 전까지 오랫동안 궁핍한 경제생활로 어려움을 겪었다. 이규보가 고난의 세월을 보낼 때에 그와 교유한 선승들이 경제적 도움을 적잖이 주었다.

희선사(希禪師)가 쌀을 보내주었고,[49] 혜문이 쌀과 솜을 보내주거나[50] 숯을

---

[46] 각범의 영향은 다음 자료에서도 확인된다. 『동인시화』 하권, 172쪽에 『名臣言行錄』에서 王榮老의 고사를 인용한 구절은 실제로는 각범의 『冷齋夜話』 권1, 「江神嗜黃魯直書韋詩」(『禪典』 5, pp. 764~765)에서 인용한 것으로 보인다. 또한 『동인시화』 하권, 265쪽에 禪林詩를 평가하면서 선의 요지를 담론하여 言外之味를 나타낸 것이 드물지만 각범의 시 가운데 "夜久雪猿啼岳頂 夢回淸月上梅花"라는 구절은 聲色이 모두 공이라는 오묘함을 표현했다고 평가했다. 『冷齋夜話』 권5, 「上元詩」(『禪典』 5, p. 786), "予嘗自幷州還江南, 過都下 上元 逢符寶郎蔡子 因約相見相國寺. 未至 有道人求詩, 且曰, 覺範嘗有寒巖寺詩懷京師曰, 上元獨宿寒巖寺, 臥看靑燈映薄紗, 夜久雪猿啼嶽頂, 夢回山月上梅花, 十分春瘦緣何事, 一掬歸心未到家, 卻憶少年行樂處, 軟風香霧噴東華, 今當爲作京師上元懷山中也. 予戲爲之曰, 北遊爛熳看峴山, 重到皇州及上元, 燈火樓臺思往事, 管弦音律試新翻, 期人未至情如海, 穿市阪來月滿軒, 卻憶寒巖曾獨宿, 雪窗殘夜一聲猿"; 徐居正, 「桂庭集序」, 『續東文選』 권15에도 각범 선시에 대한 비평이 있다.

[47] 『西河集』 권2, 「二月十五夜對月幷序」(『명현집』 2, 226쪽), "昔黃翰林公嘗作仲春對月詩云, 春宵何索莫, 秋夕獨喧顚. 嘗愛其詞理俱得, 及遊嶺南寺, 適値此夕, 登樓望月, 忽憶其句, 遂續而賦之".

[48] 至謙上人에 대해 설두를 언급하고 있어 주목된다〔『西河集』 권2, 「戲書謙上人方丈」(『명현집』 2, 222쪽), "謙公俊逸叢林秀 玉骨巖巖淸且瘦 佛祖家風傳雪竇"〕.

보내 주었다.⁵¹ 또한 진구사(珍丘寺) 주지 겸공(謙公)이 추운 겨울에 고생하는 이규보를 위해 명주를 보내주었기 때문에 한겨울을 따뜻하게 보내게 되었다고 감사의 마음을 극진히 표현했다.⁵² 복숭아를 보내온 현상인(玄上人)에게는 시로 사례했다.⁵³

이규보는 이러한 인적 네트워크를 통해 당대의 문화예술을 주도했으며, 문화자본이라는 위상을 얻게 되었다. 이규보는 오랫동안 관직에 발탁되지 못했으므로 자신과 인연이 있던 지공거, 문생 등에게 관직을 청탁했다. 최이의 후원으로 만년에 고위 관직으로 승진했는데, 가문도 미미하고 특별한 인맥도 없는 그가 최이의 후원으로 만년에 고위 관직으로 승진하는 데는 선승들과의 교류가 정치적·사회적 기반으로 작용한 것으로 보인다.⁵⁴ 이규보가 교유했던 승려들 가운데 최고 승직에 오른 이들이 적지 않고, 이들을 통해 최이를 비롯한 고위 관료와 유대를 맺었을 가능성이 적지 않기 때문이다.

유가종의 경조(景照)는 시승으로 이름이 자자했는데, 송의 선승인 조파(祖播)가 그의 명성을 듣고 반죽장(斑竹杖) 등을 선물로 보내고 자신이 지은 시를

---

49 『李相國集』 권7, 「走筆謝希禪師惠米」.
50 『李相國集』 권10, 「謝文禪老惠米與綿」.
51 『李相國集』 권13, 「走筆謝文禪老惠炭」.
52 『李相國集』 권14, 「謝珍丘住老謙公惠綿」.
53 『李相國集』 권15, 「玄上人饋桃以詩謝之」, 「與玄上人遊萬日寺, 次壁上韻」, 「玄上人見和復用前韻」, 「與玄上人遊壽量寺, 記所見」.
54 예를 들어 이규보는 승통 守其, 대선사 志素, 선사 湛其, 문인 관료들과 함께 주연을 베풀고 시를 짓거나 정원의 꽃을 감상하면서 어울렸다[『李相國集』 後集 권6, 「二十九日又邀僧統守其. 大禪師志素. 禪師湛其及雙嵒住老. 金員外設酒, 即席得詩一首贈之」, 「二其見和復作」, 「明日僧統和寄, 復次韻奉呈二首」, 「次韻復和李相國八景詩各一首」, 「次韻英上人見和」; 『李相國集』 後集 권7, 「李相國仁植朴學士仁枢同訪, 是七月二十五日也. 時家園鳳翔花盛開, 唱韻使英上人走筆賦之, 予亦即席走筆和示」; 『李相國集』 권8, 「飮通師所寓崇教寺方丈, 會者十餘人. 及酒酣, 琴瑟交作, 倡戲幷呈. 時有御前大倡優二人, 與師隨喜成大藏, 故來赴. 予舊習津湧, 使坐客唱韻走筆, 一人例唱四韻, 兼自押傍韻」; 『李相國集』 권12, 「通首座方丈酒酣, 使智潛上人唱杜牧詩韻, 走筆」].

보냈다.⁵⁵ 시문의 성행은 선종뿐만 아니라 다른 종파까지 확산된 흐름도 볼 수 있다. 이러한 양상은 수선사의 대표적인 선승을 통해서도 확인된다.

수선사 5세 원오국사(圓悟國師) 천영(天英, 1215~1286)은 특별히 시재(詩才)가 뛰어나 아무리 어려운 운자(韻字)를 제시해도 시를 능숙하게 짓는다고 그의 비문에 서술되어 있을 만큼 문학적 재능이 뛰어났다. 이러한 면모는 그가 송 천태종의 법언화상(法言和尙)이 보낸 불거기(佛居記)에 대해 빼어난 문장으로 찬을 지었다는 일화에서 잘 드러난다. 아울러 그는 초서에 능한 명필이었으며, 불교뿐만 아니라 외전에도 정통했다.⁵⁶ 천영의 어록이 남아 있지 않아 구체적으로 알 수 없지만, 그의 일상에서 사대부 문화에 매우 익숙한 분위기가 드러난다.

이러한 경향은 수선사 6세인 원감국사(圓鑑國師) 충지(冲止)에게서 더 두드러지게 나타난다. 현전하는 충지의 시는 239편이며, 깨달음과 관련된 수도시(修道詩), 시법시(示法詩)가 33편으로 전체 작품을 놓고 보면 적은 편이다. 그에 비해 자연시, 자락시, 찬미시, 생활시, 인정시, 사회시 등이 대부분을 차지한다.⁵⁷ 충지 시의 특징은 그가 선승임에도 선의 깨달음을 형상화한 시가 거의 보이지 않는다는 점이다.⁵⁸ 물론 선의 깨달음의 경지를 담은 시가 일부 있지만, 화두 참구를 강조하는 내용이 전혀 없다. 간화선에서 강조하는 것처럼 반드시 깨닫도록 하는 내용도 보이지 않으며, 오히려 평상무사를 보여주는 내용

---

55 『李相國集』後集 권11,「空空上人兔角庵記」,"瑜伽大士景照, 字空空. 其遊刃空門, 已可謂法王, 而又餘事工於詩, 故世或以詩僧稱之. 宋朝禪老祖播聞其名, 遙贐以斑竹杖一事, 烏漆鉢五器, 黃赤文木槵子一串, 兼以詩寄之, 又名所居曰兔角庵, 自書其額以寄之";『李相國集』後集 권3,「次韻宋朝播禪老寄空空上人幷序」,"宋朝禪子播, 因歐陽伯虎東來, 以詩一首, 寄我國空空上人, 兼貺漆鉢五器斑竹杖一事. 又名庵曰兔角, 手書其額以寄之. 予嘉兩師千里相契之意. 又聞歐陽君詩名, 亦復渴仰, 因和二首, 一以寄播禪老, 兼簡空空上人, 一以寄歐陽二十九".

56 李益培,「曹溪山第五世贈諡慈眞圓悟國師碑銘幷序」,『금석』상, 595~596쪽.

57 이진오,「원감국사 충지의 시세계」,『한국불교문학의 연구』(민족사, 1997), 431쪽.

58 이진오, 같은 글, 377~379쪽.

이 적지 않다. 오히려 충지는 혹심한 추위나 더위에 못 견뎌 하는 심정이나 가난하고 누추한 생활로 인한 괴로운 심정을 시에 드러냈다.[59]

충지의 시는 이존비(李尊庇), 이오(李敖), 박항(朴恒) 등 관료 문인과 교류하면서 주고받은 시가 많다. 그의 시에는 소식의 영향이 적지 않게 보인다. 충지는 아우 위문개(魏文愷)가 지방관으로 부임하는 길에 13년 만에 만나 밤새 회포를 풀며 자신들의 처지와 비슷한 상황에서 소식이 아우 소철에게 주었던 시를 인용해 시를 지었다.[60] 또한 충지는 소식의 운을 써서 시를 짓고,[61] 그의 오도송을 연상시키는 시를 지었다.[62]

충지의 「우서(偶書)」에 "어찌 종산의 일 없는 사내처럼 이슬에 졸면서도 소와 양에 밟히지 않은 것만 하겠는가"[63]라는 구절은 각범의 「합묘재이수(合妙齋二首)」에서 인용한 것이다.[64] 이와 같이 충지의 시에서는 소식과 각범혜홍의 영향이 뚜렷이 드러난다. 이는 당시 사대부 문인과 선승들 사이에 유행하던 흐름을 반영한다.

선문에서 시문을 비롯한 사대부 문화가 성행하면서 적지 않은 폐단이 생겨났다. 사대부 문장가들에게 기대어 유명세를 드러내고자 하거나 유가의 아름

---

59 『圓鑑國師歌頌』, 「雪中作苦寒詩寄韓平陽謝奇」(『한불전』 6, 381쪽); 『圓鑑國師歌頌』, 「鷄峯苦」(『한불전』 6, 393쪽).
60 『圓鑑國師歌頌』, 「舍弟平陽新守文愷, 將抵州治, 先到山中. 是夕會有雨, 相與話盡十餘年睽離之意, 不覺至天明. 因記蘇雪堂贈子由詩中所引拿蘇州, 何時風雨夜, 復此對床眠之句, 作一絶以贈之」(『한불전』 6, 373쪽). 이 시는 『동문선』 권20에도 인용되어 있다.
61 『圓鑑國師歌頌』, 「偶用雪堂韻示印黙二禪人」(『한불전』 6, 393~394쪽).
62 『圓鑑國師歌頌』, 「閑中偶書」(『한불전』 6, 371쪽)에 "開窓便山色 閉戶亦溪聲"이라는 표현과 「偶書一絶」에 "山色溪聲又松籟 有何塵事到心頭"라는 표현은 소식의 오도송, "溪聲便是廣長舌, 山色豈非淸淨身, 夜來八萬四千偈, 他日如何擧似人"과 유사하다. 이 구절은 『禪門寶藏錄』 卷下(『한불전』 6, 482쪽)에도 인용되어 있다.
63 『圓鑑國師歌頌』(『한불전』 6, 371쪽), "爭似鍾山無事漢 露眠不管踐牛羊".
64 『石門文字禪』 권15(『禪典』 5, p.429), "雨過東南月淸亮, 意行深入碧蘿層, 露眠不管牛羊踐, 我是鍾山無事僧, 未饒拄杖挑山衲, 差勝裂袈裹草鞋, 吹面谷風衝虎過, 歸來松雨撼空齋".

다운 말로 시를 지어 사람들의 이목을 끌며 자랑하고자 하는 풍조를 낳았다.[65] 나아가 이러한 경향은 14세기에 선문을 넘어 불교계 전체로 더욱 확산되었고, 그런 양상은 사대부의 문집에 다양하게 남아 있다.

이는 특히 제시권시(題詩卷詩)가 유행한 양상을 통해 확인된다. 제시권시는 시권을 읽은 감상을 술회한 시이다.[66] 고려 말, 조선 초에 지은 제시권시가 매우 많기 때문에 문학사적으로 주목을 받고 있지만, 제시권시 작성이 그 시기에 증가한 이유는 제대로 해명되지 않고 있다. 『운곡행록』에는 선승의 시권에 대한 감상을 읊은 제시권시가 무려 60수나 실려 있다. 이곡은 식무외(式無外)의 시집에 쓴 발문을 비롯해 2수를 지었다.[67] 이색은 목암, 설곡, 평원 등의 시권에 제문 15수를 남겼다.[68] 정추(鄭樞, 1333~1382),[69] 한수(韓脩, 1333~1384),[70]

---

65 『西河集』권5, 「送志謙上人赴中原廣修院法會序」(『명현집』2, 51쪽), "吾性好釋氏道, 故將求其人以爲友, 積二十年不遇, 今於上人有得焉. 且世之學釋氏, 而不能修潔謹慤者, 則必託文章之流以爲放, 故率皆縱誕浮雜. 其中空虛, 妄取儒家綺語, 抽靑媲白, 以誇耀乎人之耳目, 其得罪于釋氏亦大矣. 今吾上人則獨異夫是. 氣韻絶人, 機鋒迅捷, 所至叢席, 雖名緇奇衲, 無不望風而服, 眞法中俊人也. 又於儒典, 皆貫綜博洽, 且工於詞藻, 遒勁精緻, 過人遠甚, 而深自覆匿, 恂恂若不能言. 吾與之遊三年, 未嘗有一語及此者, 吾固疑而問焉. 謙笑曰, 余深嗜法語, 忘甘露之味, 而況爲禪者以旣落文字爲先, 安可未除口業, 囂囂與俗士爭名耶".

66 임종욱, 『운곡 원천석과 그의 문학』(태학사, 1998), 171~176쪽.

67 『稼亭集』권7, 「跋福山詩卷」(『문집』3, 146쪽); 권15, 「次韻題李僧統詩卷」(『문집』3, 192쪽).

68 『牧隱詩藁』권3, 「題曹山禪師詩卷」(『문집』3, 546쪽); 권3, 「題豫章德上人遊五臺詩卷」(『문집』3, 548쪽); 권3, 「題寒松詩卷」(『문집』3, 554쪽); 권6, 「爲珠上人題冏徹卷」(『문집』4, 22쪽); 권6, 「爲暹上人題騰騰卷」(『문집』4, 22쪽); 권6, 「爲玕上人題瞰菴卷」(『문집』4, 22쪽); 권8, 「題竹溪卷」(『문집』4, 56쪽); 권14, 「題牧菴卷覺謙」(『문집』4, 139쪽), 권15; 「題聰無聞卷」(『문집』4, 170쪽); 권16, 「題嶺梅卷」(『문집』4, 183쪽); 권16, 「題妙峰卷」(『문집』4, 183쪽); 권18, 「題雪谷卷」(『문집』4, 218쪽); 권24, 「題平源卷」(『문집』4, 339쪽); 권30, 「題璧菴卷」(『문집』4, 432쪽); 권31, 「題隱溪卷」(『문집』4, 445쪽).

69 『圓齋集』卷中, 題幻菴詩軸(『문집』5, 201쪽); 『圓齋集』卷中, 「題日本僧萬峯詩卷」(『문집』5, 207쪽); 『圓齋集』卷中, 「題栢庭禪庇上人送別詩卷」(『문집』5, 208쪽).

정도전,⁷¹ 정몽주,⁷² 성석린(成石璘, 1338~1423),⁷³ 이숭인(李崇仁, 1347~1392),⁷⁴ 권근(權近, 1352~1409)⁷⁵ 등의 문집에서도 다양하게 확인할 수 있다.⁷⁶

이처럼 14세기에는 선승들의 시문을 모은 시집 편찬이 성행했다. 현재 시권이 전혀 남아 있지 않으므로 구체적인 내용은 알 수 없으나, 송과 고려 선종에서 시문이 성행한 흐름과 관련된다. 송대 선승과 사대부와의 교유가 확산되면서 교제 수단으로 시문이 중시되던 경향은 원대에 이르러 새로운 양상을 띠게 된다. 14세기 초에 편찬된 『강호풍월집』과 같이 선승의 시게를 모은 저작이 등장하고, 그 내용도 점차 세속화해 일반 문인의 시와 다르지 않았다.

---

70 『柳巷詩集』,「題玉蘭上人詩卷」(『문집』 5, 264쪽),「題嶺梅上人詩卷」(『문집』 5, 265쪽),「題寬窄山詩卷」(『문집』 5, 266쪽),「題義砧上人詩卷」(『문집』 5, 268쪽),「題休上人詩卷」(『문집』 5, 269쪽),「題平源上人詩卷」(『문집』 5, 269쪽),「題玉峰上人卷子」(『문집』 5, 273쪽),「題楚谷上人卷子」(『문집』 5, 274쪽),「目菴上人携卷求詩」(『문집』 5, 274쪽).

71 『三峯集』 권2,「題隱溪上人霜竹軒詩卷」,「題僧牧菴卷中」(『문집』 5, 309쪽).

72 『圃隱集』 권2,「題栢庭詩卷」(『문집』 5, 589쪽),「倫絶磵卷子」(『문집』 5, 590쪽),「古嵒卷子」(『문집』 5, 591쪽),「幻庵卷子」(『문집』 5, 592쪽),「題牛師野雲軒詩卷」(『문집』 5, 592쪽),『圃隱集』 권3,「圓照卷子」(『문집』 5, 599쪽),「隱溪霜竹軒卷子」(『문집』 5, 599쪽),「題千峰詩藁後」(『문집』 5, 609쪽).

73 『獨谷集』 卷上,「次浩亭韻題嶺庵詩卷」(『문집』 6, 65쪽),「次雨千峰詩卷韻」(『문집』 6, 73쪽),「次融上人詩卷諸公韻」(『문집』 6, 73쪽),「慈恩宗沈都僧統詩卷次牧隱韻」(『문집』 6, 75쪽),「次曹溪義游詩卷韻」(『문집』 6, 88쪽),『獨谷集』 卷下,「次定巖詩卷韻」,「次松巖詩卷韻」,「次珍山詩卷韻」(『문집』 6, 93쪽),「題峯月軒詩卷」,「題松月軒詩卷」,「題明峯詩卷」,「題無礙師詩卷」(『문집』 6, 95쪽),「次韻題僧竹溪軒詩卷」(『문집』 6, 113쪽),「題瑞巖詩卷」,「題重峯詩卷」(『문집』 6, 114쪽),「題日本周護上人牧隱詩卷」,「題一漚禪人詩卷」,「題澄源詩卷」,「題寂菴詩卷」,「題日峯詩卷」(『문집』 6, 115쪽).

74 『陶隱集』 권1,「題倫上人絶磵松風軒卷」(『문집』 6, 527쪽),「題牧菴詩卷」(『문집』 6, 533쪽);『陶隱集』 권2,「題野雲詩卷」(『문집』 6, 552쪽);『陶隱集』 권3,「題幻菴卷」(『문집』 6, 568쪽),「題雲上人雪岳詩卷」(『문집』 6, 573쪽);『陶隱集』 권5,「題明極卷後」(『문집』 6, 605쪽),「題千峰詩藁後」(『문집』 6, 609쪽).

75 『陽村集』 권7,「題梅谿上人送平田詩卷末六絶」(『문집』 7, 83쪽);『陽村集』 권10,「題一漚上人詩卷」(『문집』, 114쪽);『陽村集』 권22,「書澤隱詩卷後」(『문집』, 226쪽).

76 『保閑齋集』에 5수, 『四佳集』에 9수 등 15세기 말까지 제시권시가 확인된다.

이러한 현상은 남송 말 이후 선종이 세속화되어 갔으며, 원대에 선종 전반에 확산된 흐름을 보여준다. 특히 대혜파가 이러한 흐름을 주도한 것에서 드러나듯이 선종이 새로운 사상체계를 제시하지 못하고, 오히려 점차 퇴락해 가던 양상과 관련된다. 고려 말 선종계는 문인문화에 경도되고 세속화하면서 생명력이 약화될 수밖에 없었다.

송의 그림과 글씨는 예종, 인종 대의 외교 사절을 통해 고려에 전해졌다.[77] 예종 12년(1117)에 천장각(天章閣)을 설치해 송 휘종이 보내준 서화를 보관했고,[78] 예종 16년(1121)에는 청연각(淸讌閣)에서 송에서 받은 서화 등을 고관들에게 보여주었다.[79] 이와 함께 소식의 문인화론이 전래되어 왕공과 문신들 사이에 문인화가 서서히 확산되었다.[80]

호암미술관에 소장된 〈춘정관화도(春庭觀畵圖)〉와 〈추정서선도(秋庭書扇圖)〉 이 두 폭의 작품은 당 태종의 명으로 그린 〈십팔학사도(十八學士圖)〉에 연원을 둔 것이다. 〈춘정관화도〉는 대저택의 정원에서 그림을 감상하는 4명의 중심인물과 주변 정경을 그렸고, 〈추정서선도〉는 저택의 뜰에서 책을 보고 있거나 부채 위에 글씨를 쓰는 3명의 중심인물과 주변의 정경을 표현했다. 〈십팔학사도〉는 태종이 염입본(閻立本)에게 그리도록 한 것인데, 송 휘종과 이공린도 그렸다고 한다. 이 그림은 태평성세가 이루어진 이상적인 시절에 대한 은유로 여겨졌고, 이후 문인들의 풍류와 고상한 취향을 표상하는 그림으로 인식되었다.[81]

---

77 예를 들어 政和 연간(1111~1117)에 金富軾은 송에 가서 徽宗에게 전적과 명화를 하사받고 고려에 가져왔다(金富軾, 「謝宣示大平睿覽圖表」, 『東文選』 권35).

78 『高麗史節要』 권8, 睿宗 12년 6월. 『宣和奉使高麗圖經』 권6, 宮殿2 延英殿閣에 같은 내용이 기록되어 있다.

79 『高麗史節要』 권8, 睿宗 16년 12월.

80 안휘준, 「고려 및 조선왕조 초기의 대중회화교섭」, 『아세아학보』, 13(1979) 참조.

81 박은순, 「고려시대 회화의 대외교섭 양상: 〈春庭觀畵圖〉·〈秋庭書扇圖〉를 중심으로」, 한국미술사학회 편, 『고려 미술의 대외교섭』(2004), 13~17쪽.

그림을 감상하는 장면을 담은 〈춘정관화도〉에는 그림 속 그림(畵中畵)이 그려져 있다. 하나는 여시종이 들고 있는 축의 그림이며, 다른 하나는 문사의 뒤에 서 있는 가리개 병풍 그림이다. 이 화중화 양식은 원대 화풍으로 추정되기도 하는데, 적어도 남송 이후의 작품으로 볼 수 있다.[82]

이 외에 문인들의 고회를 그린 작품으로 이전(李佺)의 〈해동기로회도〉가 있다.[83] 또한 고려 말에 여러 원로가 연회를 베풀며 노는 모습을 그린 〈원암연집도(元巖讌集圖)〉에 대해 이색이 쓴 시가 있다. 〈원암연집도〉는 염제신이 공민왕을 추모하기 위해 화공에게 그리게 한 그림이다.[84]

현전하는 작품이 거의 없기 때문에 고려 후기 회화에 대해서는 제화시를 통해 확인해 볼 수 있다. 이인로는 소식의 시화일률론의 영향을 받아 그림을 소리 없는 시라고 하고, 시를 운이 있는 그림이라고 했다.[85] 인종 연간(1123~1146)에 정여령(鄭與齡)이 이지저(李之氐)가 소장한 〈진주산수도(晉州山水圖)〉에 쓴 시가 현전하는 가장 오래된 제화시다.[86] 정서(鄭敍)의 제묵죽후(題墨竹後)도 비슷한 시기에 쓴 글로 보인다. 무신정권기, 특히 명종·신종 연간에 이인로·

82　박은순, 같은 글, 39~42쪽.

83　李仁老, 「題李佺海東耆老圖後」, 『東文選』 권102; 李仁老, 「雙明齋記」, 『東文選』 권65.

84　『牧隱詩藁』 卷28, "曲城府院君命工作元巖讌集圖, 追慕玄陵也. 使季子承旨庭秀, 携以相示, 誌其後. 予觀山野樹林, 掩映氈廬, 宛然在目, 而諸老讌集其傍飢采足以鎭一時, 而聳動後世, 故直書其事而歸之, 情不能已, 吟成長歌"(『문집』 4, 400~401쪽); 李穡, 「元巖讌集唱和詩序」, 『동문선』 권87에 관련 내용이 기록되어 있다.

85　李仁老, 「題李佺海東耆老圖後」, 『동문선』 102, "詩與畫妙處相資, 號爲一律, 古之人以畫爲無聲詩, 以詩爲有韻畫. 蓋模寫物象, 披割天慳, 其術固不期而相同也". 소식의 시화일률론은 각범혜홍에게도 영향을 주었다. 『石門文字禪』 권8, 「宋迪作八景絕妙, 人謂之無聲句. 演上人戱余曰, 道人能作有聲畵乎, 因爲之各賦一首」(『禪典』 5, pp. 291~293). 송대에 부각된 시화일률론은 소식뿐 아니라 각범의 저작을 통해서 고려의 선승과 문인에게 수용되었을 가능성도 있다.

86　鄭與齡, 『晉州山水圖 李相國家藏』, 『東文選』 권19, "數點靑山枕碧湖, 公言此是晉陽圖, 水邊草屋知多少, 中有吾廬畫也無"; 이혜순, 「牧隱李穡의 題畫詩 試考」, 『한국문화연구원논총』, 25(1987), 55쪽.

이규보 등이 지은 제화시가 본격적으로 제시되었다.[87]

이인로는 소식, 문동, 황정견의 시서화에 대한 이해를 기반으로 김입지(金立之)·김군수(金君綏) 등의 수묵화에 대해 높이 평가했다.[88] 또한 이규보는 소식을 중심으로 한 송대 문인화에 대한 이해를 바탕으로 회화에 대한 안목이 높다고 자부했다.[89]

안치민은 글씨와 묵죽으로 높이 평가되었다.[90] 정홍진(丁鴻進)의 묵죽이 절묘하다는 평,[91] 정득공의 잉어 그림[92]을 평한 시 등이 남아 있다. 진화(陳澕)가 소식을 인용해 시와 그림이 한가지라고 평가[93]한 데에서 드러나듯 시서화가

---

87 손정인, 「이규보 제화시의 고찰」, 『영남어문학』, 14(1987).
88 『破閑集』卷上(『명현집』2, 84쪽), "樞府金立之, 詞翰外尤工墨君. 嘗以湘岸兩叢, 獻大宗伯崔相國, 作一絶謝之, '先帝當年稱活竹, 幾回相憶畵含情, 兩叢忽向西軒立, 只恐根株發地生.' 金壯元君綏卽其子也, 得其家法甚妙. 僕往與君綏同在察院, 院中有素屛一張. 諸公請寫一枝, 使僕跋之, 卽題云, 雪堂居士以詩鳴, 墨戲風流亦寫生, 遙想江南文笑笑, 應分一派寄彭城".
89 洪善杓, 「李奎報의 繪畵觀」, 『美術資料』, 39(1987), 28~45쪽.
90 『破閑集』卷上(『명현집』2, 84쪽), "碧蘿老人, 嘗以睡居士所畵墨竹小屛贈僕. 題白傅詩一句於後云, '管領好風烟, 欺凌凡草木.' 筆跡尤奇妙, 僕嘗學之, 遇紙素屛幛無不揮灑"; 『李相國集』권19, 「安處士墨竹贊」(『문집』2, 494쪽), "棄庵居士, 於竹通仙, 一掃其眞, 暗契自然, 手爲心使, 嘗以心傳, 心指手應, 物何逃焉, 竹故見之, 莫藏其天, 一節一葉, 盡呈其全, 人與筆逝, 邈若千年, 尺絨遺迹, 價抵萬錢".
91 『補閑集』卷中(『명현집』2, 125쪽), "丁祕監而安, 邃於文章, 墨竹最妙. 嘗於侯家有一畵簇, 衆史皆莘其圖本. 監見之曰, 是劉賓客詩也." 頌其詩, 以校其畵, 歷歷無一毫差. 因曰, 士大夫揮掃, 例以詩爲本, 若沓其圖, 則畵工也".
92 『李相國集』권3, 「畵鯉魚行鄭得恭所畵」(『문집』1, 320쪽).
93 『補閑集』卷中(『명현집』2, 125쪽), "陳補闕澕評詩, '以文順公杜門云, 初如蕩蕩懷春女, 漸作寥寥結夏僧. 如牙齒間眞蜜, 漸而有味. 李由之和耆老相國詩云, 睡倚乍容靑玉案, 醉扶聊遣絳紗裙. 如咀氷嚼雪, 令人心地爽然無累. 眞蜜之辭未若咀氷之語.' 僕於此評未服. 彼咀氷之語, 雖新進輩月鍊日琢, 則萬有一得, 眞蜜之辭, 深得杜門之意, 非老手固不可導. 陳與由之及當時鳴詩輩, 共和耆老相國詩, 裙韻最强, 至於復用, 皆有難色. 而由之導此聯, 陳卽驚動, 故有此語. 陳補闕讀李春卿詩云, 啾啾多言費楮毫, 三尺喙長只自勞. 謫仙逸氣萬像外, 一言足倒千詩豪. 及第吳芮公曰, '逸氣一言, 可得聞乎.' 陳曰, 蘇子瞻品畵云, 摩詰得之

일체화된 흐름에서 송대 문화예술의 영향이 드러난다. 예를 들어 이담지(李湛之)가 소식의 필법을 얻었다는 평[94]에서 드러나듯이 소식이 하나의 예술적 성취 기준으로서 사대부 문인층에 널리 수용되었다.

서화를 비롯한 예술문화는 문인과 선승들이 교류를 돕는 매개체로 기능했다. 송대에는 선승이 여기로 그리는 회화 외에 선종에 관련되는 것 가운데 새로운 경향이 드러난다. 오대 촉에서 시작하는 나한화, 선의 경지를 그림으로 드러낸 선기화(禪機畵)라 불리는 회화, 조사의 초상인 정상(頂相) 등이 유행했다. 송의 문인화는 선문에서도 유행해 문인과 함께 향유하는 현상이 나타났다. 승려들이 노송병풍화(老松屛風畵), 노사도(鷺鷥圖), 신룡도(神龍圖), 산수도(山水圖) 등 다양한 회화 작품을 소장하고 즐겼다.

이러한 경향은 12세기 이후 고려 선종에 수용되었다. 실물 자료가 대부분 남아 있지 않고 관련 자료가 적은 편이지만, 문집 자료를 통해 어느 정도 이해할 수 있다.[95] 이러한 자료를 통해 당시 선승들이 그림, 글씨에 대한 관심이 적지 않았고, 문인화를 비롯한 문인의 문화예술을 수용했음을 알 수 있다.

사대부는 선승이 소장한 그림과 글씨를 함께 감상하고, 작품과 관련된 시를 지었다. 예를 들어 지겸의 방장에서 당대 제일의 글씨로 평가받던 유신(柳紳)의 걸미서(乞米書)를 보고 쓰거나,[96] 연수좌(淵首座)의 방장에서 정득공(鄭得恭)이 그린 어족자(魚簇子)를 감상하고[97] 족자에 쓴 시운에 따라 시를 지었다.[98] 이

於象外, 筆所未到氣已吞. 詩畵一也. 杜子美詩, 雖五字中, 尙有氣吞象外, 李春卿走筆長篇, 亦象外得之. 是謂逸氣. 謂一語者, 欲其重也. 夫世之嗜常惑凡者, 不可與言詩, 況筆所未到之氣也".

94 『西河集』 권1, 「寄湛之乞墨」(『명현집』 2, 12쪽), "君得東坡法, 油煙收幾掬, 歲月儻可支, 分我一寸玉".

95 선종의 그림으로 布袋和尙, 달마 등이 주요 소재로 활용되었다[『李相國集』 권19, 「布袋和尙贊」; 『李相國集』 권19, 「達摩大師像贊」; 『李相國集』 後集 권11, 「幻長老以墨畵觀音像求予贊」].

96 『李相國集』 권11, 「謙師方丈, 觀柳紳乞米書, 書其後, 柳書今第一」(『문집』 1, 407쪽).

97 『李相國集』 권13, 「淵首座方丈, 觀鄭得恭所畵魚簇子」(『문집』 1, 431쪽).

러한 양상은 최종준(崔宗峻)이 정홍진에게 묵죽을 그려줄 것을 청탁하거나,[99] 이규보가 묵죽과 초상화를 정홍진에게 요구하고 대신 시를 지어주었던[100] 사례와 같이 사대부와 선승의 문화적 취향이 공통되었음을 보여준다.

이러한 사례와 같이 선승들이 소장한 그림은 사대부와 마찬가지로 문인화가 많으며, 시화축과 같이 그림과 관련된 시를 서로 짓고 감상했다. 예를 들어 이규보가 온상인(溫上人)이 갖고 있는 백로를 그린 그림을 보고 시를 짓고,[101] 엄선로(嚴禪老)를 찾아가서 벽에 걸린 족자의 시운을 따라 시를 지었다.[102]

나아가 사대부는 선승이 직접 그린 작품을 높게 평가하고, 그림을 선물로 주고받으며 인적 네트워크를 형성하는 데에 활용했다. 예를 들어 김인경(金仁鏡)은 귀일(歸一) 선사가 그린 전나무 병풍을 선사한 노규(老規) 선사에게 사례하는 시를 지었다.[103] 귀일 선사는 보제사(普濟寺) 주지 노규의 요청으로 청사

---

98 『李相國集』 권13, 「又次書䇲子詩韻贈之」, 「復和」(『문집』 1, 431쪽).
99 『李相國集』 권19, 「崔相國宗峻, 使丁郞中鴻進畫墨竹, 請予作贊二首書屛之左右」(『문집』 1, 494쪽).
100 『李相國集』 後集 권4, 「次韻丁祕監寫墨竹四幹, 兼和前詩來贈幷序」(『문집』 2, 174쪽), "昨冒恥以硬牋乞墨竹, 公笑不受, 特以金粉紙掃四幹, 兼和前詩, 親訪見貺, 不勝榮荷, 復次韻四首奉寄"; 『李相國集』 後集 권4, 「又以長篇二首, 求墨竹與寫眞幷序」, "予旣以紙本, 蒙掃與墨竹四莖, 人或非之曰, 丁君之竹, 非紙本所受, 且宰相雖貧, 何至乏其尺絹而酒爾耶. 予以爲然, 索得蠶素一段, 非特求此君蕭洒之姿, 亦望寫老夫不颺之貌, 伏惟許肯云"; 『李相國集』 後集 권5, 「次韻丁祕監而安, 和前所寄詩, 以墨竹影子親訪見贈幷序」, "僕前者輕以紙本, 求得墨竹四幹, 愛翫之際, 猶以爲歉, 更以絹素乞掃數朶, 兼乞寫眞. 今月某日, 伏蒙垂和前詩, 以墨竹二幀影子一幀, 親訪見贈, 感荷感荷. 觀其詩語, 精緻淸警, 眞蹈詩人閫域, 則詩名之震世, 亦不爲不久, 而畫復如此. 畫者藝也. 藝必爲世所嗜, 故藝之能奪詩名久矣. 先朝學士洪灌, 能詩亦能書, 世皆以能書洪灌呼之, 不以詩名, 洪君嘗慎之. 予以謂若洪君者, 詩與書相敵, 故藝能混而掩之矣. 如學士之詩, 絶勝無二, 雖藝之工也, 又豈奪之之有耶. 況墨竹寫眞, 是士大夫之事, 而又且得之於天, 則公雖欲已之得乎. 甚善甚善. 予當祕之十襲, 傳爲子孫萬世之寶矣".
101 『李相國集』 권10, 「溫上人所蓄獨畫鷺鷥圖」(『문집』 1, 401쪽).
102 『李相國集』 권8, 「訪嚴禪老用壁上書䇲詩韻二首」(『문집』 1, 379쪽).
103 『李相國集』 권16, 「次韻金承制仁鏡謝規禪師贈歸一上人所畫老檜屛風二首」(『문집』 1,

벽에 노송과 대나무를 그려 높은 평판을 받았다.[104] 선승이 문인화를 그린 것으로 보인다.

이규보는 혜문, 한소(韓韶)와 함께 최종번(崔宗藩)의 서실을 방문하여 서로 교유했다.[105] 김상인(金上人)의 초서를 구경하고 시를 짓고 즐긴[106] 선승과 사대부가 공유하는 문화로 자리 잡았다. 최이가 기선사(其禪師)에게 관음상을 선사하고,[107] 수선사 3세인 몽여가 정이안(丁而安)에게 선물로 묵죽을 받았던 사례에서[108] 드러나듯이 그림은 최고 권력자나 수선사를 대표하는 선승까지 포괄하는 인적 네트워크의 유지를 위한 선물로 기능했다.

풍죽(風竹) 두 그루 가운데 한 그루는 움직이고 한 그루는 움직이지 않게 그리다. 큰 바람 부는 것을 모든 물건이 함께 받는데, 어찌 같은 대로서 하나는 흔들리고 하나는 흔들리지 않음이 있는가. 한 그루는 바람에 시달려서 쉴 새 없이 흔들리고, 한 그루는 태연히 곧게 섰구나. 흡사 두 사람이 한가지로 선을 배우는데, 한 사람은 도를 깨쳐서 마음이 움직이지 않는데, 한 사람은 그렇지 못하여 착잡한 생각이 마구 일어나는 것 같다. 듣는 것을 돌이켜 제 본성을 듣게 되면 움직임과 고요함이 이에 모두 그치게 된다. … (중략) … 또 정이안에게 묵죽 2본을 구득하여 족자를 만들어서 항상 보물로 여기니, 대개 정이안의 묵죽이 뛰어나기 때문이다. 또 송가도(松家島) 보문정

454쪽).
104 『李相國集』 권19, 「畫老松贊幷序」(『문집』 1, 493쪽), "普濟住老規公, 使山人歸一畫老松于廳事之壁. 雖盛夏, 見之若爽氣襲人者. 禪師請予作贊, 予一揮而題于後云", 『李相國集』 권16, 「題普濟寺住老規禪師壁上畫竹」.
105 『李相國集』 권8, 「同文長老韓韶訪崔秀才宗藩書室」(『문집』 1, 379쪽).
106 『李相國集』 권12, 「統軍尙書幕, 觀金上人草書, 公命予走筆賦」(『문집』 1, 413~414쪽).
107 『李相國集』 後集 권8, 「次韻其禪師觀音讚詩, 晉陽公所送像」(『문집』 2, 219쪽).
108 『李相國集』 後集 권11, 「松廣社主大禪師夢如, 遣侍者二人求得丁而安墨竹二幹, 仍邀予爲贊云」(『문집』 2, 239쪽), "風竹二叢, 一動一靜, 大風所吹, 萬殊同受, 何一竹中, 有動與不, 一叢困風, 搖簸不息, 一叢自若, 植植其直, 有如二人, 同學于禪, 一人懸悟, 心已憁然, 一猶未爾, 群動坌起, 返聞聞性, 動靜洒已."

사(普門精舍)의 곁에 따로 한 채를 지었는데, 모두 대나무로 만들어 죽재(竹齋)라고 하였다. 그 집에 편안히 누워서 서까래, 동자기둥, 대마루 등을 보면 모두 대나무의 빛깔을 나타내는데 환상인은 이를 낙으로 삼는다.[109]

요환(了幻)은 정홍진(丁鴻進)이 그린 묵죽 2본을 족자로 만들어 완상하고, 죽재(竹齋)를 짓고 즐겼다. 수선사 3세인 몽여는 정홍진의 묵죽 그림을 얻고[110] 이규보는 풍죽의 동정을 선 수행의 깨달음 유무에 따라 마음의 동정에 비유한다든지,『능엄경』에서 강조하는 반문문성(返聞聞性)의 이치를 구사하여 찬시를 지었다. 문인화는 사대부와 승려들의 교류에 중요한 매체로 기능했다.

정홍진의 묵죽은 당시 빼어난 작품으로 인정을 받았으며, 그가 교류하던 이규보, 최자뿐만 아니라 최우(崔瑀), 최종준(崔宗峻) 등 최고 권력층과 선승들 사이에서 완상되었다. 당시 선승과 문인들이 서로 어울려 그림을 완상하고 휘호하며 교유하던 경향이 유행했다.[111] 예를 들어 이규보는 방장 월사의 두 그

---

109 『李相國集』後集 권11,「幻上人竹齋記」(『문집』2, 243쪽), "以是古之賢達有嗜書嗜畫者, 有嗜石嗜水嗜竹者. 其所謂竹也, 往往多爲高人釋子尤所嗜愛者, 何哉. 蓋相對而觀之也, 亦足以虛其心地, 圓通無礙. 抑又生法師所謂盡是眞如之觀, 於是乎存焉. 亦於法門, 究竟堅固, 如竹之四時一色, 不移其守, 斯可尙已. 有幻上人者, 性或愛竹. 先是嘗使畫家名手韓某, 摹白衣觀音像, 其傍所立雙竹, 則不令其人畫之, 就謁丁學士而安, 固乞掃爲. 又於丁君, 求得墨竹二本, 裝成簇子, 常寶之, 蓋丁公墨竹, 妙絶一時故爾. 復於松家島普門精舍之側, 別立一齋寓焉, 皆以竹搆之, 因號竹齋. 於其宴息偃臥之中, 見榱桷棟桴, 皆呈竹色, 上人以此爲樂".
110 『李相國集』後集 권11,「松廣社主大禪師夢如, 遺侍者二人求得丁而安墨竹二幹, 仍邀予爲贊云」(『문집』2, 239쪽),「風竹二叢 一動一靜」, "大風所吹 萬殊同受 何一竹中 有動與不 一叢困風 搖簸不息 一叢自若 植植其直 有如二人 同學于禪 一人懸悟 心已熟然 一猶未爾 群動坌起 返聞聞性 動靜洒已".
111 『이상국집』권2,「月師方丈畫簇二詠」(『문집』1, 311쪽), 권5;「訪養淵師賦所蓄白鶴圖」(『문집』1, 345쪽), 권7,「璨首座方丈所蓄畫老松屛風使予賦之」(『문집』1, 362쪽); 권8,「訪嚴禪老用壁上書簇詩韻二首」(『문집』1, 379); 권10,「溫上人所蓄獨畫鷺鷥圖」(『문집』1, 401쪽); 권13,「淵首座方丈觀鄭得恭所畫魚簇子」(『문집』1, 431쪽), 권16,「題普濟寺住老規禪師壁上畫竹」(『문집』1, 458쪽).

림 족자를 읊었고,¹¹² 양연사를 방문했다가 그가 갖고 있는 백학도에 부를 지었다.¹¹³ 찬수좌는 이규보에게 방장에 간직한 노송이 그려진 병풍에 글을 부탁하고,¹¹⁴ 엄선로를 찾아가 벽에 걸린 족자의 시운에 따라 두 수의 시를 지었다.¹¹⁵ 또한 온상인이 갖고 있는 백로를 그린 그림을 보고 시를 지었다.¹¹⁶

나아가 문인 사대부와 마찬가지로 선승이 직접 수묵화를 그렸다.¹¹⁷ 이규보가 사대부들이 애호하는 소나무와 잣나무와 유사한 전나무를 그린 귀일선사(歸一禪師)의 화풍을 높이 평가한 것에서 드러나듯이 선승이 그린 그림에 대해 작품성을 인정했다.¹¹⁸

서화를 비롯한 예술문화가 문인과 선승들의 교류에 매체로서 기능했다. 신라 하대에 선승들의 비문 글씨는 유학자들이 쓴 경우가 많지만, 승려들이 직접 글씨를 남긴 사례가 적지 않다. 영업(靈業)은 헌덕왕 4년(813)에 세운 단속사(斷俗寺) 신행선사(神行禪師)의 비문 글씨를 썼는데,¹¹⁹ 이광사(李匡師)가 글

---

112 『이상국집』 권2, 「月師方丈畵簇二詠」(『문집』 1, 311쪽).
113 『이상국집』 권5, 「訪養淵師賦所蓄白鶴圖」(『문집』 1, 345쪽), "鶴是塵外物 族本出神仙 無心玉籠裡 拂翼瓊樹邊 所以支道林 放之千里天 師今何酷愛 模寫置眼前 眞猶不可蓄 況奈丹靑傳 徐徐涉其理 師意乃不然 放恐失神態 養恐爲物牽 不放亦不養 莫如畵手賢 故寫靑田眞 逸翮凌紫煙 瘦以觀道貌 淸以養天全 吾觀寫生圖 未作寫生篇".
114 『李相國集』 권7, 「璨首座方丈所蓄畵老松屛風使予賦之」(『문집』 1, 362쪽).
115 『李相國集』 권8, 「訪嚴禪老用壁上書簇詩韻二首」(『문집』 1, 379쪽), "笑却東華一餉榮, 獨披馳褐訪南能, 靜中得句堪呈佛, 欲寫時呵玉硯氷, 石鼎烹茶代酒巵, 擁爐圍坐爇寒衣, 香畦縈穗靑烟直, 橘腦分漿玉露飛".
116 『李相國集』 권10, 「溫上人所蓄獨畵鷺鷥圖」(『문집』 1, 401쪽).
117 『李相國集』 後集 권11, 「幻長老以墨畵觀音像求予贊」(『문집』 2, 239쪽).
118 『李相國集』 권16, 「次韻金承制仁鏡謝規禪師贈歸一上人所畵老檜屛風二首」(『문집』 1, 454쪽), "吳師寫檜眞寫生, 飀飋似欲生淸風, 自言人欲狀海錯, 十年先作釣魚翁, 吾於畵檜非苟學, 白首樓山所以工, 松身柏葉深得妙, 始知吳老言之公, 我亦飽看吳老筆, 望如老賈知西東, 禪師所蓄尤奇絶, 紛紛俗畵渾掃空 侯門子弟費金帛, 求之不得計已窮, 緣公獨是蕭灑人, 一朝輜送書軒中, 不然世俗安得藏, 如以韶濩奏於聾 願公享壽如此樹, 不待鍊藥顔還童. 古來論畵貴松柏, 愛有蕭然君子風, 崑松弟柏是曰檜, 亦似偓佺蒼髯翁 江南山人喜寫松, 晩年畵檜又寂工".

씨가 여위고 힘이 있다고 평가했다. 월광사(月光寺) 비를 쓴 순몽(淳蒙), 봉암사 지증선사(智證禪師) 비를 쓴 혜강(慧江),[120] 봉림사 진경대사(眞鏡大師) 비를 쓴 행기(幸期)[121] 등이 활동했다.

이러한 경향은 고려 시기에 이어져 오룡사 법경대사비를 쓴 선경(禪扃), 태자산 백월서운탑비를 짓고 글씨를 쓴 순백(純白)[122] 등이 확인된다. 서법(書法)에 뛰어난 승려로는 충희(冲曦), 도휴(道休), 오생(悟生), 요연(了然) 등의 글씨가 유명했다. 초서로 유명한 화엄종의 경혁(景赫)[123]을 비롯해 종파와 무관하게 승려들은 서예에 조예가 있었으나 특히 선승들이 글씨로 이름을 날렸다.

이인로, 이규보 등이 고려 중기 이후에 글씨로 명성을 떨친 인물을 거론할 때에 문인과 함께 선승을 거론했다.[124] 예를 들어 수선사의 탁연(卓然)은 필법이 절륜하다는 평가를 받았다.[125] 특히 대감국사 탄연(坦然)은 행서에 뛰어나 고려의 신품사현(神品四賢)으로 거론될 정도였다.[126] 이규보는 당대의 명필로 꼽은

---

119 金獻貞, 「海東故神行禪師之碑幷序」, 『금석』 상, 114쪽, "東溪沙門靈業書".
120 崔致遠, 「大唐新羅國故鳳巖山寺敎諡智證大師寂照之塔碑銘幷序」, 『금석』 상, 96쪽, "芬皇寺釋慧江書幷刻字歲八十三". 혜강이 83세에 쓴 글씨이며, 자획이 단아하고 건장하다는 평을 받았다.
121 景明王, 「有唐新羅國故國師諡眞鏡大師寶月凌空之塔碑銘幷序」, 『금석』 상, 97쪽, "門下僧幸期奉敎書".
122 「新羅國石南山故國師碑銘後記」, "門下法孫釋純白述".
123 『破閑集』 卷上(『명현집』 1, 83쪽), "本朝華嚴大士景赫, 樞府金公立之, 以草擅名, 然未免仲翼周越之俗氣".
124 『李相國集』 後集 권11, 「東國諸賢書訣評論序幷贊」(『문집』 2, 241쪽), "其餘士大夫桑門逸士之工書者, 有若學士洪灌, 宰相文公裕, 宗室僧統冲曦, 首座道休, 侍郞朴孝文, 宰相柳公權, 邵城侯金居實, 宰相奇洪壽, 學士張自牧, 山人悟生了然等, 亦可以妙品絶品次序焉".
125 『補閑集』 卷下(『명현집』 1, 142쪽), "修禪社卓然師, 宰相之子, 筆法絶倫".
126 『筆苑雜記』 권1, "我東國筆法, 金生爲第一, 姚學士克一, 僧坦然靈業亞之, 皆法右軍. 李奎報嘗評論, 以崔忠獻爲神品第一, 坦然爲第二, 柳紳爲第三, 阿附權貴非公論也".
『破閑集』 卷下(『명현집』 1, 100쪽), "至本朝, 唯大鑑國師, 學士洪灌擅其名, 凡寶殿花樓額題, 及屛障銘戒, 皆二公筆也. 淸平眞樂公卒, 西湖僧惠素撰祭文, 而國師書之, 尤盡力刻石以傳, 世謂之三絶. 固非崔楊輩, 豐肌脆骨者之所及. 當有評者曰, 引鐵爲筋, 推山作骨,

4명 가운데 탄연의 행서가 뛰어나다고 높이 평가했다.[127] 이들의 작품이 별로 남아 있지 않기 때문에 명확하게 알 수 없지만, 시와 회화와 마찬가지로 송의 서론이나 서예의 영향을 받았던 것으로 보인다. 특히 소식, 황정견을 중심으로 한 서풍(書風)이 12세기 이후 고려의 문인과 선승들에게 영향을 미쳤다.[128]

이러한 양상은 소상팔경을 소재로 한 시와 그림의 유행에서도 확인할 수 있다.[129] 소상팔경은 북송 말에 사대부와 선승들의 시와 서예의 소재가 되었으며, 산수화를 비롯한 다양한 형태로 발전했다. 고려에서는 이인로·이규보·진화 등이 소상팔경시를 지었으며, 고려의 경치를 대상으로 한 팔경시로 발전했다.[130] 나아가 명종(明宗)이 문신들에게 소상팔경시를 짓게 하고, 이광필(李光弼)에게 그것을 그리도록 했던 사례에서 드러나듯이 소상팔경을 소재로 한 시와 그림이 유행했다.[131] 이러한 소상팔경시는 당시 문인뿐만 아니라 혜문(惠文)의 수다사팔영(水多寺八詠)에서 드러나듯이 선문에서도 유행했다.[132]

力可伏輸, 利堪穿札. 宋人有以精縑妙墨, 求國師筆跡者, 請學士權迪作二絶, 寫以附之, 蘇子文章海外聞, 宋朝天子火其文, 文章可使爲灰燼, 落落雄名安可焚. 亡其一篇".

127 『李相國集』 後集 권11, 「東國諸賢書訣評論序幷贊」(『문집』 2, 240쪽), "王師坦然書, 於行尤所長. 每一披閱, 精彩爛發, 如芙蓉之出池中, 含骨鯁, 掩以瓊肌, 如巧工之施材, 穩當相銜, 亦無彫鑿之痕矣, 此豈學而得之. 必受之天者歟. 然則當以坦然居神品之第二".

128 이완우, 「고려시대 글씨와 宋·元代 서풍」, 한국미술사학회, 『고려미술의 대외교섭』(예경, 2002), 58~64쪽. 관련 자료가 거의 없으나 『西河集』 권1, 「寄湛之乞墨」에 이인로와 교류하던 李湛之가 소식의 필법을 얻었다는 평을 받았다고 한다.

129 전경원, 『소상팔경: 동아시아의 시와 그림』(건국대학교 출판부, 2007); 안장리, 『한국의 팔경문학』(집문당, 2002); 전유재, 「소상팔경 한시의 한국적 수용 양상 연구」(숭실대학교 박사학위논문, 2013).

130 『李相國集』 後集 권6, 「次韻李平章仁植虔州八景詩幷序」(『문집』 2, 196쪽), "伏蒙相國閣下和晉陽公門客所賦虔州八景詩示予曰, 子嘗著此八景詩耶. 予曰, 古今詩人, 賦者多矣, 未嘗不撑雷裂月, 爭相爲警策者, 予懼不及, 故不敢爾. 公固督予賦之, 卽次韻各成二首奉寄. 但未覩諸賢所賦, 焉知不有犯韻者耶. 此獨所恐耳".

131 『高麗史』 권122, 李寧傳, "子光弼, 亦以畵見寵於明宗. 王命文臣, 賦瀟湘八景, 仍寫爲圖. 王精於圖畵, 尤工山水, 與光弼高惟訪等, 繪畵物像, 終日忘倦, 軍國事慢不加意".

132 『李相國集』 권2, 「次韻惠文長老水多寺八詠」(『문집』 1, 305쪽).

오산승들은 각범혜홍을 소상팔경시의 창시자로 간주했다.[133] 각범은 시와 그림의 병칭에 대한 인식을 갖고 있다. 이러한 면은 소식, 황정견의 시화일률, 시화일치의 영향으로 보인다.

소상팔경은 그림과 시가 일체가 되고, 때로는 각각 독립해서 보급되어 갔다. 특히 횡천경삼(橫川景三, 1429~1493)은 대표적인 시승이고 작품이 제작 연대순으로 풍부하게 남아 있다. 그는 팔경을 한 폭에 그린 그림에 대한 찬시인 「소상팔경동폭도(瀟湘八景同幅圖)」, 「소상팔경도(瀟湘八景圖)」, 「팔경동정도(八景同幀圖)」 등을 남기고 있다. 잇큐 소슌(一休宗純, 1394~1481)은 횡천 등 오산승과 대조적인 작품을 남겼다. 그는 팔경 각각에 대한 제영(題詠)을 짓거나, 그림 또는 의뢰자를 의식하지 않고 자기의 모티브에 따라 자유롭게 읊었다.[134] 또한 소상팔경은 중세뿐 아니라 근세일본에서 회화, 시가에 광범하게 수용되었다. 명의 김식(金湜)이 무로마치 시대의 화가 노아미(能阿彌)의 소상팔경도권(瀟湘八景圖卷)에 제시(題詩)했다. 오산승이 지은 팔경시는 그림에 대한 찬을 의뢰받아 읊은 것이 대부분이다.[135]

---

[133] 堀川貴司, 『瀟湘八景 詩歌と繪畵に見る日本化の樣相』(臨川書店, 2002), pp. 145~146.
[134] 堀川貴司, 같은 글, pp. 158~164.
[135] 堀川貴司, 같은 글, pp. 54~55.

─── 제12장 ───

14세기 문인 사대부와 선종문화

　　선문에서 사대부문화가 유행하는 양상은 당시 국제관계의 변화와 함께 더욱 촉진되었다. 1270년에 무신정권이 무너지고 왕정복고가 이루어지면서 고려는 몽골제국의 세계질서에 편입되었다. 이러한 시대적 변화와 몽골제국을 중심으로 형성된 세계적인 규모의 새로운 문화, 사상의 흐름이 고려 사회에 수용되고 있었다. 몽골제국은 모든 지배 영역에서 자유 왕래, 자유무역, 자유경제 정책과 함께 문화 중시, 학술 진흥, 과학·기술·정보의 존중이라는 시책을 표방했다.[1]

　　이러한 국제 관계의 변화로 인해 원을 중심으로 고려, 일본의 선승들이 활발히 교류하게 되었다. 고려의 선승들은 14세기 전반까지 주로 원의 대도로 들어가서 다양한 지역을 순례했는데,[2] 점차 강남 지역에 집중하는 양상을 보인다. 1350년대에 홍건적의 난이 일어나고 원의 지배질서가 이완되면서 배를 타고 경원(慶元)을 거쳐 강남으로 들어가는 경로가 일반화되었다.[3]

1　杉山正明, 『大モンゴルの時代』(世界の歷史9)(中央公論社, 1997); 杉山正明, 「モンゴル時代のアフロユらシアと日本」, 近藤成一 編, 『モンゴルの襲來』(日本の時代史 第9卷)(吉川弘文館, 2003).
2　大禪師 珝公은 大都를 거쳐 강소, 절강, 광동, 광서, 사천, 감숙, 운남, 대주 등 중원의 남북과 동서를 다녔다〔『益齋亂藁』 권5,「送定慧寺大禪師珝公之定慧社詩序」(『문집』 2, 542쪽)〕.

식무외(式無外)는 14세기 전반 입원승의 행적이 어떠한지를 대표적으로 보여준다. 그는 충혜왕 복위 연간(1340~1344) 전후에 원의 대도와 강남을 순례한 선승이다. 그는 원의 황진(黃溍), 송경(宋褧), 허유임(許有壬), 장우(張雨), 왕기(王沂), 오사도(吳師道), 진려(陳旅), 부약금(傅若金), 장저(張翥), 윤정고(尹廷高) 등을 비롯한 사대부, 도사 등과 폭넓게 교유했다. 그가 지정(至正) 1년(1341)에 장우의 거처인 항주 개원궁에서 황진 등을 비롯한 문인들과 시를 지으며 교유한 항주 고회(高會)가 원 문단에서 화제가 되었고, 문집도(文集圖)도 그렸다.[4] 그는 원의 사대부와 같이 유하면서 구하거나 지은 시를 모아 시집을 간행할 정도였다.[5]

14세기 후반에는 앞서 서술한 바와 같이 간화선으로 깨달은 후에 인가를 받기 위해 강남으로 가거나 선의 본고장에서 직접 가르침을 받기 위해 가는 양상이 늘어났다. 이와 같이 동기와 목적에는 차이가 있더라도 선승들이 국제적인 경험을 하면서 원대에 형성된 선종문화와 문인문화를 이해하며 고려에 확산하는 데에 기여했다.

이러한 분위기 속에, 고려에서는 선승과 사대부의 교류가 더욱 확산되었다. 현존하는 선승의 시문집이 대부분 남아 있지 않기 때문에 자료의 한계가 있지만 문집을 통해 선승과 사대부의 교류가 시문을 통해 어떻게 이루어지는지를 알 수 있다. 특히 『목은시고』와 『운곡행록』은 교류 양상을 풍부하게 전하면서 중앙과 지역의 교류 관계를 대표한다는 특징을 보여준다. 『목은시고』의 내용이 개경을 중심으로 선승과 교류한 것이 중심이라면 『운곡행록』은 원천석이 원주에 은거하면서 지역 선승들과 교류한 양상이 주로 반영되어 있다.

이색은 1341년 14세 때에 국자감시에 합격하고, 1348년에 원의 국자감에

---

3 權漢功, 「送式無外上人乘舟如上國」, 『東文選』 卷21.
4 朴現圭, 「高麗僧 式無外의 文學 歷程: 麗·元 文士의 詩文을 中心으로」, 『한국학보』, 72 (1993).
5 李穀, 「跋福山詩卷」, 『東文選』 卷102.

입학하여 2년간 유학했다. 그는 고려로 돌아와 1353년에 지공거 이제현이 주관한 과거에서 장원으로 급제했고, 이어 원 제과 전시에 합격했다. 이색은 공민왕 대에 순탄한 관직 생활을 했으나, 공민왕 20년(1371) 44세 때에 모친상으로 관직에서 물러난 뒤 우왕 14년(1388)에 이인임 세력이 축출된 후 정계에 복귀할 때까지 40~50대를 불우하게 보냈다.[6] 관직에서 물러난 이후에 그는 경제적 어려움, 질병과 사회적 고독감을 겪으면서 시와 술, 그리고 불교에서 위안을 얻었다.[7]

그가 남긴 시문은 이 시기에 남긴 것이 가장 많은데, 특히 승려와 활발히 교류하면서 불교 관련 작품을 집중적으로 남겼다. 1370년대 후반부터 1380년대 초에 이색은 100명이 넘은 승려와 교유했다. 이들의 대부분은 선승이며, 특히 나옹 문하의 선승이 두드러진다. 예를 들어 익륜절간(益倫絶磵)은 나옹의 사후에 회암사 주지를 지냈다.[8] 이색은 그와 시문을 주고받으며 선 수행에 대한 견해를 주고받았다.[9] 고암일승(杲菴日昇)은 중국 강남을 유력(遊歷)하기도 했고, 회암사 주지를 지냈다.[10] 환암혼수(幻菴混修)는 일찍부터 이색, 나잔자(懶殘子)와 함께 결계를 맺었고,[11] 시와 술을 함께 즐기는 관계였다.[12] 『목은시고』에 그들의 교유 관계를 보여주는 수십 편의 시가 있다.

한편, 14세기에 국제 교류가 활발히 이루어지면서 고려의 문인 사대부와 교류하던 선승들의 활동 범위도 동아시아 전역으로 확대되었다. 고려의 선승들이 원과 일본으로 구법 여행을 갔으며, 일본 선승들이 대거 원에 들어가면서 고려를 경유하는 경우가 늘어났다.

---

6   이익주, 『이색의 삶과 생각』(일조각, 2013), 48~107쪽.
7   남동신, 「목은 이색과 불교 승려의 시문 교유」, 『역사와 현실』, 62(2006), 128~129쪽.
8   李穡, 「天寶山檜巖寺修造記」, 『동문선』 권73.
9   『목은시고』 권9, 「絶磵倫公見訪三首」, 「苦熱倫絶磵見訪」, 권26, 「松風軒詩絶磵特來索賦」.
10 이색, 「杲菴記」, 『동문선』 권76.
11 『陽村集』 권37, 「有明朝鮮國普覺國師碑銘幷序」, 「靑龍寺普覺國師定慧圓融塔碑」.
12 이색, 「幻菴記」, 『동문선』 권74.

옥전달온(玉田達蘊)은 대도에서 구양현(歐陽玄), 게해사(揭傒斯), 왕사로(王師魯), 위소(危素), 조자앙(趙子昂), 조중목(趙仲穆) 부자, 장언보(張彦輔), 당자화(唐子華), 오종사(吳宗師) 등과 교유하며 제(題), 찬(贊) 등과 초상화를 받았다.[13] 이색은 구곡각운(龜谷覺雲)이 왕에게 받은 서화에 대한 찬을 지어주었다.[14]

일본 선승인 중암수윤(中菴壽允)은 류산 도쿠겐(龍山德見, 1284~1358)[15]의 제자였다. 중암은 중국으로 구도 행각을 하려 했으나 뜻을 이루지 못하고 고려에 머물게 되었다. 이색은 류산 도쿠겐에 대한 명성을 대도에서 들었기 때문에 중암에 대해 호의적인 태도로 교유했다.[16] 이색은 중암이 간행한 『황벽어록』의 발문을 지어주고, 그의 호인 식목수(息牧叟)에 찬을 지어주었다.[17] 이 외에 이색은 유일상인(惟一上人), 홍혜(弘慧) 등 일본의 승려들과 교유했다.[18]

이색은 소식 시의 영향을 적지 않게 받았다.[19] 그와 절친한 나잔자는 소식의 시에 밝아 문인들이 그의 강설을 들을 정도였다.[20] 나잔자는 소식의 시를 좋아하고 사대부와의 교유를 즐겼다. 그는 당송 시에 식견을 갖고 해동의 시문까

---

13 李穡, 「松月軒記」, 『동문선』 권74.
14 李穡, 「賜龜谷書院畵讚」, 『동문선』 권51.
15 류산은 1305년에 원에 유학하여 天童山의 東巖淨日의 문하에서 머물렀고, 각지를 遊歷했다. 그는 1349년에 일본으로 돌아와 아시카가 막부의 귀의를 받아 겐초지, 난젠지 주지를 역임했다〔榎本涉, 『僧侶と海商たちの東シナ海』(講談社, 2010), pp. 166~191〕.
16 李穡, 「跋黃蘗語錄」, 『동문선』 권102.
17 李穡, 「息牧叟讚」, 『동문선』 권51.
18 『목은시고』 권6, 「萬峰爲惟一上人題日本人也時奉使其國」; 『목은시고』 권12, 「日本釋弘慧求詩」.
19 『牧隱詩藁』 권3, 「過三角山」(『문집』 3, 543쪽); 『牧隱詩藁』 권9, 「扶桑絲吟」(『문집』 4, 69쪽), "扶桑大繭如甕盎, 我少快讀東坡詩"; 『牧隱詩藁』 권9, 「山水圖節東坡煙江疊嶂圖詩句」(『문집』 4, 76쪽); 『牧隱詩藁』 권10, 「東吳八詠, 沈休文之作也. 宋復古畫之, 載於東坡集. 予少也讀之而忘之矣, 今病餘悶甚, 偶閱東坡詩宜, 因起東吳之興, 作八詠絶句」(『문집』 4, 79쪽); 『牧隱詩藁』 권27, 「追述盛集, 呈希顔座下」(『문집』 4, 375쪽); 어강석, 「목은 이색의 소동파시 수용 양상」, 『어문연구』, 40-1(2012) 참조.
20 李穡, 「白氏傳」, 『동문선』 권100, "今天台懶殘子, 喜與縫掖游, 又能讀東坡詩, 縫掖群進而聽其說, 日滿座".

지 섭렵할 정도였다.²¹ 이색과 나잔자는 함께 차와 술을 즐기며 시를 논하고 교유할 만큼 친밀한 관계였다.²² 나잔자는 휴상인(休上人)에게『논어』,『맹자』를 가르쳤다.²³ 선승이 승려에게 유학을 배울 만큼 고전 지식에 대한 이해가 밝다는 사실을 보여준다.²⁴

이색이 개경에서 고위 관료로 활동한 대표적인 문인이라면 원천석(元天錫, 1330~?)은 생애의 대부분을 고향 원주에서 은거하며 지냈다.²⁵ 원천석은 유학자이면서 도교, 불교에 대한 관심과 이해가 깊었다. 그는 승려들과 폭넓게 교유하면서 선을 중심으로 불교에 대한 깊은 이해를 보여준다. 그는 '무자' 화두를 비롯한 공안에 대한 이해가 깊고 화두 수행을 실천했다.²⁶ 각종 선의 표

---

21 『목은시고』권21,「懶殘子携崔拙翁選東人詩, 質問所疑, 穡喜其志學也不衰, 吟成一首」(『문집』4, 284쪽), "教海禪林萬卷書, 旁通李杜與韓蘇, 更從鷄國文章, 欲究猊山紀纂餘, 用事紆情多典雅, 模形鍊句少荒虛, 浮屠善幻眞閑暇, 每把遺編顧草廬".

22 『목은시고』에 이색이 나잔자와 교유한 기록이 적지 않다. 대표적인 시는 다음과 같다.『목은시고』권11,「天台判事携酒見訪曹溪猊公適至二首」; 권11,「秋日奉懷懶殘子因述所懷吟成五首奉呈籌室」; 권16,「昨力疾出弔廣平侍中弟喪不遇 次謁沈宰臣出使江南回謝僕不敏次入廣濟寺懶殘子酣酒次至李開城將謝見訪不遇適楊二相在家又飮旣歸頹然達旦」; 권18,「兒子言天台判事欲邀僕再賞蓮喜而志之」; 권19,「昨謁天台懶殘子几上有筆新舊五六枝揀得善者二枝携以來 吟成一首錄呈」; 권20,「柳巷門生開酒席賀公重拜簽書也僕與廉東亭承招赴席天台判事懶殘子亦被請而至坐談妙蓮三藏時事亹亹不已醉中聞之樂其有舊俗遺風旣醒錄之」; 권21,「懶殘子携崔拙翁選東人詩質問所疑穡喜其志學也不衰吟成一首」; 권27,「懶殘子送茶來又吟一首拜謝」; 권28,「進賀懶殘子新封福利君醉飽而歸」; 권28,「謝懶殘子見訪三首」.

23 李穡,「贈休上人序」,『동문선』권87, "予年十六七, 群縫掖游, 聯句飲酒. 今天台判事懶殘子, 愛吾輩, 招之同吟哦, 日不足則繼以夜, 酒酣高談戲謔, 有吳先生往往來與會中, 清秀能言, 休上人其子也. 先生命上人, 從懶殘子學, 上人旣受論語孟子之說, 則去入三角山".

24 『櫟翁稗說』前集2, "嘗見神孝寺堂頭正文, 年八十, 善說語孟詩書, 自言學於儒者安杜俊. 昔一士人入宋, 聞荊公退處金陵, 往從之受毛詩, 七傳而至杜俊. 故詩則專用王氏義, 語孟及書所說, 皆與朱子章句蔡氏傳合. 當時是二書, 未至東方, 不知杜俊何從得其義".

25 류주희,「원천석 연구: 그의 현실인식을 중심으로」,『박영석화갑기념 한국사학논총』(1992); 이인재,「고려말 원천석의 생애와 사회사상」,『한국사상사학』, 12(1999); 이인재,「고려말 원천석의 학문관과 지역활동」,『한국사상사학』, 15(2000).

현을 자유롭게 시문에서 구사하고, 선의 역사나 조사의 기연에 대한 이해를 다양하게 표현하고 있다.[27]

원천석은 평생 향리에서 은거 생활을 했고, 일찍부터 자녀와 아내를 잃는 등 개인적으로 인생의 무상함을 깊이 맛보았다. 그러한 체험을 겪으면서 그는 불교적 무상함을 다양하게 표현하고,[28] 육신의 질병에 시달리며 병의 원인을 도의 뿌리가 미약하여 세정에 끌리기 때문이라고 자책하기도 한다.[29]

원천석은 사원을, 교유하던 승려들과 만나거나 공부, 휴식, 여행, 치료 등의 장소로 활용했다. 원천석이 교유한 승려는 선승이 다수를 차지하고 있다. 원천석은 도경, 환희당두, 각림당두 등 치악산 인근 지역 사원의 승려들과 교유하는 사례가 많지만, 나옹의 문하인 각굉, 고암, 신원 등과 교유하기도 했다.[30]

---

[26] 『耘谷行錄』 권3, 「送志曦上人遊方」(『문집』 6, 178쪽), "志于西北又東南, 靑布行縢緇布衫, 江上葦莖將欲跨, 庭前柏樹已曾參, 恒修不二兼無二, 莫問前三與後三, 我亦他年尋訪去, 不知何處結雲菴".

[27] 『耘谷行錄』 권5, 「天台演禪者將赴叢林自覺林寺來過余觀其語默動靜甚是不凡雖當釋苑晚秋將是以復興其道臨別需語泚筆以贐行云」(『문집』 6, 207쪽), "禪門絶名相, 閫閾本幽深, 祖脈傳台嶺, 宗風隔少林, 應吹無孔笛, 閑弄沒絃琴, 此別何須恨, 不同塵土心".
『耘谷行錄』 권4, 「六十吟二首」(『문집』 6, 189쪽), "我生飄蕩又疏狂, 多病筋骸五紀强, 已免風雷於世上, 更何氷炭到心腸, 無窮歲月難留滯, 有限肥膚莫毁傷, 但媿宣尼言耳順, 邇來聞見摠相忘. 學道無成寡所聞, 欲憑何事報明君, 一涯水石知涯分, 二世塵埃混世紛, 氣質敢希蘧瑗化, 性情常效邵雍云, 已於萬務忘筌久, 足以安心臥白雲, 康節集有性情吟".

[28] 『耘谷行錄』 권1, 「許同年仲遠以詩見寄分字爲韻二十八首」(『文集』 6, 136쪽), "「苦」 浮沈世間外, 山色無今古, 人心異朝昏, 實虛那足數, 看君一首詩, 詞語何更苦, 君意重千金, 兒心輕一羽, 元無彼此分, 後塵如蟻聚, 且莫信毛皮, 所行無可取, 我生絶風流, 獨行常踽踽, 把酒對靑山, 隆然歌且舞", "「業 代金蓮」 送君無日不懷君, 淸淚涓涓滿紅頰, 雖然兩地隔江山, 夜夜夢魂能跋涉, 兒家離別知幾何, 此別愁城最重疊, 倚欄搔首獨含情, 却嘆年來多惡業, 知君去作五陵郞, 花月樓臺心自愜, 休將新愛負前盟, 背信人難可追攝, 銘心歷歷省愆尤, 人自不能見其睫, 但願努力到龍門, 萬里雲衢穩蹻躡", "「生」 細論人間事, 悽然百感生, 升沈隨日在, 聚散似雲行, 但取生前樂, 何須世上榮, 此懷無處設, 聊寫寄眞情".

[29] 『耘谷行錄』 권3, 「遷居二首」(『文集』 6, 183쪽), "抱疾遷居誰使然, 道根微劣世情牽, 無聊藉草松陰下, 咄咄書空盡日眠. 欲學知言養浩然, 不堪憂病共纏牽, 老來世味消磨盡, 長短榮枯付一眠".

그는 유불도 삼교의 교류를 이상적인 것으로 설정하는 호계삼소(虎溪三笑)에 관한 고사를 자주 거론한다든지,[31] 유불 관계를 긍정적으로 묘사하고 있다.[32] 원천석은 여여거사(如如居士) 안병(顔丙)의 어록[33]에서 「삼교일리론」을 인용하여 유불일치론을 제시했다.[34]

---

[30] 『耘谷行錄』 권3, 「讚懶翁眞」(『文集』 6, 174쪽); 『耘谷行錄』 권1, 「題懶翁和尙雲山圖」(『文集』 6, 139쪽); 『耘谷行錄』 권3, 「神勒和尙國一都大禪師杲菴寄頌云須彌山主感通知降賜一條無節枝壽等蟾輪長不老能將柱杖任施爲奉答云」(『文集』 6, 173쪽).

[31] 『耘谷行錄』 권2, 「題三笑圖」(『文集』 6, 149쪽), "同携蒼石路, 也任月將西, 一笑乾坤窄, 忘言過虎溪"; 『耘谷行錄』 권4, 「次山人角之詩韻四首」(『文集』 6, 200쪽), "忽得新詩意轉深, 五臺禪客偶來臨, 悠然驚斷煙霞夢, 怳若都忘塵土心, 氣焰高高虹萬丈, 詞源浩浩海千尋, 程朱竝轡吾何敢, 自愧愚蒙荷德音, 來詩有程朱幷轡之語故云. 道味何勞問淺深, 早年南岳獨登臨, 羨師能究西來意, 愧我難專上達心, 白首塵埃何所樂, 靑山水石擬追尋, 裁詩欲繼無生曲, 已斷琴絃絶至音. 來詩有無生一曲之句故云. 閴然廬岳白雲深, 靖節先生每到臨, 三笑幾時相會面, 七言八句已知心, 石田茅屋身空老, 溪月松風夢屢尋, 想得我師淸燕處, 寫經餘暇禮觀音. 釋儒交契古來深, 須要乘閑肯暫臨, 支通許詢能合意, 太顚韓愈亦傳心, 一篇所說堪爲誡, 千載遺風可復尋, 多感禪翁情懇款, 敬將詩律以傳音"; 『耘谷行錄』 권2, 「次倓刺史寄道境詩韻」(『文集』 6, 163쪽), "松風溪水俱說禪, 寥寥道境眞洞仙, 板閣翬飛白雲外, 日斜松檻橫蒼煙. 禪心炯炯竟不老, 廣布慈雲潤枯槁, 幸今相遇刺史賢. 爭賦新詩. 山中多感雨露偏, 眞空亦有人情牽, 相從不愧支許輩, 虎溪一笑非無緣".

[32] 『耘谷行錄』 권4, 「題元伊川所示詩卷後」(『文集』 6, 199쪽), "此軸乃木菴先生朴東雨. 簡甫先生金坤釋恬軒愚公晦軒古鏡互相賡和, 成一軸. 又伊川漁隱韓先生子龍與太守素堂元公相和, 成三十八首也. 儒釋同心友, 賦詩聊散憂, 共持鸚鵡盞, 每典鷫鸘裘, 氣逸裁雲筆, 心淸載月舟, 兩軒前拾得, 諸子後閭丘. 題詩爲言志, 把酒要寬憂, 但愛鵝黃甞, 何思狐白裘, 循山閑策杖, 觀水緩廻舟, 回首六朝事, 荒煙狐兔丘".

[33] 안병의 어록은 『如如居士語錄』, 『重刊增廣如如居士三教大全語錄』이 현전하고 있다. 전자는 전7집으로 구성되는데, 甲集과 乙集은 紹熙 5년(1194)에 간행되었다. 庚集은 別集으로 嘉定 5년(1212)에 편집, 간행되었다. 후자는 明 초인 洪武 19년(1386)에 간행되었다.

[34] 『耘谷行錄』 권3, 「三教一理幷序」(『文集』 6, 174~175쪽), "如如居士三教一理論云, 三聖人同生有周, 主盟正教. 儒教教以窮理盡性, 釋教以明心見性, 道教教以修眞鍊性. 若曰齊家治身, 致君澤民, 此特儒者之餘事. 若曰嗇精養神, 飛仙上昇, 此特道家之祖迹. 若曰越死超生, 自利利人, 此特釋氏之筌蹄矣. 要其極處, 未始不一, 由此觀之, 三聖人之設教, 專以治性. 所謂盡之鍊之見之之道雖有小異, 歸其至極, 廓然瑩澈之處, 皆同一性. 何有所窒礙

안병은 대혜종고의 제자인 가암혜연(可庵慧然)35의 법을 이었고, 간화선으로 깨달아 인가를 받았다.36 안병은 유교, 불교, 도교의 삼교가 임시로 이름을 세운 것이고, 본래 각인의 흉중에 혼연하여 하나라고 주장한다. 중국불교에서 제기된 삼교일치론이 대부분 이론에 그친 것인 데에 비해 안병은 현실적이고 실천에 중점을 둔 삼교일치론을 제시했다.

원천석은 안병의 「삼교일리론」을 인용하여 유교가 궁리진성(窮理盡性), 불교가 명심견성(明心見性), 도교가 수진연성(修眞鍊性)으로 요약되며, 세 성인의 가르침은 오로지 본성을 다스리는 데 있다고 이해했다. 다만 문하의 계승자들이 각자의 종지에 의거하여, 모두 자신은 옳고 남이 그르다는 마음으로 서로를 헐뜯고 비방할 뿐이지 근본적인 가르침은 동일하다고 보았다.

원천석은 유교, 불교, 도교의 지향이 궁극적으로 동일하며, 그것을 교단적인 입장에서 상호 비방하거나 상대의 도에 대해 올바로 이해하지 못하는 폐단을 지적했다. 그는 안병의 「삼교일리론」을 통해 유교와 불교의 대립이 아닌 조화를 지향했다. 다만, 원천석은 삼교일치를 주장하면서도 불교를 본위에 두고 논지를 전개해 불교를 옹위하는 입장으로 귀결된다.

안병의 어록이 고려 사상계에서 주목받은 이유는 무엇일까. 고려 말에 유불 관계의 새로운 변화에 대응하기 위해 불교에 호의적이던 사대부 계층에서 불교비판론에 대응하기 위해 표방한 논리로서, 삼교일치론에 대한 공감대나 인식을 공유하고 있었음을 반영한다. 따라서 당시 불교비판론에 못지않게 사대

哉. 但以三聖人各有門戶, 門之後徒各據宗旨, 皆以是已非人之心互相訕謷, 殊不知各人胸中, 三教之性明然其在也. 騎驢者笑他騎驢, 良可惜哉. 因寫四絶, 以繼居士之志云. 儒, 格物修身窮理玄, 盡心知性又知天, 從茲可贊乾坤化, 霽月光風共洒然. 道, 衆妙之門玄又玄, 眞機神化應乎天, 精修直到希夷地, 水色山光共寂然. 釋, 一性圓融具十玄, 法周沙界氣衝天, 只這眞體如何說, 碧海氷輪共湛然. 會三歸一, 三教宗風本不差, 較非爭是亂如, 一般是性俱無礙, 何釋何儒何道耶".

35　가암은 『대혜어록』, 『대혜보설』, 『대혜서』 등을 편찬한 대혜 문하의 중진이다.
36　趙明濟, 「高麗末 儒佛一致說의 思想的 傾向과 그 意義」, 『民族文化論叢』, 27(2003).

부 내부에서는 유불일치론이 적지 않았음을 보여준다.[37]

고려 말의 사대부들은 불교계의 현실적 모순과 폐단을 사원경제 문제를 중심으로 인식하고 있었을 뿐 주자학에서 제기된 이단 비판론에 입각한 문제 제기는 일반화되지 않았다고 할 수 있다. 오히려 불교와의 교유나 불교에 대한 이해를 바탕으로 유불일치적인 경향이 널리 공유되고 있었다.

한편 원천석은 안회(顔回)에 대한 흠모를 다양하게 시로 표현했다.[38] 안회가 이상적인 인물로서 부각되는 것은 송대에 이르러 부상한 성인(聖人)의 내면화와 밀접한 관계가 있다. 본래 성인이란 사람으로서 최고의 존재를 가리키는 말로 『논어』, 『맹자』 등에서는 요와 순을 비롯한 이상적 인물을 성인으로 받아들였다.

그런데 북송 이후에는 순수하게 내면의 완전성을 성인 개념의 조건으로 하는 용법이 눈에 띄기 시작한다. 이러한 성인의 내면화 현상이 등장하면서 성인의 구체적 성인의 구체적 사례로서 공자가 강하게 의식되었고, 아울러 성인이 되기 직전의 존재로서 공자의 제자인 안회가 부각되었다. 안회에 대한 현창은 만인이 학문·수양에 의해 성인에 도달할 수 있다고 하는 성인가학설(聖人可學說)과 연관된다.[39] 천견론(天譴論)의 천인관에서 천리론(天理論)에 원점

---

[37] 이색이 李純甫의 『鳴道集說』을 읽은 것도 유불일치설에 대한 공감에서 비롯된 것으로 보인다. 『牧隱詩藁』 권16, 「幽居二首」(『문집』 4, 194쪽). 『鳴道集說』은 불교의 입장에서 유교와 도교를 논하며, 삼교일치설을 표방한다.

[38] 『耘谷行錄』 권1, 「書懷寄趙牧監」(『문집』 6, 130쪽), "爲避紛紛衆所譏, 束身端坐過危時, 由之行非吾儕, 回也如愚是我師, 與世升沈深有意, 較人長短獨無思, 憑誰共話心中事, 空對靑山憶舊知"; 『耘谷行錄』 권1, 「行」(『문집』 6, 137쪽), "君看貧富與賢愚, 出處非歡皆宿命, 大都爲惡受其殃, 積善應當有餘慶, 渠渠屋食千鍾, 畢竟誠難保其性, 賢哉回也是何人, 陋巷簞瓢全德行"; 『耘谷行錄』 권4, 「再用韻擬古」(『문집』 6, 199쪽), "回之陋巷樂, 人不堪斯憂, 我今聊樂耳, 衣弊木綿裘". 안회와 관련된 표현은 다음의 시에도 보인다. 『耘谷行錄』 권1, 「病中書懷」(『문집』 6, 133쪽); 『耘谷行錄』 권1, 「耘老吟」(『문집』 6, 134쪽); 『耘谷行錄』 권2, 「夏日自詠」(『문집』 6, 153쪽); 『耘谷行錄』 권2, 「又謝沈瓜」(『문집』 6, 157쪽); 『耘谷行錄』 권3, 「安都領兄惠稻石」(『문집』 6, 183쪽); 도현철, 「원천석의 안회적 군자관과 유불도삼교일리론」, 『동방학지』, 111(2001).

을 둔 천인관으로 바뀌면서 배우는 것에 의해 누구라도 성인이 될 수 있다고 하는 열린 인간관으로 전환되었다.[40]

이러한 성인 개념의 내면화는 이미 도교나 불교를 통해 활발히 제기되고 있었다. 불교에서 누구나 불성을 갖고 있다는 실유불성(悉有佛性), 누구라도 부처가 될 수 있다는 실개성불론(悉皆成佛論)은 남북조시대에 서서히 일반화되고, 특히 중당 이후 선종의 확대와 함께 정착해 갔다. 선종의 사상적 영향으로 도교에서 당 오균(吳筠)의 신선가학론(神仙可學論)이 제기되고, 유교에서 성인가학론이 등장했다. 안회에 대한 흠모의 표현은 성인 개념의 내면화가 고려 말의 사대부에게 확산되고 있었던 것을 보여준다. 원천석이 안회를 모델로 하는 성인 개념의 내면화를 수용한 것은 유불일치론을 주장한 것과 부합한다.

이와 같이 고려 말에 이색과 원천석으로 대표되는 중앙과 재지 사대부의 사례를 통해 사대부 문인과 선승과의 교류가 시문을 매개로 성행했던 것을 알 수 있다. 선승과 사대부 문인과의 교유는 선종 내부에서 선의 세속화가 심화되는 방향으로 나아갔다. 간화선으로 깨닫고 문자선으로 표현하는 선의 본래적 지향과 달리 선문 내부에서 사대부 문인문화가 성행하면서 선의 세속화가 심화됨으로써 선종의 생명력이 약화되는 경향이 확산되었다.

---

39 関口順, 「聖人」, 溝口雄三・丸山松幸・池田知久 編, 『中國思想文化事典』(東京大学出版会, 2001), pp. 91~96; 吾妻重二, 「道學の聖人概念」, 『朱子學の新研究』(創文社, 2004).

40 溝口雄三, 「朱子學の成立」, 『世界歷史大系 中國史』3(山川出版社, 1997); 溝口雄三, 「中國近世の思想世界」, 溝口雄・伊東貫之・寸田雄二郎 共著, 『中國という視座』(平凡社, 1995).

결언

　종래의 고려 선종사 연구는 인물 중심으로 이루어지거나 일국사 연구의 틀을 탈피하지 못했다. 이러한 연구 시각과 방법론으로는 고려 사상사의 의의와 전체 역사상을 충분히 규명할 수 없으며, 관념적인 이해에 그칠 수 있다. 필자는 이러한 문제의식에 따라 동아시아 사상사의 전체 흐름 속에서 고려 선종사의 흐름과 특징을 규명했다. 선적이라는 문헌의 편찬과 저술, 그것의 수용과 정착을 통해 사상계의 전반적 동향을 이해하는 데에 초점을 맞추었다. 어록 이외에 현전하는 선적은 대부분 문자선의 이해와 관련된 문헌이며, 공안집과 공안 주석서가 대부분이다. 이 책에서는 이러한 문헌에 대한 문헌학적·사상사적 연구를 통해 고려 후기에 공안선이 어떻게 수용, 이해되었는지에 대한 전체적인 동향을 분석, 규명했다.

　당대 선의 사상적 흐름은 마조선으로 대표되며, 수행이 필요하지 않고 일상을 있는 그대로 긍정하는 평상무사의 사상으로 요약된다. 또한 당대의 선은 스승과 제자 간에 이루어진 문답을 통해 수행자를 깨닫게 하는 방식이므로 선의 사상이 이론으로 집성되는 형태가 아니라 개별적인 일회성의 문답을 기록한 어록으로 전승되었다.

　송대에 법안종과 위앙종이 일찍 자취를 감추고 운문종, 임제종, 조동종을 중심으로 선종이 전개했다. 정토교와 함께 송의 불교를 주도한 선종은 주도적인 종파로 부각되면서 전등사서를 제시했고, 오등으로 귀결되었다.

　송대의 선은 공안선으로 대표되는데, 공안선은 공안 비평과 재해석을 통해 선리를 탐구하는 문자선과 화두 참구를 통해 깨달음을 추구하는 간화선으로 나뉜다. 공안선의 형성은 당의 선종에서 제시된 문답이 공안이 되고, 그것이 송대에 공안 비평의 유행으로 이어졌으며, 이후 무사선의 폐단을 비판하면서 간화선으로 귀결되었던 흐름을 반영한다.

　북송 시기에 문자선이 먼저 성행했고, 남송의 대혜종고가 간화선을 완성했다. 문자선이 성행하면서 『종문통요집』을 비롯한 염고집, 송고집을 비롯한 각종 선적이 제시되었다. 원오극근의 『벽암록』은 문자선의 정점을 보여주는 문헌이며, 간화선의 단초를 제시한 대표적인 선적이다.

　한편 남송 이후에 선종은 점차 세속화하고 선의 제도화가 이루어졌는데 의례, 청규, 오산제도 등에 반영되어 나타난다. 당대에 장소와 시간에 제한을 받지 않고 법문이 이루어진 것에 비해 송대에는 상당이 정례화되고 형식화되었다. 청규는 선종 사원의 거대화, 사원경제의 변화, 공안선의 유행에 따른 수행방법의 변화 등에 대응하기 위해 시기에 따라 다양하게 편찬되었다. 남송 시기에 선종이 국가의 보호와 통제를 받으면서 오산십찰제도가 나타나 원 말에 확립되었다.

　당대에는 선승과 사대부의 교류가 부분적인 현상에 그쳤지만, 송대에 이르러 전면적인 교류가 이루어졌다. 선이 사대부 문인에게 폭넓은 영향을 미치고, 공안선이 성행하면서 선문에 고전문화가 폭넓게 수용되었다. 사대부 문인과의 교류가 확산되면서 그들과의 교제를 위한 수단으로 시문을 비롯한 문인문화가 선승들에게 요구되었고, 고전교양을 비롯한 사대부문화가 선문에 널리 성행했다.

　송대에 구양수–소식으로 이어지는 계보가 사대부문화를 주도했는데, 특히 소식이 사대부가 배워야 할 모범이라는 인식이 확산되었다. 소식, 황정견 등이 주도한 시문학은 지성을 뒷받침한 서사의 시이자 일상에 밀착한 시였다. 소식은 시문학뿐 아니라 문인화, 서예에도 새로운 방향을 제시했다.

　소식은 직업 화가와 구별하여 유교와 시문 교양을 갖춘 문인의 회화로 문인화를 표방했다. 소식의 회화론은 기교보다 상리(常理)를 강조하는데, 고전교양에 대한 소양을 갖추어야 상리를 표현할 수 있다고 주장했다. 문인화는 원대 이후에 남송의 원체화를 비판하고, 광범위하게 확산되었다.

구양수가 서예의 기법보다 인격주의적 서예론을 제창했고, 이러한 경향은 북송 서예를 대표하는 소식, 황정견 등에게 이어졌다. 소식은 서예에서 기교보다 독창성이 있는 것을 존중했다. 황정견은 소식의 영향을 받았으며, 만년에 초서의 새로운 경지를 제시했다. 소식, 황정견은 시·서화 일치의 문화예술을 형성하고, 송의 문인문화를 대표한다.

임제종 황룡파의 각범혜홍은 소식, 황정견의 시문학에 많은 영향을 받았으며, 이들의 시문학을 탁월하게 해설했다. 각범은 선승으로서는 독특하게 『냉재야화』, 『석문문자선』, 『천주금련』 등 시문집, 시화집을 남겼다. 각범은 이러한 저작에서 자신의 시와 함께 시문에 관한 견문 기사, 시인들의 일화 및 평론 등을 집성했다. 특히 소식의 시에 대한 기사가 대단히 많고, 시와 선의 깊은 경지에 이른 작품을 제시했다.

또한 각범은 황정견의 환골탈태론을 비롯한 작시법에 대해 탁월하게 해설했다. 황정견은 작시법에서 타자가 이미 사용한 말을 자신의 언어로 재생하는 점철성금이나 타자 작품의 의미를 사용하는 수법인 환골탈태를 강조했다. 송대에 타자의 작품과 언어를 자기 작품을 위한 소재로 활용하는 경향이 널리 확산되었는데, 황정견의 작시법은 그 대표적인 경향을 보여준다.

남송 이후 선종계에서 문학을 비롯한 문인문화가 더욱 확산되었고, 선종의 세속화가 진행되었다. 14세기 초에 송파종게가 편찬한 『강호풍월집』은 선승의 시게가 세속화하고 일반 시와 다르지 않은 경향을 잘 보여준다. 또한 남송 말에서 원대까지 선승의 시문집이 널리 편찬, 간행되었는데, 대혜파의 시문집이 대부분이라는 특징이 드러난다.

문인문화의 영향은 시문뿐 아니라 그림, 글씨 등에도 드러난다. 화광중인은 황정견과 교유하고 묵매도를 제시했다. 목계법상, 인다라 등 선승화가가 수묵화 작품을 남기고, 문인화가도 선회도 작품을 적지 않게 남겼다. 또한 선문에서 시문이 유행하면서 글씨에 대한 관심이 높아졌다. 송 말의 서예를 대표하는 장즉지는 선승들과 교류하면서 선승의 글씨에 적지 않은 영향을 미쳤다.

선종 사원은 선의 사상문화뿐 아니라 시, 서화, 차 등 중국 고전문화를 아우르는 공간이었다. 또한 선승과 유력 사원을 결절점으로 하는 네트워크가 중국 강남에 형성되었다. 이러한 선종문화의 양상과 문인문화와의 결합은 일본 오산문화를 통해 폭넓게 확인된다.

무로마치 시기에 오산승은 명과 조선과의 외교 문서를 담당하거나 문학, 회화, 서예뿐 아니라 건축, 정원, 차 등 중국문화를 수용하는 역할을 했다. 오산승이 한시, 한문을 작성하는 것은 필수적인 능력이고, 표현력을 기르기 위해 불교 전적과 어록뿐 아니라 외전인 유학, 역사, 문학 등을 폭넓게 배웠다.

오산에서는 한시문을 중심으로 다양한 텍스트가 생성되었다. 작시의 참고를 위한 중국 시의 총집이 분류, 편집되었다. 이 가운데 송대 시문을 대표하는 소식과 황정견의 시집이 폭넓게 수용되었고, 이들의 시집에 대한 주석서와 강의본이 편찬되고 간행되었다. 그리하여 『동파시』의 초물인 『사하입해(四河入海)』를 비롯한 초물 문헌이 이루어졌다.

또한 『정화집(貞和集)』, 『신선집(新選集)』, 『신편집(新編集)』, 『금수단(錦繡段)』 등 오산승이 독자적으로 중국 시 작품을 편찬했다. 『금수단』에 각범혜홍, 참요도잠 등이 주목을 받은 것에서 드러나듯이 각범은 오산에서 폭넓은 영향을 미쳤다.

오산에서 시문이 선승의 필수 교양이 되었기 때문에 오산의 교육 과정에도 반영되어 있다. 선승은 출가 후의 초기 교육에 한시문을 익히기 위해 『삼체시』를 배웠고 소식, 황정견 시집 등을 암기했다. 선승의 교육 과정에서 초기 교육부터 한시문을 익히기 위한 시문집이 중심이었다. 또한 선승의 한적(漢籍) 강의는 제자와 후진뿐 아니라 공가(公家)도 참가했다.

선승들이 문학 활동을 하는 우사(友社)가 오산을 중심으로 결성되고, 지방의 선종 사찰에도 확산되었다. 또한 각 사원·탑두에서 정기적인 시회가 열렸다. 나아가 선종 사원은 전국으로 확산되어 지역에 결절점을 갖고 인맥도 확산되었으므로 정보 네트워크가 되었다. 사원은 교육기관의 기능뿐 아니라 지역 및 전국적 문화센터였기 때문에 권력자의 브레인 또는 후원자로서 정치적인 기능을 지녔다. 그리하여 쇼군(將軍), 다이묘는 선종을 종교적·문화적 중심으로 수용하고, 선종의 네트워크를 다양한 형태로 이용했다.

　무로마치 시기에 들어서면 선승들이 독특한 시서화의 세계, 곧 선승들의 문인화를 만들었다. 오산에 선종 회화와 문인화가 섞인 것과 같은 독특한 시서화의 세계가 출현했다. 특히 회화에 다수 선승이 시를 써서 붙인 시화축과 같은 제화시가 성행했다. 선승은 서재도에 자신의 서재나 머무는 곳에 문인과 같이 아호를 붙여 은일의 이상을 담았다.

　송의 선적은 학일, 탄연 등이 활동하는 12세기에 이르러 본격적으로 수용되는 양상을 보여준다. 선종은 학일을 중심으로 한 가지산문과 탄연을 중심으로 한 사굴산문이 부각되면서 종세를 회복했다. 명종 9년(1179)에 개최된 용문사 담선법회에서 『설두염송』 강의가 이루어진 것은 당시 공안 비평에 밝은 선승들이 존재하며, 선문 일반에 문자선이 확산되는 양상을 반영한 것이다.

　수선사에서 문자선이 수용되는 양상은 『선문염송집』과 『선문삼가염송집』(이하 『삼가염송』)에 잘 드러난다. 『삼가염송』은 『선문염송집』에서 설두중현, 굉지정각, 원오극근 등 송의 운문종, 조동종, 임제종을 대표하는 선승들의 착어를 인용하고, 그에 해당하는 고칙 공안을 모두 수록했다.

　착어는 대부분 그대로 전재되었지만, 원오의 착어 가운데 일부가 누락되거나 생략되었다. 원오의 착어는 다양한 인명으로 표기되었는데, 특히 숭녕근으로 표기된 착어가 모두 누락되었다. 『삼가염송』에 3가의 착어만을 수록했기 때문에 3가의 착어가 바로 대비되도록 배치되어 있으므로 송대의 종파별로 대표적인 공안 비평이 어떠한지를 비교하는 것이 가능하다.

　『삼가염송』은 송대의 대표적인 공안 비평을 수록한 문헌이며, 문자선의 이해에 초점을 맞춘 것이다. 수선사가 『선문염송집』을 증보, 편찬한 지 3년이 지나지 않았음에도 『삼가염송』을 편찬한 이유는 당시 선문의 문자선에 대한 새로운 수요와 관련된다. 『선문염송집』은 문자선의 이해에 필요한 공안집이지만 분량이 방대하기 때문에 입문자를 비롯한 이용자에게 편리하지 않다는 단점이 있다. 이에 비해 『삼가염송』은 문자선의 정수만을 수록했기 때문에 문자선의 핵심을 이해하기에 편리하며, 문자선의 입문서, 지침서로서 적합하다.

따라서 『삼가염송』은 선학 입문서 또는 공안 비평의 핵심을 이해하기 위한 텍스트로서 편찬되었다.

『삼가염송』에 수록된 원오의 착어에는 무사선에 대한 비판이 전혀 반영되지 않았고, 『벽암록』이 일절 인용되지 않았다. 원오는 『벽암록』을 통해 무사선에 빠진 송대 선의 흐름을 비판하면서 학인에게 철저하게 깨달을 것을 요구했다. 곧 『벽암록』은 북송의 문자선을 집대성하면서, 그것을 간화선으로 전환하는 단초가 된 문헌이다. 그런데 『삼가염송』에 인용된 원오의 착어에 『벽암록』이 전혀 인용되지 않았던 것은 문자선에 대한 비판적 시각이 반영되지 않았음을 보여준다.

이러한 연구 성과에 따라 종래 수선사 단계에서 간화선이 수용, 정착되었던 것으로 이해하던 연구 동향과 달리 오히려 문자선의 수용과 이해가 수선사의 주된 관심이었음을 밝히게 되었다. 수선사 2세인 혜심이 간화선을 수용하지만 여전히 수용 초기에 그치고, 수선사 전체적으로 문자선의 이해에 집중하고 있었다.

이러한 결론은 수선사의 선을 간화선 중심으로 이해하던 기존 연구와 다르다. 또한 수선사를 신앙결사론의 시각에서 바라보는 기존 연구도 실제 역사상과 거리가 멀다. 채상식은 신앙결사를 이상적으로 생각하는 신앙과 사상을 추구하기 위한 결집체이며, 역사상의 개념으로서는 사회변혁운동이라고 규정했다. 그는 신앙결사를 통해 고려불교가 소수의 문벌귀족·왕실이 독점하던 사상계의 주도권을 지방사회의 향리층과 독서층, 나아가 서민대중까지도 공유할 수 있는 단계로 전환되었으며, 이는 불교가 소수의 독점에서 상대적으로 다수에 의한 공유체제로 발전된 것이라고 주장했다.

대표적인 결사인 수선사, 백련사는 당시 불교가 사회적 기능을 수행할 수 없는 한계에 이른 자기모순을 인식하고, 이를 개혁하려는 의도에서 출발한 자각·반성운동이며 불교개혁운동이라고 채상식은 규정했다. 신앙결사론은 1970, 1980년대에 사회변혁을 중시하는 분위기를 반영한 것이기 때문에 연구자들의 공감을 받아 쉽게 통설이 되었다.

그러나 신앙결사론은 보수 대 진보, 귀족불교 대 민중불교라는 이항대립적인 도식으로 고려 불교사를 단선적으로 이해하며, 논지 자체에 논리적 모순과 한계를 갖고 있다. 신앙결사를 사회변혁적인 성격이나 불교계 개혁운동이라고 평가할 만한 근거와 실체가 없다. 더욱이 고려 후기 불교계의 변화 양상을 신앙결사라는 프레임으로 설명하는 것이 단순 논리에 불과하거나 불교사의 전체 흐름을 반영하지 못한 한계가 있다. 또한 신앙결사는 동아시아 불교사에서 통시대적으로 존재하는 현상임에도 불구하고 고려 불교사의 틀에서 다루는 것도 한계이다. 나아가 동아시아 불교에서 결사는 대부분 염불결사이며, 재가신자의 현세 이익적인 욕구를 반영하고 있다.

이에 반해 수선사는 선 수행에 중점을 둔 승가 중심의 수행공동체라는 성격이 강하기 때문에 일반적인 결사와 다르다. 또한 지눌 이후 수선사에서 결사가 계승된 양상이 보이지 않으며, 새로운 선문을 형성한 것에 그쳤다. 따라서 수선사가 불교계를 주도했다는 평가나 조계종의 형성으로 귀결되었다는 설명은 실제 역사상과 다르다.

공안집이 성행하면서 고려 선종에는 독자적인 공안 주석서가 편찬되거나 저술되었다. 현존하는 문헌이 극히 일부이지만, 이 연구에서 모두 검토하여 규명했다. 『남명천화상송증도가사실』(이하 『증도가사실』)은 서룡선로 연공이 송의 운문종 선승인 남명법천(南明法泉)의 『남명천화상송증도가(南明泉和尚頌證道歌)』에 대한 주석서로 편찬한 것이다. 이 책은 먼저 『남명송증도가』를 배열하고, 이어 각종 어구와 용어에 대한 주석을 배열하는 방식으로 이루어졌다.

『증도가사실』은 『남명송증도가』와 언기의 『증도가기주』를 하나로 집대성하여 「증도가」에 대한 송대 선종의 대표적인 주석과 송고를 열람하는 데에 편리하다. 주석 내용은 『증도가기주』의 해당 주해를 그대로 인용한 것과 서룡선로가 각종 용어에 대한 주석을 다양한 문헌에서 인용한 것으로 나뉜다.

서룡선로가 붙인 주석에는 불전, 외전을 비롯해 다양한 문헌이 활용되었는데, 송대 선의 흐름을 반영한 선적이 가장 많다. 『증도가기주』의 전체 내용은 해당 어구에 대한 주석을 모두 전재한 것이므로 『증도가사실』의 전체 주석 가운데 가장 많은 분량을 차지한다.

특히 『조정사원』은 『증도가사실』에 42회나 인용되었으며, 전체적인 구성과 편집 방식에서 『증도가사실』에 깊은 영향을 미쳤다. 주요한 용어, 어구에 대한 전거를 인용하는 방식이나 인용 문헌의 내용이 『조정사원』과 유사하다. 다만 『조정사원』의 편자인 목암선경의 사상적 경향과 차이가 있다. 『증도가사실』의 편찬은 12세기 이후 운문종을 비롯한 송대 선의 전체 동향에 대한 관심이 본격적으로 나타나고, 공안 비평과 관련된 선적과 주석서가 다양하게 수용, 편찬되던 동향과 관련된다.

『선문염송설화』(이하 『염송설화』)는 구곡각운이 『선문염송집』에 수록된 공안과 착어에 대한 주석서 또는 해설서로 찬술한 문헌이다. 『염송설화』에 인용된 문헌은 불전과 외전으로 구분되는데, 특히 선적이 가장 중시되었다. 선적은 전등사서, 공안집, 어록, 평창록 등 다양하지만, 기본적으로 공안선과 관련된 문헌이 대부분이다. 특히 『조정사원』, 『벽암록』, 『종용록』 등이 가장 중시되었다.

『염송설화』에는 『조정사원』에서 직접 인용한 주석이 적지 않으며, 각종 선어에 대한 주석을 제시하는 형식, 설명 방식은 『조정사원』에서 영향을 받았다. 다만 『염송설화』와 『조정사원』의 저자인 각운과 목암은 서로 사상적 차이가 있어 문헌적 성격에서도 차이가 난다. 목암이 교선일치론에 입각한 주석서를 배제하고 외전과 일반 불전을 폭넓게 활용한 것에 비해 각운은 『염송설화』에 규봉종밀, 영명연수, 이통현 등 교선일치론을 표방하는 주석서를 많이 활용했다. 또한 『조정사원』이 각종 선어에 대한 주석에 초점을 맞춘 훈고서에 가깝다면, 『염송설화』는 용어에 대한 주석보다 공안 비평과 재해석에 초점을 맞춘 해설서이다.

이러한 경향은 13세기 후반부터 14세기 초까지 이루어진 가지산문의 일연, 혼구 등의 대표적인 저작을 통해서도 알 수 있다. 따라서 『염송설화』는 12~13세기에 고려 선종계에서 공안선이 수용되는 경향을 반영한 문헌이며, 특히 문자선의 성행을 보여주는 저술이기도 하다. 또한 인용 문헌을 통해 각운이 저술한 시기는 13세기 후반부터 14세기 초로 추정된다.

한편, 각운의 공안선에 대한 이해 수준이 어떠한지에 대해서는 『벽암록』, 『종용록』의 평창 중 인용한 내용이나 그에 대한 각운의 해석을 통해 알 수 있다. 각운은 『벽암록』, 『종용록』 등의 평창을 가장 많이 인용하는데, 원오와 만송의 공안 비평이나 해석을 그대로 수용한 경우가 적지 않다. 그러나 각운은 『벽암록』에서 원오가 공안 비평의 폐단이나 무사선의 한계를 지적한 내용을 전혀 수용하지 않았다. 이러한 경향은 『염송설화』가 문자선에 대한 관심과 이해에 초점을 맞춘 문헌이라는 사실을 잘 보여준다.

이러한 한계는 『종용록』의 인용을 통해서도 확인할 수 있다. 『선문염송집』 684칙에 대한 해설에서 각운은 굉지정각의 송고, 상당과 함께 『종용록』 56칙에 나오는 만송의 착어를 인용했다. 굉지의 송고는 『종용록』 56칙에 인용되어 있으며, 그에 대해 만송이 붙인 평창이 서술되어 있지만 『염송설화』에는 전혀 언급되지 않았다. 본래 만송의 평창은 전체 내용과 수미일관하게 연관되는 내용이며, 조동종의 공안선에 대한 이해를 대표한다. 그럼에도 불구하고 이러한 평창이 언급되지 않거나 단순한 인용에 그친 것은 각운의 공안 비평이나 재해석에 일정한 한계가 있음을 보여준다.

13세기 전반에 선종을 주도한 수선사가 무신정권의 몰락과 함께 퇴조하고, 13세기 후반에는 일연의 가지산문이 선종을 주도했다. 가지산문에서는 일연의 『중편조동오위』, 『조정사원』(30권), 『선문염송사원』, 혼구(混丘)의 『중편염송사원』 등이 지속적으로 편찬되었다. 이러한 선적은 대부분 남아 있지 않지만 적어도 가지산문의 공안선 이해가 문자선에 집중되었음을 알 수 있다. 나아가 공안 주석서의 편찬, 저술이 이어진 흐름을 알 수 있다.

일연이 문자선을 이해한 면모와 수준이 어떠했는지를 밝히기 위해 『중편조동오위(重編曹洞五位)』를 통해 검토했다. 일연은 『조동오위』를 중편하면서 지겸 중간본의 교열과 착종이 있는 곳을 개정, 재편했다. 나아가 그는 「조산간(曹山揀)」과 「광휘석(廣輝釋)」의 내용을 취사선택을 하고, 주석이 없는 부분을 보완했다.

일연은 오위가 동산양개의 작품이라는 것이 일반적인 이해이며, 각범의 『선림승보전』에 동산이 운암담성으로부터 오위, 보경삼매 등을 받았다고 하거나 약산유엄이 지은 것으로 추측하는 데에 대해 비판했다. 곧 일연은 각범의 지적이 명확하지 않거나 예단한 것을 비판했다. 일연의 각범 비판은 「축위송(逐位頌)」의 작자를 둘러싼 문제에도 드러난다. 『임간록』에서 동산이 「축위송」을 지었다고 하지만, 일연은 조산이 작자라고 주장했다. 일연은 각범의 언설을 비판 대상으로 강하게 의식했다.

또한 각범이 오위의 제4위를 편중지(偏中至)로 본 것에 반해 대혜종고는 겸중지(兼中至)를 채택했다. 각범은 당시 무비판적으로 겸중지를 사용하는 조동종을 비난하고, 편중지가 바르다고 주장했다. 그러나 대혜는 각범의 설을 답습하지 않고, 겸중지와 겸중도를 거론하며 '지'와 '도'의 단계성을 강조했다.

이와 같이 오위설을 둘러싼 다양한 해석이 존재했지만, 일연은 자신의 의견이 무엇인지를 명확히 밝히지 않았다. 일연은 '보왈'을 통해 조동오위와 관련된 전거에 주석을 제시하고 있지만, 그 이상으로 자신의 독자적인 해석이나 견해가 무엇인지를 밝히지 않았다. 일연이 문자선에 대한 방대한 주석서를 찬술할 정도로 송대 선에 대해 폭넓은 지식을 갖추었던 점에 비추어본다면 조동오위를 둘러싼 이해에 일정한 한계를 보인다. 일연의 방대한 저작은 대부분 문자선과 관련된 것이고, 그의 저작에는 간화선에 대한 언급이 보이지 않는다.

이러한 경향은 그의 제자인 혼구의 경우에도 마찬가지이며, 문자선의 이해와 관련된 선적이 적지 않았다. 따라서 수선사, 가지산문이 주도하던 13세기에 간화선은 수용 초기에 불과하며, 문자선이 선문에 성행한 단계라는 사실을 알 수 있다.

간화선이 언제, 어떻게 수용되었는지에 대해서는 명확하지 않으나 지눌은 간화선에 관심을 두고 실천했다. 지눌의 사상체계에서 경절문은 성적등지문과 원돈신해문의 한계를 극복하기 위해 간화선을 강조한 것이며, 이는 그의 저작인 『간화결의론』에 잘 드러난다. 다만 지눌은 간화경절문을 우위에 놓고 있지만, 간화경절문과 화엄교학이 성기설에서 같은 심성론적 토대를 갖고 있는 것으로 파악한다. 아울러 간화경절문은 지눌의 말년 저술에서 제시된 것으로, 그는 간화선을 수용했지만 그렇다고 다른 수행 방법을 무시하지는 않았다.

수선사 2세인 혜심은 간화선을 본격적으로 수용했다. 그런데 혜심은 '무자' 화두 이외에도 '죽비자'를 비롯한 다양한 공안을 간화선 수행에 활용했다. 더욱이 혜심은 『선문염송집』을 편찬한 것에서 드러나듯이 문자선의 이해에 지대한 관심을 갖고 있었다. 또한 수선사 6세인 충지까지 수선사에서 간화선을 중시한 사실이 보이지 않는다. 따라서 수선사의 공안선에 대한 관심과 이해는 문자선에 초점을 맞추고 있었다. 나아가 간화선이 수용되지만, 선문과 사대부문인 계층까지 확산되지 못했다. 이러한 경향은 가지산문이 선종을 주도하던 13세기 후반에도 마찬가지였다.

13세기 말 이후 입원(入元)과 순례가 성행하면서 14세기에 간화선이 본격적으로 확산되어 선문을 석권하는 방향으로 나아갔다. 이러한 양상은 자료의 한계가 있기는 하지만 선적의 수용 양상을 통해 확인할 수 있다. 『몽산법어』, 『선요』는 남송 말, 원 초에 활약한 선승인 몽산덕이와 고봉원묘의 간화선 수행론이 집약된 선적이다. 이러한 선적은 고려 사상계에서 원 선종과의 직간접적인 교류를 통해 13세기 말 이후에 수용되었다.

『몽산법어』에서는 간화선의 수행방법론으로 '무자' 화두를 철저히 강조하고, 깨달은 이후에 반드시 조사의 인가를 받아야 한다고 강조했다. 『몽산법어』는 매우 간략한 선적으로, 간화선 수행법을 정형화된 스타일로 제시했다. 『선요』는 고봉원묘의 법문을 엮은 책으로 본문 29장으로 구성된 간략한 선적이다. 고봉은 『선요』에서 의심을 쉽게 제기할 수 있는 자신의 수행 경험을 선승들에게 제시하고, 간화선의 실천 방법을 매뉴얼로 제시했다.

이러한 선적들은 대혜가 완성한 간화선 수행론을 정형화하고, 일종의 매뉴얼로 제시한 것이다. 이와 같은 선적이 수용된 이후인 14세기 중반에 간화선이 성행되는 양상이 선문과 사대부 계층에서 모두 확인된다. 고려 말의 대표적인 선승이었던 태고보우, 나옹혜근이 '무자' 화두로 깨닫고, 정형화된 간화선 수행론을 강조했다. 이 문하들에서 간화선 수행이 성행하고 선문을 석권하면서 간화선은 고려 선종에서 성행했다.

또한 간화선의 성행은 선문뿐만 아니라 사대부 계층에도 확산되었다. 사대부가 간화선에 관심을 보인 사례나 자료가 13세기에는 거의 보이지 않는 것에 비해, 고려 말에는 문집 자료와 어록 등에서 다양하게 확인된다. 사대부는 그들이 교유하던 선승들에게 화두 참구를 지도받으면서 간화선을 실천했다. 예를 들어 나옹은 이제현의 화두 수행을 지도하면서 사대부가 일상적인 생활 속에서 화두를 참구하는 것이 가능하며, 세속적인 생활을 포기하지 말고 적극적으로 화두를 참구하라고 권했다. 이러한 경향은 대혜가 남송의 사대부에게 간화선 수행을 지도하면서 권유한 것과 같은 양상을 보여준다.

이와 같이 14세기 이후에 간화선이 성행하면서 문자선에 대한 관심이 서서히 줄어들었다. 그러나 선승에게 문자선에 대한 기본적인 이해가 요구되었고, 간화선으로 깨달아도 깨달음의 세계를 표현하기 위해 문자선에 대한 안목이 필요했다. 조선시대 승과 과목에 『선문염송집』이 포함되고, 『염송설화』와 같은 공안 주석서가 간행되었던 것은 그러한 수요를 보여준다. 따라서 문자선이 사라지고 간화선으로 이행된 것이 아니라 간화선이 성행하더라도 문자선에 대한 수요가 일정하게 존재했다.

이와 같이 고려 말 이후에 문자선에 대한 이해와 수요가 이어지던 경향은 『대전화상주심경(大顚和尙注心經)』(이하 『주심경』)을 통해 확인된다. 『주심경』은 『반야심경』의 주석서로 조선시대 불교계에서 줄곧 수용되었다. 『주심경』은 종래 당의 태전화상이 저술한 것으로 잘못 알려졌지만, 북송 조동종의 대전요통이 편찬한 주석서이다. 이 책은 북송 조동종에서 『반야심경』, 『금강경』 등 선에서 중시하던 경전에 대한 주석서를 계속 저술하던 흐름과 밀접한 관계가 있다.

『주심경』의 내용 분석을 통해 이 책은 송대 공안선의 성행과 깊이 관련되는 사실을 확인했다. 『주심경』의 서술은 『반야심경』의 본문 1구마다 자구 해석과 선의 제창을 제시하는 방식으로 이루어져 있다. 대전은 각종 경전과 조사의 어구를 인용해 해설하고, 마지막에 회마(會麽)라는 항목으로 한, 두 구의 송고를 제시했다. 이 책은 『반야심경』을 텍스트로 한 제창록과 같은 체재이다.

대전은 『주심경』에 다양한 전적을 인용하는데, 특히 마조계보다 석두계 선승들의 오도송이나 기연 등을 많이 인용했다. 또한 그가 제시한 착어는 『반야심경』 어구에 대한 주석이나 해설이 아니라 실제 본문과 연관이 없는 내용이다. 또한 회마의 내용은 자신의 견해가 아니라 대부분 다른 선승의 착어를 인용한 것이다. 회마는 『반야심경』의 이해와 관련되지 않으며, 당시 선문에서 성행하던 공안선의 흐름을 반영한다.

『주심경』은 고려 말에 본격적으로 수용되었으며, 선종이 불교계를 주도하던 흐름과 밀접히 연관된다. 이미 고려 불교계에 교학승들이 제시한 『반야심경』 주석서가 다양하게 존재했지만, 선종이 성행하면서 선의 입장에서 편찬된 『주심경』에 대한 사회적·사상적 수요가 확산되었다. 또한 고려 말에 간화선이 확산되면서 공안 비평을 중심으로 한 문자선에 대한 수요가 줄어들기는 하지만 선문에서는 여전히 일정한 수요가 있었다.

또한 고려 말에 『주심경』을 비롯한 조동종 선적에 대한 수요가 존재했다. 『불조삼경(佛祖三經)』의 간행은 이러한 양상을 보여주는 대표적인 사례이다. 종래 연구에서 임제종 중심으로 고려 말 선종사를 이해하는 흐름과 달리 다양한 선의 사상적 흐름이 이어지고 있었다.

송의 선종에서는 공안선의 성행과 함께 청규, 의례, 오산제도 등 선의 제도화가 진행되었다. 고려 후기에 공안선이 수용, 정착되면서 선의 제도화가 이루어졌던 것으로 보이지만, 자료의 한계로 구체적인 양상을 확인하기는 어렵다. 이러한 한계를 감안해 선의 제도화 양상에 관해서는 오산제도의 수용을 통해 살펴보았다.

오산십찰제도가 중국, 일본 선종계에서 형성되었지만, 고려에서는 관련 기록이 없기 때문에 연구자의 관심을 받지 못했다. 이 책에서는 공민왕 대에 이루어진 회암사 건립의 배경과 정치적·사상적 의미를 통해 이를 분석했다. 남송 이후 국가권력의 보호를 받아 관사로 지정된 오산십찰제도는 종래 연구와 달리 원 말에 이르러 명확하게 확립된 제도이다. 특히 톡 테무르가 집권하면서 금릉 잠저에 대용상집경사를 건립해 '오산지상' 곧 오산 사원의 정점에 군림하게 했다. 아울러 대혜파는 대용상집경사의 창건과 함께『칙수백장청규』를 편찬했다.

오산제도의 형성과정은 중세일본에서 수용, 정착되는 양상을 통해 보다 구체적으로 확인할 수 있다. 가마쿠라 막부가 가마쿠라, 교토에 오산제도를 도입했다. 이어 무로마치 막부는 쇼코쿠지를 건립하고, 오산의 서열을 재조정하기 위해 '오산지상' 제도를 도입했다.

고려에서는 대도에서 숙위했던 충선왕, 공민왕 등에 의해 원의 선종제도에 대한 관심이 확산되었다. 특히 공민왕은 신돈 정권의 축출과 원명 교체라는 내외적 위기 상황에서 선종을 새롭게 부각시켜 왕권 강화에 적극적으로 활용했다. 공민왕은 나옹 계열에게 회암사를 중수시키고 '오산지상'의 위상을 부여해 선종을 통제하고자 했던 것으로 보인다. 나옹은 기존의 선종 법통설과 다른 지공 법통설을 강조했고, 나옹의 사후에는 그의 문도들이 전국적으로 나옹 현창 사업을 전개했다. 공민왕의 후원과 나옹 계열의 주도로 회암사가 고려 말 조선 초에 선종을 대표하는 사원으로 부각되었다.

오산제도가 회암사에 도입된 면모는 회암사의 가람 배치에도 반영되었다. 원대에 의례와 설법의 변화를 반영하여 선종 사원에 침당의 기능이 약화되거나 사라졌던 반면에 방장이 중심을 이루게 되었다. 회암사의 가람 배치에는 이러한 변화가 반영되어 있는데, 나옹이 원에 유학해 경험한 오산의 건축 구조가 수용된 것으로 보인다.

이와 같이 '오산지상' 제도의 도입, 회암사의 가람 배치 등을 통해 고려에 오산제도가 도입된 양상을 확인할 수 있다. 이는 공민왕이『칙수백장청규』를 간행하도록 한 조치에서도 확인된다. 또한 태고보우, 나옹혜근 등 원에 유학한 선승들이 오산, 청규, 의례 등 송·원대에 확립된 선종 제도를 직접 경험하고 고려에 도입했다. 따라서 동아시아에서 선의 제도화가 완성되거나 변용된 형태로 추진되는 양상이 공통적으로 확인된다.

12세기 이후 소식, 황정견 등으로 대표되는 송대 문화가 본격적으로 수용되었다. 송대 문화는 시문학뿐 아니라 사대부가 익혀야 하는 교양인 글씨와 그림, 곧 시서화를 비롯한 모든 문화예술 영역에 폭넓은 영향을 미쳤다.

고려 문인의 문집에 소식, 황정견 등의 문화예술이 미친 영향이 두루 확인된다. 문집 자료에서 쉽게 확인할 수 있듯이 고려 문인들 사이에 이들의 시를 이용하여 서로 수창(酬唱), 증답(贈答)하는 창화(唱和)가 유행했다. 또한 고려에서 소식, 황정견이 제시한 작시법의 주요한 개념과 대표적인 시문이 각범혜홍의 저작을 통해 수용되었다.

예를 들어 이인로는 황정견의 환골탈태론을 『냉재야화』를 통해 이해하고 수용했다. 또한 이인로는 타자의 표현을 차용하는 사사(使事), 용사(用事)의 폐단을 극복한 사례로 『냉재야화』에 수록된 소식, 황정견의 시를 인용했다. 진화, 이규보, 최자, 임유정 등의 시문과 저작을 통해 『냉재야화』, 『석문문자선』이 읽힌 사례를 확인할 수 있다. 이러한 경향은 고려 말의 이색, 조선 초의 서거정 등에 이르기까지 이어졌다. 각범의 영향은 소상팔경(瀟湘八景)을 소재로 한 시와 그림의 유행에서도 확인된다. 소상팔경시는 문인뿐 아니라 혜문의 수다사팔영(水多寺八詠)과 같이 선문에서도 유행했다.

송의 문인문화는 12세기 이후 고려 선문에도 수용되었다. 공안선의 유행과 함께 선승들은 공안 비평을 위한 고전교양을 갖추어야 했고, 사대부 문인과의 교유를 위해 문인문화에 대한 소양이 요구되었다. 또한 사원은 사대부가 꿈꾸는 은일의 이상세계로 여겨졌고, 대표적인 선종 사원은 문화예술의 센터로 존재했다. 13세기 이후에는 문인과 선승이 함께 하는 시사가 결성되고, 시문뿐 아니라 서화까지 함께 향유하는 문화가 형성되었다.

그리하여 선문에 문인과 마찬가지로 송의 작시법이 유행했다. 선승들은 『동파집』을 애독했고, 소식의 시에 대해 사대부에게 문의하거나 논의했을 정도로 소식 시문에 심취했다. 예를 들어 이규보와 깊이 교유한 대선사 혜문은 함께 소식의 시운에 따라 창화한 시를 짓고, 서로의 시를 높이 평가했다.

소식의 영향은 특히 수선사 6세인 충지에게서 잘 드러난다. 충지는 관료 문인과 교류하면서 주고받은 시가 많은데, 소식의 영향을 적지 않게 받았다. 충지는 아우 위문개를 13년 만에 만나 밤새 회포를 풀며, 자신들과 비슷한 처지에 있던 소식이 아우 소철에게 준 시를 인용해 시를 지었다. 또한 충지는 소식의 운을 써서 시를 짓고, 그의 오도송을 연상케 하는 시를 지었다.

선승의 시문 창작은 사대부 문인과 교류하는 매개체로 폭넓게 유행했다. 이러한 경향은 14세기까지 이어졌는데, 제시권시가 성행한 양상이나 이색이 시문을 통해 선승들과 폭넓게 교류한 사실을 통해 잘 드러난다.

또한 이러한 양상은 서화를 비롯한 예술문화 전반으로 이어졌다. 선승들은 노송병풍화, 노사도, 신룡도, 산수도 등 다양한 회화 작품을 소장했고, 사대부 문인들과 서화를 함께 감상하고 즐겼다. 예를 들어 수선사 3세인 몽여가 정이안의 묵죽 그림을 얻고 이규보에게 찬을 짓도록 한 것에서 드러나듯이 회화는 사대부와 승려들의 교류에 중요한 매개체로 기능했다.

송의 문화예술은 사대부 문인과 선승들이 함께 향유했고, 그러한 교유가 이루어진 공간으로서 사원이 문화적 네트워크의 거점으로서 존재했다. 또한 사대부와 선승의 문화적 네트워크는 사회적·문화적으로도 나름의 기능을 했다. 사대부 문인에게 사원은 사대부와 승려들이 교유하는 공간일 뿐 아니라 정치적인 곤경이나 관료 생활을 비롯한 일상의 스트레스에서 벗어나 내면적인 휴식과 안정을 찾고, 여가와 휴식을 취할 수 있는 공간이었다. 또한 사원은 세속의 번뇌를 탈피할 수 있는 자연의 승경을 누릴 수 있는 공간이므로 사대부가 은일의 이상세계를 꿈꾸는 대상이었다.

은일로서의 선은 사대부의 내면세계에 중요한 지주로 작용했다. 사원은 일상문화가 이루어지는 장소이자 불교 중심의 고려사회에서 지식정보와 문화가 구비된 공간으로서 인적 네트워크의 중심으로 기능했다. 이러한 교류에 따라 선종을 통해서도 중국의 고전문화가 수용되었고, 그러한 문화와 지식 정보를 얻은 선승들이 사원을 거점 삼아 사대부와 교류하면서 고려문화의 축적, 구성에 기여했다.

선종에서 사대부 문인문화가 유행하는 양상은 몽골제국에 의해 비교적 자유로운 국제 교류가 가능해진 14세기에 더욱 확산되었다. 14세기 전반에 선승들이 원에 들어가 시문을 통해 문인층과 다양하게 교유하던 양상은 선종문화가 국제적인 범위로 확대되고 사회, 문화적으로 확산되었음을 보여준다.

고려 말에 이색과 원천석으로 대표되는 중앙과 재지 사대부의 사례를 통해 이를 확인할 수 있다. 또한 이러한 교유를 통해 주자학의 수용으로 서서히 심화된 유교와 불교의 대립 국면에서 유불조화론, 더 나아가 유불일치론이 제시되는 양상이 주목된다. 선과 주자학의 관계는 대립, 비판의 측면과 함께 상호 교류를 통해 영향을 주고받는 관계임을 알 수 있다.

반면에 선승과 사대부 문인 계층과의 교유로 인해 선의 세속화가 심화되고 다양한 폐단이 확산되는 양상도 드러났다. 선문 내부에서 사대부 문인문화의 성행은 선의 세속화를 심화시켜 선종의 생명력을 약화시켰다. 나아가 간화선을 정점으로 선의 사상적 발전이 더 이상 제시되지 못하고 새로운 사회적·시대적 변화에 불교가 제대로 대응하지 못하게 되었다.

각 장의 출처

제1장 송·원대 선종의 동향과 공안선의 흐름
    2. 원대 선종의 동향과 선의 제도화
       「동아시아의 오산제도와 회암사」,『한국중세사연구』, 75(2023).

제4장 수선사의 공안선 수용과 선적의 편찬
    1. 수선사의 문자선 수용과『선문삼가염송집』
       「수선사의 공안선 이해와『선문삼가염송집』」,『선학(禪學)』, 41(2015).

    2. 수선사의 결사와 사상적 위상에 대한 새로운 이해
       「고려후기 수선사의 결사운동과 사상적 위상에 대한 재검토」,『불교학연구』, 56(2018).

제5장 고려 선종의 공안 주석서 편찬
    1.『남명천화상송증도가사실』의 구성과 특징
       「고려후기 공안선의 수용과『남명천화상송증도가사실』」,『불교학연구』, 50(2017).

    2.『선문염송설화』의 주석 내용과 특징
       「『禪門拈頌說話』의 인용 문헌과 사상적 특징」,『역사와 경계』, 108(2018).

제6장 가지산문의 공안선 이해와 특징
       「일연의 공안선 이해」,『고려시대 불교와 일연』(삼성현문화박물관, 2019).

제8장 문자선의 계승
       「고려후기『대전화상주심경』의 수용과 사상사적 의의」,『불교연구』, 57(2022).

제9장 선의 제도화 양상과 의미
       「동아시아의 오산제도와 회암사」,『한국중세사연구』, 75(2023).

제12장 14세기 문인 사대부와 선종문화
       「고려후기 각범혜홍 시문 저작의 수용」,『역사와 경계』, 129(2024).

참고문헌

자료

『三國遺事』,『高麗史』,『高麗史節要』,『太祖實錄』,『世宗實錄』.
『한국불교전서』,『한국문집총간』,『고려명현집』,『한국금석총람』,『한국금석전문』,『한국금석문집성』.
高麗大藏經, 大正新脩大藏經, 新撰大日本續藏經, 佛敎大藏經.
柳田聖山·椎名宏雄 共編. 2000.『禪學典籍叢刊』4~6. 臨川書店.

곽승훈. 2021.『고려시대 전적자료집성』. 혜안.
上村觀光 編. 1973.『五山文學全集』, 1~4권(別卷). 思文閣出版.
서거정. 2003.『原典對照 東人詩話』. 권경상 역주. 다운샘.
孫昌武·衣川賢次. 2007. 西口芳男 點校,『祖堂集』. 中華書局.
玉村竹二 校訂. 1983.『扶桑五山記』. 臨川書店.
장동익. 1997.『元代麗史資料集錄』. 서울대학교 출판부.

사전, 목록

駒澤大學. 2000.『新版禪學大辭典』. 大修館書店.
駒澤大學圖書館 編. 1962.『新纂禪籍目錄』. 駒澤大學圖書館.
石田尙豊·田辺三郎助·辻惟雄·中野政樹監修. 1987.『日本美術史事典』. 平凡社.
小野玄妙. 1964.『佛書解說大辭典(改訂版)』. 大東出版社.
유조, 미조구치(溝口雄三) 외 엮음. 2011.『중국사상문화사전』. 김석근·김용천·박규태 옮김. 책과함께.
田上太秀·石井修道 編著. 2008.『禪の思想辭典』. 東京書籍.

저서

葛路. 1989.『중국회화이론사』. 강관식 옮김. 미진사.
고익진. 1987.『한국찬술 불서의 연구』. 민족사.
김두진. 2006.『고려전기 교종과 선종의 교섭사상사 연구』. 일조각.
민현구. 2004.『고려정치사론』. 고려대학교 출판부.
수에융니엔(薛永年)·자오리(趙力)·샹강(尙剛) 편저. 2011.『중국미술사 3: 오대부터 송원까지』.

안영길 옮김. 다른생각.
오태석. 1991. 『黃庭堅詩研究』. 경북대학교 출판부.
이익주. 2013. 『이색의 삶과 생각』. 일조각.
이지관. 1996. 『교감역주대고승비문(고려편 3)』. 가산불교문화연구원.
이진오. 1997. 『한국불교문학의 연구』. 민족사.
임종욱. 1998. 『운곡 원천석과 그의 문학』. 태학사.
조명제. 2004. 『고려후기 간화선 연구』. 혜안.
_____. 2015. 『선문염송집 연구: 12~13세기 고려의 공안선과 송의 禪籍』. 경진출판사.
채상식. 1991. 『고려후기 불교사 연구』. 일조각.
_____. 2017. 『일연 그의 생애와 사상』. 혜안.
채웅석. 2000. 『고려시대의 국가와 지방사회』. 서울대학교 출판부.
최귀묵. 2006. 『김시습 조동오위요해의 역주 연구』. 소명출판.
허흥식. 1986. 『고려불교사연구』. 일조각.
_____. 2009. 『고려의 동아시아 시문학』. 민족사.

榎本渉. 2010. 『僧侶と海商たちの東シナ海』. 講談社.
榎本渉·龜山隆彦·米田眞理子 編. 2021. 『中世禪の知』. 臨川書店.
間野潛龍. 1979. 『明代文化史研究』. 同朋舍.
鎌田茂雄. 1965. 『中國華嚴思想史の研究』. 東京大學出版會.
鏡島元隆·佐藤達玄·小坂機融 譯註. 1973. 『禪苑淸規』. 曹洞宗宗務廳.
溝口雄三·伊東貫之·寸田雄二郎 共著. 1995. 『中國という視座』. 平凡社.
堀池春峰. 1980. 『南都佛敎史の研究 上』. 法藏館.
堀川貴司. 2011. 『五山文學硏究 資料と論考』. 笠間書院.
_____. 2015. 『續五山文學硏究: 資料と論考』. 笠間書院.
_____. 2023. 『詩のかたち·詩のこころ: 中世日本漢文學研究 補訂版』. 文學通信.
_____. 2024. 『五山文學探究 資料と論考』. 文學通信.
宮紀子. 2006. 『モンゴル時代の出版文化』. 名古屋大學出版會.
今枝愛眞. 1970. 『中世禪宗史の研究』. 東京大學出版會.
大庭脩. 1997. 『漢籍輸入の文化史』. 研文出版.
島尾新 編. 2014. 『東アジアのなかの五山文化』. 東京大學出版會.
島田修次郎·入矢義高 監修. 1987. 『禪林畵贊』. 每日新聞社.
鈴木中正 編. 1982. 『千年王國的民衆運動の研究』. 東京大學出版會.
鈴木中正. 1974. 『中國史における革命と宗教』. 東京大學出版會.
柳田聖山. 2001. 『禪文獻の研究』上. 法藏館.
_____. 2006. 『禪文獻の研究』下. 法藏館.
林德立. 2011. 『中國禪宗叢林淸規史の研究』. 山喜房佛書林.
末木文美士. 1998. 『鎌倉佛敎形成論』. 法藏館.

福井文雅. 2000. 『般若心經の總合的研究』. 春秋社.
杉山正明. 1996. 『モンゴル帝國の興亡』 下. 講談社.
西尾賢隆. 1999. 『中世の日中交流と禪宗』. 吉川弘文館.
_____. 2006. 『中國近世における國家と禪宗』. 思文閣出版.
西天杏太郎·山本信吉·鈴木嘉吉 編. 2005. 『增補改訂版『國寶』11 書跡Ⅲ』. 每日新聞社.
石井修道. 1987. 『宋代禪宗史の研究』. 大東出版社.
_____. 1991. 『道元禪の成立史的研究』. 大藏出版.
_____. 1992. 『大乘佛典 中國·日本編12 禪語錄』. 中央公論社.
小島毅 編. 2001. 『知識人の諸相』. 勉誠出版.
_____. 2018. 『中世日本の王權と禪·宋學』. 汲古書院.
小川隆. 2007. 『神會 敦煌文獻と初期の禪宗史』. 臨川書店.
_____. 2007. 『語錄のことば 唐代の禪』. (財)禪文化研究所.
_____. 2010. 『續·語錄のことば『碧巖錄』と宋代の禪』. (財)禪文化研究所.
_____. 2011. 『語錄の思想史』. 岩波書店.
宋代史研究會 編. 1998. 『宋代社會のネットワーク』. 汲古書院.
_____. 2001. 『宋代人の認識』. 汲古書院.
松丸道雄·池田溫·斯波義信·神田信夫·濱下武志 編. 1997. 『中國史3 五代~元』. 山川出版社.
阿部肇一. 1986. 『增訂中國禪宗史の研究』. 研文出版.
野口善敬. 2005. 『元代禪宗史研究』. 禪文化研究所.
野口鐵郎. 1986. 『明代白蓮敎史の研究』. 雄山閣.
鈴木哲雄 編. 2002. 『宋代禪宗の社會的影響』. 山喜房佛書林.
永井政之. 2008. 『唐代の禪僧11 雲門』. 臨川書店.
玉村竹二. 1966. 『五山: 大陸文化紹介者としての五山禪僧の役割』. 至文堂.
窪德忠·西順藏 編. 1967. 『中國文化叢書6 宗教』. 大修館書店.
伊藤幸司. 2002. 『中世日本の外交と禪宗』. 吉川弘文館.
入矢義高. 1990. 『五山文學集』(新日本古典文學大系 48). 岩波書店.
_____. 2012. 『增補求道と悅樂』. 岩波書店.
長谷部幽蹊. 1993. 『明清佛教敎團史研究』. 同朋舍出版.
靜嘉堂文庫 編. 1993. 『靜嘉堂文庫宋元版圖錄 解題篇』. 汲古書院.
諸戶立雄. 1990. 『中國佛教制度史の研究』. 平河出版社.
朝倉尙. 2004. 『禪林の文學』. 清文堂出版.
佐藤達玄. 1986. 『中國佛教における戒律の研究』. 木耳社.
中田勇次郞 責任編輯. 1977. 『中國書道史 書道藝術別卷第三』. 中央公論社.
陳垣. 1962. 『中國佛教史籍概論』. 中華書局.
川瀨一馬. 1970. 『五山版の研究』 上. 日本古書籍商協會.
村井章介 編. 1997. 『東アジア往還: 漢詩と外交』. 朝日新聞社.
_____. 2014. 『東アジアのなかの建長寺』. 勉誠出版.

村井章介. 1988. 『アジアのなかの中世日本』. 校倉書房.
椎名宏雄. 2010. 『唐代の禪僧7 洞山』. 臨川書店.
____. 2023. 『宋元版禪籍の文獻史的研究』 第1卷. 臨川書店.
____. 2024. 『宋元版禪籍の文獻史的研究』 第2卷. 臨川書店.
竺沙雅章. 2000. 『宋元佛教文化史研究』. 汲古書院.
黑田亮. 1940. 『朝鮮舊書考』. 岩波書店.

논문

강호선. 2011. 「고려말 나옹혜근 연구」. 서울대학교 박사학위논문.
구산우. 2001. 「고려전기 향도의 불사 조성과 구성원 규모」. 『한국중세사연구』, 10.
김규선. 2019. 「『彦周詩話』의 문학사적 의의와 詩論」. 『중국학연구』, 87.
김방울. 2019. 「고려본『大顚和尙注心經』과 저자 문제」. 『서지학연구』, 77.
김영미. 2000. 「고려 전기의 아미타신앙과 결사」. 『정토학연구』, 3.
김영제. 2011. 「北宋 神宗朝의 對外交易 政策과 高麗」. 『동양사학연구』, 115.
____. 2012. 「교역에 대한 宋朝의 태도와 高麗海商의 활동: 고려 문종의 對宋 入貢 배경과도 관련하여」. 『역사학보』, 213.
김호귀. 2000. 「曹洞五位의 구조와 전승」. 『한국선학』, 1.
남권희. 1994. 「蒙山德異와 고려 인물들과의 교류」. 『도서관학논집』, 21.
남동신. 2006. 「목은 이색과 불교 승려의 시문 교유」. 『역사와 현실』, 62.
____. 2007. 「여말선초기 나옹 현창 운동」. 『한국사연구』, 139.
____. 2007. 「『삼국유사』의 사서로서의 특성」. 『일연과 삼국유사』. 일연학연구원.
도현철. 2001. 「원천석의 안회적 군자관과 유불도삼교일리론」. 『동방학지』, 111.
류화정. 2020. 「여말선초 황정견 시론의 수용 양상」. 『한국한문학연구』, 77.
____. 2022. 「『冷齋夜話』의 국내 수용과 활용 양상」. 『민족문화』, 61.
____. 2023. 「『精選唐宋千家聯珠詩格』 增註와 인용된 문학서」. 『고전문학연구』, 63.
민영규. 1974. 「일연의 重編曹洞五位 二卷과 그 일본중간본」. 『인문과학』, 31·32.
____. 1984. 「一然重編曹洞五位 重印序」. 『학림』, 6.
朴現圭. 1993. 「高麗僧 式無外의 文學 歷程: 麗·元 文士의 詩文을 중심으로」. 『한국학보』, 72.
서은숙. 2004. 「소식 제화시 연구: 회화론을 중심으로」. 연세대학교 중어중문학과 박사학위논문.
송용준·오태석·이치수. 2004. 『宋詩史』. 역락.
위은숙. 2000. 「『원조정본농상집요』의 농업관과 간행주체의 성격」. 『한국중세사연구』, 8.
印鏡. 1999. 「知訥 禪思想의 體系와 構造」. 『普照思想』, 12.
정병삼. 2006. 「일연선사비의 복원과 고려 승려 비문의 문도 구성」. 『한국사연구』, 133.
조명제. 1988. 「高麗後期 戒環解楞嚴經의 성행과 사상사적 의의: 여말 성리학의 수용 기반과 관련하여」. 『釜大史學』, 12.
____. 1999. 「고려후기 몽산법어의 수용과 간화선의 전개」. 『보조사상』, 12.

_____. 1999. 「고려후기 선요의 수용과 간화선의 전개」. 『한국중세사연구』, 7.
_____. 2006. 「원천석의 불교인식」. 『보조사상』, 26.
_____. 2008. 「14세기 고려 지식인의 입원과 순례」. 『역사와 경계』, 69.
_____. 2010. 「一然의 선사상과 宋의 禪籍」. 『보조사상』, 33.
_____. 2012. 「修禪社의 『禪門拈頌集』 편찬과 雪竇 7部集」. 『한국사상사학』, 42.
_____. 2012. 「修禪社의 『禪門拈頌集』 편찬과 『宏智錄』」. 『불교학보』, 63.
_____. 2014. 「修禪社의 『禪門拈頌集』 편찬과 雲門宗의 어록」. 『역사와 경계』, 90.
_____. 2014. 「修禪社의 『禪門拈頌集』 편찬과 임제종 황룡파의 어록」. 『불교학보』, 68.
_____. 2015. 「수선사의 공안선 이해와 『선문삼가염송집』」. 『한국선학』, 41.
_____. 2015. 「修禪社의 『禪門拈頌集』 편찬과 원오극근의 저작」. 『한국불교학』, 73.
_____. 2017. 「고려후기 공안선의 수용과 『남명천화상송증도가사실』」. 『불교학연구』, 50.
_____. 2017. 「일본·한국 중세불교사 연구와 종교개혁 담론」. 『역사와 경계』, 105.
_____. 2018. 「고려후기 수선사의 결사운동과 사상적 위상에 대한 재검토」. 『불교학연구』, 56.
_____. 2018. 「신돈의 불교 정책과 불교계의 동향」. 『한국중세사연구』, 53.
_____. 2018. 「『禪門拈頌說話』의 인용 문헌과 사상적 특징」. 『역사와 경계』, 108.
_____. 2019. 「일연의 공안선 이해」. 『고려시대 불교와 일연』, 삼성현문화박물관.
_____. 2022. 「고려후기 『대전화상주심경』의 수용과 사상사적 의의」. 『불교연구』, 57.
_____. 2023. 「동아시아 오산제도와 회암사」. 『한국중세사연구』, 75.
_____. 2024. 「고려후기 각범혜홍 시문 저작의 수용」. 『역사와 경계』, 129.
진성규. 1984. 「高麗後期 修禪社의 結社運動」. 『한국학보』, 36.
채상식. 2013. 「고려후기의 신앙결사」. 최병헌 엮음. 『한국불교사연구입문』 상. 지식산업사.
최병헌. 1987. 「수선결사의 사상사적 의의」. 『보조사상』, 1.
_____. 1996. 「知訥의 修行過程과 定慧結社」. 『知訥의 사상과 그 현대적 의미』. 한국정신문화연구원.
한국미술사학회 엮음. 2004. 『고려 미술의 대외교섭』. 예경.

溝口雄三. 1997. 「朱子學の成立」. 『世界歷史大系 中國史』 3. 山川出版社.
金井德幸. 2003. 「宋代禪刹の形成過程: 十方住持制の法制化」. 『駒澤大學禪研究所年報』, 15.
金文京. 2022. 「士大夫文化と庶民文化. その日本への傳播」. 荒川正晴·富谷至 編. 『岩波講座世界歷史7』. 岩波書店.
大野修作. 1989. 「惠洪『石門文字禪』の文學世界」. 『禪學研究』, 67.
桐野好覺. 2000. 「大慧宗杲と五位」. 『印度學佛教學研究』, 49-1.
_____. 2003. 「『重編曹洞五位』における晦然の「補」をめぐる一考察」. 『印度學佛教學研究』, 51-2.
藤本幸夫. 1987. 「大東急記念文庫藏朝鮮版について(下)」. 『かがみ』, 22.
峯岸佳葉. 2006. 「南宋書法にみる「墨蹟」の源流について: 禪僧と文人の接点·張卽之書風の傳播を中心に」. 『書學書道史研究』, 16.
西口芳男. 1990. 「黃龍慧南の臨濟宗轉向と泐潭懷澄: 附錄『宗門摭英集』の位置とその資料的價值」.

『禪文化研究所紀要』, 16.

石井修道. 1972. 「大慧宗杲とその弟子たち(三): 大慧の『正法眼藏』と『聯燈會要』」. 『印度學佛教學研究』, 20-2.

_____. 1973. 「『宗門統要集』について(上)」. 『駒澤大學佛教學部論集』 4.

_____. 1974. 「大慧語錄の基礎的研究(中): 『正法眼藏』の出典と『聯燈會要』との關係」. 『駒澤大學佛教學部研究紀要』, 32.

_____. 1974. 「『宗門統要集』について(下): 統要と會要の著語の比較と出典」. 『駒澤大學佛教學部論集』 5.

_____. 1976. 「眞淨克文の人と思想」. 『駒澤大學佛教學部研究紀要』, 34.

_____. 1982. 「中國の五山十刹制度について: 大乘寺所藏寺傳五山十刹圖を中心として」. 『印度學佛教學研究』 13-1.

_____. 1982~1985. 「中國の五山十刹制度の基礎的研究」(1~4). 『駒澤大學佛教學部論集』 13~16.

_____. 1984. 「史彌遠と禪宗」. 『宗學研究』, 26.

_____. 2001. 「『無門關』の成立·傳播·性格をめぐって」. 『愛知學院大學人間文化研究所紀要(人間文化)』 16.

_____. 2003. 「宋代禪宗史の特色: 宋代の燈史の系譜をてがかりとして」. 『東洋文化』, 83.

小川隆. 2010. 「禪宗の生成と發展」. 沖本克己 編. 『新アジア佛教史07 興隆·發展する佛教』. 佼成出版社.

_____. 2010. 「鐵酸餡: 問答から公案へ 公案から看話へ」. 『臨濟宗妙心寺派教學研究紀要』, 8.

永井政之. 1973. 「祖庭事苑の基礎的研究」. 『駒澤大學佛教學部論集』 4.

宇井伯壽. 1943. 「洞山の五位顯訣と曹山の揀」. 『第三禪宗史研究』. 岩波書店.

前川亨. 2003. 「禪宗史の終焉と寶卷の生成」. 『東洋文化』, 83.

趙明濟. 2003. 「臨濟宗をめぐる高麗と宋の交流」. 『駒澤大學佛教學部論集』, 34.

佐藤秀孝. 1981. 「元の中峰明本について」. 『宗學研究』, 23.

中村淳. 1999. 「クビライ時代初期における華北佛教界: 曹洞宗教團とチベット佛僧パクパとの關係を中心にして」. 『駒澤史學』, 54.

_____. 1999. 「モンゴル時代の道佛論爭の實像: クビライの中國支配への道」. 『東洋學報』, 75-3·4.

椎名宏雄. 1980. 「北宗燈史の成立」. 『敦煌佛典と禪』. 大東出版社.

土屋太祐. 2002. 「眞淨克文の無事禪批判」. 『印度學佛教學研究』, 51-1.

_____. 2003. 「北宋期禪宗の無事禪批判と圜悟克勤」. 『東洋文化』, 83.

_____. 2007. 「公案禪の成立に關する試論: 北宋臨濟宗の思想史」. 『駒澤大學禪研究所年報』 18.

韓志晚. 2009. 「韓國高麗時代における禪宗寺院の傳來と展開」. 東京大學大學院工學系研究科 博士學位論文.

찾아보기

인명

각범(覺範) ☞ 각범혜홍(覺範慧洪)
각범혜홍(覺範慧洪) 17, 53~54, 60, 62, 64, 77~78, 84, 93, 150, 201~202, 269, 288, 292, 296, 305, 319~320, 331
각운(覺雲) ☞ 구곡각운(龜谷覺雲)
각원혜담(覺原慧曇) 42
계환(戒環) 89, 93, 243
고다이고 덴노(後醍醐天皇) 43
고봉원묘(高峰原妙) 34, 220, 327
고칸 시렌(虎關師鍊) 73~75, 85
관휴(貫休) 46, 65, 282
굉지정각(宏智正覺) 27, 99, 102, 120, 180, 183, 186, 201, 204, 214, 229, 239, 319, 323
구곡각운(龜谷覺雲) 160, 174, 178~181, 183~188, 206~207, 324~325
구양수(歐陽脩) 47, 50, 52, 269~270, 318~319
규봉종밀(圭峰宗密) 22, 152, 181, 187, 324
기도 슈신(義堂周信) 43, 74, 76~77

나옹혜근(懶翁惠勤) 13, 222~224, 257, 328, 330
나잔자(懶殘子) 306~309

대전보통(大顚寶通) 230
대전요통(大顚了通) 230, 232, 238, 328
대혜종고(大慧宗杲) 26~28, 64~65, 68~69, 77, 83, 85, 203, 211, 219, 246, 313, 318, 326
도잠(道潛) ☞ 참요도잠(道潛參寥)
동산양개(洞山良价) 119~120, 186, 200, 202, 230~231, 240, 326
동양덕휘(東陽德輝) 34, 37, 40~41, 75

마원(馬遠) 68
마조도일(馬祖道一) 22, 24, 86, 239
만송행수(萬松行秀) 33, 100, 177, 182, 242
목계법상(牧谿法常) 68, 81, 319
목암선경(睦庵善卿) 152~153, 155, 158, 192~194, 200, 202, 324
목암찬영(木菴粲英) 266
몽산덕이(蒙山德異) 219, 245, 327
몽여(夢如) ☞ 소융몽여(小融夢如)
묘공지눌(妙空知訥) 142
무문혜개(無門慧開) 34, 71
무소 소세키(夢窓疎石) 43, 71, 74
무시개심(無示介諶) 89, 93, 100, 243
물초대관(物初大觀) 34, 64, 70, 262

북간거간(北磵居簡) 33~34, 64

찾아보기 **343**

서거정(徐居正) 272, 275~277, 331
설두중현(雪竇重顯) 26~28, 62, 91, 102, 121, 152, 154~156, 182~183, 192, 240~241, 248~249, 321
소식(蘇軾) 17, 47~54, 56, 58~60, 73, 76, 79~80, 84, 269~274, 277~279, 282~284, 286~287, 289, 292, 295~298, 304~305, 309, 318~320, 331~332
소융몽여(小融夢如) 98, 102~103, 122, 124, 193, 201~202, 218, 300~301, 332
소은대흔(笑隱大訢) 34, 40~42, 61, 65~67, 74
송렴(宋濂) 39, 67
슈호 묘초(宗峰妙超) 43, 71, 85
슌오쿠 묘하(春屋妙葩) 43, 74

안병(顏丙) 246~247, 312~313
안회(顏回) 314~315
영가현각(永嘉玄覺) 142~144, 240
영명연수(永明延壽) 86, 150, 152, 178, 181, 187, 208, 324
왕중양(王重陽) 247~248
원오극근(圜悟克勤) 26, 28, 69, 85, 100, 102, 123, 182, 241, 318, 321
원천석(元天錫) 246~247, 307, 310~315, 333
이규보(李奎報) 271~272, 275, 277, 282~286, 289~290, 297, 299~304, 331~332
이색(李穡) 225~226, 293, 296, 307~310, 314~315, 331~333
이인로(李仁老) 270, 272~274, 277, 282, 286~288, 296~297, 303~304, 331
이장용(李藏用) 199, 275
이제현(李齊賢) 224, 277, 308, 328
인다라(因陀羅) 69, 319
일연(一然) 103, 138~139, 155~156, 158, 179, 187, 189~196, 198~207, 218, 324~326

장즉지(張卽之) 69~70, 82, 320
정인도진(淨因道臻) 89, 91
제기(齊己) 46, 65
조맹부(趙孟頫) 65, 70, 253
주간 엔게쓰(中巖圓月) 75
중봉명본(中峰明本) 34
중암수윤(中菴壽允) 276, 309
지겸(志謙) 93, 137~139, 155, 158, 201~202, 281, 289, 298, 325
지공(指空) 13, 223, 257~260, 330
지눌(知訥) 8, 13, 93, 97~98, 101, 103, 131~133, 136~140, 194, 211~217, 323, 326~327
진화(陳澕) 271, 275, 277, 297, 304, 331

참요도잠(道潛參寥) ☞ 54, 77~78, 282, 320
천암원장(千巖元長) 34, 37, 40, 66, 253, 263
천영(天英) 291
최자(崔滋) 270~271, 273, 275, 301, 331
충지(冲止) 136, 218, 291~292, 327, 332

태고보우(太古普愚) 13, 222, 224, 253~254, 256~257, 260, 263, 328, 330
톡 테무르(文宗) 34, 40, 330

혜문(惠文) 277, 282, 284~285, 289, 300, 304, 331
혜심(慧諶) 13, 97~99, 101~103, 124~126, 136~139, 160, 204, 215~218, 250, 322, 327
혼구(混丘) 187, 194, 205~206, 221, 324~326
화광중인(華光仲仁) 68, 319
환암혼수(幻庵混修) 246, 308
황정견(黃庭堅) 17, 48~49, 51~54, 56~62, 68, 73, 76, 79~80, 84~85, 269~276, 278~279, 282, 286~289, 297, 304~305,

318~320, 331
회기원희(晦機元熙) 33~34, 65~66

서적

『가태보등록(嘉泰普燈錄)』 24, 230
『간화결의론(看話決疑論)』 212~213, 215~216, 327
『강호풍월집(江湖風月集)』 61, 67, 294, 319
『건중정국속등록(建中靖國續燈錄)』 24
『경덕전등록(景德傳燈錄)』 23, 154, 156, 201~202
『공화집(空華集)』 74
『굉지록(宏智錄)』 150, 175, 202
『굉지송고(宏智頌古)』 99, 123, 182, 241
『굉지염고(宏智拈古)』 99, 123, 182
『구자무불성화간병론(狗子無佛性話揀病論)』 98, 216
『권수정혜결사문(勸修定慧結社文)』 131~32, 212
『균계집(筠谿集)』 55, 273, 287~288
『금수단(錦繡段)』 76, 78, 320
『금옥편(金玉編)』 66

『남명천화상송증도가(南明泉和尙頌證道歌)』 141~144, 149~150, 152~153, 156~158, 192, 323~324
『남명천화상송증도가사실(南明泉和尙頌證道歌事實)』 141, 323
『냉재야화(冷齋夜話)』 55~56, 78~79, 273~277, 284, 286~288, 319, 331
『능엄경(楞嚴經)』 9, 89, 93, 144, 149, 152, 174, 181, 225, 239, 243, 301

『단하송고(丹霞頌古)』 241
『담거고(澹居藁)』 66

『대장일람집(大藏一覽集)』 150
『대전화상주심경(大顚和尙注心經)』 17, 227, 229~230, 232, 239~242, 244~245, 247~249, 328~329
『대혜서(大慧書)』 98, 215~216, 224, 313
『대혜어록(大慧語錄)』 132~133, 150, 175, 212, 313
『독암외집속고(獨菴外集續藁)』 67
『동인시화(東人詩話)』 276, 289
『동파시(東坡詩)』 79~80, 283
『동해일구집(東海一漚集)』 75

『마조사가록(馬祖四家錄)』 24
『몽산법어(蒙山法語)』 9, 219~220, 223, 263, 327
『무문관(無門關)』 29, 34, 220

『반야심경주해(般若心經註解)』 232, 247
『방거사어록(龐居士語錄)』 150, 175, 202
『백가의집(百家衣集)』 275, 288
『백장청규(百丈淸規)』 35~36, 250
『법집별행록절요병입사기(法集別行錄節要幷入私記)』 212
『벽산당집(碧山堂集)』 66
『벽암록(碧巖錄)』 26, 28~29, 35, 100~101, 126, 175, 179, 181~185, 187~188, 206, 217, 233~234, 236~237, 240, 242, 322, 324~325
『보경삼매(寶鏡三昧)』 150, 177~178
『보교편(輔敎篇)』 92
『부상오산기(扶桑五山記)』 39
『북간문집(北磵文集)』 64
『북간시집(北磵詩集)』 64
『북간화상외집(北磵和尙外集)』 64
『분양송고(汾陽頌古)』 26
『불과원오진각선사심요(佛果圜悟眞覺禪師心要)』 120

『불조삼경(佛祖三經)』244~245, 265, 329
『불조삼경주(佛祖三經注)』232
『불조종파총도(佛祖宗派總圖)』198~199

『사가록(四家錄)』29, 180
『사하입해(四河入海)』79, 320
『산곡시(山谷詩)』80
『산곡시집주(山谷詩集注)』79
『산곡집(山谷集)』271, 286
『산곡황선생대전시주(山谷黃先生大全詩註)』79
『삼가염송』☞『선문삼가염송집(禪門三家拈頌集)』
『삼국유사(三國遺事)』189~190, 195, 198~200
『삼체시(三體詩)』76, 79~80, 320
『석문문자선(石門文字禪)』55, 57, 78, 273, 275, 278, 319, 331
『선가종파도(禪家宗派圖)』199
『선림보훈(禪林寶訓)』263
『선림승보전(禪林僧寶傳)』55, 57, 93, 150, 180, 201~202, 237, 326
『선문삼가염송집(禪門三家拈頌集)』16, 102, 102~104, 119~128, 321~322
『선문염송사원(禪門拈頌事苑)』16, 191, 193~194, 196, 199, 204~205, 325
『선문염송설화(禪門拈頌說話)』16, 100, 121, 159, 161, 176, 192, 206, 227, 243, 324
『선문염송집(禪門拈頌集)』10, 16, 98, 155, 157~160, 174~175, 185~186, 188, 193~194, 196, 198, 206, 227, 243, 321, 324~325, 327~328
『선문염송집』98
『선문제조사게송(禪門諸祖師偈頌)』142, 179
『선요(禪要)』9, 220, 223, 263, 327
『선원청규(禪苑清規)』35~38, 154~155, 158, 177, 251
『선의외문집(禪儀外文集)』73~74
『선종송고연주집(禪宗頌古聯珠集)』29, 99
『설두송고(雪竇頌古)』26~27, 94, 99, 122~123, 156, 182, 192, 241
『설두염송(雪竇拈頌)』94, 154, 321
『설려고(雪廬藁)』66
『설봉공화상외집(雪峰空和尙外集)』62
『설봉어록(雪峰語錄)』90
『설잠화상속집(雪岑和尙續集)』65
『신선집(新選集)』76~78, 320
『신편집(新編集)』76~78, 320
『심부(心賦)』263
『심부주(心賦注)』150, 178
『심요(心要)』100

『연등회요』☞『종문연등회요(宗門聯燈會要)』
『염송설화(拈頌說話)』159~160, 174, 178~181, 183~188, 206~207, 324~325, 328
『염송설화』☞『선문염송설화(禪門拈頌說話)』159
『영원화상필어(靈源和尙筆語)』62
『오등회원(五燈會元)』24, 29, 175, 196, 265
『오진편(悟眞篇)』248
『왕장원집백가주분류동파선생시(王狀元集百家註分類東坡先生詩)』79
『원오어록(圓悟語錄)』100
『인천안목(人天眼目)』201, 263, 265
『임간록(林間錄)』55, 57, 93, 150, 202, 326
『입중수지(入衆須知)』36~37
『입중일용청규(入衆日用淸規)』36~37

『장수적고(藏叟摘藁)』65
『전등옥영집(傳燈玉英集)』28
『전실외집(全室外集)』67
『정거주(淨居注)』142~144, 158

『정법안장(正法眼藏)』 25, 28~29, 150, 175, 203, 207
『정선당송천가연주시격(精選唐宋千家聯珠詩格)』 76, 276
『정화집(貞和集)』 76~78, 320
『제북집(濟北集)』 73
『조당집(祖堂集)』 8, 23, 26, 143, 175, 197~198, 201
『조당집』 156
『조등록(祖燈錄)』 177, 182~183
『조영집(祖英集)』 62
『조원통록(祖元通錄)』 261
『조정사원(祖庭事苑)』 16, 152~153, 155, 158
『조파도(祖派圖)』 191, 198~199
『종경록(宗鏡錄)』 150, 178, 208
『종경촬요(宗鏡撮要)』 90, 93, 243
『종문연등회요(宗門聯燈會要)』 24~25, 28~29, 99, 150, 196, 265
『종문원상집(宗門圓相集)』 93, 155, 158, 192
『종문척영집(宗門摭英集)』 27~28, 91~92, 154, 158
『종문통요집(宗門統要集)』 28, 31, 98, 155, 158, 177, 196, 318
『종용록(從容錄)』 29, 100, 150, 175, 177, 179, 181~183, 185~188, 206, 240, 242~243, 324~325
『주심경(注心經)』 ☞ 『대전화상주심경(大顚和尙注心經)』
『중도가사실(證道歌事實)』 ☞ 『남명천화상송증도가사실(南明泉和尙頌證道歌事實)』
『중정자(中正子)』 75
『중조보주선원청규(重雕補註禪苑淸規)』 35, 251
『중편염송사원(重編拈頌事苑)』 16, 194, 205, 325

『중편조동오위(重編曹洞五位)』 16, 155, 158, 177, 180, 190~192, 200~203, 325
『증간교정왕장원집주분류동파선생시(增刊校正王狀元集註分類東坡先生詩)』 79
『증도가기주(證道歌琪註)』 142~144, 157~158, 323~324
『증도가사실(證道歌事實)』 ☞ 『남명천화상송증도가사실(南明泉和尙頌證道歌事實)』
『진각국사어록(眞覺國師語錄)』 101, 160, 217, 250

『참동계(參同契)』 150, 177~178
『천성광등록(天聖廣燈錄)』 24, 156, 175
『천주금련(天廚禁臠)』 56~58, 78, 319
『청익록(請益錄)』 34, 175, 177, 182~183
『청졸화상선거집(淸拙和尙禪居集)』 65
『총림교정청규총요(叢林校定淸規總要)』 36
『총림비용청규(叢林備用淸規)』 36
『치문경훈(緇門警訓)』 263
『칙수백장청규(勅修百丈淸規)』 37~38, 41~42, 256, 265, 330
『칙수청규(勅修淸規)』 ☞ 『칙수백장청규(勅修百丈淸規)』

『통록(通錄)』 150
『통록촬요(通錄撮要)』 260~261
『통명집(通明集)』 177
『통요』 ☞ 『종문통요집(宗門統要集)』
『투자송고(投子頌古)』 241

『파한집』 270
『포대송(布袋頌)』 91
『포실집(蒲室集)』 61, 65~66
『포실집소(蒲室集疏)』 66

『한산자시집(寒山子詩集)』 150

『호법록(護法錄)』 39
『호법론(護法論)』 246, 263
『환주암청규(幻住庵淸規)』 37
『황룡산남선사서척집(黃龍山南禪師書尺集)』 62

기타

가마쿠라 오산 44
간화선(看話禪) 26
강서시파(江西詩派) 49, 53, 61, 286, 289
겐초지(建長寺) 42~44, 71~72, 262, 309
겸중지(兼中至) 203, 326
교토 오산 44, 72

난젠지(南禪寺) 43~44, 71~72, 83~84, 309

다이토쿠지(大德寺) 43
단척회(短尺會) 80
대용상집경사(大龍翔集慶寺) 40~44, 256, 262, 330
대혜파(大慧派) 25, 32, 34, 40~41, 62, 64~68, 75, 150, 179, 196, 207, 265, 295, 319, 330
덴류지(天龍寺) 43~44, 71~72
도후쿠지(東福寺) 44, 71~72, 80, 82, 198
「동파제발(東坡題跋)」 34, 53

무사선(無事禪) 31, 101, 124, 126, 184~185, 188, 206, 218, 318, 322, 325
'무자(無字)' 화두 32, 35, 97~98, 101, 206, 213, 215~217, 219, 223~224, 310, 327~328
문인화(文人畵) 49, 69, 82, 84, 295, 297~301, 318~319, 321
문자선(文字禪) 10, 16~17, 26~27, 94, 101~102, 123~128, 139, 153~154, 156~159, 175, 179~180, 184~185, 187~189, 193~194, 200, 203~206, 211, 218~219, 227, 244, 266, 280, 289, 315, 317~318, 321~322, 325~329

「**보**경삼매(寶鏡三昧)」 178

사륙변려체(四六騈儷體) 47
「산곡제발(山谷題跋)」 53
서곤체(西崑體) 47
서재도(書齋圖) 83, 321
「석가여래성도기(釋迦如來成道記)」 179
선의 제도화 10, 17, 32, 35, 68, 101, 250~251, 256, 318, 329~330
「선종가송(禪宗歌頌)」 248
선종 의례 35, 250
성인(聖人)의 내면화 314
소상팔경(瀟湘八景) 277, 304~305, 331
송원파(松源派) 32~34, 40
쇼코쿠지(相國寺) 443~44, 71~72, 80, 82, 330
수선사 8, 10, 16~17, 90, 94, 97~99, 101~103, 120, 122~131, 134~140, 153, 157, 159, 189, 191, 193~194, 201, 211, 215, 218, 221, 243, 250, 291, 300~301, 303, 321~323, 325~327, 332
시선일치(詩禪一致) 78
시화일률(詩畵一律) 48, 296, 305
시화축 83, 299, 321
신앙결사 129~131, 133~135, 322~323
신앙결사론 10, 128~132, 134~136, 138, 322~323

엔가쿠지(圓覺寺) 42~44, 72, 82
오산제도(五山制度) 17, 35, 38~40, 42~44, 250~252, 256~257, 262, 318, 329~330

오산지상(五山之上) 41, 44~45, 251, 256, 262, 330
오위 200~203, 326
「완주음(翫珠吟)」 178~180, 240
우사(友社) 80, 320
은괄(檃括) 59, 286
은일(隱逸) 34, 46

전진교(全眞教) 33, 229, 239, 247~249
점철성금(點鐵成金) 49, 57~59, 61, 286, 319
제시권시(題詩卷詩) 293~294, 332
제화시(題畵詩) 53, 69, 84, 296~297, 321
「증도가(證道歌)」 140~143, 156, 321
집구시(集句詩) 59, 286, 288

철산함(鐵酸餡) 32
청규(清規) 17, 29, 35, 37~38, 41~42, 250~251, 265, 318, 329~330

파암파(破庵派) 32~34, 40, 71
편중지(偏中至) 203, 326

학시여참선(學詩如參禪) 48, 53
환골탈태(換骨奪胎) 49, 57~61, 273, 319
환골탈태론(換骨奪胎論) 60, 273, 286~287, 319, 331
회암사(檜巖寺) 223, 251~252, 256~258, 260~262, 265~266, 308, 329~330

지은이

조명제

동아시아 사상사의 맥락에서 한국 불교사, 문화사를 연구하고 있다. 근래에는 학문사의 관점에서 불교사학의 형성 문제, 근대불교 등에 대한 연구도 진행하고 있으며, 불교사학회를 결성하여 동학들과 함께 『한국 불교사』(전 3권)를 비롯한 통사 및 연구사 등을 새롭게 정리하고 있다.

주요 논저로 『고려후기 간화선 연구』, 『선문염송집 연구: 12~13세기 고려의 공안선과 송의 선적』, 「1910년대 식민지조선의 불교 근대화와 잡지 미디어」 등이 있다. 고마자와대학, 교토대학, 도쿄대학 등에서 연구했으며, 신라대학교 교수로 재직하고 있다.

한울아카데미 2596

**고려 시기 공안선의 수용과
선종문화의 전개**

ⓒ 조명제, 2025

지은이 | 조명제
펴낸이 | 김종수
펴낸곳 | 한울엠플러스(주)
편　집 | 최진희

초판 1쇄 인쇄 | 2025년 9월 10일
초판 1쇄 발행 | 2025년 9월 25일

주소 | 10881 경기도 파주시 광인사길 153 한울시소빌딩 3층
전화 | 031-955-0655
팩스 | 031-955-0656
홈페이지 | www.hanulmplus.kr
등록 | 제406-2015-000143호

Printed in Korea.
ISBN 978-89-460-7596-2 93910

* 책값은 겉표지에 표시되어 있습니다.